摊破浣溪沙

铭志

陈永倞

地北天南不白头，
南腔北调惹人愁。
俯仰乾坤情理在，
岁月流。

老去年华何所惧，
舞台上下六十秋。
赤子有心终未老，
志方酬。

1995 年 10 月

舞台上下六十秋

陈永倞冀淑平伉俪话剧人生

下

陈非比 陈小眉 陈冀◎编著

中国戏剧出版社
CHINA THEATRE PRESS

半世情牵赛神仙　剧艺终生佳话传

目录

第二章　走进青艺

第三章　情系舞美学会

附篇 853

冀淑平舞台春秋

冀淑平艺术生平简介

冀淑平（1923—2019），籍贯河北曲周，著名话剧演员。1937年“七七”事变后，在郑州扶轮中学读书时受上海演剧二队洪深、冼星海、金山等前辈的感召，积极参加抗日宣传活动并随“扶中九一八剧团”赴多地巡演。1938年迁至西安读书后考入国立戏剧专科学校，遂赴重庆入学，师从曹禺、黄佐临、张骏祥、吴晓邦诸艺术大师。1941年剧专毕业后，相继在国立剧专剧团、中国人民解放军三野三十五军文工团、中国青年艺术剧院任演员。中国戏剧家协会会员，全国第四次文代会代表。1984年离休，享受国务院政府特殊津贴；2011年获中国国家话剧院颁发的“国话师表”荣誉证书。

曾主演《日出》、《清宫外史》、《蜕变》、《妒误》、《家》、《续弦夫人》、《万尼亚舅舅》、《娜拉》（即《玩偶之家》）、《青春之歌》、《远方青年》、《费加罗的婚姻》、《权与法》等数十部话剧，成功塑造过古今中外不同时代、性格各异的妇女形象。

在中国青年艺术剧院1954年为纪念世界文化名人契诃夫演出的《万尼亚舅舅》（孙维世导演）中扮演叶琳娜，1956年为纪念世界文化名人易卜生演出的《娜拉》（吴雪导演）中扮演娜拉。两剧分别由苏联专家和挪威专家担任艺术指导，在国内外获一致好评。周恩来总理三次观看《万》剧，并安排其进中南海怀仁堂为中央首长演出。中国青年艺术剧院演出《娜拉》的全套剧照，曾在挪威国家剧院、挪威国家图书馆和挪威希恩易卜生童年故居等处长年保存或展出。1963年在《远方青年》中扮演阿米娜，塑造了维吾尔族姑娘纯洁优美的形象，该剧于1964年获文化部优秀话剧演出奖。1979年在《权与法》中，年近六旬的冀淑平成功塑造了丁牧这个中年善良女性的形象，该剧参加文化部举办的国庆三十周年献礼演出，获演出二等奖。

作为新中国成功扮演娜拉的第一人，冀淑平被挪威艺术家誉为“挪威戏剧界中名副其实的传奇式人物”。1995年，她应邀参加了中挪学者共同在京举办的“易卜生学术研讨会”并作大会发言。1996年即《娜拉》公演40年后，73岁高龄的冀淑平远赴挪威首都奥斯陆，作为唯一的特邀嘉宾出席了’96易卜生国家戏剧节，并在开幕式上致辞，在古稀之年作为中挪人民友谊的使者，为国际文化交流作出了新的贡献。

第一章

走进剧专

我从一个年方十五、酷爱戏剧的流亡学生，成长为一名话剧演员，怀揣着献身舞台艺术的热情和理想，能够在祖国戏剧园地里耕耘终生，离不开当年国立剧专对我的启蒙、滋养和培育。

小城江安，虽然离开已经半个世纪，我也年近古稀；但是那里的山山水水、日日夜夜，那教育我成长的母校和师长，那抚育我的善良人民，依然是那样清晰、亲切，令我怀念、眷恋。

小城江安，是我终生难忘的地方。

——摘引自冀淑平《美好的时光》

美好的记忆

艺术前辈的感召与引领

——我怎样走进“戏剧家摇篮”

◎ 冀淑平

“高粱叶子青又青，九月十八来了日本兵……”

“永定河为什么叫卢沟……”

“工农兵学商，一起来救亡……”

“大刀向鬼子们的头上砍去……”

1937年9月下旬的一天，郑州扶轮中学新落成的礼堂里响起了悲怆、雄壮的歌声——

以著名戏剧艺术家洪深为队长的上海抗敌救亡演剧二队来到郑州，住进了我当时就读的铁道部郑州扶轮中学，为全校师生演出抗日救亡的歌咏、戏剧。演剧队队员有金山、王莹、欧阳红樱、田方、田烈等影剧界人士，人民音乐家冼星海为音乐指导。他们当时演出的剧目有《九一八以来》《放下你的鞭子》《东北之家》等。

洪深导演的《九一八以来》是一出活报剧，由金山主演。该剧演绎了“九一八”事变后，我国东北各省在日本帝国主义的铁蹄下先后沦丧的过程。这部剧没有一句台词，全靠演员的形体动作、面部表情营造气氛，展现剧情。幕启后，四位少女胸前挂着“辽宁”“吉林”“黑龙江”“热河”字牌，无忧无虑地翩翩起舞；舞台左侧，在一幅巨大的中国地图后面，金山扮演的日本浪人身穿和服，脚蹬木屐，探出头来，粉面血口，贪婪地窥伺着四位少女。随着“嗒嗒嗒”的木屐声由远而近，浪人上场。他疯狂地狞笑着，张开双臂，如同恶狼扑食般猛地向少女扑去，抓住她们死命向后台拖去；尽管少女们拼命反抗挣扎，最终都没能逃脱魔掌，被凶恶的浪人一一拖走。金山不愧是戏剧艺术大师，他那嘶声凄厉的狂笑，狰狞可怖的形象，激起全场观众对日本侵略者的无比仇恨，收到了极好的宣传效果。

《放下你的鞭子》由王莹扮演香姐，田烈、田方分别扮演拉胡琴的小伙计和工人（不记得老艺人由谁扮演了）。当老艺人违心地鞭打女儿时，观众为之唏嘘；当工人夺过鞭子痛斥日本帝国主义的侵略罪行时，激发了全场观众的义愤。

为了帮助我们运用戏剧这一犀利武器进行抗日宣传，演剧二队还组织报告会，向全校师生普及戏剧常识。记得洪深教授给我们讲《怎样表演》，告诉我们演员主要靠面部表现喜、怒、哀、乐，要我们对着镜子刻苦练习，最后要能做到控制面部各个部分的肌肉。他的讲课深入浅出，妙趣横生，边讲边示范。“比如笑”，他说：“把嘴角两旁腮部肌肉往上一提，两眼一眯，你们看，这就笑了！”他的演讲和示范不时引起全场听众的笑声、掌声。洪老

上海抗敌宣传二队在扶轮中学演出后留影
第一排：王莹（中） 第二排：金山（右一）、洪深（右二） 第三排：冼星海（左一）
引自《飞奔的扶轮（1929—1997） 扶轮中学纪念册》

"扶中九一八剧团"合影

第一排坐者右起第二人为冀淑平

还给我们讲了怎样化装。他强调，化装的基本原则是：凡是演员身上裸露的部分，都必须根据角色的身份、年龄与剧情的需要化装，否则会失去真实感，削弱艺术效果。他还教我们如何用毛线做胡子，用胶水粘胡子；坐在讲桌左侧的欧阳红樱则配合洪老用毛线撕着胡子做示范。新颖的讲课内容和方式使我们大开眼界，我们都全神贯注，用心聆听。

冼星海先生也亲自为我们教唱《青年救亡进行曲》《打回老家去》《大刀进行曲》等救亡歌曲。

二队在郑州仅停留约一周，时间虽然短暂，但影响却极为深远。他们以戏剧、歌咏为武器，唤起民众，团结人民，激发群众为抗战积极行动，使郑州人民抗敌救亡运动的烈火熊熊燃烧起来。

二队的演出等活动也在我们心中播下了戏剧艺术的种子。二队离开后，我们再也按捺不住满腔的爱国热情，纷纷走出课堂，组成若干小分队，带着从二队学来的剧目、歌曲，赴郑州郊区进行宣传演出。我们以敲锣打鼓开道，待观众聚集起来后，先是高唱抗战歌曲，然后演出抗日戏剧。

就在那时，我在《放下你的鞭子》中扮演了香姐，这是我有生以来扮演的第一个角色。

虽然是第一次演戏，我并不懂如何表演；但是，有王莹老师的示范在先，有自己的朴素感情，有观众的热烈呼应，在与学友们的密切合作下，我们的演出是感人的，起到了很好的宣传作用，我也由此对戏剧艺术产生了浓厚的兴趣。

后来，我们又组织了有三十多人参加的“扶中九一八剧团”赴汜水、洛阳、西安等地演出达一个多月之久。我们这群热血青少年，不怕苦、不怕累，为了抗日宣传的共同目标走到一起。我们曾身着统一的黄色童子军上衣、蓝色工装裤，一同排练，一同演出，一同生活，度过了人生中一段令人难忘的时光。

1938 年农历正月十五，日寇对郑州进行了狂轰滥炸，扶中遂西迁汉中。我没随扶中同去，转至西安女中借读。一天，偶然从报纸上看到重庆国立戏剧学校委托陕西教育厅代为招生的消息，我便瞒着家人报了名，居然被录取了！

我永远记得为去剧校读书与爸妈“斗争”的情景。妈妈说，一个女孩子跑那么远，不行！爸爸说，“戏子”不是高尚的职业，还是好好读书，将来做个有道德、有技术的医生。我的“对策”就是哭、不吃饭，表示除了进剧校，什么书也不念。我是二老最钟爱的长女，他们不忍看我那可怜的样子，拗不过我，只好同意。

于是，年方十五、梳着两个小短辫、身着工装裤的我，远离父母家乡，与同时被录取的张雁结伴入川；几经辗转，于 1938 年秋抵达重庆，进入了当时国家创办的培养戏剧艺术人才的摇篮——国立戏剧学校，成为该校的第四届学子，开始了学艺生涯。

是机遇，是幸运？我受到了上海抗敌救亡演剧二队的戏剧启蒙教育，又在余上沅校长领导的国立戏剧学校进行了系统的专业学习，由此我才可能终生从事我热爱的、神圣的戏剧艺术事业。

我永远忘不了半个多世纪前那段难忘的岁月，忘不了在我心中播下艺术种子的戏剧家；也忘不了我扮演的第一个角色香姐，忘不了我们的“九一八剧团”；更忘不了那些哺育我成长的德高望重的师长和前辈！

据冀淑平手稿《忆第一个角色》(1994 年 3 月 21 日) 等摘编

美好的时光

◎ 冀淑平

摄于 1940 年 4 月

我从一个身穿工装裤、头梳小辫、年方十五、酷爱戏剧的流亡学生，成长为一名话剧演员，怀揣着献身舞台艺术的热情和理想，能够在祖国戏剧园地里耕耘终生，离不开当年国立剧专对我的启蒙、滋养和培育。

1938年，是抗日烽火燃烧大地、艰苦动乱的年代，我从西安到重庆入学。1939 年初，剧校迁至长江上游的小城——江安。为了培养戏剧人才，在当时极为困难的条件下，余上沅校长想方设法聘请了许多前辈专家来校任教，集众多艺术大师于一堂，真是群英荟萃。对我们学子来说，这真是“天赐良机”。

我们是剧校的第四届学生，入学时大约有四十余人，学制是三年。第一、二年全班上同样的课：金韵之老师教表演；万家宝（曹禺）老师教戏剧概论、西洋戏剧史、剧本选读、编剧；吴祖光老师教国文、中国戏剧史；应尚能老师教声乐、音乐欣赏；吴晓邦老师教形体、舞蹈。第三学年则开始分为表演、导演、编剧、舞台设计四个专业。

老师们在教学上一丝不苟，循循善诱，对学生倾注了全部热情。我永远忘不了曹禺老师讲课的情景。他是那样专注，全部思想感情都投入讲课的内容之中，两眼炯炯发光；他那抑扬顿挫朗读剧本的声音是那么动听，宛如诗人在朗诵抒情诗，他的课经常把别班的同学也吸引过来。舞蹈家吴晓邦老师教形体，带我们进行“把杆”训练时，他那“耶、念、塞、四”（一、二、三、四）带有姑苏乡音的口令声，至今犹在耳边。吴祖光老师的板书极为漂亮，我非常喜欢他那娟秀的字体，曾多次在听课的同时，悄悄模仿他漂亮的书法。在老师们的引领下，同学们如饥似渴地吸吮着艺术的乳汁，勤奋、扎实地苦练基本功。

当时物质条件极为艰苦，可是我们的学习生活和精神生活非常充实、多彩。我们的校址在江安文庙，大成殿前的丹墀盖上顶棚就是排练、演出的舞台，两廊偏殿则作为教室。

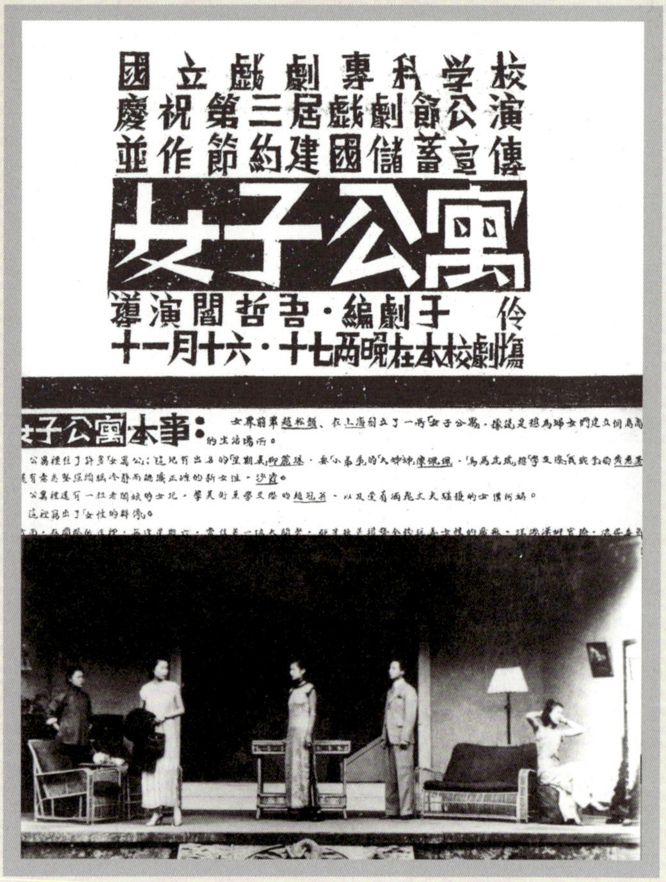

1940 年 11 月剧专公演《女子公寓》海报与剧照 #
冀淑平饰陈佩佩（左二）

剧专第四届毕业公演《反间谍》剧照 #
冀淑平饰日本特务冈田贞子

绝大多数同学都是靠每个月几块钱的贷金生活，伙食是盐水煮黄豆外加“八宝饭”（糙米里面有很多谷子、稗子、沙子等杂物）。如果谁能够加点“私菜”，吃上一碗猪油豆瓣酱饭，或者上小馆子吃一碗“担担面”或“抄手”（馄饨），那就是“打牙祭”了！

老师们也很清苦，但是在教学上一丝不苟，循循善诱，对学生关怀备至，亲如家人。为了使我们把课堂学习与实践结合起来，早在 1938 年秋天重庆戏剧界大联合演出《全民总动员》时，就让我们全班同学担任剧中学生大队、工人大队等群众，开始走上舞台。有机会与灿烂的群星同台演出，亲眼目睹赵丹、白杨、舒绣文、施超等艺术家的精彩表演，使我们获益匪浅。后来，又多次组织我们到南溪、宜宾、重庆等地公演，极大地丰富了同学们的舞台实践。

我们第四届同学毕业时公演的三幕侦探剧《反间谍》，就是由同学们自己编剧、导演、表演、设计的，[1] 由曹禺老师指导。剧专三年的美好时光使我认识到，要成为一名能振聩启盲、

① 在演出《反间谍》的海报上曾特别指出：“这是国立剧专演出史上唯一的空前绝后的由学生自编自导设计并成立演出委员会的公演”。见李乃忱编著《国立剧专史料集成·下卷》，中国戏剧出版社 2013 年版，第 1024 页。——编者注

从事社会教育的演员，必须进行各方面的修养，才能为演员生涯打下了良好的基础。

为了丰富江安人民的文化生活，也为了改善同学们的伙食，学校还举办过多次“凭物看戏”。这类演出除独幕剧、歌咏等节目外，还演出过京剧《鸿鸾禧》。记得在该剧中，吴祖光老师饰莫稽，郭蓝田（二届学长）饰金松，我饰金玉奴。第一次扮戏装的我，包头以后还很不习惯，头疼得要命。此外，还和傅惠珍、陈良义、李郁诸同学演出《四五花洞》。那时，张零、张正安等同学是京剧内行，能够掌握“场面”、说戏，我们这些不懂京剧的京剧爱好者就在他们的鼓励下斗胆登台，很难想象当年演出是什么样子，但是我们的“勇气可嘉”！重要的是，这些活动使我们向戏曲学习了很多东西，对我的演员生活大有裨益。

全校教职员公演曹禺老师的名剧《日出》，是令人难忘的事；由余校长亲自执导，陈永倞设计。我的另一位表演老师陈治策扮演的黄省三，赤脚，手提一只草鞋，瘦骨嶙峋，似疯非疯；创造了一个穷困潦倒、可怜巴巴却又对吃人的旧社会满腔义愤进行控诉的小职员形象；极为深刻，发人深思，独具一格。马彦祥老师扮演的胡四，油头粉面，一亮相就用兰花指将手持的粉红色手绢指向顾八奶奶，一上场就是碰头好，一个不男不女的面首活脱脱地出现在观众面前。王家齐老师扮演的潘月亭，大腹便便，貌似慈祥，内藏奸诈。应尚能老师是著名的声乐家，他音色浑厚，底气十足；他扮演的黑三，一身黑裤褂，往那里一站，几句台词，令人毛骨悚然，俨然是一个黑社会的爪牙。焦菊隐老师扮演的醉生梦死的张乔治，林婧大姐扮演的翠喜，张天璞（张真）老师扮演的小顺子，刘静沅老师扮演的福升，都创造了鲜明的、各具特色的艺术形象。

扮演陈白露的我，毕业不久（就职于初建的剧专剧团），是剧组最年轻的演员。前辈老师们精湛的表演使我茅塞顿开，在如何根据自身条件创造形象，如何使台词性格化，如何选择适当的形体动作、道具等方面，都深受启迪。

剧专第四届毕业照（前排右起第五人为冀淑平）

江安小城的校园生活是艰苦的，但有那么多好老师辛勤地培育着我们，又有一个藏书非常丰富的图书馆，同学们以苦为乐，生活得既严肃又活泼，个个朝气蓬勃，奋发读书。

清晨，沐浴着朝霞，我们在校门外遍植桃李的城墙边练声、练台词。晚上，教室里，在几根灯草的油灯下，我们聚精会神地自修，大成殿中传来“叮咚”的琴声，那优美的旋律，如梦如幻。宿舍中，插在案头的白色栀子花增添了我们敞开心扉谈天说地的情趣。

假日，我们结伴郊游南门外的红佛寺，品尝美味的豆花饭。沿途，绿油油的田野散发着泥土的芳香，如伞的黄桷树为我们遮挡炎热的阳光。盛夏，在西门外的小河，有时垂钓养性，有时摸鱼、游泳，其乐无穷。枯水季节，坐在东门外沿江岸的石头上，望着东去的川江，听那特有的川江号子……大自然美妙的景色，令人心旷神怡，流连忘返。北门外，是闻名于世的江安竹器的产地，竹器作坊鳞次栉比，我们常常怀着浓厚的兴趣，观看能工巧匠制作烟具、茶具、扇子等既有实用价值又有极高艺术价值的各种竹器。

啊！小城江安，虽然离开已经半个世纪，我也年近古稀；但是那里的山山水水、日日夜夜，那教育我成长的母校和师长，那抚育我的善良人民，依然是那样清晰、亲切，令我怀念、眷恋。在那里，度过了我一生中最美好的时光。小城江安，是我终生难忘的地方。

原载于《剧专十四年》编辑小组编《剧专十四年》，中国戏剧出版社 1995 年版，第 186—188 页；据冀淑平手稿《叙谈得失》（1991 年 5 月 3 日）略有补充

冀淑平照片题字：“1985 年 9 月剧专校庆（50 年）与家宝师及诸窗友摄于中央戏剧学院”

附载 / **不同姓氏的“孪生姐妹”** 田京辉

在一次茶话会上，我见到了北京人艺的杨薇和青艺的冀淑平。她们都是投身于革命戏剧事业近60年的老演员，但是，她们只同台合作过一次。那是1947年在上海，她们共同参加了黄佐临领导的“苦干剧团”《清宫外史》的演出，杨薇和冀淑平分别扮演珍妃和瑾妃。他们第一次出场是选美。慈禧问：“多大啦？”姐姐答：“17啦，老佛爷。”妹妹答：“15了，老佛爷。”这时，只听观众席里议论纷纷，有人说她们是亲姐儿俩，有人说她们是双胞胎，都觉得她们长得太像了。刚下场，杨薇不到两岁的儿子吵着要妈妈，同事们把他抱给了冀淑平，结果小宝宝偎在“妈妈”的怀里，玩得好开心呀。嗣后，在杨薇老师家，我见到了一张她们当年合演《清宫外史》时的剧照，您能看出她们俩谁饰姐姐，谁饰妹妹吗？

摘引自《中国戏剧》1990年第12期

上海观众演出公司演出《清宫外史》
杨薇饰珍妃（左），冀淑平饰瑾妃（右）
引自《戏剧论丛》1982年第3辑

附载 / **南京国立剧专与中央戏剧学院**

1985年9月，中央戏剧学院建院35周年庆祝大会上，中国剧协主席曹禺（曾在国立剧专担任六年教务主任）首先致词，郑重宣布：经中央有关部门领导批准，前南京国立剧专，与延安鲁艺、华北大学三部，并列为中央戏剧学院前身。前国立剧专师生，即今中央戏剧学院校友。

摘引自李乃忱《为国储才余上沅——纪念国立剧专创办60周年》，
见李乃忱编著《国立剧专史料集成·上卷》，中国戏剧出版社2013年版，第96页

中央戏剧学院是在延安鲁迅艺术学院、华北大学文艺学院、南京国立戏剧专科学校的基础上建成的，有着深厚的艺术积累和精严的学术传统。鲁艺由中国共产党创办，成立于1938年，对民族和民间艺术有精深研究；国立剧专由国民党政府创办，成立于1935年，是中国历史上第一所国立的、广泛吸收了外国戏剧教学经验的、培养话剧专门人才的学校。

1950年4月2日中央戏剧学院正式成立。

摘引自黄金铎主编《中央戏剧学院》，2000年

链接

《日出》在江安

◎ 余师龙

曹禺先生名著《日出》之上演其与本校有关者前后凡四次。首次为民国二十六年南京中正堂演出之本校第十一届公演，由曹禺先生亲任导演，演员均为第一届同学。第二次为民国二十六年夏第一届同学毕业后，由一部分毕业同学临时以联合剧社名义作旅行无锡公演。演员与学校公演时略有更动，地位则全部仿照学校公演，仅由师龙略加整理而已。第三次为民国二十七年夏第二届毕业同学假重庆国泰大戏院演出，而最近本校此次之演出则为第四次。

本校教职员（包括附设剧团团员在内），于民国三十二年一月九日起，假本校剧场举行《日出》新年公演三天，导演由余校长担任，演员则全部由教职员担任，仅“李太太”一角特由训导主任张秉均先生之夫人张逸清女士慨允充任，其热诚尤堪钦佩。演出成绩极佳，可做模范，且后台甚饶风趣，足见工作精神之一斑。并将演员表列后。

陈白露——冀淑平	潘月亭——王家齐	方达生——温锡莹
张乔治——焦菊隐	福　生——刘静沅	小东西——王文琦
顾八奶奶——夏易初	胡　四——马彦祥	黑　三——应尚能
打手1——施寄寒	打手2——贾光涛	打手3——肖锡荃
李石清——张　雁		
李太太——张逸清	黄省三——陈治策	翠　喜——林　婧
小顺子——张天璞	卖报的——蔡　骧	妓女1——林飞宇
妓女2——徐毓英	妓女3——胡季蘋	妓女4——周素珍

演期三天，共三场，票价最高者为50元，共计售票收入1.4万元，除开支外，剩余之5000元及上演税400余元，已由全体教职员同意与曹禺先生之慨助，均拨作在校同学伙食津贴。

演员中以陈治策先生的表演最令人惊服。陈先生向有老夫子之称，且常戏谑为“营养不足，面有菜色”，此次于表演黄省三第四幕疯后登场时，竟敞其前胸，赤其双足，上下一身单衣，前后寒风刺骨，而竟毫无萎缩状，专心注意其表演。其工作态度之严肃，真诚令人感奋。事后尚研究其表演之反应，索讨观众对其表演之感觉，其工作态度之老当益壮，好学精神之孜孜不倦，真可为吾人之模范。王文琦女士之“小东西”虽为其身材外形所限未能于形态上达于佳境，但其声音之清脆，表情之适切，已获取应有之及应可谓成功之一员。张天璞先生“小顺子”，戏虽不多，但演来恰如

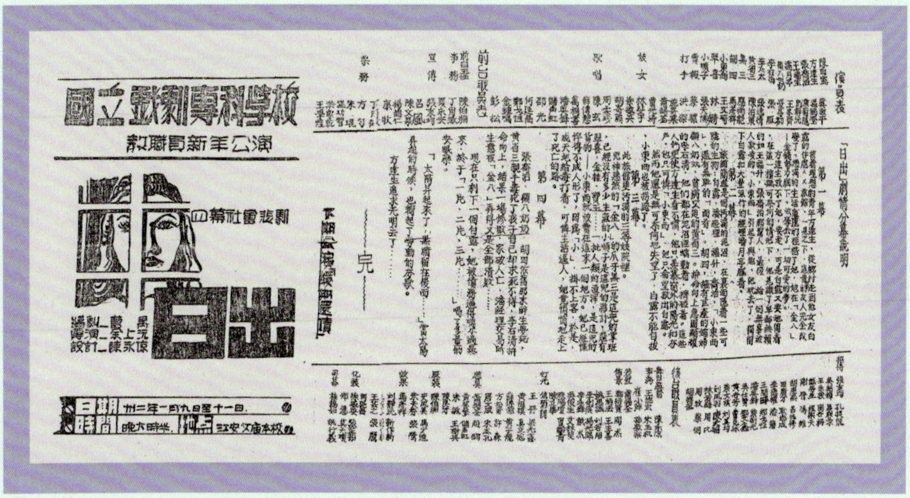
國立戲劇專科學校
教職員新年公演
四幕社會悲劇
日出
編劇—曹禺
導演—余上沅
設計—陳永倞
日期 卅二年一月九日至十一日.
時間 晚六時半. 地点 江安文廟本校

冀淑平保存的 1943 年教职员新年公演《日出》节目单

其分，稳健老练。林婧女士为“老”翠喜，士别三日，尚可见出进步。其他如冀淑平女士等具见功夫，焦菊隐“张乔治”仍然不脱“哈姆雷特”的窠臼，念词非常的音乐化，悦耳则固然，只可惜不大听得懂罢了。

引自李乃忱编著《国立剧专史料集成·上卷》，
中国戏剧出版社 2013 年版，第 103—104 页

吴祖光先生题夫人新凤霞画作赠予“永倞 淑平贤伉俪”

链接

我好像上过剧专

◎ 黄宗江

我有多少相知师友出自“国立剧专”（今中央戏剧学院前身之一），其在粤校友赐寄所编“通讯”《南雁》，读来令我感慨万千。信笔呼应，非诗非文，失韵失行，唯寄此情。其实我未上过剧专，却感到真真切切地上过了。

在北京一间临窗的小书斋里，
三面墙围着我祖师恩师们的书籍：
关汉卿、亚里士多德、汤显祖、莎士比亚……
曹禺、佐临、张骏祥、焦菊隐……
我小小的书房像是供奉着诸神的殿堂庙堂，
但我还是感到无限的寂寞，
因为八路神仙都不言语了。
忽地从窗口飞进一只“南雁”，飞来飞去，
我像是随南雁飞入了我“坐科”的“国立戏剧专科学校”，
我上的是剧专，可我没在过剧专，怎么好像我在过？
我是一个彻底的唯物主义者，我在故我思；
我也是一个彻底的唯心主义者，我思故我在。
1937 年“七七”，我所在的中学南开，
是周恩来、万家宝，也是我的戏剧摇篮南开，
被日本飞机投弹毁坏。
正值暑假，我无数次翻阅着还是从南京寄来的剧专简章，
幻想着直奔考场，
念上一段黄省三的“十三块二毛五”，
这一切也被日本飞机炸飞。
但我好像和凌子风、凌琯如、李恩杰、刘厚生……
同坐过比邻的教室课桌。

后来我在上海下海当了演员，
又溯江而上来到重庆。
有幸和耿震、沈扬、张雁、石羽、吕恩、蔡骧、谢晋……同台，
于是我又感到我也上过剧专，
我是万家宝、黄佐临、张骏祥、焦菊隐……他们的亲传弟子。
我好像在那既寂寞又热闹的江安小镇生活过，
在那既是庙堂又是课堂里聆听过长老们讲经说法，
跟那时候的美人——邓宛生、赵韫如、冀淑平……调笑过，
在夜巷的担担旁，和张石流、任德耀一起高谈阔论，
吃过抄手和醪糟，
和陈永倞漫步江边和诗……
我好像真的上过剧专了，
“江河归大海”，进入了李乃忱苦心绘制的长卷。
在漫长又恨短的岁月里，
在民族最危险的时候，
我们都献上了自己的青春；
在自己的黄昏季节，
我们仍唱“天鹅之歌”，仍舞“凤凰涅槃”；
和多少同学同生过，同死过，又同生过，
同快乐，同悲哀，
同人生，同舞台。
我为只见过两面半的江村写过悼文，
因为我感到我们同是这20世纪的“剧人”。
我多么有幸，我好像上过剧专，
我就是上过剧专！
我在此一庙堂里受过培训，乃成为终身的戏剧艺徒。

（20世纪末 1998年秋 古今大都）

引自李乃忱编著《国立剧专史料集成·上卷》，
中国戏剧出版社2013年版，第22—23页

第二章

角色的创造

演员是通过创造形象感染观众的……整个创作过程就是从自我出发体验人物、进入人物以至创造出形象的过程，即演员的思想感情和角色的思想感情矛盾统一的过程。这就要求演员在整个创作过程中不断地、深入地、反复地体验人物的思想感情并且找寻恰当的表现形式，将所体验到的通过动作、形体、台词等体现出来。“动于衷，形于外”“以形传情”。

演员创造形象，无论从体验入手还是从外部入手，最终都是要将体验与体现统一起来。只去体验，不能通过与之相适应的表达手段体现出来，或者不去体验单纯地追求表现，都不能创造出真实的、有感染力的形象。

——摘引自冀淑平《我怎样扮演丁牧》

丽达

《保尔·柯察金》

1950 年 9 月首演

编剧：〔苏〕斐·班达连柯

根据奥斯特洛夫斯基小说《钢铁是怎样炼成的》改编

译者：乌兰汉

导演：孙维世

剧情简介

保尔·柯察金出生在沙俄时代乌克兰的一个铁路工人家庭，受尽了贫困、饥饿、歧视与侮辱，他渴望正义和改变人生。1918 年，乌克兰卷起了革命的风暴。保尔在共产党员朱赫莱的影响下，走上了无产阶级革命的道路。一次，为了营救朱赫莱，保尔被捕入狱，严刑拷打使他加深了对敌人的愤恨。出狱后，他毅然离开家乡，走上战场。在战斗中，因多次受伤致残，不能重返前线。他拒绝了安逸的生活而争取到最艰苦的地方，冒着严寒和饥饿去抢修一条铁路。伤寒病又可怕地使他双目失明，全身瘫痪。但是，这一切都没有使他放弃为人类的解放而斗争的伟大理想，他以最大的毅力克服了这些为一般人所不能克服的痛苦，以高度的革命乐观主义精神战胜了病魔，拿起文学艺术的武器，又重新回到战斗的行列。

引自《隆重纪念中国青年艺术剧院诞辰六十周年》光盘（青艺子弟联谊会编）

引自刘孝文、梁思睿编纂《中国上演话剧剧目综览（1949—1984）》，巴蜀书社 2002 年版，第 52—53 页

丽达：艰难的起步 *

——《保》剧个人总结

◎ 冀淑平

一、创造角色的经过及遇到的困难

丽达化装照

宣布我饰演丽达·乌斯金时，我心中是万分恐慌的，因为知道以自己现有的条件来担任这个角色，各方面的能力都不能胜任；但是组织交给我的任务，无论如何要尽我所有的力量努力，达到我自己所能做到的最好水平，如果实在不行，那就是超出我的能力范围了。好在导演有言在先，可以换人。我是在这样的心情下接受工作任务的。

读小说后，开始写角色自传，这时丽达对我似亲切又似模糊。亲切的是，小说中的几段，如和薛尔基的河边洗澡，与保尔的河边相见等场面，好像是历历在目，我看见了那样一位热情的、有着柔顺的爱情却又极能控制感情的姑娘。但对照剧本却又模糊起来，第五景战场丽达的感情如何呢？与小说怎样联系起来呢？我迷惘了，就这样写成了第一次的角色自传。这时我奇怪丽达十八岁的女孩子是经过怎样的经历成为现在的她呢？要回答这个问题，必须知道她出生在怎样的家庭，当时社会情况如何，要理解丽达，这些问题一定得回答。为此，我看联共党史，虽然不是很明确，但大致了解一下俄国大革命时期工人运动的情况及当时的时代背景之后，写了第二次自传，丽达的出身环境、家庭情况，以及她在当时所能感受到的、可能经历过的锻炼，有了大致的轮廓，在心理上有所依据。

* 本文由中国国家话剧院提供（由他人抄写），主标题为编者所加。《保》剧系青艺于 1950 年 9 月首演的话剧《保尔·柯察金》，由孙维世导演，金山主演。——编者注

排到第五景问题来了。我被“指导员”拘泥起来，忽然觉得我是我，她是她，指导员距离我太远，高不可攀。第四场过场，小说有所描写，自己没什么负担，也就排了。第五景最初就模糊，虽然小说中可以找到参考，但没有丽达，又是“指导员”，抓不到东西，不了解她的思想、感情，不知道如何是好，在台上动都不敢动，怕“指导员”不是这样动的，简直束手无策。经过演员小组的交谈，更重要的是导演对我的启发、鼓励（我曾向导演请求另换别人），这难关总算突破了。记得一次与导演谈话后，我下定决心第二次排演时突破这一点，哪怕是错了，就我所理解的、所能表现的去做，错了再来。如果永远不动，根本就发现不了什么地方对、什么地方不对，永远她是她、我是我，不能相信自己，边做边犹豫，如何来表现呢？究竟是要通过“我”这个具体的人来表现角色的。这样，在排演时似乎好了些，虽然并不是就掌握了人物的思想感情很恰当地表现出来，但我不再犹豫了，不再被“指导员”所拘泥，突破了这一点。

二、演出中的情况

老实讲，直到上演，虽然有些地方是相信了自己，但总的说来，并不是真正地掌握了人物的思想感情，只是以导演对我的要求、我所理解到的以及所能表现的传递给观众，甚至有些地方仍然不能相信自己，如同第四景那样相信自己一样；就是说，只是理性的了解，究竟是怎样的感情，仍然不够明确。以第五景为例。虽然认识到是在怎样的环境中，是怎样一种气氛，但感情仍然不够充实。如“主要的应当有颗战斗的火热的心！”究竟火热的心是怎样的心情呢？体会不到。听到娃莲死讯，仅是一般的悲痛。但究竟那样的关系，那样壮烈的牺牲，为一个最好、最亲爱的同志牺牲感到悲伤是怎样一种感情呢？仍然体会不到。

任弼时同志逝世，这位革命的导师、青年的领导，他一生四十六年中，整整有三十年贡献给革命事业。廖院长报告这消息时是那样地沉痛，从他身上我感受到“阶级感情”的不同。之后，瞻仰任弼时同志遗容，参加追悼会，悲壮、严肃的气氛，我像是多少体会了纪念革命同志的情感。抗美援朝的高潮，团中央的号召，所有的同志——几乎百分之九十九，争先恐后地报名参加东北志愿工作队，爱国情绪的高涨、激昂，这一切，充实了第五景战斗环境中，

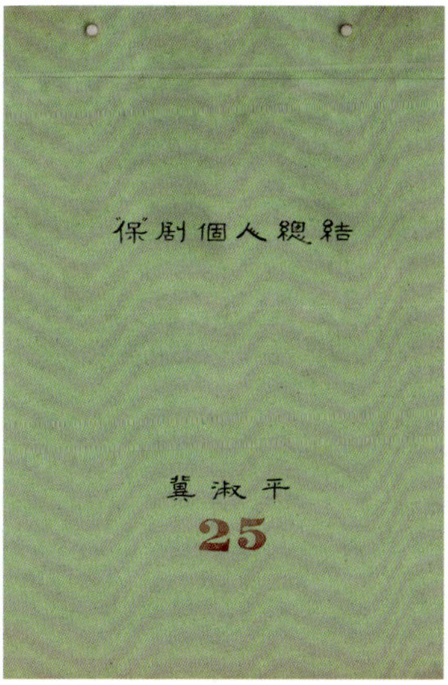

《“保”剧个人总结》首页
中国国家话剧院提供

等待战斗的那种迫不及待的心情，我像是抓到了什么，充实了我的感情，不再是空洞的理解，好像是多少懂得了什么是一颗“战斗的火热的心”！

三、我的收获

1. 思想与艺术结合的重要性

通过这次工作，更明确地认识到思想与艺术的结合是非常重要的。作为演员不仅要观察生活，而且要理解生活。要能深刻地理解角色必须有高度的思想水平，这样才能谈到如何恰当地表现你所能理解的（虽然不等于理解了就能表现出来）。但如果只是笼统地、概念地理解，根本就无从谈到表现问题。不提高自己的思想水平，就不能演出有血有肉的、有生命的人物。

2. 保尔给我以力量、勇气、感召

因为参加这次工作，使我有勇气承担我以前所不敢承担的工作。如第一次选我为小组长，我这样的人能承担小组长的任务？我对自己的说法是“自己说不清自己的话”，我常常是自己体会到某些东西，却不能明白地讲出来。我想到保尔。保尔的精神就是永远向前，勇于面对困难，克服困难。不是要学习保尔吗？保尔不是天生的布尔什维克，从一个看谁不顺眼、谁欺侮了他就报之拳头的粗野孩子，经过党的教育，不断地锻炼成长为现在的保尔。学习保尔的精神不是空喊的，而是要在工作中、生活中以保尔的精神检查自己，鞭策自己。今天的我不可能“跳”到明天的我，我正需要在不断的学习中提高自己。保尔的精神给我以勇气、力量，小组长没做过，做不好，但我学习着做。

为了在现有基础上，在目前环境所能了解到的情况下，尽力完成好扮演丽达的工作任务，我积极参加集体活动，参加院部修路工作，参加团会，参加入团的宣誓典礼；向雷平、白凌等同志请教，找演员小组帮助我；我动了起来，将全部精力投入工作中。

曾经有一个时期，牙疼，半个脸肿，嘴张不开，不能吃饭；最凶的时候，在台上疼得直想哭。我曾想是否找人代替呢？但保尔的精神给我以感召。第六景保尔在那样艰苦的情况中坚持工作，我为什么连这样的苦都忍受不了呢？（虽然疼得够呛，如果是从前，我一定会想法请求换人。）我看到了保尔那种顽强地与“痛”斗争的精神，给予我力量坚持下来。（当然一方面也求助于医生。）

类似这样的事情很多，看起来像是小事，但在当时真的觉得有股力量在支持着我，我像是勇敢了些，坚强了些。

《保》剧的工作使我在思想上提高了一步。

四、经验教训

（1）第五景所以产生被“指导员”拘泥住的原因在于：

首先，对角色理解有偏差。我把丽达看成是与朱赫莱具有同样修养的人，即典型、成熟、有高度修养的布尔什维克；这样，丽达就距离我太远了，摸不着。也没有了解到，丽达虽是极好的革命工作者，但同时又是一个普通的女孩子，参加革命早些，实际经验多些，比保尔等人成熟些，但也是在成长中，并不是我最初设想的如同朱赫莱一样的老练。

其次，自己没有生活体验，没接触过这样的人，太陌生。在现有的条件下，唯一的办法是多读书，多看电影，加强政治、文化修养，关心现实生活中的一切事物，作为储粮，以便丰富到角色中去；否则脑子里一片空白，从事角色创造实在是痛苦不堪的事。

（2）由于以前没有这样的习惯，再加上不善于把握时间，演员日记记了不久就断了，排演以及上演中有些东西也未能及时记下来，使得现在只能就记忆所得（似乎都遥远得很了）写下来，这样就不能做进一步的研究，也就不能很好地总结经验，并从总结经验中提高一步。

（3）这次工作从效果来看，仅是极一般地完成任务，除了自己老底子不行外，另一原因是自己有始无终。有一阶段是用了些功夫的，到后一阶段松懈了，不再努力想，也没多找些有关的参考书看。虽然客观上有些原因，但主观的努力仍是不够的，没有努最后一把力。是不是自己能力仅限于此呢？就不能再好一些吗？总之，最后阶段是不完全符合我接受任务时的决心的，犯了自己与自己妥协的毛病。今后的工作一定要克服这些缺点。

据冀淑平《〈保〉剧个人总结》（1951年2月10日）整理

链接

春风化雨忆当年
——《保尔·柯察金》首演琐忆

◎王培

青艺第三次排演了苏联名剧《保尔·柯察金》，这确是我院一大盛举。一个剧作有一个剧院延续四十年三次排演由三代人演出，说明这个剧作有多么强的生命力。

盛况空前

1950年，中国人民仍沉浸在翻身解放的喜悦之中。中国青年极渴望了解世界上第一个社会主义国家苏联青年的生活和斗争，当时《钢铁是怎样炼成的》这部不朽作品已开始在广大青年读者中传播开来。作为主要对青年观众服务的青年剧院，当时，以廖承志院长为首的领导们做出决策，决定排演由班达连柯根据小说改编的话剧《保尔·柯察金》，并请刚从苏联学成归国不久的孙维世同志担任导演。配备了强大的演员阵容，由两位副院长吴雪、金山直接参加排演，金山饰主角保尔，吴雪饰朱赫莱，张瑞芳饰冬妮娅。剧中“小角色”也配备有多年艺龄的老演员扮演，舞台美术方面荟萃多位美术家，由陈永倞、张鸣琦同志设计。而最有趣的是，廖院长自报扮演冬妮娅的丈夫B组（由于他公务繁忙未成事实），但由此可见对当时的排演是何等的重视。消息首先在文艺界传开，引起了强烈反响，人们翘首以待，期望看到这次各路艺术家们大荟萃的不同凡响的演出。

正当剧组紧张地排练中，朝鲜战火烧到鸭绿江边，一场如火如荼的抗美援朝运动便在神州大地蓬勃展开。在这种全民同仇敌忾的“大气候”中，保尔·柯察金的英雄形象，无疑成为鼓舞亿万中国青年不怕困难、不怕牺牲，“不因虚度年华而悔恨”，一心献身于保家卫国、建设祖国的理想的象征。因而当《保》剧一出台，即刻在首都的观众中引起了空前轰动，无数观众在夜间就来到剧场排队等待早晨售票。由于高质量、高水平的演出效果，广大观众的赞誉口碑，使《保》剧一口气连演三个多月，场场爆满，在观众（尤其是青年观众）中，掀起了一股学习“保尔”的热潮。当时，观众对“保尔”的崇敬，对戏的喜爱，对演员们的爱戴的热烈程度，是当今后辈人或演员同行们难以想象而感到惊奇和羡慕的。

这里我仅举一个实例。在公演过程中，一次，金山同志受天津市团市委之邀，上午赴天津为广大青年做报告，原计划是下午返京，晚上照常演出。谁料天津至北京间铁路出现故障。可是全剧组都早已做好七点半开演的准备工作，观众也陆陆续续坐满，热烈地等待着开演。可此刻仍不见金山的踪影，后台像开了锅，剧场经理更像热锅上的蚂蚁。几经与火车站联系才得知火车因故误点。只得由经理出面向观众讲明原因，请观众耐心等待一会儿，观众报以热烈的掌声。于是，观众席里自发地此起彼伏地唱起了革命歌曲。时针随着歌声旋律的跳动已经指向晚上八时多，金山仍未到来，经理只好再次向观众致歉，征求观众意见是否办理退票改日再看。然而，观众却不约而同地喊道："不退票，我们今天看！！"又是一阵强烈和热情的掌声。九时已过，金山仍未露面，怎么办？既然观众还要坚持等待，经理只好抱歉地对大家说："让大家这样等着，我们实在过意不去，这里有白天刚放映的苏联电影，先演给大家看看吧！"于是，放苏联影片《大马戏团》……直到第二部影片已近尾声，这时指针已指向第二日凌晨零点一刻了，突然金山满头大汗、气喘吁吁地跑进了后台，嘴里直嘟囔着"糟糕，糟糕"冲进化妆室。这时，大家也顾不得询问情况，七手八脚地先给他抢妆，化妆师常大年神速地往金山脸上涂油彩，服装师傅们为他穿服装，居然在几分钟之内扮装完毕。他来不及吃一口东西，喝一口水，影片一结束，经理走上舞台宣布"金山同志已经赶到，戏马上开始！"台下一片欢呼声。终于在凌晨零时三十分深红色的丝绒大幕徐徐拉开。《保尔·柯察金》开始了它公演史上开幕时间最晚（也是最早）的具有历史意义的一场演出，直至凌晨二时半，在观众狂热的掌声中最后闭上了大幕。也许大家都有一种要向观众"补过"的心情，因此全体演职人员思想集中、精神饱满，使这场戏演得极为精彩。当我卸妆后提着木质化妆箱走出剧场时，被长安街上的景象惊呆了，数十部大型公交车正有秩序地疏散着观众送他们归家。末班车早过了时间，为什么有这么多车等在那里？原来是经理室早已与汽车公司联系好。他们考虑这一特殊情况后特意组织车辆为观众解难来了。顿时一股暖流涌上我心头，"啊！这是多么感动人的景象！"多么可贵的大协作！工人师傅们也在支持我们的演出，这难道不是"保尔"精神的体现吗？

从十八岁开始就活跃在舞台上的我，几十年的演戏生涯中，唯有这一晚是我一生中最特殊、最有意义的一场演出，其深刻印象一生不会泯灭。

周总理的关怀

《保尔·柯察金》这样一出对观众进行共产主义教育而艺术上又获得成功的好戏，引起了我们"话剧界总导演"——敬爱的周总理的关注，在排演阶段时而通过维世的传达感受到了周总理的关心。当戏进行到上台合成时，周总理多次亲临剧场看排练与合成，有时一直看到深夜才走。有一次，总理的座车午夜时仍孤零零地停在剧场门口，竟引起东单一带公安部门的注意，特地到剧场了解，才知道周总理在剧场里看排戏。当我们拍剧照的那天，周总理亲自坐在台下与导演维世同志一起看拍剧照，有时还为剧照的拍摄出主意、提建议。总理当时那谈笑风生、和蔼慈祥的神态，看我们时那亲切的目光，至今使我难以忘怀。可以说，《保》剧的剧照是在总理亲自过目下拍摄的，虽然那是一张张黑白剧照，但那每一张剧照里都浸透和摄下了总理的一份深情。记得，就在那一晚，到了深夜十二时总理尚未有离去之意，剧场经理匆匆在隔壁一家由白俄人经营的面包房"时金食品店"内买了些奶油西点和热牛奶，请总理吃夜宵。总理边与大家攀谈着边吃了一点，将其余的分给我们，直到夜半两点多钟最后一张剧照拍完，总理才起身说了一句："等着看你们的演出"才离去。

正式彩排那一天，周总理又光临剧场。当全剧演完以后，维世同志请总理为说明书题字题词，总理欣然答应了。这下子剧场和演出部门的同志可抓了瞎，因为，事先没有准备笔墨纸砚，不知是谁临时找来了一支名副其实的秃笔和一个破墨盒。我们尾随着总理和导演上了后台的二楼，在一间尚未改建好的破房间里，一张满是尘土的破桌子，忘记是谁眼疾手快地用破报纸抹去桌上的灰尘，我们敬爱的周总理就在这张桌子上，用那支秃笔挥毫写下了“钢铁是怎样炼成的是一出富有教育意义的剧”的题词，后来它就被印在了说明书首页。

星移斗转，时过境迁。几十年来，我曾在不同省份、不同场合，遇到过很多不同身份的人，其中很多同志都与我谈到了五十年代观摩《保》剧演出的情况和所受到的教育。保尔的精神和警句成为他们终身奋斗的动力。他们的谈话使我曾不止一次地回首和理解周总理对《保》剧的演出何以如此关注的深刻意义。

来之不易

《保尔·柯察金》的演出获得了成功，不仅轰动了北京，就其影响来说也轰动了全国。剧组收到大批观众来信以及文艺团体的祝贺。作者奥斯特洛夫斯基的夫人也来电表示庆贺。

但，这成功却来之不易。当然，当时的特殊历史背景对获得成功是起了一定的客观作用；但是，全剧组在艺术上下了非同寻常的狠功夫才是获得成功的关键。通俗点说戏精彩好看，行家们说是编导演以及舞美艺术上的过硬技艺才获得如此高的评价。

《保》剧的成功，首先应归功于当时的以廖院长为首的院领导的正确决策；同时也应归功于导演维世同志，是她在青艺刚建院不久第一次以严格、正规、科学的排演方法领导了这次创作任务。回想起来，我体会，她的排演概括地说无非是两句话：突出主题，突出人物。这两者是互为补充、相辅相成的。离开了主题去突出人物，人物将是盲目的，毫无根基的；离开了人物去突出主题，也无法突出只能流于概念和图解。主题不能光靠书写在说明书上或“导演的话”里，主题必须蕴藏于人物的躯体和生命里，含于剧中所展现出的心路历程和生活之中。只有这样，剧作所揭示的思想才能自然地影响观众，打动观众。

在这两者之中，维世同志尤为重视突出人物。建组一开始，他就把演员的全部注意力引到创造活生生的、有血有肉的“这一个”上去，告诫演员塑造人物之源在于熟悉生活，了解生活，而不是凭经验玩演技。记得有一次在她家里，当着我的面就告诫金山同志：“你别以为你演过屈原，又是明星，都不行，保尔对你来说是个新人物，新的课题！”

因此，她率领全组首先就是熟悉生活，了解生活。她要求我们对原著小说至少看两至三遍，阅读苏联国内战争史，听报告。记得，她把当时正在中国拍电影的苏联著名电影导演格拉西莫夫（《青年近卫军》导演）也请来为我们介绍当时的生活战斗情况，因为格拉西莫夫当年也正好是十八岁的青年人，他介绍了许多生活趣事和细节，是在剧本里找不到的，给予我们很多启发。除此之外，她带领全剧组人员看了大量有关时代背景的苏联参考片。当时正值炎热的夏天，每天大家从饭厅领上两个馒头夹点咸菜之类的东西（因为当时都是供给制或包干制，没有什么零钱）装在背包里，然后集合排队开赴南河沿中苏友好协会电影放映室去看片子，一看就是一整天。闷在黑屋里一整天，气温又高，其滋味可想而知，看得大家晕头转向。

维世同志特别重视对生活的感性接触，当然，她无法把剧组带到苏联去接触生活。但，她在北京想尽一切办法让演员直接去观察、体验生活。不知通过什么渠道，她联系了在当时东交民巷的苏联侨民俱乐部。有几个晚上她带领我们去俱乐部，那里的苏联侨民每日都有跳舞晚会、聚餐、放电影、演节目之类的活动，我们混在苏联侨民中间，去观察感受他们的生活。无疑这对我们从未接触过苏联人的演员来说，收获不小。而更大一次收获却是另一次机会。当苏联青年艺术家代表团来华访问演出的消息一传来，维世同志抓住这难得的时机，决定暂停排演，全体演员投入接待工作，她本人也担任了访华团的翻译工作。在接待工作中，我们与苏联朋友朝夕相处，由生疏变熟悉，由熟悉变亲密，逐渐了解了他们特有的生活情趣，生活习惯，不同性格和不同的表达方式等等。苏联人那特有的形象无形中在我们心中开始勾勒出一幅幅图像。

排《保》剧时，使演员们感到最最困难的是写“角色自传”。维世同志要每个演员写出所扮演人物的性格特征，不允许讲概念，什么开朗、沉默、坚强，等等，一概免谈；而是在叙述自己的生活中，自然而然地揉进和流露出人物的思想性格。当时，对于我们虽从事了几年演员工作的也从未听说、也未见过、更未做过“角色自传”的人来说，既新鲜又胆怯，实在是一大难题。但，导演严格要求逼着我们日思夜想地去琢磨、思索……在那些时日，一向锣鼓喧天、高昂嘹亮的“二人转”，热热闹闹的剧院，因为演员们埋头阅读或伏案疾笔，使得剧院室内屋外显得格外静谧，连食堂饭桌上也是一片探讨声。整个剧院充满和洋溢着学术研讨的气氛，几十名老中青演员都在经历一场不考试的考试，史氏体系的现实主义创作方法，正在吸引着演员们的心……最后，经过苦思冥想，洋洋洒洒万言或数千言的“角色自传”每个人都交了答卷，连群众角色也不例外。通过这一“憋”，大家认为对角色的理解和设想大有帮助。此后，维世同志才开始了案头工作。与此同时，她还要求演员在生活里立即建立起角色与角色之间应有的人物关系，这里讲一点趣事。

1950 年首演时的剧本与后两次不同，当时班达连柯的剧本经维世同志的二度创作，其中写了保尔和薛尔基、克林卡三个少年时代战友的戏。金山扮演保尔，我演薛尔基，邵冲飞演克林卡。因此，我们三人的人物关系从头贯到尾。当时，金山已四十岁，我与邵都是二十多岁的毛头小伙子。金山同志一进入排演就像中了魔。剧中规定幕开时保尔是十八岁，他为了使自己中年人的身躯能捕捉到年轻人的心态和生理感觉，并建立起三个少年朋友之间的人物关系，可苦了邵冲飞和我。那时我和邵同住一室，每天天刚亮“回笼觉”睡得正香甜时，金老山来了，一拍邵的屁股，一揪我的鼻子：“走，走，还睡懒觉，打球去！”于是，我们赶紧爬起来，跟着他到青艺大操场（今“儿艺”院址），奔跑蹦跳地去打篮球，直到早餐或排演前才罢休。午饭后邵和我赶快上床想来个午觉，弥补一下早上的损失。刚昏昏欲睡，“嘿！又睡觉，走走，起来打球！”得，金老山又抱着球光临了。于是，我们又离开舒服的小床，跟他到烈日炎炎下的操场上打球，直到下午开始工作前才大汗淋漓地跑进排演场。当时，我俩年轻贪睡，还不能领悟到这苦中的奥秘，竟然被金老山折腾得坐在排演场角落里偷着打哈欠。但是，几个月下来，我们的不悦却慢慢地转变成对他的尊敬和钦佩，我们亲身领略了金山这位大艺术家对艺术执着追求的顽强和毅力。他，经过顽强的锻炼后居然减少体重数十斤，由一个大腹便便的金老山，变成了一个顽皮好动的小保尔。很自然地他与我们之间由副院长、著名艺术家变成无话不谈，甚至嬉戏玩笑的年轻朋友关系。所以，后来在戏中，他那心照不宣的顽皮微笑，挑逗式的目光，风趣幽默的表情，倔强的神态，都能使我们心领神会地呼应和交流起来。就这样为三个少年朋友的心灵沟通打下了真实的生活基础。

金山探索保尔不仅在外部特征的形体、神态、人物关系诸方面，他在刻画保尔的内心世界方面，也下了呕心沥血的功夫，对人物有着精辟的分析。他曾剖析说：“我替我（保尔）记上两条线：一条线是我体力日趋衰退，甚至双目失明，全身瘫痪；另一条线是我精神日趋旺盛，从一种本能的反抗意识，经过党团教育、斗争考验和锻炼，养成了一种世无所敌、顽强不屈、百折不挠的，可以攻克一切反动堡垒的布尔什维克的毅力。这两条线同时发展着，它们既矛盾又统一，矛盾在于‘生理’不肯顺从‘心意’；统一在于精神战胜了肉体，‘生理’竟又顺从了‘心意’。”在这十分正确的理解分析的基础上，金山以他一向倡导的“演员不能用理智演出，要用感情，要用血来演戏”的精神，以精彩的外部体现手段、充沛的激情和整个心灵，可以说用整个生命在舞台上塑造了这个举世闻名的文学作品中无产阶级战士的光辉形象。

在《保》剧的整个创作和排演中，有一种可贵的精神，也是今日仍值得提倡的，即：“人人都在自觉地求索。”如维世同志要求我们必须进行真实的体验。剧中规定三个小伙伴都是光脚走路的，因为他们没钱买鞋穿。而我们都是不穿鞋难以迈步的人，为了真实体验光脚走路的感觉，也为了适应演出时能光脚上台，我们三人从开始对词起，直到进入代用景排练、合成演出，从炎热的夏天到严冬，无论是在地板上还是水门汀，都是“赤脚大仙”。我的脚多次被扎刺和撞破，但，我们仍坚持光脚走路。“你穿着舒服的鞋，就体会不到光脚人的感觉”——我牢记导演的这一教诲。

“一个是一个”是导演谈构思时对全体演员的要求。应当说，当年全组演员没有辜负导演的要求，经过不同的追求与努力，创造了一台鲜明生动的人物形象。金山同志创造的保尔，有口皆碑，不去赘述。吴雪同志创造的沉着、干练、机警的老布尔什维克朱赫莱，是一个出色的俄罗斯水兵的光辉形象。张瑞芳同志创造的冬妮娅，光彩照人，事过四十年了，我耳边似乎仍能听到冬妮娅那银铃般的笑声。邵冲飞塑造的胖克林卡，白凌塑造的保尔妈妈，林子丹扮演的保尔爱人达雅，张逸生扮演的冬妮娅丈夫，白珊扮演的冬妮娅母亲，郭平扮演的李士真斯基，江水扮演的苏哈尔柯，邵华扮演的梭罗门，冀淑平扮演的丽达，端木兰心扮演的工地大嫂，张静扮演的达娃，姜祖麟扮演的保尔哥哥，金淑芝扮演的冬妮娅的女友……都塑造得性格鲜明、人物饱满。甚至只有几句台词的小角色，如肖崎扮演的狱长，那句带着浓厚乡音的“什么风把你吹来的?！”成为大家百学不厌的台词，如今也言犹在耳。熊伟扮演的卖酒婆子，刘仲元扮演的“上校”等等人物形象，在不同的情节中闪烁着不同的光彩，都为烘托全剧起到极为重要的艺术效果。

总之，《保尔·柯察金》的首演，获得了巨大成功，它不仅是建院后的第二个大戏，也奠定了青艺在全国艺术院团中公认的国家级艺术水平的地位。更重要的是，它在广大观众中产生了无法估量的思想教育的社会效果，成千上万人受到保尔精神鼓舞，走上了为中国革命献身的道路，这种政治与艺术的最佳效果是笔墨难以书写的。

九十年代的今日，第三代《保尔·柯察金》又出台了，这是剧院的一件大喜事。今天与四十年前相比，许许多多情况有了很大变化。戏剧观念的更新与物质条件的提高，第三代创作者们，理应比我们当年营造得更加艳丽多彩。俗话说老年人喜欢生活在回忆中。不错，剧院的老同志们都喜欢回忆这段美好幸福的生活，因为它是我们在青艺这块艺术园地里留下的足迹。

引自崔秀英编《戏剧之子 缅怀王培》，2013 年版，第 292—301 页；
原载于《青艺》1990 年第 2 期

叶琳娜

《万尼亚舅舅》

1954 年 11 月首演

编剧：〔俄〕契诃夫

译者：丽　尼

艺术指导：〔苏〕普·乌·列斯里

导演：孙维世

剧情说明

故事发生在 19 世纪 80 年代俄罗斯一个偏僻的乡村里。万尼亚舅舅和他的外甥女苏尼亚在田庄上劳动着。这个田庄本是万尼亚和他的妹妹——苏尼亚的母亲共同继承的产业，万尼亚因为爱他的妹妹和外甥女，放弃了自己的继承权。苏尼亚的母亲去世后，万尼亚为了经营这个田庄，像一个忠实的管家一样辛苦地劳动着。他将田庄的收入全部寄给他心中的“偶像”——苏尼亚的父亲谢列布利雅可夫教授，希望他能在彼得堡好好地生活，多写出一些有益人类的著作。万尼亚就这样自我牺牲地把自己的一生献给了他的“偶像”。

25 年就这样过去了。在他的晚年当他发现他所崇拜的谢列布利雅可夫不过是一个自私自利、不学无术的庸才时，他一切美好的幻想全都破碎了，悔恨使他坠入深深的绝望之中。

退职的教授谢列布利雅可夫在城里生活不下去了，就带着美丽的后妻叶琳娜搬到前妻的田庄上来，想在乡下舒舒服服地住下去。自从城里人下乡之后，整个田庄的生活都给搅乱了。叶琳娜的美貌唤起了万尼亚对生活的渴望；他追求着叶琳娜，可是他的热情得不到一点回报。

阿斯特罗夫医生也是善良的人，他对人生也有过远大的理想，可是他周围的生活使他感到厌倦和痛苦；森林被人们砍伐，农民的贫困和疾病使他不能平静。每当工作疲乏之后，他就到万尼亚的田庄上来，因为他唯一能够得到安慰的，只有他和万尼亚、苏尼亚的友谊。

苏尼亚在暗中热爱着阿斯特罗夫已经六年了，叶琳娜的来临，破坏了她和阿斯特罗夫的爱情。阿斯特罗夫被叶琳娜的美貌所吸引；叶琳娜虽然也爱阿斯特罗夫，可是她却没有勇气离开老教授，摆脱那种庸俗的生活。

教授向全家宣布了他那蓄意已久的计划：他要卖掉田庄，好到城里过舒适的生活；他要把替他劳动了一生的万尼亚和他亲生的女儿苏尼亚从家里撵出去。伪善者的狰狞面目完全暴露无疑了。万尼亚忍无可忍，向教授开了两枪，但是两枪都没有打中。

万尼亚在绝望的情绪里，无法忍受自己的羞愧，想借毒药结束自己的一生。但是，由于对苏尼亚的热爱，万尼亚仍背负起生活的重担，继续着他那不休息的劳动。

摘引自《万尼亚舅舅》演出说明书

紀念世界文化名人契訶夫

中國青年藝術劇院演出契訶夫四幕名劇

萬尼亞舅舅

藝術指導：蘇聯戲劇專家 普·烏·列士里

導演：孫維世

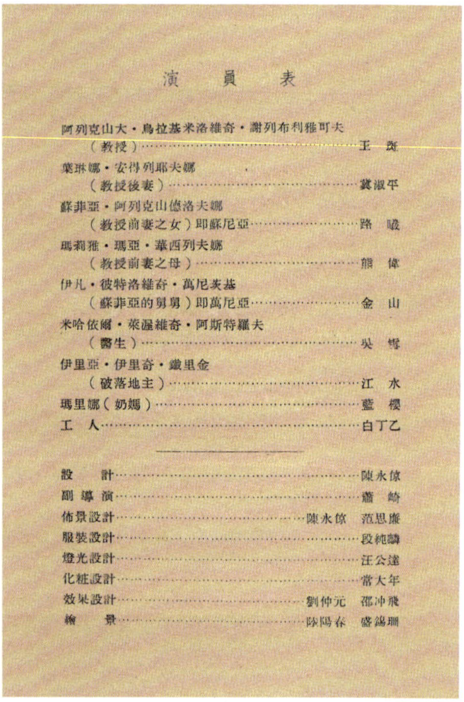
演員表

阿列克山大·烏拉基米洛維奇·謝列布利雅可夫
（教授）……王斑
葉琳娜·安得列耶夫娜
（教授後妻）……冀淑平
蘇菲亞·阿列克山德洛夫娜
（教授前妻之女）即蘇尼亞……路曦
瑪莉雅·瑪亞·華西列夫娜
（教授前妻之母）……熊偉
伊凡·彼特洛維奇·萬尼笑基
（蘇菲亞的舅舅）即萬尼亞……金山
米哈依爾·萊溫維奇·阿斯特羅夫
（醫生）……吳雪
伊里亞·伊里奇·鐵里金
（破落地主）……江水
瑪里娜（奶媽）……藍櫻
工人……白丁乙

設計……陳永倞
副導演……蕭崎
佈景設計……陳永倞 范思廉
服裝設計……段純麟
燈光設計……汪公達
化粧設計……常大年
效果設計……劉仲元 邵冲飛
繪景……陸陽春 盛錫珊

《万尼亚舅舅》演出说明书

左图引自中国国家话剧院编《中国国家话剧院剧目海报图册》（中国戏剧出版社 2018 年版）

叶琳娜

——角色创造笔记

◎ 冀淑平

本书编者寄言：本文据冀淑平手稿《叶琳娜》整理（一份内容相同的他人手抄本保存在中国国家话剧院），撰写于当年排演《万尼亚舅舅》期间。本剧主人公万尼亚的扮演者、著名戏剧艺术家金山在他所著的《一个角色的创造》中有这样的记载："1954年5月接受医生阿斯特罗夫角色，开始投入人物创造，到8月底，创造接近成形。9月初，苏联戏剧专家建议更换角色，我接到新的任务，担任万尼亚一角。9月5日开始了新的创造工作，到11月18日正式公演。这个角色的创造，为时较阿斯特罗夫的差不多短了一半。"[①] 冀淑平由扮演万尼亚之母玛雅改为扮演叶琳娜的时间当与金山的记载相似。也就是说，从接受叶琳娜的创作任务到《万》剧正式公演仅有短短两个多月，这对于当时年仅31岁的年轻演员而言无疑是严峻的挑战。然而，她成功了；而《叶琳娜》这篇文字则让我们看到了她成功背后的艰辛付出。这篇以叶琳娜的第一人称撰写的61页长文书写于活页笔记本内，从开幕之前写到落幕之后，生动地全程再现了剧中人叶琳娜在规定情境中的行为轨迹和心路历程，它是冀淑平对叶琳娜人物性格和内心活动深入挖掘的真实记录，也是她在专家们引领下在艺术道路上迅速成长的历史见证。

《叶琳娜》原稿划分为四幕，其中叶琳娜的台词是用红笔书写的。收入本书时，编者将全文进一步细分为开幕之前、四个幕次、各幕之间以及闭幕之后共九个部分，增设了一些标题，并采用不同的字体和颜色区分不同的场景。场上戏采用宋体字，其中驼色字为叶琳娜的台词，黑色字则是演员角色创造的具体内容，包括所处的规定情境，人物自我感觉、形体动作、内心独白、潜台词等。幕后戏（开幕之前、幕间、幕中下场及闭幕后）的角色创造内容，则采用仿宋体字并衬以淡蓝底色，便于与场上戏相区别。文中剧照选自冀淑平保存的相册，据中国国家话剧院提供的《万》剧空景照的署名，这些剧照（以及本书其他文章中的《万》剧剧照），应当是由杨迪先、游振国老师拍摄的，特此致谢两位摄影艺术家。

① 金山：《一个角色的创造》，中国戏剧出版社1957年版，第1页。——编者注

开幕之前

初到庄园

从彼得堡到这儿已经将近十天了。这里的一切都是新鲜的，虽然我不喜欢这里笨手笨脚的仆人以及虽然尽了很大力量为我们安排但仍感简陋的饮食，过于大的房间……但这些毕竟是次要的。这里没有在彼得堡所经常接触的那些表面浮华但却缺乏内容的冗长的宴会、千篇一律的应酬话、贫乏无味的高谈阔论；这里有大自然，有我仿佛在书里读到的大自然的美，可以陶醉在大自然中，可以有更多的时间读读我所喜爱的小说，静静地弹弹琴、唱唱歌……总之，这种悠闲安静的田园生活比起烦嚣的都市生活来，似乎要美得多，富于诗意得多；那种经常使我烦闷的空虚、无聊之感似乎淡漠了些，甚至有时会觉得心胸开阔、愉快。而且，亚历山大的病也许因在乡间有所好转，因而那种令人难堪的折磨会减轻些……看起来，亚历山大决定到乡下来是对的。

苏尼亚和她的外祖母

家里仅有的几个人中，我喜欢苏尼亚。这姑娘善良、大方、纯洁，她身上具有很多她的母亲、我的好友薇拉·彼得洛夫娜的美德，也许因为这吧，我特别感到苏尼亚亲切。但我却摸不清这姑娘对我是怎样一种心情。有时她那样亲切无拘无束地和我谈起她如何和万尼亚管理田庄，如何与农民打交道，以及他们家的朋友、爱种树的大夫。每当这种时候，我总觉得她对我如同我对她一样的亲切。但有时，从她那眼神中却总流露出另外一种神情，那神情像是好奇又像是不信任，我很难确切地理解那种神情，总之，似乎是不怎么喜欢我；但无论如何我是喜欢她的，而且我相信，只要我以诚待她，随着日后的相处，彼此更多的了解，我们之间的友谊会与日俱增的。

玛雅·华西列夫娜，作为薇拉·彼得洛夫娜的母亲，作为一位不失为有教养的老人家，我尊重她，但我对她没有好感。我也感到，她也只是因为我是亚历山大的后妻，才与我保持着像她那样身份的人所应有的礼貌而已。她并不喜欢我，好在这对我是无所谓的；爱怎么样就怎么样吧，我不屑于、也没有必要去博取人家的好感。

令人不安的万尼亚

令我不安的是万尼亚。从前我见过他，那时给我的印象是很有礼貌、教养的青年人。可现在变得那么厉害，胡子一大把，不满意一切，整天就是喝酒，埋怨这个，不喜欢那个；尤其是，我明显地感到他不喜欢亚历山大，甚至恨他。为什么这样一个善心肠、厚道、受过良好教养的人会变成这样？而且当我们在这里第一次见面的时候，我立刻敏感到他对我的态度不一般。可当时我曾设想也许只是像其他许多人一样，为我的美丽所吸引罢了，这原是很自然的事；可后来事实告诉我远非我曾设想的那样。

不记得是我们到后的第几天，在一次散步的路上，我正独自欣赏着紫色的丁香花，忽然他走到我的面前对我说："我爱您，您是多么美！您是我的全部生命！"

我吓了一跳，怎么居然在这种地方以这种直截了当的方式说出这种话！

"您醉了！"我赶紧跑开了。

他明明对我寄以不应该有的感情，这是不道德的。我得承认，在我的生活中是缺少点什么，我未尝不因此而感到空虚、苦闷。但是，自从我决定嫁给亚历山大那一刻起，就曾发誓要做他忠实的妻子。婚后七年来，我一直忠于我的诺言，从来没有违背过我的良心。虽然亚历山大的脾气是令人不能忍耐，彼得堡的朋友也经常表现出一种"可怜"我的神情，好像为我的年轻、美丽而惋惜，好像为我而抱不平。感谢上帝！我完全不需要这种"好意"，各人有各人对生活的看法。我喜欢过纯洁、正直的生活，我看不起那些轻浮的、欺骗自己丈夫的女人。自我牺牲是一种美德，人应该具有这种美德才对。因此，尽管我和亚历山大谁也不了解谁，同床异梦，有时也的确感到难以忍耐的痛苦，但七年来，我一直忠实于他，我始终尽着我应尽的责任和义务，我问心无愧；越是别人以那种似乎是关心的"可怜"的眼光看着我时，我就越感到骄傲。而且，认真地讲，无论谁的生活也不是尽如理想的，既然自己为自己安排好了生活，就按照它生活下去吧！虽然我也常常渴望着幻想着过另外一种新的、富于诗意的、像音乐一样美的生活，但那只是想想而已，现实生活毕竟是现实生活，我已经习惯这种生活了！像小说里所描写的爱情故事在我的生活中大概是不会出现的。

想起来都觉得可笑。四十七岁，生长在农村，那么大把的胡子，穿着双那么不时髦的方头皮鞋，打着那样的领结的万尼亚，向我表白他的爱情！怎么可能设想我会爱上这样的人呢？不，他完全不是我有时曾经想过的人！可他最近有时竟毫不回避地对我表白他的感情，这真令我不好意思，也令我不安，如果别人知道了会怎么想呢？

折磨人的亚历山大

昨天晚饭时，亚历山大不知道为什么很不高兴。饭后他到书房去了，我和苏尼亚在餐厅里玩，我弹着琴，苏尼亚在旁边静静地听着……

奶妈匆匆跑来，告诉我们亚历山大又不舒服了，要我们赶快到客厅去。

亚历山大斜靠在沙发上，一言不发。我已习惯了他这种样子了，照例问他哪里不舒服，需要什么药；他说他自己也弄不清楚到底怎么不舒服，好像是腿疼，我只好帮他捶腿。可他又说浑身疼，不要我捶腿；不捶就不捶。

他说他怕吹风，要我关窗子。可一会儿又嫌气闷，要呼吸新鲜空气，我只好又把窗子打开……

小苏尼亚一会儿递水，一会儿拿药，也帮我忙活着……

他哼哼唧唧地吵着疼，一会要这个药，一会要那个药；拿来拿去，结果是所有带来的药都不合适……

苏尼亚悄悄向我建议还是请阿斯特罗夫大夫来看看的好。我原来不同意，因为我知道请来也是像前两回一样，白麻烦人家。连彼得堡的名医都不能诊断他的病，他哪可能相信这位乡下医生？但为了苏尼亚的好意，为了心安，为了尽我的责任，我写了简短的一封信，拂晓时差仆人去请医生，请医生接到信后马上来。

清晨亚历山大睡着了。我关好窗子，帮他盖好，要苏尼亚去休息后，悄悄回到卧室……

“莲娜契卡！”这是从客厅传来的声音。

“什么事？”我猛地从床上起来赶到客厅。

“什么时候了？”他问。

时钟正指着十二点。

“十二点了。你是不是需要吃点什么？”我问他。

“不，这一觉睡得很好。田野的空气对我有好处，我要去散步。把我的衣服、阳伞、套鞋预备好。”

照样像主人吩咐仆人那样吩咐我。

“要去就去吧，反正我也睡了一觉了。”我想。

我为他安排好一切。

为了使散步不单调，我邀苏尼亚一起去。

阳光透过白色的纱窗射在梳妆台上，我对着镜子理着头发……

当我更衣时，忽然听见万尼亚和亚历山大在争论什么，好像是为了散步的事。万尼亚劝亚历山大为了保重自己，为了少给别人添麻烦，还是不要出去的好；亚历山大却坚持要去。

我感激万尼亚的好心，与其说他是为了亚历山大，倒不如说是为了我。他的确是个善良的、好心肠的人，每当亚历山大闹病，他总是和苏尼亚轮班帮我的忙。

“唉，何必与他争论呢？他的意思从来就是不可更改的，好心肠的万尼亚还不知道亚历山大的脾气。”我心想。

我和万尼亚可以说是很好的朋友，逐渐地我了解了他的苦恼：受过很好的教育，但却一直埋没在乡下；到了四十几岁却一无所成，没有社会地位，没有妻子儿女；除了苏尼亚之外，生活对他来讲没有一点温暖、爱抚，他的母亲关心他远不如关心自己的书……难怪他烦闷、喝酒、发牢骚。我由衷地同情他，如果他不以那种态度对我多好啊，我真愿意像对待自己亲兄弟那样和他谈谈，关心他、爱护他……

林间漫步

那个叫做什么伊万·伊万尼奇的人也和我们一起散步。他毕恭毕敬、竭尽所能地想博得亚历山大的好感，他为亚历山大解说着一切，那样子虽不免好笑，可到底对散步有些好处……。苏尼亚挽着她父亲的臂膀，也说着、笑着……这再好没有了，用不着我像木偶似的挽着亚历山大了，可以尽情地欣赏大自然。亚历山大像是很满意的样子，感谢上帝，这倒是不常有的事呢。

天空晴朗、开阔，白云在蓝色的天空上变幻着形状；白杨树干笔直地耸入高空，树叶迎着微风发出轻微的沙沙的声音，随着轻风飘来阵阵紫丁香的芬芳；成双作对的鸭子在路旁的池塘中嬉戏着，偶尔传来树上声声的蝉鸣……这里的风景多美啊！在彼得堡就看不到这如画的景致。我觉得这样舒适、轻松、愉快……我轻轻哼着舒伯特的小夜曲……

从哪里传来一片笑声？笑得那样爽朗！……对面，路那头拐弯的地方，树后出现一位年轻的姑娘，脸涨得通红，一条又粗又长的辫子垂在右肩上，喘着、笑着、跑着；紧接着，一个结实、粗壮、愣头愣脑的小伙子追了过来，姑娘是那样灵活，像阵风似的躲到一棵大树后；而当小伙子发现她躲在树后时，她已经又跑开了；小伙子追逐着她……

多么自由自在、无拘无束，多么幸福的一对恋人啊！如果在这大自然的怀抱中，有一个我所理想的、年轻的、有趣的、懂得生活的真心爱我的人陪伴着我该多好啊！……会有那样的事吗？……像小说里所经常描写的爱情故事会在我的生活里出现吗？我的心怎么从来没有像书里写的那样激动过？……如果有，该多好，那该是多么地幸福，我多么希望发生那样的事！……如果发生了，我会怎么办呢？……

我想着，慢慢地走着，轻轻地转动着伞……一时间，除了我的思索之外，周围的一切好像都不存在了一样；我真愿意永远这样走着，想着……

第一幕

（花园。阴霾的午后）

到家了呢！倚着白杨树的侧影好像是阿斯特罗夫大夫……啊，是他！他已经来了呢，真不好意思，这已经是第三次让他白跑了！可这不能怪我……大夫在向我行礼，我点头向他还礼……茶桌已经摆好了，是啊，早就应该喝茶了……得先回屋整整装……**[下场]**

穿衣镜里现出我的高高的身材，脸颊泛起两片红晕，额前的卷发掉了一绺下来，我顺手理了一下……

我感到有些疲倦，伸了伸懒腰，但心情是兴奋的。今天的散步很好，使我充满了青春、喜悦的感觉，我甚至高兴地对着镜子放声唱了出来……

该到外面喝茶了，请亚历山大一起去是我的义务，我在书房找到了他。

“该去喝茶了，亚历山大！”

“别打搅我，莲娜契卡，我有要紧的事要办。我已经吩咐把我的茶送来了。”

不去正好，我可以安安静静地喝茶。

[上场] 多么舒适，这庭院、这茶桌，今天好像都显得可爱些……

苏尼亚已经把茶倒好了。亚历山大没来，我是否不坐在老位子上？说实在的，我不愿靠近玛雅·华西列夫娜；我正犹豫坐到哪儿，万尼亚殷勤地让位子给我……

“谢谢你，我不愿和你们在一起……啊，那儿，秋千，那儿多舒服、自在！”我拿起茶杯走过去，坐到秋千上。

万尼亚殷勤地让位子给我……

大夫对我说他是为亚历山大的病来的，可看起来他好像很好。那语气似乎有点责备。

“是呀，昨天晚上是那样，这不能怨我呀。”

“昨天晚上他确实闹得很厉害，嚷着腿疼；可是今天又没什么了……”

大夫在抱怨拼命跑了六十里，马腿子差点跑断……这回要在这儿住到明天……睡个好觉，补偿补偿……

“这叫我怎么办呢，亚历山大的脾气就是这样。……这大夫倒有趣，挺会开玩笑呢。”

我搅着茶，喝着……

苏尼亚在说茶凉了，那个伊万·伊万尼奇也说茶炉子的温度低下去了。

“有什么关系呢！”不知为什么，今天我好像什么都可以将就似的；“我还不是照样喝吗？”

“不要紧，伊万·伊万尼奇，我们就凉着喝好了。”

他在解释，他不叫伊万·伊万尼奇……

“啊，我叫错了？”

他叫伊里亚·伊里奇·铁里金……

“啊，是的，知道了。……麻大哥？……多么可笑的外号……是苏尼亚的教父……住在我们这儿，每天都和我们一块儿吃饭……啊，是的，是好像在餐桌上常常看到他，他不说我可真没注意呢……”

玛雅·华西列夫娜失声叫了出来。

“什么事？大惊小怪的？……啊，又是小册子……”

万尼亚在顶撞他的母亲。

“为什么这样，多没意思！”

“吵起来了，真是，何苦呢？”

“什么？写字机器？……怎么可以这样？”当着众人诬蔑我的丈夫，令我不愉快……

“居然拍起桌子来了？！……这简直是在演闹剧了……我竟有这样的亲戚呢！……”

万尼亚虽然说他赔罪，但我看得出来他心里不舒服，玛雅的气也并没有消下去，大家也都不知道该怎样才好。

“何必这样呢？真不值得争吵，大家和和气气的多好！打破这种僵局，调和调和气氛吧！”

“多么好的天气呀，又不太热。”

万尼亚气汹汹地说什么好上吊的天气！

“真不知道该怎么对他才好……随他们去吧……在彼得堡无论如何看不到这样的事。……刚才的散步那么好，可没想到家里会发生这种令人不愉快的事……”

那个麻大哥无味的琴声又响了起来……

有人来找大夫。

“啊，大夫要走了……。奥斯特洛夫斯基的戏剧里的人物，就跟他差不多……大夫在嘲笑自己，这大夫倒有点风趣呢……”

他来向我告别，我微微点头……

大夫热情地邀我到他的田庄去……问我是否感兴趣……

我不止一次听苏尼亚说他爱种树，有意思，有思想；但是大夫怎么会喜欢种树呢？这实在是难以理解的事。

“我早就听说您是很喜欢种树的。当然，种树是很有用处，可是，那不妨碍您的正事吗？您是个大夫呀！”

万尼亚又在嘲笑不知道什么才是一个人的正事。

“他怎么会那么热衷于种树呢？”

“啊哈，苏尼亚，你啊……我看你简直被大夫迷住了呢……”

“那种事也有趣吗？”

万尼亚又在讽刺人。

阳光照在大夫晒得红棕的脸上，他那颀长却又粗壮健康的身体，他的声音……都流露着一些说不出的与别人不同的东西……

“我就不明白像你这样年龄的人，种树对于你怎么会有这么大的兴趣？难道除了种树之外，就没有别的东西吸引你吗？”

“您还年轻——您看来不过二十六七……那么那种事就绝不能像您所说的那么有趣了。除了树，树，什么也没有，我看那一定是非常单调的。”

苏尼亚跑过来帮大夫解释，她那样热衷于他的种树：“……如果您听他谈谈，您也会同意他的……”“是吗？森林原来有这么大的好处……是有意思……他是很聪明的……”

苏尼亚越说越兴奋，简直忘记了自己。

“啊哈，苏尼亚，你啊……我看你简直被大夫迷住了呢……”

万尼亚说什么虽然动听却不叫人相信，照样要拿柴来烧炉子，造谷仓……

“为什么对谁都是这种样子呢？”

大夫在讲他的森林，他那样热情、有力，眼睛放着光，像诗人在念着抒情诗，像音乐家在演奏着奔放的乐章……

“是啊，是啊，有趣……他这个人是很有理想的……是啊，他是对的，如果每个人都照他那样，就不会有那些无聊的争吵了，人们就会生活得宁静、和平，生活将会是多么美好啊！……他倒真是个不平凡的人呢！”

他面对着我进一步讲他的理想。

“人不应该把自己不能创造的东西毁掉，应该有理想，有创造力……这我懂，我同意，何况他讲得又是那样动听！……什么，河流干了，动物绝迹了，气候反常了……越讲我越有些不懂了……该怎么办呢？……真对不起，虽是动听但可惜我不懂……我真有点不好意思了……”

“……当他听到他亲手所种的小树沙沙地响着，气候是控制在他手里的……他在为千百年以后的人们谋求幸福……”

他继续讲着他的理想，我入神地听着。

“我的心为什么跳动，怎么怎么，有点异样的感觉呢！……难道他是我书里、梦里、幻想里的人？……这可能吗？……”

“哟，万尼亚又用眼睛牢牢地盯着我呢……又这样看着我，真叫我不好意思！”

大夫在向大家告别……他走了。

苏尼亚对他多么恋恋不舍，她挽着他……她去送他……这一对走得那么美，我倒要欣赏欣赏他们……我欠身看着他们的背影……

万尼亚的背挡住了我的视线……别让他看出什么来，谈点别的什么吧……啊，早上他与亚历山大争吵，刚才又对他的母亲无理，真得劝劝他了。

“为什么对谁都那样呢？多不好！”

“伊万·彼得洛维奇，您太过分了，您干吗要招您妈妈生气呢？又说些写字机器什么的，今天早上您又跟亚历山大吵闹，该多没意思啊！”

他说他恨亚历山大。

“真可笑，我懂得你的意思！……这样开诚布公地说恨我丈夫，我都替你难为情了。”

“您恨亚历山大干什么呢？他还不是跟大家一样？他也不比您坏！”

他也在说我懒散！

“真没意思，我早就看透了你们的这种同情！……我懂得你们这种所谓同情的后面包含着什么样的野心！……谢谢你！如果都照你们男人所想的那样，这世界就没有正直、纯洁、自我牺牲了，那会是什么样子啊！……

“唉，懒散！该多没意思啊！谁都骂我的丈夫，谁都用可怜的眼光看着我：‘可怜的女人，嫁给个老头子。’这种同情我真看透了！正跟那大夫刚说的一样，你们全都没有理性地破坏着森林，用不了多久，全世界的森林就都给你们毁完了。同样，你们也没有理性地毁灭着人类！谢谢你，像这样，在这个世界上也就不会再有忠实、纯洁，也就不会再有自我牺牲了。为什么你们老也饶不过任何一个女人，除非那个女人已经是你们的太太？就因为——阿斯特罗夫大夫说得是不错的——就因为你们的心全都给魔鬼迷住了，你们全都是没有心肝的，无论对森林、对鸟兽、对女人、对任何人！”

大夫的脸出现了！他讲话的声音、神情这样清楚地展现在我的面前……

“那个大夫有一张倦怠的、敏感的脸，有趣的脸。”

“他怎么那样令人向往？难道是我理想中的人吗？……咳，想到哪儿去了！我多傻！是苏尼亚被他吸引了，不是我！……”

“苏尼亚显然被他吸引住了，苏尼亚爱他，我是看得出来的。我到这儿以后，大夫来过三次，可我不好意思，我一次也没有好好地和他谈谈，也没有很亲切地对待过他，他大概会以为我是很厉害的……”

“我这个人总是这样不招人喜欢！……多么烦闷啊！……和万尼亚好好谈谈吧，我们才是苦闷的一对呢！”

“伊万·彼得洛维奇，我们做了朋友，并不是偶然的吧。我们两个都是这么厌倦、这么烦闷的人。该多烦闷啊！”

“呀，干吗又这么看着我?！好像要看清我脸上有多少根汗毛似的……”
这种眼神令我不好意思，也不喜欢！

“你不要这么看着我，我不高兴您这么看着我！”

可他又向我表白爱情……
“上帝，妈妈他们在这儿，请你别讲了吧！”我暗示他。
可他还是讲，我不得不制止他。

“轻点，他们会听见的！”

可他还要讲，还要讲……
“真要命！为什么总要这样呢?！”

“这真难受！”

“怎么办？”我只好回屋去……**[下场]**

“你不要这么看着我，我不高兴您这么看着我！”

第一、二幕之间

亚历山大的病最近更厉害了，常常一闹就是几个晚上不能睡觉，弄得全家都不得安宁。我倒是习惯了这种生活，可看着老奶妈、苏尼亚、万尼亚他们也都为了他的病搅得不得安宁，心里确实有些过意不去。但是我有什么办法？他就是这样的脾气！虽然我为他使得大家不安而感到内疚，可是别人对我却是那样地不谅解。老奶妈常常在语言中流露出对我的不满，好像我没尽到我应尽的责任似的。玛雅原来就不喜欢我，现在更从她那严厉的、冰冷的眼光中感到对我的厌恶；尽管她对我始终保持着表面上应有的礼貌，但这种感情是隐瞒不了的。苏尼亚也不像我们刚来时那样的照顾她的父亲、和我常在一起谈谈了。我不怪她，这姑娘是够辛苦的。万尼亚除了喝酒、发牢骚，什么也不管，所有家庭、田庄里里外外的一切事务，都落在她一个人的肩上；亚历山大的脾气也的确令人难以忍耐，有时她不高兴，甚至顶撞他两句，原是可以理解的。可她为什么对我也那样呢？最近十几天以来连理都不大理我，甚至有时也向我发脾气。万尼亚一有机会就向我表白他那令人讨厌的“爱情”……这家里原只有他们两个可以谈谈，可一个不理我，一个见了我就是那一套，我真受不了。本来，一切苦恼、无聊还可以借弹琴来抒发，可近来由于亚历山大经常病，连弹琴也是不可能的……一切的一切使我感到说不出的苦闷、烦闷……但是这种苦恼、烦闷向谁倾诉啊！而且我一向自持，我不愿别人知道我的烦恼，每当我实在忍受不了时，就靠在卧室的床上，让眼泪悄悄地浸湿枕头，让眼泪来洗刷我心灵深处的烦闷……

不知是什么原因，对于我原已习惯的亚历山大的折磨、不信任，却产生了一种像是不甘心的感觉。当我发现有这种感觉时，自己都觉得奇怪：他那种唠叨的，没完没了的，千篇一律的病、老，不放心我，嫉妒我，对我是早就听惯了；可近来，当听到这种愚蠢的话的时候，不仅仅是引起我的厌恶而是从心底的反感。我对他是纯洁的、忠实的，我不允许这样不公平地待我；我是有血有肉、有感情的人，我不是木头，我不愿意老是像木头一样被他锯来锯去……可我既然是他的妻子，又能够怎样呢？该忍耐就尽量地忍耐些吧……

阿斯特罗夫大夫最近常常来。这位大夫倒的确是位不平凡、有理想、有眼光的人。记得有天晚上，为了亚历山大的病我们请他来；不知是因为亚历山大不听他的话他生了气，还是因为疲倦，他和万尼亚在餐厅里喝酒。当我进去的时候，他已经有些醉意了，脸涨得红红的，两眼炯炯发光，正在谈论着他的医生生活。他说他是这一区的唯一的医生，无论是白天夜晚，也不管是下着大雪的严冬，还是烈日当头的炎夏，哪里请他就必须到哪里去；而他所接触的病人又都是些粗暴的农民，他得给他们挤脓、包伤……

“啊，对不起，也许彼得堡来的夫人是不喜欢听这些的吧？”他幽默地向我开着玩笑。大夫的玩笑使我不安，不知该怎么回答他才好。

“请相信我，对于您所讲的事情我倒是蛮有兴趣呢！”我自己也不明白究竟是真的有兴趣呢，还是只是为了礼貌，还是为了别的。

“是这样吗？如果真是这样，我感到非常高兴！”

“再喝点吧，伊万·彼得洛维奇！”

万尼亚满腹心事似的一语不发，默默地陪他喝着。之后，他半醉地、兴致勃勃地讲着他的森林，讲着他的理想。他那浑厚的声音，那张长长的面孔，那放射着光芒的眼睛、那眉毛……甚至那把古怪的胡子，都使我感到那么亲切……仿佛我在哪里见过、很早就熟悉似的……我听着，听着……

苏尼亚匆匆地跑来找我，说亚历山大叫我。

在这样的乡间做医生是不容易的，整天东奔西跑；可他并没有被这种平庸、琐碎的生活压倒，仍是那样愉快，充满生命力，富于幽默、风趣……他具有城市人受过良好教养的高尚、文雅，可又具有农村人的粗犷、豪爽……而且他有一种说不出的吸引人的魅力……的确是位不平凡的、有趣的、吸引人的人……如果苏尼亚被他吸引了或者爱上了他，倒是可以理解的。这种感觉是那样地深刻、清晰。

慢慢地从苏尼亚怀疑、探索的眼光中，我明白了她生我气的原因是不了解我，如同其他的人一样："你为什么嫁给一个又老又病的丈夫？"如果是因为这个，我相信只要我有机会向她解释，她会信任我的，女人是懂得女人的。当年我仅仅十九岁的时候，那么单纯、热情，我不懂得生活。我崇拜亚历山大如同其他崇拜他的人一样，他有学问、有名望、有地位，是彼得堡仅有的几位有名的学者之一。他的关于生活与艺术的著作那样地轰动一时，多少年轻的学者向他求教，多少女孩子为他的学问倾倒。为了这样一位对学术界有巨大贡献的人，我愿意献出我的青春；为了他，我不惜牺牲一切，我愿意代替我的好友薇拉·彼得洛夫娜爱他，照顾他，这难道是我的错？而当我发现生活不像我所幻想的那样美好，我自以为可以为之牺牲一切的所谓"爱情"，不是我所幻想的那样简单；当亚历山大经年累月地总重复着"给我茶""我的衬衣在哪儿？"我感到空虚、厌倦时，我并没有违背我的良心，我始终克制着自己，我忍耐着……这难道是我的错？苏尼亚是善良的，早晚会了解我的。几次我都想好好跟她谈谈，却总没有适当的机会。生活是这样痛苦、孤独、无聊，打破我们目前这种僵局吧，我不愿我们仅是继母和女儿的关系，我应该和苏尼亚成为真正知己的朋友！

也许是由于我对亚历山大的反感，也许是由于在农村，在大自然的怀抱中，一种追求真正生活的欲望时常强烈地冲击着我的心。我常常想起那次散步时遇到的一对青年男女，尽管他们没有知识，生活贫困，可看得出来他们爱得那样真挚、深沉……我呢？我没有真正地爱过人，也没有真正被人爱过！在我的生活中，没有爱情，没有欢乐，没有一切！……如果我有一个年轻的丈夫，如果我能真正地爱，那该是什么滋味？我渴望着有那一天……

为了亚历山大的病，我已经整整两夜没有睡觉了。亚历山大睡着了，只有当他睡着时才停止那愚蠢的唠叨。我伏在桌上打了个盹，真好笑，我居然做了那样幸福的一个梦，我真愿这个梦做下去，做下去……我愿意永远生活在这幸福的梦里。多么可惜，我被梦中的幸福笑醒了！……

巡夜人在敲着更，万籁俱静。我静静地回忆着刚才的梦，哪怕是梦，我愿意抓住它，记牢它……我仿佛梦见在一个月白风清的夜晚，一位年轻的可爱的人伴着我，摇着一只小船荡漾在寂静的湖上；湖水倒映着月亮的影子，轻风掀起了湖水的微波，吹拂着我的头发。我依偎在年轻人的怀里，轻轻地哼着儿时爱唱的歌曲，为了给他听，也为了回忆自己幸福的童年……那个人像是那奇特、有趣的大夫，又像不是……怎么怎么，真奇怪，竟会做这样的梦呢！……那个大夫竟会来到我的梦中，真可笑……

第二幕

（餐厅。夜间）

“谁呀？苏尼亚，是你吗？”他醒了！

亚历山大的声音打断了我的沉思。我使自己跳动的心平静了些，告诉他不是苏尼亚。

“是我。”

他的毯子掉了，既然照顾他是我的责任，就只好照顾他；我过去帮他盖毯子。

“你的毯子已经掉到地板上了！”

背后的风使我感到有些凉意，我想起昨天他说要关窗子的，为了照顾他，我去关窗子。

“我们把窗子关起来，好吧？亚历山大！”

可他不让关。“都是你说的，昨天要关，今天又不要关，随你好了，反正总是你对，不关就不关。”现实生活使那由于沉入幻想而暂时忘掉的疲倦又袭击了我，我感到浑身无力，我坐到窗前的椅子上。他又在唠叨他的腿，我懒得听，继续回味那幸福的梦……

他问几点钟了。

“十二点二十分。”

“真奇怪，刚才的梦是怎么回事？……怎么会做这样的梦？……”

我感到他刚才在说什么，可我没听见，不得不问他。

“什么？”

他叫我查查有没有巴秋什可夫的书。那眼神真令我受不了，好像他是主人，我是仆人似的！

“忍耐些，忍耐些……”

他又在问他的呼吸为什么这么困难？

这叫人怎么回答呢？可他既然说了就必须回答，我控制着我的不耐。

“你太疲倦了，你已经有两个晚上没有睡觉了！”

他开始说他的病。……

这种愚蠢的没意思的话不知说过多少次了，我实在听够了。

“人家说做梦是白天想的，难道我想过他？我感觉心在跳动，是这样吗？”

他又在咒骂他的老年。这种经年累月的折磨，使我实在受不了；而且，你的年老难道也是我的错？！

“听你说话的口气好像你自己的年老都是我们的错似的。”

“最讨厌他的就是我！”

“多么愚蠢！”我忍不住要顶撞他，但我拼命控制自己。

“啊！不要，不要。”我怕控制不住自己，真的和他顶起来，我最好躲起来，离他远点……

可他絮絮不休地唠叨起来，说我年轻、漂亮，想生活……他老，拖不了多久了！

“上帝，你什么时候才说完？快点吧，快点吧，快点说完吧！”

这种像滴水的刑罚的折磨，我实在受不了了。

“我已经够疲倦的了，看在上帝的面上请你安静一会儿吧！”

“我不愿再像以前那样说你年轻，你不老，你可爱……”

“……谁都疲倦了，谁都无精打采……”

“大家对你已经够关心爱护了，你打个喷嚏就都给你请医生，还要怎么样呢？……你真叫我受够了！”

“别说了，你叫我够难受啦！”

他说：“当然啰，我叫谁都难受。”

“真见鬼！我不允许老这样待我！”

“真受不了！”我几乎控制不住自己了！“上帝，给我力量！……平静些！平静些……”

“您说吧，您到底要我怎么样?！”

他说，“不怎么样。”

“那就停止你的拉洋片吧！”

“那就请你安静一会儿吧，我求你！”

他仍然没完没了地谈什么权利。“爱说什么就说什么吧……谁也没侵犯你的权利……”

“没有谁跟你争论你的权利……”

风吹着窗户，“起风啦，我得关上窗户……”借着关窗户我深深地吐了一口憋在心里的闷气，“赶快停止你的愚蠢的谈话吧！”

窗外一片漆黑……乌云遮满了天空……

“大雨马上就来了……”心中的闷气一时还没消完，我不甘心他这样残酷地对我。

“谁也没有剥夺你的权利。”我望着黑暗的天空，“一天又一天哪，我的生活的曙光在哪儿？……我的理想在哪儿？……夜是黑的，黑暗里有谁在等待着我吗?！……”

可他还在不休地唠叨着什么“一生致力于学术……爱成功，爱名誉……看着别人轰轰烈烈，自己等死……人家还嫌你老！”

“哎呀，上帝，他在说些什么？……老说不完，什么时候你才不装腔作势，才是个真正的人啊！……还没完……还没完，一辈子在演戏，一辈子是个演员……”

“您等着，耐着点儿性子吧：用不了五六年，我也就老了的。”

“啊，漫长的黑暗的夜呀！……黑暗过去白天就会到来……在我这茫茫的人生的旅途中，会出现我理想的人吗？”

苏尼亚来了，苏尼亚叫他看病，他不去。

“……不去就不去……”他问什么时候啦?

“快一点了。”我顺口回答了他。

天空中打着闪，大雨就要来了……“下吧！让我心中的郁闷随着大雨舒畅舒畅吧！”

“爱说什么就说什么吧！我听着就是了……”

为了一点小事他在向苏尼亚发脾气！“天哪！……又吵……吵吧！多么愚蠢！……”

苏尼亚在说我高兴他发脾气……天晓得，我高兴?！“何必呢，小傻瓜，我知道你不高兴，可为什么向我发脾气呢？”

“可我怎么对她解释呢？……”我只好听着。

善心的万尼亚来接替我们，可他和亚历山大只要一见面，就是针锋相对。

“亲爱的，干什么总是这样呢？这种琐碎的争论该多无聊！”雨下了起来。“下吧，下吧！……雨啊，如果你能冲洗掉这些无聊的争吵多好啊！”

奶奶也熬到现在还没睡觉。她也刺我，说我不疼亚历山大……不照顾他……

“爱说什么就说什么吧！我听着就是了……真不明白在这个家庭中我是处在怎样的地位……谁高兴怎么说就怎么说吧……反正我是不在乎的……我这个人就是这样不招人喜欢……”

亚历山大被奶奶劝走了。

“感谢上帝，他可走了！……我可以安静一会儿了……”我深深地吐了一口气，浑身都轻快了许多。

万尼亚失神地靠在橱旁。

“可怜的人，别总是这样了，让我们好好谈谈吧。”

“我让他累得够受了，我差点站都站不稳了。”

万尼亚说他自己给自己累得够受了，这是第三个晚上没睡觉了。

“干吗又说这些话?！难道是我的错？让我们谈点别的吧……亲爱的，想想我是处在一个多么可怕的家庭中啊！玛雅恨一切……亚历山大整天发脾气，苏尼亚不理我，您又是那样的无礼……都是，都是……真受不了……还有那不喜欢我的奶妈……总之，一切一切都是这么可怕！这个家……”

“这家里头，什么都是可怕的。您的母亲，除了她的小册子和教授以外，什么都恨；教授老是发脾气，不信任我，害怕着您；苏尼亚跟她父亲发脾气，跟我也发脾气，已经两星期没理我啦！您讨厌我丈夫，并且公然诬蔑您自己的母亲。……我真受不了啦，今天我差不多哭了二十次。……这种家，真可怕呀。”

万尼亚向我靠近，还要继续谈他的爱情！

“收起你的爱情吧，请求你别再跟我谈您那一套吧！……您是有教养的人，您不应该像您做的那样仇恨一切！”

“伊万·彼得洛维奇，您是受过教育的，您是聪明的，我认为您应该明白，这世界的毁灭，并不是因为火灾或者抢劫，而是因为仇恨、敌视，和这种种琐碎的争吵……您不该光是怨这个，恨那个，您有责任让大家和解起来。”

我的话他简直听不进去，还在向我进攻。

“上帝，要我跟您说什么呢？”

他竟然吻我的手？！

“怎么可以这样？多不好，我不允许！”

“别这样，走开吧！”可他还要说！

“真要命，我为什么不早走？！”

他还在说他的过去是绝无意义的，他的过去是糊糊涂涂地葬送在一些琐碎的不相干的事里头啦……

我同情他，我知道他的苦恼，我明白他不幸的处境，可我有什么办法？“亲爱的，我懂得你，可我已经够苦恼的了，请不要再谈这些吧……”

他又说在我的身上寄托了他的生命、爱情……

“跟我谈这些有什么用？！爱情是不能勉强的，我不能强制我自己爱你……对你说什么好呢？”

“您对我说您的爱情，我只能木然，不晓得对您说什么好。请原谅，我没有什么可对您说的。晚安。”我准备回客厅去。

他拦住我的去路，居然说我的生命也被葬送了……问我还等什么？是什么可诅咒的理

他竟然吻我的手?!

论牵扯着我，要我放明白些……

“你怎么可以对我说这种话？我有我自己对生活的看法……我不允许任何人当着我的面说这种刺痛我心灵的话……不要再说了！我不要再跟您说话！”

“伊万·彼得洛维奇，您醉啦！”

“怎么？他怎么不说话了？”

他说也许是醉了，也许……他的停顿，他的声调都令我惊讶。

“上帝，他是那样难过，是我侮辱了他的感情，我对他太严厉、太过分了。”

“原谅我吧！”我忍不住想去安慰他，可我不好意思，而且也似乎不大妥当……怎么办……好，我们谈点别的吧！

“大夫在哪儿？”他仍然那样难过，机械地回答着我的问话。

“是呀，是我伤了他的心。亲爱的原谅我，如果你不对我讲那样无理的话，我也不会这样对你的。”

“您今天又喝酒，为什么哪？”

他说酒里至少还有点人生的气息……

“亲爱的，我懂得你的痛苦……可喝酒没有好处，不要这样折磨自己吧……去休息休息吧。”

“从前你不怎么爱喝酒，也并不这么多话……睡觉去。”可他不但不听我的劝告，反而又以那样的眼光看着我。

“该怎么对你才好呢？你呀，只能侮辱你，不然就没法拒绝你。”

“跟您在一块儿真没意思。”

他又在吻我的手……

“别这样！真讨厌！”我赶快离开他……**[下场]**

奶妈在客厅里照顾着亚历山大，这再好没有了，我乐得回卧室安静一会儿。

雨敲打着百叶窗，檐前的雨水滴滴答答地响着……被风吹着的蜡烛的影子在梳妆台上摇曳着，镜子里现出了我疲倦的面孔……周围是这样安静，可我的心总不能平静下来。万尼亚刚才说的话不仅引起我的不安，简直是增添我的烦恼。他说我的生命被葬送了！是什么可诅咒的理论牵扯着我？这些话到现在仍在深深地刺痛着我的心！是啊！“我究竟为什么活着”的问题早就苦恼着我，可又何必追究它呢？多少人都是这样生活下去的，既然我自己为自己安排好了的生活，深究它对现实生活又有什么好处呢？

当万尼亚第一次向我表白感情的时候，虽然我严厉地拒绝了他，可在当时在我的心底确实曾引起一种甜蜜的感觉，也令我心里充满过喜悦……但是不管何时何地总像影子似的追逐着我，这人没有教养了，不管做什么事情总应该想到自己的身份才对。而且无论如何在他身上找不到可爱的地方；他没有温文尔雅的谈吐，没有风趣，没有生命力……总之没有一切，怎么可能设想会爱上这样的人呢？我可以像对待兄弟或长辈那样同情他，爱护他，却绝不可能爱他……

大夫是多么好呀，他举止得体，讨人喜欢……他既有一种倦怠和淡漠的神情，却又那样自信、镇定，他那眼睛好像可以看透你的心……是呀，他是懂得人生的，他有理想，他对自己理想的坚定信仰，使得他虽然置身在这种平凡恼人的乡村医生的生活中，仍然是那样生气勃勃，使得你感觉和他在一起谈谈都有意思，使你觉得生活比原来的样子要美好得多……

我的脸在镜子里微笑！怎么我觉得这时我比平常更美些……是呀，我的发式，我的明亮的像蓝色海洋一样的眼睛，我的肩膀，我的微笑着的脸……是美！从小父母的赞美，同学的羡慕，社交场合中的引人注目是有道理的……这一刹那我感到这样地愉快……我哼着歌儿……

可我的丈夫也许又需要我做什么事，我应该去看看他。上帝，想到他又是多么的可怕！为什么我要陪伴着这样一个我所厌恶的人到终生?！命运和我开的是怎么样恶毒的玩笑呀，这是多么的不公平！曾经我以为我爱他，当我发现我并不爱时也曾想尽一切办法，勉强自己爱他；我想到他的年老，他的病，他对学术界的贡献，他的看来彬彬有礼、温文尔雅的风度……可越是表示爱他、关心他，却越引起他对我的不信任，好像嫁给他就是我的罪过似的；他嫉妒我的年轻美丽……从来当着别人的面，我丝毫没有流露我的不幸，可我自己明白我的处境；从来我不愿向任何人倾吐衷肠，可现在我多么渴望有一个我真正可以谈谈心里话的人！……

怎么今夜我的思路这样紊乱，心里千头万绪……

雨似乎不下了。夜已深了，不要再一个人胡思乱想吧，既然我的主人还没有睡，我应该去看看他……

亚历山大坐在客厅里，大概是奶妈的照顾使他舒心，我在他椅旁站了半天，他居然没什么吩咐……既然这样我索性到餐厅去透透气……说不定在那儿会遇到大夫呢！

[上场] 噢，这儿没人。到窗子那儿舒畅地透透气吧！

"呦，苏尼亚在这儿?！"

"怎么，她的脸色这么不好?！好像很不高兴，又像是气呼呼地看着我。为什么这样?！……傻孩子，别那么深沉，在你这样的年纪不应该这样……"

这种眼神令我不好意思……我躲开她那敌意的眼光走到窗子前面。

雨后的空气是这样地清新，我贪婪地呼吸着新鲜的空气……

"大雨过去了空气真新鲜！"

"这姑娘不理我的话茬……这是何苦呢？"

我不跟她一般见识，找话跟她说……

"大夫在哪儿？"

她说他走了，对我还是冷冷的……

“傻孩子，干吗这样呢？人生对于你不过是刚刚开始，何苦这么深沉?！我多么想和你好好地谈谈！”我忍不住叫她。

“苏菲！”

“亲爱的别对我这样，我们毫无必要地闹着别扭这是多么愚蠢！”

“你到底要跟我别扭到什么时候呢？咱们谁也没得罪谁，干吗要像仇人一样呢？……”

我伸出手要她过来……

她笑了，笑得那么甜……“快，过来！别再做傻瓜了，让我们和好吧！”

“我们和好了吧！……”

她说她早就想跟我和好了，她靠在我的怀里，我吻着她，她吻着我……多么好呀，多么温暖、舒适！我们早就该这样！……

她现在多么可爱！那纯洁的眼睛，卷曲的头发……我忍不住要多亲亲她。

瞧，现在我们多好！……来，我亲爱的孩子，我们像亲姐妹、像朋友似的好好谈谈！

我扶着她的腰，我们肩并肩地走着……

“……我们好几个星期都不说话了，真不知道到底为什么？……”

“怎么，那是谁在这儿吃过东西？”

“怎么回事？”

“啊，是大夫刚刚在这儿吃过晚饭……啊哈，还有酒呢！……咱们来喝它个交杯酒！痛痛快快地喝！喝它个醉！喝醉以后闹它一场，让所有的人奇怪吧！……”

“还有酒呢。……为了我们的友谊，我们干一杯。布鲁特儿沙夫特儿！”

我像是回到了童年！我想索性调皮捣蛋一下，我是这样地无拘无束！……我感到这样亲切、温暖、幸福……像是久旱后遇到了甘露，像是在茫茫无垠的沙漠中看到了绿洲……

“就用这一个杯子……那更亲热。”

苏尼亚喝着……

“这姑娘还许是第一次喝酒呢，她喝得那样有趣……”

“为了我们的友谊，我们干一杯。”

我一口喝干了那剩下的一半，甜甜的，辣辣的……

多么幸福啊，我们不约而同地嘴对嘴地亲吻着……

苏尼亚伏在我的耳旁，悄悄地骂了我一句“小傻瓜！”，那样亲热！……

“我傻？你是比我更傻的大傻瓜！”我也亲亲热热地骂她！……我们之间的误会像那初春的雪被那温暖的阳光晒化了！做个知心朋友吧，以后再也别闹别扭了。

“那么，我们就是朋友了？”

她说：“是朋友了……”她多可爱，她那真挚的眼睛闪着友谊的光芒。

“多么幸福呀！在这静静的雨后的深夜，让我们好好谈谈吧……怎么怎么，她哭了?！……别，别这样！”

“你为什么哭？别，别哭，好孩子……”

……我给这孩子擦着眼泪……可我的眼泪也流了下来……我多傻！为什么？……

“真奇怪，我自己也哭了。……”

这是欢乐的眼泪，也是幸福的眼泪，让我们沉醉在这幸福之中吧……

“亲爱的，让我们好好谈谈，谈谈生活、家庭、爱情……是呀，她还年轻，她还是个孩子，她还没有经历过人生。她生我的气，怪我，这不怨她……我懂得她为什么不了解我……把心里话告诉她，像对好朋友似的倾吐肺腑之言吧！……亲爱的相信我，我是为了爱才跟你父亲结婚的，不要再怀疑我了……”

“……你跟我生气，就因为你以为我跟你父亲结婚的动机，只是为了我自己的利益。……你如果相信我的发誓，我可以给你发誓——我是为了爱才跟他结婚的。我爱他是个学者，是个有名的人物。当然这不是真的爱，这种爱全是假的；可是，当时我的确以为那是真的爱。这不是我的错。可是，自从我跟他结婚以后，你就拿那懂事的、怀疑的眼睛，来惩罚着我啦。”

她要我忘了那一切……

“是啊，亲爱的，人应该相信人才对！”我真诚地将我对生活的看法，告诉我年轻的朋友！

“不能用那种怀疑的眼睛来看人的——那种看法和你是不相称的。你得相信每一个人——要不然就没有办法生活了。”

她问我是否幸福？……

"怎么回答她？……使我不幸的人到底是她的父亲啊！……不，我们是无话不谈的朋友，应该跟她说实话……"

"不！"

她又问我是否愿意我的丈夫年轻些？

小傻瓜，居然问这样的问题！我忍不住笑了起来……

"看你还是多么孩子气！当然，我愿意呀……"

"好，问吧，问吧，我很高兴和你谈谈呢！……我从来不告诉任何人的事，都告诉了你，还有什么问题使我不能回答你的呢？……问吧，问吧……"

"……好，再问别的吧，接着问下去。……"

她不接着问，笑了，笑得那么天真、羞涩……我用眼光催促她："问哪，怎么不问了？……她问我是不是喜欢大夫！"

问得多有趣！"他是很可爱的，当然喜欢！……"

"是的，很喜欢。"

……她说他已经走远了，她还能听见他的声音和脚步……"啊，这孩子在爱……爱得那样纯洁……"她不好意思了……要拉我到她房里去谈；不，不，亲爱的，就在这儿谈……她说我一定会以为她傻……"不，你不傻，亲爱的……"她要我谈点关于大夫的事情……"该怎么说才好呢？我知道的也并不多呀……"

"要我跟你说什么呢？"

苏尼亚说他聪明，会治病，会种树……

"不，你没有说清楚，你还不懂得他，他不仅是那样……他是个不平凡的天才……他有眼光，有理想，有魄力……这种人才是真正值得爱的……"

"不，这不光是种树和医学的问题。亲爱的孩子，你得明白他是个天才！你知道什么是天才吗？那就是勇敢，自由的胸襟，远大的眼光……他种下一棵树就已经看见了千百年以后的结果，已经憧憬到人类的幸福。这种人是少有的，要爱就爱这种人……"

"谁也不能没有一点缺点，尤其是一个真正有才能的人！更何况设身处地地替大夫想想，他过得是一种什么样的生活啊！……我看到了大夫的处境：他用力地把穿着长旧靴的脚从烂泥中拔出来……早晨的严霜寒冷、弥漫……北风呼呼地吹，鹅毛般的大雪，落在他那竖起领子的大衣上……望不到头的遥远的路途……喝醉酒殴打老婆的农民……赤着脚衣不遮体的小孩……随处可见的伤寒死亡……就在这样的环境里经年累月地到处奔波……工作……挣扎……而到了这样的年龄仍然没有一点缺点是不可能的。……"

"……他爱喝那么一点儿酒，有的时候也不免有那么点粗野……可是那有什么关系呢？在俄国一个有才能的人是不能永远也没有缺点的。想想看那个大夫过的是怎么样的一种生活：路上深深的泥泞，严霜、风雪，无尽的路途；周围全是些粗暴、野蛮的农民，贫困和疾病——在这种环境里头一天一天地工作，挣扎，到了四十岁的年龄，还想他保持完全的清醒，没有一点缺点那是不容易的。……"

"啊，不要再谈这些了！她还年轻，还不懂得生活；告诉这个幸福的孩子生活是多么困难有什么意思！……是呀，她是在爱着一个多么可爱的人！她是幸福的，她有权利爱！……"我由衷地祝福她，我吻着她的头……

"我衷心祝你幸福，你是该当幸福的……"

"可我是无可希望的了！在我的生活中没有爱情，没有欢乐，没有一切……多么空虚、无聊、乏味……"

"……可是我总是倦怠的第二流角色。……无论在音乐上或者在我丈夫的家庭里，以致在所有的爱情事件上，我扮演的总是个第二流的角色。真的，你想想吧，苏尼亚，我是非常非常不幸的！……"

一种对生活强烈的追求的欲望激动着我的心！

"可我不甘心哪，我要生活！"

"……在这个世界上我就没有幸福，绝对没有！"

苏尼亚在笑……笑什么？……她为她的幸福而笑！……

"我要幸福，我渴望着真正的幸福生活……该怎样才能倾泻我心中的渴念、兴奋、郁闷和不平！我说不出心头是一种什么滋味……我想弹琴，让琴声抒发我心中的所有的感情！……"

"我渴望着音乐，我想弹点什么！"

"啊，差点忘了！他说过他嫌琴声吵人，得去问问他。"我克制着弹琴的欲望，让苏尼亚去问问他！……

"等等，你父亲还没睡着。他一生病，连音乐也讨厌的。先去问问他；如果他不反对，我一定弹！去！"

她去了……

我的心是这样激动！我要尽情地弹！我要像疯子、像傻子一样地哭着，笑着，弹着……琴啊，只有你能了解我的心灵，只有你才能抒发我的感情！

"好久好久没有弹过钢琴了。我要一边弹一边哭，像傻子一样地哭！"

"哪儿来什么声音？……是巡夜人的更声……"

"是你在敲吗，耶菲蒙？……别敲，老爷不舒服。"

夜是这样地静……心是这样地跳……

苏尼亚还不回来……我实在忍不住了……

"弹吧！"

像脱了缰绳的马在田野上驰骋……像是决了堤的河水在奔腾……我弹着，弹着……

"爸爸说，不许弹！"

"什么？……这就是我的生活！这是一种什么样的生活啊!!！"

——幕落

第二、三幕之间

近来，总感到一种从未有过的感觉，像是在等待什么，又像是特别的空虚……刚到此地的对大自然的新鲜感已经消退，经常看到的只有那几副面孔：玛雅永远是那身衣服，永远抱着小册子，那呆板、冰冷的面孔像是石膏……万尼亚更是不住地唠叨、牢骚，有如饶舌的老鸦整天呱呱地吵闹……亚历山大除了病、老之外，最近常找那个麻大哥到他书房中不知谈论什么事，他对他怎么忽然有了兴趣？到底是为了什么？管他为什么，用不着我操心，反正到了他认为必要时，他会吩咐应该如何如何的……老奶妈一有机会就不放松地用语言、用眼神责怪我……自从雨后夜晚的交心后，苏尼亚倒的确成了我唯一的朋友，可她毕竟是个孩子……整天就只能在这二十几间房子中穿来穿去，生活是这样单调、无聊……像是关在笼中的松鼠，永远不改变地转来转去！

说不清楚的感觉，常常在百无聊赖的心情中，那个大夫厌倦的、淡漠的脸，那深邃的、洞察人生的眼睛，那引人入胜的谈吐，那宽厚的声音，都那样清晰地出现在我的眼前。这是怎么回事？难道那说不清的等待就是为了他？难道那种空虚之感就是因为他不在我的身边?！啊，不，不是这样的！……是这样的！……啊，不，不是！为什么这么想?！不是这样！……

他最近几乎天天来，我没有和他单独在一起谈过什么；但当我和他的眼光相遇的时候，总觉得他的眼睛里有点什么，它使我困惑，也使我喜悦；而且我明白知道他也感觉到了什么……这是那样微妙、细致……这是不用言传但却彼此都能领会的……

真是多么的幸福却又令人苦恼！

我的生活中不知会发生什么事?！

我将怎样度过这悠长的岁月啊！

第三幕

（客厅。午刻）

早餐时，亚历山大忽然说午后一点钟要大家在客厅等着他，他有事要和大家谈。

“要等就等吧！……为什么要全家都来呢？……到底是为了什么？……管他什么事，反正不会有什么令人愉快的事情！……怎么还不来？……大概是还没到时间……”

这种等待令我不耐。

“唉，他叫等就得等，有什么办法！……生活就是这样没意思，这种日子什么时候才能熬到头?！……直到进了坟墓都不会变样的……等吧，等吧……”

我坐不住，来回地踱着。

万尼亚又在唠叨着对亚历山大的不满。

无论如何，我是他的妻子，何苦总是当着我的面这样对他冷嘲热讽呢?！

“他是讨厌，可为了礼貌也得收敛些吧，请您别这样唠叨了。”

“也许有什么要紧的事情。”

他仍在唠叨。

“多么无聊啊。”我懒得理他了。

什么脚都抬不起来了，迷人……

目标又转到我身上。

“这是何苦啊，多无聊，多没意思！我已经够烦恼的了，我真不知道该怎么办才好！”

“您整天这么啰唆，连自己都不觉着无聊吗？我无聊得要死了，我不知道该怎么办才好！”

苏尼亚说只要我高兴，有很多事情可以做。

“真有趣，有什么好做的。那么，你说说看！”

“比方说？”

苏尼亚劝我帮他们管家务，教孩子，照顾病人，卖面粉……

我忍不住要笑了出来。

“这个小傻瓜，她多么会想，想得多么天真、可笑！居然想出要我去做那种事！……唉，小傻瓜，你是小孩子所以才热衷于那些事情，可我怎么能去做那种事呢？！……教那些又笨又脏的小孩？给病人包扎，又是脓又是血的？这是难以想象的，我这样的人去做那些事！……小傻瓜呀，那是小说里写的。”

“我就不会做那种事情，况且那种事情也怪没意思的。只有在那些小说里，才看见有人去教农民，去看护农民。可是我怎么能够无缘无故地跑去教他们，看护他们呢？”

她跑过来抱着我的腰，仍然那样热情地劝慰着我。

“小傻瓜呀，你还年轻，你还不懂得生活，你以为生活一切都那样美好。我经历过人生，我知道，生活不是你所想的那样，是没趣的……但是，何必告诉她这些呢？”

我感谢她的好意。

“感谢你的好意，亲爱的！”我吻着她的头。

万尼亚还在那儿愣愣地盯着我，我离他远点……

可他追过来又说什么我的血管里有着美人鱼的血液，要我跳到热辣辣的生活里去，要我投向爱的深渊……

“唉，够了！干吗老对我说这些话呢？我已经够苦恼了，看在上帝的面上，让我安静一会儿吧！”

“您让我安静地过一天吧！您真是多么残酷！”

我简直要生气了，我急促地离开他。

可他又在请求我的饶恕。这种人真叫你不知道该怎么对待才好，我又不忍对他太严厉。

“不是我生你的气，实在是你太过分，太缠人了！”

“要承认，就是最善良的天使，也会让您给逼得没法忍耐的。”

“什么玫瑰？……好吧，好吧，只要你离开这儿，不再唠叨，让我清静一会儿，就再好也没有了！……秋天的玫瑰！……上帝，糊里糊涂的，真的已经是九月了呢！”

我忍不住走向窗口看看外面秋天的景色。

是秋高气爽的季节了……几片黄了的白杨树叶悄悄地落在寂静的地上……

“是啊，九月了，秋天是多雨的。夏天还可以到林荫道上、到花园散散步，听听白杨树叶沙沙的响声，闻闻花草的芳香，听听那小河的潺潺细语，多少总可以排遣些心中的郁闷……可九月以后就是连绵不断地下雨，路又脏又滑，哪儿也不能去……紧接着就是冬天，那就是大雪、狂风、严寒……就只好每时每刻都关在这四堵墙内，对着这几副面孔……多么难耐啊！将怎样消磨那悠长的白天、夜晚啊……”

“已经是九月了，我们怎么在这儿过这个冬天啊？”

“唉，何必想呢！想这些又有什么用?！生活就是这样，什么样的日子也得过下去！别想这些了！……”大夫今天来了，走了没有？问问苏尼亚去！

“大夫在哪儿？”

“啊，他在万尼亚房里写什么……写什么呢？这猜不透的、谜一样的人！”

苏尼亚要和我谈谈。

“谈什么？”

“这孩子哭了！为什么？别这样！……她说她不美。”

她那样诚挚地看着我，要从我这里得到答案。

“怎么回答她呢？”我的良心不允许我对着这双诚挚的眼睛撒谎，可我又不忍伤她的心说她不美；只好劝慰她。

“你的头发美……”

她拒绝了我的回答，开始倾吐她的心事——她的苦恼的爱情……

“这孩子哭了！为什么？别这样！……”

“她多么善良、真诚，她爱得那样深，那样忘我！……是啊，我懂得这种感情，也明白这种感情所带来的痛苦……只有对最亲切的人才能这样坦率地倾诉埋在心底的、真挚的爱情！……怎么办，我该怎样帮助她？……不知道他对她怎么样？”

“那么，他呢？”

“她这样爱他，可他居然不注意她！真是怪人啊……”

“他真是多么奇怪的人啊……”

“他为什么不注意她？……该怎么帮助她呢？……对，我有办法了，我倒要去问问那位不平凡的大夫，为什么他竟不珍惜这姑娘的感情！”

“这么办好不好，让我来跟他谈谈，我会很小心地跟他谈的，暗示他……”

苏尼亚好像还不同意……

“相信我，亲爱的！我会把一切都弄得挺好的。让我和他谈谈吧，怎么能够总是这么痛苦下去呢？这样下去你会受不了的，亲爱的！”

“真的，怎么能够老是这样下去呢？让我跟他谈谈?！”

她同意了。

“这才对，这并不是什么困难的事情。”

“好极了！我们要知道的是他是爱还是不爱，这并不困难哪！”

她低下头去，她仍感不安。

“放心吧！亲爱的，五分钟以后我将给你带来幸福的消息……啊，不，如果他不爱她可该怎么办？……那就请他不要再来了吧，她会痛苦，可过一阵她就会好起来的。”

“亲爱的，别难为情，别这么不安，我会很巧妙地探问他，让他不会觉得。我们要知道的只是爱，还是不爱……；如果不爱，那么，以后他最好还是别再到这儿来，是吗？”

苏尼亚那样沉重地点头。

“是啊，如果是不爱，不看见他对你有好处，你会慢慢习惯的。……啊，对了，他说过要给我看地图的，马上就去找他！”

“不看见自己所爱的人，那倒反而好受一点。我们别再拖延了，马上就问他，他说过要给我几张地图看的。”

苏尼亚不放心地问我会不会把所有的谈话都告诉她。

她说话的声音，她的两次点头，都使我感到她所托付给我的是一件多么重大的，与她整个生命、幸福攸关的事情。

“相信我！亲爱的。我会把一切都告诉你，而且哪怕是最可怕的结果，也总比无止境的痛苦要好得多啊！”

“当然。我以为所谈的不管怎么样可怕，总比犹豫不决要好得多啊！相信我吧，亲爱的！”

她要去找他了。

她问我是否告诉大夫我要看他的地图。

“对，就说我要看他的地图。”

“……可他来了我将怎样问他呢？……苏尼亚好像在自言自语……”

“你说什么？”

“啊，没什么……”

她去找大夫了。

“她的背影消失了……一会儿大夫就要来了，怎么办？怎么和他说呢？……真要命！我怎么那么轻易地揽来了这种事？这并不是一件容易的事啊！……别，别想这些了，他就要来了，该怎么办？怎么同他谈？……如果他爱她事情就好办了……他到底爱不爱她？……他不爱她！……但是，为什么呢？她虽不美，可他不过是个乡下医生，又那么大的年纪，她还是和他相称的……啊，不，不是这么说的……他！多么神奇！我懂得他！……难怪苏尼亚爱他，在这种无聊、平庸、琐碎的环境里都是些什么样的人啊！像影子一样不像人样的人……只有他，像闪烁在夜空的明星，像茫茫的海洋中的灯塔，多么与众不同！多么有魅力，有吸引力！多么美，多有趣！……这样的人令人陶醉、神往！能使你忘掉一切！……像是什么在爱抚着、拥抱着我，我的感觉是这样的异样，软软的，甜甜的，我的身体好像笼罩着一层幸福柔软的轻纱……哎呀，多么可怕！我是在倾吐着自己的心事！我自己也爱上他了！……在我的血管里有着美人鱼的血液……是啊，就在那儿，在那小桌旁，万尼亚是这样对我说的，他也叫我大胆地爱！……怎么办？爱吧！冲破一切，跳到热辣辣的生活里！如果我能那样该多好啊！如果我能忘掉所有那些空洞的言谈、令人憎恶的

“我觉得我自己也有些被他吸引了……”

脸面，像只翱翔在高空的鹰那样飞向太阳，飞向幸福，该多好！……是啊，我明白他的眼神、他为谁到这儿来！他是我的，只要我肯，我就能得到他！那将是什么样的幸福！……上帝，我想些什么哟?！我不能！我是为了苏尼亚找他的……苏尼亚，我亲爱的孩子，原谅我吧！……”心在这样猛烈地跳动！……

“知道了别人的秘密，而又无能为力，没有比这更糟的。他不爱苏尼亚——那是很明白的；可是，他为什么不该和苏尼亚结婚呢？苏尼亚的确不够漂亮，可是做一个像他那么大年纪的乡村医生的太太，也不算委屈他呀。……我明白这可怜的孩子，在这种绝望厌倦的环境里，什么也没有，只有他，有时在这种场合里出现，和其他的人全不一样，美，有趣，有吸引力……倾心于这样一个有魅力的人，忘掉自己……我觉得我自己也有些被他吸引了……万尼亚舅舅说，在我的血管里有着美人鱼的血液。跳到热辣辣的生活里去！……如果我能飞，像鸟一样地自由，飞离了你们每一个——如果我能离开你们那么睡眼蒙眬的脸，你们那些空洞的言谈，忘了在这个世界上还有你们的存在！……我的良心责备着我……他每天到这儿来，我猜得到他为什么来的……我已经有着一种亏心的感觉了，我简直想跪在苏尼亚的面前请她饶恕，放声大哭……”

谁的脚步声？难道是他？

“您好！”

“啊，是他！上帝，他该没听到什么吧？……心怎么总是这样地跳动！别，别让他看出什么来……”

我极力使自己镇静些……

他问是否我要看他的地图。

“为什么他那样看我？难道他听见了什么？……不，不能让他看出什么！不能让他猜到我的心事……”

我走向他，把手伸给他，礼貌地回答他。

“您昨天答应给我看的，有空吗？”

他吻着我的手，看着我……

“为什么那样看我？……为什么我的心这样激动？别，平静些！……为什么他那样令人欢喜？……我该怎么开始和他谈呢？……真是多么困难而又复杂的问题啊！……”

他问我在哪儿出生的。

“啊，谈这些？很好，这可以使我等一下再谈那复杂的、不知从何谈起的问题。”

“在彼得堡。”

他又问我进的什么学校。

“音乐专科学校。”我仍然礼貌地回答着他。

他说我不会对他的图感兴趣。

“不，只要是你谈，不管什么我都感兴趣。何况，我还读过许多关于这方面的书呢。”

“为什么不会呢？的确，对于乡下我知道得很少，可是我却从书本上读了很多呢！”

他开始讲他怎样到这儿来，怎样和苏尼亚他们在一起……他讲着他的图……

“是啊，我是为了苏尼亚找他来的，该怎么和他开始谈呢？……他是怎么样的一个人？我像是懂得他可又像看不透他……他身上有股什么力量？为什么那么讨人欢喜？……那眼睛，那声音……”

“现在看这儿！”

“啊，是的，我在看……”

“他多么好，多么有趣……”

“把整个天都遮满了……”

“……什么把天遮满了？……啊，是的，平均每家有三匹马……难怪苏尼亚那么爱他，我自己也这样喜欢他！……我的心为什么这么激动？……天哪，我该怎么办呢？……连这枝又红又粗的铅笔都是这样有趣……他到底在说什么？……他好像越来越激动，他那敏感的脸现出那样愤慨的神情……随便说什么都好，我只要看着他，听着他，感受着他……是多么可爱的人啊，如果他是我的……是！他是我的！他就是我梦中、希冀中的人！！……哎呀，想到哪儿去了？我是为了苏尼亚找他来的，他应该是她的……他爱她还是不爱她？……我怎么来开始，先谈什么？应该先说哪句话？……心里为什么乱作一团？怎么办？……我这样会被他看穿的！……不能，平静些，好好想想怎么开始……怎么他突然停止了谈话?！……哟，他那样冷冷地看着我，大概他看出来我没听他的话了……不，我听着的，您看，我不是在听着吗？”

他说我对他所谈的不感兴趣。

“真糟，他看出来了！……原谅我吧，我确实不大懂你所讲的。”

“可是，对于这些事情，我所能了解的实在是太少。”

他没有相信我的话，他那样傲然，像是有点生气了。

“怎么办？跟他说实话吧！”

“说实在的，我心里正想着别的事情。”

他卷图了，他要走。

“别！”我伸手按着他的图。

“原谅我吧！”

“该怎么说呢？这真是难以启齿，可不说又不行……心又是这样地跳！不能让他看出我的激动和不安……轻松点，轻松点……”我拼命要使得自己轻松些……

“嘻嘻……我要给您来一次……嘻嘻……来一次……考试！”

我怎么这样笨拙，连我自己都感到我的笑声是那样的不自然。但感谢上帝，话毕竟是开了头了！

“考试？”他反问我，那双眼睛好像要看透我的心。

“是呀，考试。别那样看我，我并没有说什么别的，我甚至敢看你的眼睛呢！”

“是的，考试……可这并不是什么可怕的问题，我们先坐下吧。”

话已经开了头，非讲下去不可了！可我又这么怕问他……

“没什么可怕的，我是以母亲的身份为我的女儿办事……”

“事情是关于一位年轻的小姐的。我们要像诚实的人，像朋友似的谈谈，别吞吞吐吐的。我们谈过以后，就把它忘掉，好吗？”

心都揪紧了，到了非接触那个可怕的问题不可的时候了。我鼓足勇气问他：

“这是关于我们的女儿苏尼亚的。您喜欢她吗？”

“他怎样回答？是‘是’，还是‘不’？……如果是‘是’，那我该怎么办？……心啊，别这样跳！……”

“什么，是的？！”我的心都像是停顿了！

“他尊敬苏尼亚……”我松了一口气。

“谁问你这个，谁都尊敬她。……不，不……我是问，你爱她吗？告诉我，爱吗？……”

“不，我是说，对于您，她能有一种女性的诱惑力吗？”

“怎么还不回答？……告诉我，快！爱她吗？……”

他说“不！”

“果然他不爱她，可你不觉得她在爱你吗？”

“再一两句话就完了，您没有注意到什么吗？”

他也没有注意她爱他。

“感谢上帝，你不爱她，一点也不爱！……亲爱的，我明白你——”

像是从肩上卸下了沉重的负担，我感到这样兴奋、激动……倒像是宣布了我可喜的命运一样……

“你不爱她……我从你的眼睛里就看得出来。”

“他的眼睛为什么看着我的手？……啊，上帝，我什么时候握住了他的手?！别慌慌张张地缩回来，那更不好……我是为女儿才找你的，既然你不爱她，以后就别再来了，免得苏尼亚痛苦……可是真的不来了可怎么好，我是那样想见到他！……怎么办？要不要告诉他叫他别来？……既然我答应了苏尼亚，就应该履行诺言，狠狠心告诉他吧……”

“她太不幸了……明白了这一点，并且……别再到这儿来。”

怎么这么热？我轻轻用披纱扇着……心情是这样迷乱而又沉重……是高兴呢还是难受？……赶快结束这一切吧……

“哎，多么不愉快的谈话呀，我心里乱得很，像有很沉重的东西压着我似的。感谢上帝，这一切都已经过去了，让我们忘掉吧，就当我们根本就没有谈起过……”

他说他没有时间做这种事?！

“亲爱的，你是聪明的，你都明白；那就照聪明人应该做的样子做吧！……我知道你爱我，但请你别再来了，你常常来使苏尼亚那孩子处境多么困难……”

“好的，那么——那您，就走吧！”

“可我又是多么想见到你啊！你是我梦想中的人，我渴念着每分钟和你在一起！……但我又不得不向你告别！……亲爱的，我知道你会明白我的，让我好好地看看你，把你的模样牢牢地铭刻在我的心底！……”

“您是个聪明人，……您会明白的。……”

“他那懂事的、探索的眼睛！呀，多难为情！……他会看透我的心，快躲开！……再对着这双眼睛，我的眼睛就会把什么都告诉他的……不要让他看出来我在躲他的眼睛……怎么这么热?！……”

“我觉得我的脸都发烧了！……”

“我在这儿站不住，他还是会看透我的，再离他远点！……我的心是多么激动啊！……亲爱的，你能理解我的意思吗？……你不会真的就这样走了吧?！……啊，他走了，就这样什么也不说就走了？上帝，难道是我自己欺骗了自己?！……别，别走！……啊，他不走，他不是要走，我亲爱的人啊！……”

“他在说什么？以前他也许会考虑考虑，可是现在……”

“现在怎么样？……什么当然？……他说他不明白为什么我要来盘问他……为什么，当然是为了苏尼亚呀！……”

他阻止我说话。

“……上帝，他看透了我，戳穿了我的心！……什么‘迷人的小鸟’‘残忍的飞鹰’?！……这是什么意思？我不允许这样待我，怎么敢这样同我说话?！……”

“残忍的飞鹰，我一点也不懂！”

“他的眼睛是怎样看我的?！不行，不能让他这样无礼地待我，我不是那样的女人！……他更逼近我了！……他竟低下头来，要我吞了他……多么可怕！把我看成了什么样的人?！我不准你用这种调子和我说话！……”

“您疯啦！”

他讥笑我胆小。

“多么可怕！这怎么得了?！……快躲开！”

“我并不像您所想的那么坏，我发誓，我不是！”我要逃开……

他猛的拦住我的去路……

“不行，我走不了了！……怎么办，怎么办？……上帝，给我力量！……”

“他今天就走，再也不会到这儿来了……他问我在什么地方见面？……我怕我会屈服了！……求求你，别，别说了！我发誓我不是那样的人！……”

“我发誓，我……”

他的嘴唇那样猛烈、急切地吻着我的手……那嘴唇是那样炙热、有力！……“我要这热，这力！我怎么有力量抗拒他呢?！……亲爱的，别！……我求你，我简直要控制不住自己了！……”

“这就够了，走开吧！……您是忘记自己是谁了！”我用力缩回我的手……

他猛然抱着我的腰！……啊，不，不能！……但我推不开他，我挣脱不了他的怀抱……一股热流浸透了我的身心，他的热吻像把火焰点燃了我心中的火！……我的人，我最最亲爱的人啊！……我紧紧地抱着他！……“这是一种什么样的感觉啊！像是触了电，像是喝醉了酒，像是置身在云雾之中……天地在旋转，我的头发晕，我几乎站不稳了……我亲爱的人啊！求求你，饶了我吧！……”

“饶了我吧，让我走！”

“可我离不开他，我是他的了！我的人！我的——”我倒在他的胸前……

“什么，明天……到植物园？……不，不能！……”

“啊!!! 上帝！那是谁？……万尼亚！……天！我做了什么事?！”

他猛然抱着我的腰！……啊，不，不能！

“啊!!!上帝!那是谁?……万尼亚!……天!我做了什么事?!”

“这真可怕!”

“天哪，我做了什么事?怎么得了?怎么办?……他们说了些什么?……他的脚步声，他走了!……怎么办?万尼亚，我的朋友啊，求你了解我，救我!……救救我吧，我的朋友!只有你能帮助我，让我生存下去!……要不然我就要毁灭了!……”

“您得给我想办法，尽量想办法!让我和我的丈夫今天就离开这儿!您听见吗，就在今天!”

万尼亚不但不责骂我，反而那样温柔地叫着我……

“愧死我了，我是个坏女人。责骂我吧，你有权利这样做的……可他依然那样亲切、柔情地和我说着什么……羞死我了啊!……躲到什么地方去才好，我怎么有脸看着他!”……我躲开他，请求他……

“您听见吗，我今天就得离开这儿!”

我第一次感到万尼亚是这样可爱，连他的声音也是那么亲切！

“什么，是亚历山大的声音？”

万尼亚在亲切地关照着我，我赶快躲到门外。**［下场］**

我得离开这儿！……不行，亚历山大叫等他的……上帝，我做了什么事？是什么魔鬼迷了我的心?！……如果他知道，如果他知道……

他派人找我?！……如果他知道……他是我的主人，他有权像法官审判罪人一样地审判我……可他叫了怎能不过去？……去吧！一切付诸命运，该怎么样就怎么样吧！……我犯了罪，我听候审判……

我极力使自己平静……

［上场］“我在这儿。”他命令大家坐下。

我躲开他，离他远点，我坐到圆桌旁……这样便于恢复我的神志。

“怎么我的头都发木了。”

“谁的脚步声？”苏尼亚像只高兴的鸟，匆匆地过来了……

“天哪，我怎么敢看她的眼睛……我想躲开她……”

她问我他说什么。

“她多么希望得到幸福的消息！该怎么回答她？……刚才，就在这间屋子，就在这个桌子旁……天，为什么浑身发抖?！……镇静些……”

“等等！”

“……该怎么同她说？……她问我为什么这么激动……别，别让她看出什么来……”

她急切地问我，他是不是不再到这儿来了？

“可怜的、亲爱的姑娘！我对不起你，原谅我吧！”我不敢看她，避开她的眼睛……

她的眼光逼着我回答。我没有勇气用语言回答她，只好向她点点头。我怕她受不了这打击，紧紧地握住她的手……

“天，她的手都凉了！她呆呆地站着，她会不会晕过去？……”我抬起头来看着她……

她抽回她那被我握住的手，猛地转过身去……。这回答对她是那样沉重的打击，我知道她是如何努力控制着自己！……她一步步地走着，每一步都像刀一样刺痛着我的心！……我的良心这样猛烈地责备着我，我对不起她！……怎样安慰她呢？……我能说些什么呢？……这样的事又岂是别人的语言所能安慰得了的?！……我实在不忍再看她了！……离开她吧，走得远远的……

万尼亚说他没听清，让老头子再说一遍。……

她用手支撑着脸，呆呆地坐着，像木头人一样。

“她的心该多么疼痛啊！……亲爱的，我对不起你，我没有权利请求你的饶恕……可如果你知道我的处境是多么困难，我的心是如何地被良心谴责着，那你就会多少原谅我一些了……哎，别想这些了！……老头子在叫苏尼亚！……她没听见……可怜的姑娘啊……万尼亚又不高兴……玛雅来了！……他就要开始了！……啊，是的，他原是要宣布什么事的……唉，就不要咬文嚼字了，什么事，快说吧……什么？年轻的妻子?！难道他感觉到了什么？……哦，不是……。不能再在乡间住下去……啊？要卖掉房子？那么，怎么办？……在芬兰买座别墅？……也好，离开这儿，到一个新的地方去吧。……不知道别人怎么想？”

“什么？”万尼亚说他没听清，让老头子再说一遍。……他的神色不对，怎么回事？是真的没听清还是因为别的……

“啊，万尼亚不同意这样做。……产权是属于苏尼亚的，苏尼亚怎么也那个样子？……啊，是的，这对他们是不利的，对苏尼亚更糟，她将成为没有陪嫁的姑娘，可怜的苏尼亚啊！……那么，怎么办呢？……”天哪，吵起来了！……万尼亚那么气愤地捶着橱子……他那握着杯子的手是那样地颤抖……“是啊，万尼亚是对的，老头子一向是只顾自己的……那个麻大哥在啰唆着什么……万尼亚气成那个样子，亲爱的，别，别这样……是啊，我知道万尼亚多少年来辛辛苦苦地管理着田庄，他讲的有理……”哎呀，越吵越凶了……简直骂起来了！这怎么得了！怎么办？……万尼亚提到酬劳、钱！“怎么，怎么这样提钱的问题，这多庸俗……偷！上帝，这说的是什么！万尼亚要疯狂了呢……我听到了什么？根本不知道艺术是什么?！……半文不值……骗了我们了！……天哪，多可怕！”我不许万尼亚再说下去，我制止他……

“伊万·彼得洛维奇，我不许你再讲听见吗？”

他偏要讲……“什么，对头，死敌！？……”老头子也真火了，他们两个那么无情地对骂着……“天哪，这是什么日子啊！……这些人，这地狱，我受不了，受不了了啊！……”

“我得马上离开这种地狱！我再也受不了啦！”

“……万尼亚走了，他去干什么？……感谢上帝，总算不再吵了……老头子说要搬走……是的，走！离开这儿。”

“我们马上收拾东西，我们今天就离开这儿。”

“什么，老头子居然骂万尼亚下贱！这老头子太不公平了！”……苏尼亚满眼含泪地诉说着她和万尼亚如何为老头子工作着。“她说的是对的，可老头子居然无动于衷！……不，这太不公平了，他应该去同万尼亚和好。”

“看在上帝的面上，跟他和解了吧，亚历山大……”

他仍然不动……
“就算我求你了，跟他和好了吧！”

“我求你！”

“多么可怕，老头子是这样一个人！可我还得和他一起走，一直生活下去，直到进了坟墓为止……”他总算答应去找万尼亚了……别再吵起来，我得陪他去……

“对他和蔼些，安慰他……”

我紧跟在老头子后面……**[下场]**

我陪着老头子穿过走廊向万尼亚的书房走去……对面是谁冲过来了？那样气势汹汹！……像是玛雅在拉着万尼亚，他们好像在抢夺着什么，什么事？……我还没来得及判断……“砰！”

“啊！”我失声叫了出来！

“放手！放手，我求你啊！……”

万尼亚在向老头子开枪！

妈呀，吓死我了！……老头子哪儿去了？……万尼亚要追他！……不，不能！我拼命拉住他……我夺着他手里的枪……

[上场] “放手！放手，我求你啊！……”

“放手，放手！……”

万尼亚将我推开。

又一声“砰！”

天在转　　眼前　阵黑，我站不住了……

“上帝，杀吧！……我再也不能留在这儿了，再也不能！……我得走，得走！……”

“把我送走，把我送走！我不能留在这儿，我不能！”

——幕落

第三、四幕之间

今天这一天是怎么回事啊！……一切都是那样突然，那样出乎人的意料之外！这一天像闪电那样短暂，又像过了一辈子那样漫长。有那样甜蜜、美丽、梦一样的幸福，又有那下流的对骂、开枪……似乎一生中所不曾经历的事都集中发生在这一天了！……

怎么办？是走还是留下？……

留下吧！那是我梦想了多久、寻找了多久的人！什么妻子的责任和义务，什么家庭道德的基础，什么纯洁、自我牺牲！……丢掉这些虚伪的道德！我要生活，我要过真正的生活！我要逃出这囚禁我的牢笼，离开那个令人作呕的、自私的老头子，和大夫远走高飞！我俩像一对苍鹰那样自由地飞翔在天空上，海洋上！……我们那样狂热忘我地拥抱、接吻，永远像几小时前那一刹那一样！夜晚，他在我的身旁……那将是怎样地幸福！我应该过那种幸福生活的！直到此刻，我才明白我是怎样地爱着他！……

啊，不，不能！这太可怕了！做一个抛弃年老丈夫的罪人，友人们的指责，社会的舆论……我受不了，那时我将是个身败名裂、到处被人看不起的下流女人！……不，不能，我没有那种勇气和力量，而且，我的良心也不允许我那样……

心里是多么乱啊！……该怎样决定？得赶快决定，不能再迟疑了……要支配自己的思想和感情是多么不容易啊！……这又不可能找任何人商量，只有自己立刻决定。……

只有走！而且要即刻走，就在今晚！否则，谁知道又会发生什么事情？说不定我会控制不住自己跑到植物园去，那太诱惑人，太幸福，也太可怕了！……那我可就真的毁了，我多少年来所习惯了的生活，我的美名，我的一切……对！必须拿出力量来悬崖勒马：无论如何，马上走！

总算决定了，亚历山大也同意，我收拾着东西……

怎么回事？刚搁在箱子里的东西又拿了出来，拿出来的又搁进去了，我简直不知道该怎样收拾……难道就这样走了吗？不向他告别，不再看他一眼？永远永远也不能再见面了啊！……不，不能，我必须和他再见一面！……啊，不要吧，我怕见他，我会控制不住自己的！……你这懦弱的女人啊，反正已经决定了，有什么可怕的？……怎么可能设想连见也不见他就走呢？……去，到他那儿去！不管怎么样我必须在临行前向他告别……

东西老也收拾不好，我真生自己的气。算了，我匆匆地将必需的衣物收好，其余的以后再说，让他们送到哈尔科夫去吧。

仆人来报告马车已经预备好了。没有多久了，仅有这最后的一点时间了，马上找他去！

他多半在万尼亚房里，我匆匆走向万尼亚的房间……

第四幕

（万尼亚的居室。黄昏）

我急促地奔向他的书桌。

天哪，他不在！……难道他已经走了？……不，没有，他的地图、药箱都还在那儿……啊，苏尼亚，她在这儿！她好像哭过……万尼亚也在这儿坐着……啊，对了，老头子刚才说过要找他……

“伊万·彼得洛维奇，您在这儿，我们就要动身了。”

他不言语……

“请您到亚历山大那儿去一下，他有话要跟您说。”

他不愿去……

感谢苏尼亚，她把万尼亚劝走了……

“他到哪儿去了？……花园里吗？……没有。……天已经黑了，怎么办？难道就见不到他了吗？……该走了，车在等着……他经常坐的椅子，他的书桌，他的药箱……别了，那亲切的书桌，那幸福的征象、充满了幸福回忆的他的地图！……别了，我唯一的、永远不能再见的人！……别了，一切一切……”我感到鼻子在发酸，我抑制着、忍耐着心中的疼痛，走吧……

“啊!!!”我不禁失声叫了出来……

“天！在这儿！我的幸福，我的生命，我以为再也见不着的、我亲爱的，我的人啊！我多么急切地想见到你啊！我简直想立刻投入他的怀抱……我这是怎么了？这样怎么得了？克制些，镇静些……是啊，什么都决定了，我是来告别的，对，告别！像有教养的人，像告别的样子告别吧！……”我把手伸给他……“永别了，我的人！”

“我就要走啦，再见吧！”

“心啊，别这样激动吧……他紧紧地握住我的手……又像是触了电流！多想他热烈地拥抱我啊……”他问我是不是就走?

“马车在等着。”

他那样冷冷地说了声再见，转身离开我……

“怎么，为什么这样？我知道，我明白你在想什么，亲爱的，我明白你的心在跳！……亲爱的，你知道我多么想接近你！但我不能，我没有权利……”我急切地走向他……

“您答应我您今天也走的。”

他说他就要走了……他激情地靠近我，要吻我的手，我能感到他的心的跳动……

“别，亲爱的！”我猛然抽回手，身体离开他……

“亲爱的，我多么想靠近你可又多么怕靠近你啊！”

他柔情、温存地问我是不是受惊了，怕不……

“我承认，亲爱的，我多么想挨近你啊……”

“是。”

我握着他的手……我多么想吻他的——他的厚厚的嘴唇！……不，不能，也许有人来……他要求我留下来，到植物园去……

“亲爱的！我何尝不想呢？但那是不可能的！别了！……亲爱的！好人！求你别把我看作坏女人，明白我的心，我爱你！……”

“不，已经决定了。我能够这么大胆地看着您，就是因为什么都已经决定了。我只求您一件事情：想着我，别把我当作一个坏人，我希望您心里头会尊重我。”

他仍然要求我留下来……

“他多么爱我啊！……他懂得我。……可我真是没有办法啊！……他说与其在别的地方，倒不如在这儿……大自然的怀抱，诗意，秋天……我多么爱听！这意境，这声音是多么诱惑人啊！……不顾一切吧，就从那个门和他跑出去！我俩就这样远走高飞，投向美丽的大自然，投向那爱的深渊……天哪，想到哪儿去了！又胡想些什么啊！我多么荒谬……不能再让他讲下去，我不敢再听这种怕人、诱人的话了……”

我听到自己辛酸的、勉强的笑声……

“原谅我为什么不让你讲下去，亲爱的。……如果你能知道我是怎样地爱你！……反正几分钟以后就走了，勇敢些，告诉他——我爱你！……但是亲爱的，原谅我，我不能不离开你，只能这样……一切都已经决定了，我们只能像朋友那样告别……”

“您多么荒谬啊！我真有点生您的气……可是，我会愉快地想着您的，您是个有趣的、不平凡的人。……我们再也不会见面了，为什么还要瞒着呢？我甚至有那么点儿爱您……咱们握握手像好朋友一样的分别吧。记着我，别想着我是个坏人。”

他那样紧地握着我的手……

他说我还是走的好……说我的确是善良的、热心肠的人，可在我身上有点儿奇怪的东西……“亲爱的，随便你说什么吧！让我再好好地看看你！……多么振人心弦的声音……多么不平凡的人！英俊的面孔，宽宽的、蕴藏着智慧理想的前额，浓浓的眉，透视人生的、闪着光的眼睛，动人的、坚强的厚厚的嘴唇，宽宽的肩，魁梧的身体，说话的神情……我要牢牢地记住这一切，牢牢地！……如果再在这儿待下去，他就整个完了，我也没什么好处……他多么懂得我啊！感谢你，吻我吧，我的知心的人啊！……他在躲我……亲爱的，我明白你的心如同我的心一样的疼痛！……结束了，喜剧！……多么可怕的字眼！……我羡慕那又红又粗的铅笔，它经常地、紧紧地靠在他的身旁；他就是用它指着地图的……亲爱的，我懂得你，让我永远记住你，感谢你！”我抽出他的铅笔。

“我就拿这枝铅笔做个纪念吧！”

他那样沉痛地讲着我们永远也不能再见面了……

“亲爱的，不要再讲这令人不忍听的话了，心已经是这样的疼痛了啊！……”他要求亲吻我……

“我早就答应了！吻我吧，亲爱的！”我让他吻我的面颊……

“是他的心跳还是我的心跳？……”

“永别了，我这样舍不得离开可又非离开不可的人啊！”

“祝您一切幸福！”

“不，这不够！我的幸福，我的生命，我的人！我要——我要吻你的一切！……是的，在我的全部生命中只有这一次！不顾一切吧！”

“不顾一切吧！在我的一生中只有这一次！”

“啊，我的、我的人啊！……天！会不会有人来？”

“我该走啦，我该走啦！”

我挣出他的怀抱，离开他……可我是多么舍不得离开他啊！……

“亲爱的，是最后一次了，是最后的几分钟了！可我多么想和你在一起，多么想！……他忍着痛苦说我还是快动身的好……是啊，是该走的时候了！……”

“好像有人来啦！”

“他向我告别……结束了……”

“他还在那儿……让我最后地、深深地看你一眼吧……永别了，我的人！”

我忍不住要奔向他……

“让过去的都成为过去吧……”是老头子的冰一样的、令人憎恶的声音！

“来不及了，我的人！”我赶快转过身去……

“谁？是苏尼亚靠在我的身边，真想抱住她痛哭一场！……别，忍住吧……”我用眼睛向她告别，抱着她……“别了，亲爱的、善良的姑娘，饶恕我吧……”我吻着她的头……

“他在那儿……让我远远地、尽情地看看他吧！这是最后几眼了！……老头子走了，他们都走了……啊，我也该走了……可怎么抬不起腿似的……”

万尼亚要向我告别，他那样深深地鞠着躬，使我深受感动……

我把手伸给他，吻着他的头……

他请求我饶恕他，说我们永远不能再见了……

“是啊，永远不能再见了！好人，亲爱的，你是多么诚恳、善良，你有那么一副好心肠……应该是我请求你的饶恕！原谅我的一切吧……”

“再见，亲爱的。”我感到一阵心酸……

“他还在那儿……向我行礼……让我最后地、深深地看你一眼吧，真是最后的一眼了啊！……永别了，我的人！……”

我不能再停留一秒钟了，赶快走!!! **[下场]**

闭幕之后

别了！这栋古老的房子，这花园，这树木……

像是一场既幸福又可怕的梦！曾几何时，我带着希冀的心情来到这里，现在却又带着一颗破碎、沉重的心离去……原来指望田园会给我无聊、郁闷的生活带来些许的生气，哪怕是一点点啊！……可现在，连生活中，连生活中唯一的幻想、寄托都破灭了！梦想了多久的幸福这样匆匆地获得，却又这样匆匆地失去……我不敢想象以后的日子将怎样度过！……

周围像死一样的寂静，只有嘚嘚的马蹄声和叮当的铃声划破这黑暗的夜空……天越来越黑，夜越来越深……是啊，我未来的生活正像这越来越深的夜……漆黑的，无底的，黑暗的深渊！……

淑平 1955.1.

据冀淑平手稿《叶琳娜》整理

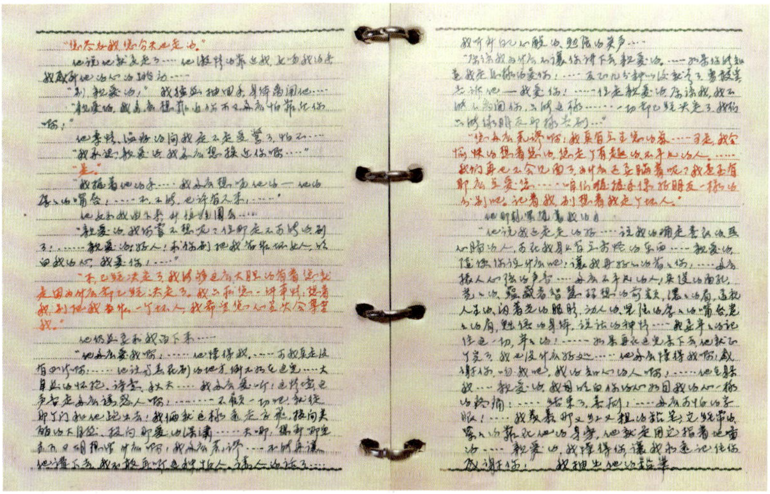

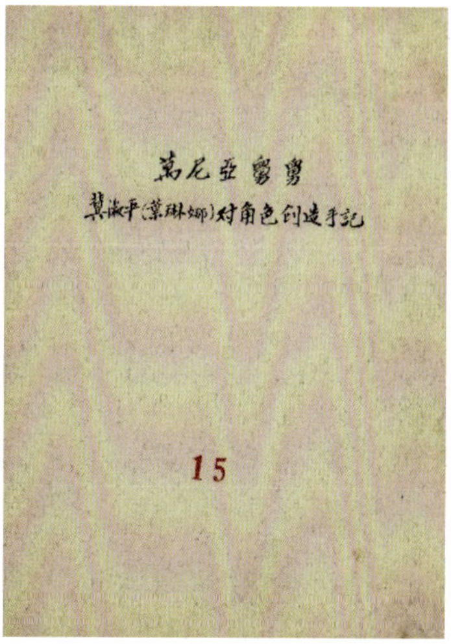

叶琳娜角色创造笔记选页

左：冀淑平书写在活页笔记本上的《叶琳娜》手稿　右：中国国家话剧院保存的抄件

真实·具体

——叶琳娜角色创造回眸

◎ 冀淑平

《万尼亚舅舅》是19世纪俄罗斯现实主义作家契诃夫最有影响的一部戏剧作品，为了纪念这位世界文化名人逝世50周年，中国青年艺术剧院于1954年上演了这个剧目。当时，孙维世同志担任导演，我在剧中扮演了叶琳娜·安德列耶夫娜。

随着岁月流逝，维世同志以及扮演万尼亚舅舅的金山、扮演教授谢列布利雅可夫的王斑、扮演教授前妻之母的熊伟等同志都先后故去。今天，当我回首28年前的往事，翻开曾经的角色创造笔记的时候，当年导演与演员之间的和谐，剧组同志之间的亲密，角色之间水乳交融的景象，恍如昨日，令我不胜感慨。

我从30年代末学习、从事表演艺术以来，曾塑造过许多不同性格的角色，但是从未扮演过契诃夫笔下的人物；对于《万尼亚舅舅》这样的戏剧珍品所知甚少，自然更谈不到有什么研究。这篇短文仅就自己如何扮演叶琳娜谈一些粗浅的体会，也是对那些逝去的艺术家的怀念吧。

《万尼亚舅舅》第一幕剧照

演员（自左至右）：熊伟、江水、金山、吴雪、路曦、冀淑平

（一）

《万尼亚舅舅》没有什么曲折的故事情节，但是，契诃夫通过笔下的万尼亚舅舅和他的外甥女苏尼亚这样的“小人物”，却勾勒出当时不公平的社会状况。欺骗这些“小人物”的，正是那冷酷无情、自私自利的教授谢列布利雅可夫。他这个“高等人”，不仅无耻地利用万尼亚舅舅和苏尼亚的自我牺牲精神，供自己养尊处优地高谈阔论，而且窃据了美丽的叶琳娜·安德列耶夫娜。

在那充满剥削极不公平的社会里，多数人为少数谋取私利的人牺牲了一切，美好、善良受到摧残。但人们又憧憬着美好的未来。契诃夫的美学特色，就在于他在万尼亚、苏尼亚这些“小人物”心灵深处，挖掘出潜在的美。

在《万尼亚舅舅》这部作品里，还有一个重要人物，那就是阿斯特罗夫医生，他大学毕业后来到了偏僻的农庄。阿斯特罗夫帅气、豪爽，热爱生活，对国家、人民有着自觉的责任感，他内心优美而又富于幻想，憧憬着美好的未来。

阿斯特罗夫是万尼亚的好友，他的出现，在作品里又形成了一条主题情节线。看起来，阿斯特罗夫这条线索与万尼亚的线索平行发展，但内在的因素——对美好的憧憬，却又把他们两人与周围的人紧密地联系在一起；而叶琳娜就是他们中间的一个重要人物。

叶琳娜·安德列耶夫娜是教授谢列布利雅可夫的续妻。她年轻、美丽，但她生活在矛盾、痛苦之中；虽向往幸福美好的生活，但却犹豫、忸怩、懒散，没有勇气去追求。她在生活中是消极、被动的，因此，用她自己的话来说，“在我丈夫的家庭里，在爱情方面，在任何问题面前，我扮演的总是‘第二流角色’。”

（二）

我作为一个扮演叶琳娜·安德列耶夫娜的演员，应当怎样塑造这个在各方面“总是第二流角色”的形象呢？又应当如何体现她的性格特征和人生遭遇呢？

“真实地生活于角色的内心世界中”，这当然是千真万确的。但怎样才能真正做到呢？在维世导演和金山等艺术家的启发、帮助下，我在实践中渐渐体会到，要想“真实地生活于角色的内心世界中”，就必须在作品提供的基础上，具体地剖析叶琳娜·安德列耶夫娜对生活的态度，准确地挖掘和把握她与周围人物的关系。

为此，我对《万》剧开幕之前叶琳娜所处的环境和背景，作了如下的设想。

“从彼得堡来到这里将近十天了。这里没有浮华的宴会、平庸无味的高谈阔论，但是有我在小说中读到的大自然的美……”

把两种不同环境作了对比后，我把思绪向周围的几个人延伸。

“家中的几个人，我喜欢苏尼亚，她善良、纯洁，很多地方都有她母亲——我的好友薇拉·彼得洛夫娜的美德。”

尊重美德，在一定条件下，在叶琳娜·安德列耶夫娜的心灵深处是存在的。

“苏尼亚有时无拘无束地和我谈论管理庄园，谈她的朋友，谈爱好种树的阿斯特罗夫医生；但有时仿佛流露出对我的好奇，还有些不太信任的眼神——只是眼神。”

喜欢而又不断揣测，这构成了她与苏尼亚之间最初的微妙关系，从而使我——叶琳娜·安德列耶夫娜，把握了怎样去和苏尼亚交往，在具体问题面前又该是怎样的态度和情感。

“令我不安的倒是另一个人，那就是万尼亚。以前，当我还是姑娘的时候，我觉得万尼亚是个很有教养的青年。但是现在，他胡子一大把，整天喝酒，不喜欢这个，埋怨那个，尤其是对他那妹夫——我的丈夫谢列布利雅可夫教授，不但不喜欢，甚至充满了怨恨。”

对万尼亚现状的看法，不是单纯将他与过去进行对比，而且还涉及到叶琳娜·安德列耶夫娜的处境，以及叶琳娜对万尼亚所持的态度。

“我第一次见到万尼亚时，立即敏锐地感到他对我的态度不一般。我承认，在我的生活中会时而感到空虚苦闷，然而从我嫁给教授的那天起，我就发誓要做忠实的妻子；虽然不少人为我的美丽而惋惜，可是我一直以谢列布利雅可夫妻子的身份约束着自己。”

我在这里用了“约束”二字，这一方面是由于叶琳娜确有空虚苦闷之感，用“约束”二字说明她内心深处错综复杂的矛盾情感；另一方面，随着戏剧情节的发展，随着叶琳娜与阿斯特罗夫医生之间感情的变化，“约束”不仅不存在了，而且出于她对阿斯特罗夫的迷恋，她背叛了自己的丈夫，也背叛了苏尼亚。

虽然叶琳娜·安德列耶夫娜有消极的个性，但她心灵深处并不肮脏。可她毕竟是活生生的人，是被谢列布利雅可夫损害了的年轻貌美的女人；因此，一旦触景，必然生情，“约束”的力量也在悄然起着变化。

第一幕开幕之前，叶琳娜与苏尼亚、谢列布利雅可夫在白杨林中散步时，她“触”到了什么“景”，生发出什么“情”？

“天空明朗、开阔，白杨高耸入云，我轻轻哼着舒伯特的小夜曲。忽然，远远地传来一阵笑声；循着声音远望，我看见一个结实的小伙子正在追逐着他的情人。多么自由自在，多么幸福！在大自然的怀抱中，仿佛我也置身于那美妙的情景之中……”

这样的触景生情，对于叶琳娜来说绝不是偶然的。对于那个她必须朝夕陪伴的谢列布利雅可夫教授，叶琳娜虽然还没有去挣脱自我“约束”，但已是貌合神离了。作为一个年轻貌美的女人，叶琳娜·安德列耶夫娜是付出了牺牲的，但她所获得的是什么呢？

“我和他结婚已经七年了。婚前，我不大懂得生活，对于有学问、有地位的谢列布利雅可夫教授非常尊敬。当我的好朋友薇拉·彼得洛夫娜——苏尼亚的母亲去世之后，我怀着对教授崇敬的心情，代我的好友去爱他、照顾他……

“但是，生活本身并非我想象的那样。多年来，教授对我除了重复‘给我茶’‘我的衬衣拿来’这些话之外，再也没有别的内容了。这是生活对我的嘲弄，还是我自己的过错呢？……”

由此可见，懒散、犹豫、被动，所有这些都不是与生俱来的，而是生活本身给叶琳娜带来的变化。她时常观察、揣测别人，而别人也在用探寻的眼光望着她；苏尼亚就是这样的。

把握了这些，对于塑造叶琳娜这个形象，也只能说是完成了一部分。她有美丽的外貌，空虚苦闷的处境；如果事情仅止于此，毫无疑问，叶琳娜是个完全的受害者。

但是，由于阿斯特罗夫医生的出现，美丽和道德的矛盾这个问题就随之而来了。叶琳娜做忠实妻子的“约束”不仅出现了缺口，而且，随着戏剧情节的推动，契诃夫笔下美感和道德感统一这个问题，更尖锐地摆在了叶琳娜面前。

对于万尼亚对自己的爱慕，叶琳娜对自身是有“约束”的，她不能接受。但是，她对阿斯特罗夫又怎样呢？我对叶琳娜的感受是这样设想的。

“阿斯特罗夫医生经常来，他是个不平凡而富于理想的人，在平庸的乡村生活中，他充满了幽默、生命力。尤其是他那双喜欢洞察一切的目光，仿佛能望穿人的心灵，和他在一起即便随便谈谈，似乎也能引起生活的乐趣，苏尼亚在爱着他……”

然而有一天，阿斯特罗夫来到了她的梦中，这就是第二幕的“幕前戏”。

“教授睡着了，我伏在桌上打着盹，真好笑，我居然做了一个那么幸福甜蜜的梦，可惜的是，我把自己笑醒了……”

那是怎样一个梦呢？

“巡夜人敲着更，万籁俱静……月白风清的夜，一个可爱的人摇着轻舟，微风拂过，湖上泛起波纹，我依偎在他的身边，哼着童年最喜欢的歌。奇怪的是，那可爱的人像阿斯特罗夫医生，我觉得可笑，他怎么会来到我的梦中呢？”

说实在话，我想的这些都不曾出现在舞台上，有的连台词中都未曾涉及；可为什么要设想得这么具体呢？这是因为，只有对人物的内心世界以及她与周围人物之间的关系，进行深刻细致和具体入微的分析与设想，才能使人物在舞台上的表现有充分的内心依据。

上面所讲的第二幕幕前戏，正因为把“梦”设想得很具体，所以开幕时叶琳娜的内心状态和对丈夫的反应就非常清晰：当叶琳娜正沉浸在对美梦甜蜜的回味之中时，耳边传来丈夫那冰冷的呼唤，这种令人生厌的声音，平时她虽然习惯了，可是叶琳娜今天一反常态地用愤怒保护着自己，对丈夫反击道："我是有感情的人，不允许你这样对待我！"

事实上，结婚七年来，谢列布利雅可夫一直是这样对待叶琳娜的，她也早已习惯了；为什么今日会有这么强烈的反应呢？其原因就在于，阿斯特罗夫医生闯入了她那"约束"自己的边界，使她那空虚、苦闷的心灵深处，仿佛蒙上了诱人的迷离色彩。就这样，叶琳娜与丈夫之间的矛盾加剧了，双方冲突了，叶琳娜对自己的"约束"也在悄然"松绑"。

（三）

要正确体现角色的性格特征和人物之间错综复杂的关系，必须从作品的字里行间去挖掘和体会人物思想感情的变化，并通过细致入微的艺术处理表达出来。否则，演员和人物之间就会处于游离状态，演员的表演既谈不上真实感人，也无从体现人物之间应有的关系。试以下例说明。

第二幕　与万尼亚的对手戏

通过一段时间的接触，叶琳娜·安德列耶夫娜逐渐对万尼亚有了新的认识。

"近来，我开始理解并同情万尼亚了，他的才能、时间、精力似乎都被埋葬了，以至四十几岁一事无成。除了外甥女苏尼亚之外，生活对他没有一点温暖、爱抚。如果万尼亚不是把他的爱情强加于我，我真愿意像对待亲兄长一样关心他、爱护他……"

老奶妈将教授劝走后，叶琳娜如释重负，浑身都轻快了，深深地吐了一口气。这时才发现万尼亚失神地靠在橱边……"可怜的人，别总是这样，让我们好好谈谈吧。"

此时此刻，叶琳娜真想像对兄长那样向万尼亚诉说自己的苦恼。但无论她说什么，万尼亚总在证明他的爱。叶琳娜在难以忍耐的情绪下严厉地对万尼亚说："伊万·彼得洛维奇，您醉啦！"

这时候，从万尼亚停顿、颤抖的自语和木然的眼神中，叶琳娜感到自己太过分了，伤害了他的感情，想去安慰他，但一时又不知道怎样说才好。"怎么办……唉，跟他谈点别的吧！"于是叶琳娜问万尼亚："大夫在哪？"……

这段戏最初我是简单地用生气去拒绝万尼亚的示爱，后来的处理是：谈话中叶琳娜内心交织着复杂的感情，想倾诉，有恼怒、有自责，有对万尼亚的安慰、劝说，也有请求对方的原谅……不同的感情色彩通过不同的呼吸、声音、语调等体现出来。例如，在说"大夫在哪"之前，叶琳娜惊异地感受到万尼亚的悲怆，在那里必须有个明显的停顿。

第二幕 与苏尼亚的对手戏

当叶琳娜与苏尼亚共饮一杯酒和好后，她们已经是知心朋友了；在雨后静静的夜晚，她们相互敞开心扉。这时的叶琳娜，那双倦怠的眼睛闪烁着幸福、喜悦的光彩。

叶琳娜深知苏尼亚不喜欢她的原因，她真诚、主动地告诉苏尼亚她确实是为了爱才和教授结婚的——虽然那不是真正的爱。当苏尼亚问她是否幸福时，她停顿了一下才回答。因为，叶琳娜是很高傲自尊的，从不向别人承认自己的不幸，更何况造成自己不幸的正是苏尼亚的父亲呢？但是，面对已经成为朋友的苏尼亚那真诚的眼神，她应该说心里话，于是，叶琳娜老实地回答："不！"

在倾心的交谈中，苏尼亚向叶琳娜表达了对阿斯特罗夫大夫的爱。这时的叶琳娜还没有真正意识到自己对大夫的感情，她是真诚地希望帮助苏尼亚。因此，当她对苏尼亚说"……你要明白，他是个天才……"这段台词时，她是由衷的、坦诚的，她热情地向苏尼亚讲述自己对大夫的认识，说明大夫是一个值得爱的人。

> 他种下一棵树就已经看见了千百年以后的结果，已经憧憬到人类的幸福。这种人是少有的，要爱就爱这种人……
>
> "……他爱喝那么一点儿酒，有的时候也不免有那么点粗野……可是那有什么关系呢？……想想看那个大夫过的是怎么样的一种生活：路上深深的泥泞，严霜、风雪，无尽的路途；周围全是些粗暴、野蛮的农民，贫困和疾病——在这种环境里头一天一天地工作，挣扎，到了四十岁的年龄，还想他保持完全的清醒，没有一点缺点那是不容易的。……"
>
> 我衷心祝你幸福，你是该当幸福的……

这段台词表达了叶琳娜对苏尼亚真诚的关怀与祝福，也说明了叶琳娜对大夫和生活的理解，她是懂得大夫，也懂得生活的艰难的。

（四）

如果说，叶琳娜和万尼亚之间关系的起伏变化，从最初的厌烦到理解，直到最后的负疚与同情，需要把握好分寸感；那么，在叶琳娜与苏尼亚和阿斯特罗夫三者之间如何处理好人物关系，准确入微地体现叶琳娜内心的矛盾与变化，那就更加复杂和难以把握了。

这集中体现在第三幕的前半场。

我是带着这样的理解进入排演场的。

可怜的苏尼亚为了爱阿斯特罗夫医生而苦恼，我决定帮助羞怯的苏尼亚，亲自找医生谈一谈。可是苏尼亚犹豫不定，她想，如果医生说“不”呢，一切希望都完了，留下个希望，岂不是比一切希望都完了更好些吗……

我想，要是把希望变成现实不是更好吗？在这阴暗的森林深处，阿斯特罗夫医生是苏尼亚唯一的一线光明。我说服了苏尼亚，决定找医生谈谈……

我一个人留下来，思索着这场谈话该用什么方式进行，是直截了当呢，还是含蓄一些呢？……忽然，我意识到自己仿佛在悄悄地接近阿斯特罗夫——我也在爱着他……

是的，这种感觉不是刚刚产生，可是这个时候当我意识到秘密从心底钻出来的刹那间，我惊恐，我害怕……奇怪的是，幸福的渴求又在推动着我，想去获得我从来没有得到过的爱情……

在阿斯特罗夫没有到来之前，我用上述这些内容，把此时此刻的叶琳娜内心世界填满，使得那静静的等待、思索不仅是“静中有动”，而且让这个“动”造成了“山雨欲来风满楼”之势，为大夫的到来做了充分的铺垫。

在与阿斯特罗夫谈话的过程中，叶琳娜的心理动作是掩饰自己，思考怎样与大夫谈话。因为此时叶琳娜的内心是充满矛盾的：她真心地想帮助苏尼亚获得幸福，希望大夫爱她；但她又知道自己也爱大夫，所以又害怕大夫真的爱苏尼亚。

最初，叶琳娜用礼貌的回答掩饰内心的激动，极力使自己表现得平静；同时观察大夫是否看出了自己的心事。

之后，当阿斯特罗夫向叶琳娜讲解地图、沉入自己的理想时，叶琳娜完全被他吸引了。她深情地凝视着他，感受着他的声音，他的诗人般的激情，她的心思根本没放在地图上。

当阿斯特罗夫发现叶琳娜没有看图、卷图欲走时，叶琳娜不由自主地伸手按住地图：“你不能走！”因为那个复杂的“正题”还没谈呢！到了非谈不可的时候了，该怎么谈，从哪里谈起呢？……不知所措中的叶琳娜用“笑”来掩饰自己的慌乱：“嘻嘻……我要给您来一次……嘻嘻……来一次……考试！”说出这话后，连她自己都觉得那笑声是多么不自然，感到自己是多么笨拙。

谈话渐渐进入了正题——既是苏尼亚的希望，也是叶琳娜的渴望。谈到苏尼亚时，叶琳娜说：“事情是关于一位年轻的小姐的。我们要像诚实的人，像朋友似的谈谈，别吞吞吐吐的。我们谈过以后，就把它忘掉，好吗？”

叶琳娜所指的那个“年轻的小姐”自然是苏尼亚。那么，在这段台词中，叶琳娜是居于什么位置在讲述呢，她又是以怎样的感情在述说呢？显而易见，这里很像在演“双簧”，推在前边的是那“年轻的小姐”苏尼亚，而道出心声的正是后面的叶琳娜。因此，当叶琳娜发现阿斯特罗夫对苏尼亚的爱慕没有作出反应，那双洞察心灵的眼睛反而望着自己时，她的感情自然地发生着微妙的变化：

怎么，你不爱苏尼亚？……多么奇妙呀，我想从大夫那里得到他对苏尼亚的答复，可是抑制不住的情感却使自己的手向大夫的手伸出去了……

我把心抛向了对方，可是当对方已经牢牢抓住我的全部情感时，我又装作不懂、生气、辩解，恳求对方不要越轨……最终却投入了阿斯特罗夫的怀抱。

叶琳娜的行为，证实了她自己所说的——“一辈子也露出一次自己的本性。”她取得了那“可怜的姑娘”苏尼亚的信任，但她违背了自己对苏尼亚的承诺；尽管她不是计划好的、有意识要这么做。

叶琳娜与阿斯特罗夫这种感情的冲击火花，正是契诃夫提出的一个美学课题，即美丽与道德，美感与道德感该如何统一。

叶琳娜被别人毁灭着，但同时她也在毁灭着别人；虽然她渴求美丽的事物，可是在生活道路上，她不自觉地也把自己和别人的美丽的事物毁灭了。

（五）

对于人物复杂、多变的内心世界进行理性分析无疑是十分重要的；然而要创造一个活生生的人物形象，又绝对不能只停留在理性分析的层面上，而必须将其转化为生动、合理的语言与行动。

《万》剧发展到最后，叶琳娜准备和丈夫离开庄园了。临行之前，叶琳娜·安德列耶夫娜在想什么，做什么，她又是怎样行动的呢？

决定了。我要和教授离开这个既有诱惑力又使人可怕的地方。尽管伴随这个年老的丈夫是不情愿的，但这样可以免遭人们的指责……

可是就在整理衣物时，一种强烈的感情推动着我——难道不向他告别，不再看他一眼么？……可是当我看到他的时候，会怎么样呢？我能控制住自己吗？……

他多半在万尼亚房间里……我终于迈动了脚步，那一刻，我仿佛感到迈动的不是双脚，而是一颗既热烈又脆弱的女人的心在向他抛去……

戏发展到这里，叶琳娜上场时阿斯特罗夫不在，于是，我在导演的示意下，作了如下处理。

我急促地奔向他的房间。

天哪，他不在！……难道他已经走了？……不，没有，他的地图、药箱都还在那儿……

我望着他常常坐的那把椅子、书桌……眼里充满悲伤和绝望，心被刺痛了，鼻子发酸……突然，他来了！我失声地倒吸了一口气，刹那间，几乎不能自制地要投入他的怀抱……

但我还是立即镇静下来，慢慢走向阿斯特罗夫……

最后，叶琳娜走了："别了！这古老的房子、花园、树林……嘚嘚的马蹄声伴着叮叮当当的铃声，把我引向越来越黑的夜晚，未来呢，像是漆黑的、无底的深渊……"

叶琳娜·安德列耶夫娜这个姣美出众的女人，带着她的愁绪离去了，她显得那样没有力量。在她反衬之下的苏尼亚，虽则"可怜"，可是心灵却是美丽的。

扮演叶琳娜的实践使我真正懂得了正确的角色创造方法。演员要使人物真实地生活在规定情境中积极行动，就必须有"真情实感"。真情来自接受客观的一切刺激（人、物、视像），从而产生自己的愿望、行动（内心的、形体的），实感来自想象得具体（包括幕前、幕间戏）。演员的工作就是挖掘人物的全部内心活动，并通过各种手段体现出来。演员——角色，整个创造过程就是从自我出发，体验人物、进入人物以至创造出形象的过程。

每时、每事，都要真实、具体。这就是我扮演叶琳娜得到的启示，也是我此后创造人物所着意追求的座右铭。

这篇短文，只是就塑造叶琳娜·安德列耶夫娜这个形象，粗浅地谈了自己的体会，对于其他人物以及整个作品，没有——也不可能进行全面剖析。即使是自己扮演叶琳娜的体会也很肤浅，可能有许多谬误，恳请大家指正。

据冀淑平手稿《真实·具体——〈万尼亚舅舅〉叶琳娜·安德列耶夫娜创造笔记所想到的》
和《真实·具体——从〈叶琳娜〉笔记所想到的》等（1982年）摘编

我心中的叶琳娜

◎ 冀淑平

我已经告别了舞台，但是过去创造过的人物却常常萦绕心间，这也许是演员的一种“职业病”，《青艺》编辑部让我写点什么，就把部分记忆写下来交卷吧！

1954 年为纪念世界文化名人契诃夫逝世 50 周年，演出《万尼亚舅舅》，我扮演老教授的后妻叶琳娜。事隔 30 多年，每逢想起这个角色还常使自己激动不已。只是我不善于像理论家那样冷静、系统地进行思考，回忆中也多是一些感性片段，称不上创作经验，只是当时的部分记载而已。

我心中的她

叶琳娜是个美丽的少妇，富于幻想，酷爱音乐，她曾经有过诗一般美好的理想。她生活在幻想之中，她很知自己的美貌，修长的身材亭亭玉立。她为自己的美貌而骄傲，像开屏孔雀，昂首阔步，洒脱中又不乏矜持。19 岁就嫁给年迈的老教授，此间虽有崇拜知识之意，却也不无名誉地位的虚荣之心，因为她生活在充满虚伪的帝俄时代。不料，当她把自己的青春献出后，却发现老教授原来是个极端自私并且昏庸无能的人。叶琳娜长年累月守在这样一个老朽身旁，听到的只是那干瘪嗓音：“给我茶”“给我药”……他自私、多疑，在病榻上还要用他的猜忌来折磨年轻的妻子：“你年轻，你美丽，你讨厌我。”当叶琳娜发现自己的多情竟葬送了自己的青春而又无力摆脱这种浮雕式的寄生生活时，她空虚倦怠、懒散无聊，长长的睫毛下隐藏着一双哀愁的蓝色眼睛，倦怠的眼神流露出她精神的空虚和寂寞，无聊的生活使她说话时语调缓慢而柔和。

第一幕　第一次上场

第一次上场是人物给观众的第一印象，对塑造人物非常重要，要使观众通过这次亮相看到人物的基调。叶琳娜这次上场是散步归来穿场进屋。最初，我疾步而上，这不符合那个时代的节奏。教授和叶琳娜的全部生活就是喝茶、散步、聊天，而这一切都是为了消磨时间。后来，我慢腾腾地、很忧郁地上场，但又像是个痛苦的幽灵。

角色的上场是幕前戏的延续，为了寻找叶琳娜上场的自我感觉，我对幕前的情景作了如下设想。

苏尼亚的教父也和我们一起散步。他毕恭毕敬、竭尽所能地想讨老教授的欢心，他为教授解说着一切，那样子虽然可笑但毕竟对散步有好处——教授像是很满意的样子。苏尼亚挽着他父亲的臂膀，也在说着笑着，这再好没有了，用不着我再像木偶似的挽着教授，我可以尽情地欣赏大自然。

天空晴朗、开阔，白云在湛蓝的天空上变幻着形状，白杨树干笔直地耸入高空，树叶迎着微风发出沙沙响声，随着轻风飘来阵阵花香。成双作对的鸭子在路旁池塘中嬉戏着，岸边偶尔传来阵阵蝉鸣……这里多美啊！舒适、轻松、愉快……我轻轻地哼着小夜曲。

从哪里传来一阵笑声？笑得那么爽朗！对面，路那边拐弯的地方，从树林里闪出一位年轻的姑娘，一条又粗又长的辫子搭在右肩上，笑着，跑着，喘着。紧接着，一个愣头愣脑的小伙子追了过来。姑娘是那样灵活，像阵风似的躲到一棵大树后，而当小伙子发现她在树后时，她已经又跑开了。多么自由自在的一对幸福的恋人啊！在这大自然的怀抱中，如果那个姑娘是我该多好啊！……会有那样的事吗？小说里描写的那种爱情故事会在我的生活中出现吗？……如果发生了，我会怎么办呢？……天哪，我在想些什么哟！

我慢慢地走着，下意识地转动着小伞，想着我的心事，周围的一切都仿佛不存在了；我真愿意永远这样走着，想着……

到家了呢！依着白杨树站立的侧影好像是阿斯特罗夫大夫 ……啊，是他！大夫向我行礼，我微微点头还礼，同时缓缓收伞……茶桌已经摆好，是啊，早就该喝茶了……得先回屋整整装……

今天的散步不同于往常——老教授有苏尼亚和她的教父陪着，又因为望到了那对热恋中的情人，叶琳娜哼着抒情歌曲陶醉在自己的幻想中，如同水上芙蓉飘然而来又飘然而去，慢悠悠地、漫不经心的步伐中掩藏着她此刻喜悦、舒畅、希望的心情。我找到了第一次上场的表现形式。

“大夫向我行礼，我微微点头还礼，同时缓缓收伞……”

第二幕 开场与结尾

开 场

第二幕一开始，老教授躺在睡椅上，叶琳娜静坐着。夜，万籁俱寂，只有远处悠悠的更声。那么，叶琳娜只是坐着吗，开幕前她在做什么或想什么呢？我设想她做了一个梦：

月明风清的夜晚，一位年轻可爱的人伴着我，摇着一叶轻舟荡漾在寂静的湖上。湖水倒映着月亮，轻风掀起了湖水的微波，吹拂着我的头发……我依偎在年

叶琳娜对老教授的问话心不在焉地回答

轻人的怀里，轻轻地哼着儿时爱唱的歌，为了哼给他听也为了回忆自己幸福的童年。那位年轻人好像是奇特、有趣的阿斯特罗夫大夫，可又像不是。真奇怪，竟会做这样的梦！那个大夫会来到我的梦中?!……真可笑。

叶琳娜已经被教授折磨得两天两夜没好好睡觉了，趁老教授睡着，她打了个盹，做了那样一个梦，居然笑醒了。大幕开启时，老教授令人讨厌的声音将叶琳娜从甜蜜的梦中唤回到冷酷的现实。她虽然浑身酸软，仍要尽妻子的责任，为他盖好落在地上的毯子，照顾他。但此时，由于阿斯特罗夫来到了她的梦中，拨动了她爱情的琴弦，虽然她还不是清楚地意识到爱上了他，但她不甘心忍受她已习惯了的折磨。由于做了那个梦，更觉眼前的教授可厌，梦境与现实在叶琳娜心中形成鲜明对比。但又由于叶琳娜不能不尽妻子的责任，因而也就为下边的戏找到了准确的表现形式：一方面为老教授盖好毯子，一方面与老教授的对话则时而心不在焉地回答，时而没听清再去反问；有时，则流露出内心的恼怒，表现了叶琳娜此时的心境。

叶琳娜与苏尼亚和好后畅谈生活和爱情

结 尾

这一幕结尾前与苏尼亚和好后畅谈生活、爱情的戏，叶琳娜的心情是很复杂的。有和好后真诚友谊的温暖，有一诉深埋心底的秘密后心情的舒畅。但从苏尼亚的幸福可感到自己的不幸，意识到自己也被阿斯特罗夫吸引了，一种追求真正生活的欲望强烈地冲击着她的心：苏尼亚在爱着；散步时遇到的青年男女在爱着，尽管他们没有知识，生活贫困。自己呢？没有爱过人，也没有被人爱过；没有欢乐，没有爱情，没有一切！难道要永远这样生活下去?！她不甘心啊！思绪万千的叶琳娜想弹琴来抒发自己的满腔激情，但她知道老教授是嫌琴声吵人的，于是让苏尼亚去问问他。

夜是这样的静，心是这样的乱。苏尼亚还不回来，叶琳娜再也控制不住自己了，像脱了缰绳的野马在田野驰骋，像决了堤的河水在咆哮奔腾！叶琳娜放情地弹了起来。接着，苏尼亚回来了："爸爸说，不许弹！"

琴声戛然而止。叶琳娜怔怔地坐在钢琴旁，幕闭上了，与这一幕的开头呼应了起来。

第三幕 眼神的决斗

近来总有一种从没有过的感觉：像是在等待什么，又像特别空虚……刚到此地时对大自然的新鲜感在逐渐消失……在百无聊赖时，大夫那深邃的、洞察人生的眼睛，那引人入胜的谈吐，宽厚的声音，都清晰地出现在眼前。这是怎么回事？难道那说不清的等待是为了他？那种说不清的空虚是因为他不在我身边？ 啊，不，不是的！……是，是这样的……

他最近天天来，我没单独和他谈过什么；但当我的眼光与他相遇时，总感到他那眼睛里有点什么，它使我困惑也使我喜悦。而且我知道他也明白我所感到的一切。这是那样细致、微妙，是不需要语言却彼此都心领神会的。这究竟是幸福还是苦恼？

叶琳娜知道苏尼亚爱着大夫，愿意苏尼亚能得到幸福。她也知道阿斯特罗夫并不爱苏尼亚，但她真心想帮助苏尼亚，希望阿斯特罗夫能够爱苏尼亚。可是她也知道自己也在爱着阿斯特罗夫，因而内心深处又害怕阿斯特罗夫真的爱苏尼亚。叶琳娜处在矛盾之中，阿斯特罗夫来了。怎么办?！她从未这样激动过。

这时，她礼貌地回答阿的问话掩饰自己的慌乱，几乎不敢用眼睛看他。可是当阿讲述

叶琳娜凝视着大夫，感受着他那诗人般的激情

地图沉入自己的理想时，叶琳娜又完全被他吸引了，凝视着他，感受着他的声音，品味那放射着智慧光芒的眼睛，沐浴着他那诗人般的激情。

当叶琳娜问了阿斯特罗夫是否爱苏尼亚后，她屏住呼吸，定睛看着他，等待那连她自己也不知道究竟什么才是所期待的答案。

叶琳娜说："你不爱她，我从你的眼睛就看出来了！"这才是她所期待的答案！像是卸下了千斤重担，她深深地舒口气，悬着的心放了下来，情不自禁地将手放在了阿的手上。

叶琳娜从阿斯特罗夫那异样的眼光、急促的呼吸、颤抖的声音知道阿已经看透了自己的心灵，又用装作不懂、生气、恳求、申明、反抗等各种方式来拒绝阿斯特罗夫。当她企图挣脱自己的感情时，阿猛然抱住她，狂热吻她。像是触了电，像是醉了酒，像是置身于云雾之中，她投入了阿斯特罗夫的怀抱。

这场戏没有大的舞台调度，双方都是用眼睛在探索对方；看起来在"谈地图"，实际上是一场"眼神的决斗"。

第四幕　三种告别

向阿斯特罗夫告别

留下吧！他是我梦中寻找了许久的人！我要过真正的生活，跳出这囚禁我的牢笼，离开极端自私的老头子，和他远走高飞！我俩像对山鹰翱翔在天空、海洋上！夜晚，他在我的身旁。我应该过那种生活！直到此刻，将要离别时我才明白我是怎样地爱着他……

啊，不，不能！这太可怕了！做一个抛弃年老丈夫的罪人，友人的责难，社会的舆论……我受不了，那样我将是个身败名裂被人看不起的下流女人！不，不能！我没有勇气和力量……

只有走！而且要即刻走，就在今晚！否则我会控制不住自己，那我可真的毁了！多少年来习惯了的生活，我的美名……一切一切！马上离开这里！

我收拾东西。真见鬼！刚搁进箱里的东西又拿了出来，拿出来的东西又搁了进去……难道就这样走吗？不向他告别，不再看他一眼？永远永远不能再见了啊！……不，不能！我必须再见他一面！啊，不，不要吧，我怕见他，我会控制不住自己的……你这懦弱的人啊，马上就要走了还有什么可怕的？怎能设想不见他一面就走呢？……去，找他去！行前必须向他告别！　马车已经等在门外，我匆匆走向万尼亚房间去找阿斯特罗夫。

急促上场。但没看见阿，只好在心里向他经常坐的桌子、椅子和他的药箱告别：“别了，今生今世再也见不到的，我唯一爱的人啊！”抑制、忍耐着心中的疼痛，转身欲走，阿却站在那里！她失声叫了出来：“啊！”激动得几乎要投入他的怀抱，又立即镇静下自己，慢慢地走向阿。尽管一生中只爱过阿斯特罗夫，但也只能拿走他那只经常带在身上、指过地图的红蓝铅笔作为纪念。

叶琳娜向阿斯特罗夫告别

向苏尼亚告别

老教授由苏尼亚陪着来向大家告别。苏尼亚靠在叶琳娜身边，叶琳娜百感交集。她理解苏尼亚爱得那么深沉的心受了多么剧烈的创伤，而造成苏尼亚不幸的又是自己；她感到内疚，真想抱住苏尼亚痛哭一场！但是她不能。她深深地吻着苏尼亚的头发告别，无言的告别。

叶琳娜向万尼亚告别

向万尼亚告别

万尼亚鞠着躬，请求叶琳娜饶恕他。面对虔诚的万尼亚，当着大家，叶琳娜能说什么呢？她感到鼻头发酸，眼眶湿润。她不会忘记，当万尼亚手持玫瑰兴致勃勃地来向她献花，发现她投入阿的怀抱时，他没有责骂她、侮辱她，他的爱是纯真无私的，他是多么善良、宽厚的人！由于自己和教授的到来，破坏了他的平静，今后他将孤寂地度过更加痛苦的日日夜夜。“原谅我吧，亲爱的，应该是我请求你的饶恕。”叶琳娜将手伸给万尼亚。虽然仅有“再见吧，亲爱的！”一句台词，但包含着感激、惭愧、请他饶恕种种感情。这是请求原谅的告别。

由于规定情境、人物关系不同，虽然三人都是告别，但要别中有“别”。

回忆常常像纷扬飘舞的花瓣，有时从枝上飘向土地，有时又像从泥土中飞回枝头。遐思片片，也是劳动的印记，愿它能够留在人们的记忆中。

原载于《青艺》1988 年第 4 期

链接

关于《万尼亚舅舅》的排演

◎ 肖 崎

（一）

五十年代我们剧院为了响应和平理事会纪念世界文化名人的号召，先后上演了国内外名家的剧目。由孙维世同志导演、苏联戏剧专家普拉东·乌拉基米罗维奇·列斯里任艺术指导，集中剧院优秀演员通力合作排演和演出的契诃夫著名话剧《万尼亚舅舅》就是其中之一，它在导、表演艺术上获得的突出成就，对青艺的剧场艺术建设，产生了极其深远的影响。

1954 年 11 月《万尼亚舅舅》在北京首次公演了。作为导演孙维世同志的副手，我自始至终参加了《万尼亚舅舅》的排演和演出工作。

（二）

排演契诃夫的戏剧，对于当时我们年轻的剧院来说，确有一定的困难。企图通过舞台形象去体现这个剧本的思想，必须首先深刻地了解作者。可是我们对契诃夫这位著名作家和 19 世纪 80 年代的俄罗斯的历史生活却知之甚少。根据这种情况，维世同志在研究排演日程时指出，先在排演日程上划出一段较长的时间，让全体创作人员较系统地研究契诃夫和他的时代。建立排演组后，维世同志对全体演职员提出第一个要求：通读契诃夫的小说，做读书笔记。为了避免演员们过早地考虑自己的角色和轻视小角色的习惯倾向，维世同志决定暂不公布角色扮演者的名单。

经过一段时间的自学，便进入研究和讨论契诃夫及其作品的阶段。导演要求演员们必须用自己的语言来说出对作品的真实的感受，不要背诵一些自己不完全理解的现成的评论。让演员们感性地了解那个时代的历史背景、社会生活和人物的思想感情。

为了更多了解19世纪80年代俄罗斯人民的生活和社会政治的特点，还选用一些奥斯特洛夫斯基、托尔斯泰、高尔基的作品和舞台纪录片为辅导材料，经常欣赏柴可夫斯基、格林卡的音乐作品，以帮助演员们在情绪上进入那个时代的氛围之中。同时，导演又要求演员朗诵契诃夫小说 30 多篇，逐篇加以研究，并将主题思想、作者的写作意图等等进行仔细的分析，起到了很好的效果。她把创作人员带入了契诃夫的时代与气氛中去，使大家认识到契诃夫的创作风格，感受到契诃夫的爱与憎——契诃夫的乐观主义精神。

一个月以后便顺序地阅读和研究这个剧本，这时一个俄罗斯伟大的民主主义作家，一个对帝俄专制制度坚决斗争了一生的刚强战士——契诃夫的形象，已经浮现在我们眼前了。我们感到，他的作品不是那样灰暗、沉郁、凄婉和缺乏希望的了；相反，却充满着光明、幻想和乐观主义精神。在他所创造的千百个“小人物”的灵魂里，蕴藏着一种进步的、新生的力量。

演员们通过这些研究工作，被契诃夫剧作的独特风格和生动的人物形象，以及富有哲理的语言所吸引了。这时，整个排演室已被一种严肃、认真的气氛笼罩着，并且潜意识地表现出极大的创作冲动，这时，导演才宣布了角色名单。

（三）

演员们便开始结合剧本的主题，重点地研究和理解他们所扮演的角色。导演让每个演员（不论角色大小）写出一份完整的创造角色的文字材料，并在排演室朗读，相互交流。导演分别予以肯定、纠正或补充。维世同志说这是为了发挥演员的独立思考的能力，避免演员在创作上取巧的旧作风；又可以发现哪些演员较好地理解了剧本和角色，哪些演员则没有理解或者甚至错误地理解了剧本和他们所扮演的角色，导演就可以有的放矢地给以启发和帮助。进而导演要演员根据他们对剧本的理解，充分地发挥想象，确定每场的事件、动作、人物之间的关系、潜台词，人物的内心活动和性格特征，以及人物的贯串动作。

虽然演员阵容中，有早已成名的老演员，但这到底是新课题；还有些演员，特别是较年轻的演员，显然仍有不少的困难。为了克服这些困难，导演选了金山同志写的《一个角色的创造》一文作为示范，当场朗读，启发创作，使有些过去不习惯提笔的和从未进行过这项工作的演员，写得比较生动了，打破了过去写人物自传的陈旧格式。

（四）

进入对词阶段之前，维世同志再次地进行了语言的校对工作。契诃夫是以语言的简练、生动、鲜明和丰富著称的。但是翻译上存在许多不够准确的地方，影响了戏剧语言的表现力。尤其是一些成语的应用更是不能传达作者的原意。有的只好留待对词的过程中去解决。

对词，这在维世同志的导演方法中是十分重要的一环。当案头工作取得预期的效果，即演员们在研究中基本上领悟了有关全剧的精神，对各自所扮演的角色展开了丰富的想象，掌握了整个人物的思想线索，角色的行为逻辑，以及全剧的最高目的、贯串动作，而且在一定程度上接近了导演的构思后，才开始分幕对词。

对词中她反复强调，对词并不是演员们坐在一起熟悉台词、背诵台词以达到丢本进入代用景排练；也不只是纠正语言的逻辑重音、声调高低、吐字清晰；更重要的是解决语言的动作，在台词的潜流中寻找角色的动作。她说，作家写在纸面上的只是百分之二十五，而其余的百分之七十五需要逐渐地挖掘出来。因而，维世同志不断地问演员：这句话是什么意思？你究竟要干什么？因为语言都有其动作性的，无论剧中人物的语言如何具有装饰性，无论演员读词如何字正腔圆，如果失去了动作，它便毫无价值。

除上述要求外，演员还必须根据角色之间的刺激与反应、思想感情的交流，掌握语言的节奏，剧情发展中的间歇和停顿，以及人物行为的第二计划等等，这些基本上都要在对词阶段逐渐完成。这种对词的方法和要求，对于习惯于拿着剧本边读台词边走地位的个别演员来说，是很难适应的。但是，当对词告一段落后，大家普遍认为，这种对词的方法，具有极为明显的优越性。

当演员们从分段、分幕到全剧对词的创作过程，即从体验到体现的发展过程中，逐渐深入角色，在较大的程度上进入戏剧的规定情境时，演员们再也坐不住了。有的演员情不自禁地站立起来，有的甚至离开座位和“对手”旁若无人地表演起来。在这种情景里，导演认为可以立即进入代用景排演。

（五）

由于案头工作做得较好，排演进度异常迅速，在一个来月的时间里，便完成了分幕的排演工作。

戏的进度之能如此顺利，与维世同志的善于发挥演员的主动创作精神，逐步引导演员与导演的构思协调起来的独特的排演方法是分不开的。使契诃夫创造的这些普通的，但十分复杂和深刻的人物形象，基本上都体现出来了。

当第一次在代用景的连排结束时，剧院邀请正在中央戏剧学院主持“导训班”的苏联戏剧专家普拉东·乌拉基米罗维奇·列斯里到剧院看我们《万尼亚舅舅》的连排。在连排开始之前，演员们的心情是比较复杂的。在连排的过程中，我也经常观察着这位“特殊观众”的反应。列斯里看后说，你们已经基本上注意到了契诃夫的风格、气氛、停顿，获得这些东西是很可喜的。这是很不容易的事情。他接着说：导演的第二计划已经明显地看出来了，演员们也有了角色的自我感觉，导演对剧本的理解、分析、解释都是正确的。不足之处是作为国家剧院，要用高标准来衡量创作。他认为目前存在这样一个问题，那就是如何加强体现剧本的主题思想和演出的现实意义，如何有步骤地展开契诃夫的悲剧以及如何克服某些演员的表演情绪等。维世同志确定的全剧贯串动作是“渴望幸福的生活”，列斯里则要求“更进一步去获取幸福生活，去为幸福的生活而战斗”。这两种对全剧贯串动作的理解，似乎只是程度上的不同，没有实质性的差异；但根据后来加工排演的实践表明，专家确定的贯串动作，对进一步深化主题思想，加强演出的现实意义，以及对演员的创造，特别是对万尼亚、苏尼亚、阿斯特罗夫这几个带有悲剧性的主要角色的成功的塑造，起到了极其有益的作用。

在我们的排演已经取得了良好基础上，还邀请列斯里担任《万尼亚舅舅》的艺术指导，与孙维世同志一起进行后期的加工排演。

（六）

作为艺术指导的列斯里，首先提出了更换个别演员的建议。这是一个比较难以处理的问题。当然，在我们剧院过去的排演中，也曾经更换过演员。譬如 1953 年演出郭老的《屈原》，其中仅婵娟一角，就更换过三个演员；但那是在排演的初期。这次情况不同了，戏已经进入连排阶段。但更换问题解决得意外的顺利。在此之前，他不止一次地用斯坦尼斯拉夫斯基和切加诺夫的例子，给演员启发。他说，他曾在上演前夕，由于聂米罗维奇·丹钦科的建议，撤换了他所扮演的角色。切加诺夫这一天才演员，也曾经因为不适合某一角色，虽经长时间的创作，终未成功。这些实例更加生动地说明了一个事实，那就是说，如果一个演员，由于某些自身条件的限制，不适合扮演某些角色或者需要很长时间才能达到上演的水平；那么，为了保证演出计划的实施和作品的质量而更换其他更为适合扮演某一角色的演员，便是十分合理和正常的事了。

从第一幕排演起，列斯里便指导演员通过创作实践，应用斯坦尼斯拉夫斯基体系中的一些基本知识和基本技术。但是他说，在排演中最重要的是如何加强剧本的主题思想的表现和演出的现实意义；也就是说，如何通过这一古典戏剧的演出，使我们今天的观众得到教益。因而必须抓住这个戏的主导冲突：以万尼亚为代表的自我牺牲和以谢列布利雅可夫为代表的自私自利这两种基本思想的斗争。

在过去，我们虽然也理解到这个问题，但是没有加以足够的突出和强调。在谢列布利雅可夫这一主要人物的处理上就是一个很好的例子。担任这一角色的王斑同志，是个经验丰富的演员，一般说他能够根据作者规定的剧中事件和人物动作的逻辑性，寻找人物在每一事件中的动作。但是，当他要将这些连续的动作在一定的情境中正确地传达出各式各样的思想的时候，就往往没有办法确定哪些动作应该强调，哪些动作应该突出，以便更有力地表现角色在全剧中应起的作用。实践中让人体会到，当一个演员一旦深入地理解了剧本的主题思想，并意识到他所扮演的角色对体现剧本的思想将起什么作用的时候，他便容易掌握和体现他的角色了。

在排演中又接触到表演情绪问题。《万尼亚舅舅》这一组大都是较为成熟的演员，他们已经认识到“感情是不能表演的”；但是也有一些演员，对于如何真实地体现人物的内心和外形动作，在创作实践中却往往难以做到有机的统一。而导演为了克服这部分演员普遍存在的这一毛病而费尽心力，有时为了一句台词，一个舞台调度以至一个眼神，都要花费很长的时间。当演员们在排练中反复次数过多而表现出不安的时候，维世同志总是安慰演员说：“你已经做得很不错了，专家是希望你达到更高的要求！来！再来一次。”列斯里也说：丧失对象，盲目交流的这种表演情绪上的通病，即使像塔拉索娃这样很有经验的人民演员也常犯，在排演时，也得经常提醒她。他接着说，在莫斯科艺术剧院有这么一个说法：“演员在台上就是从你接受过来，由我这儿还给你。在舞台上，主要是帮助你的对方。”在导演和专家的严格要求中逐渐地消除了表演上形式主义的残余，这是付出了相当艰苦的劳动的。

（七）

在这次加工排演中，我们感受最深的是，导演如何使用各种方法，根据不同的演员的条件，给予不同演员以适当的帮助和启发，来挖掘演员尚未迸发出来的潜在力量。在这一点上列斯里和孙维世同志是非常一致的。例如我们有的较年轻的演员，没有在日常生活中培养起一种观察生活的能力，

《万尼亚舅舅》宣传照

不能习惯地去琢磨人们的思想、感情，不能把自己生活的点滴感受积累起来。所以当导演要求某一个演员来表达一种特殊的激情或一种复杂而难以捉摸的思想感情，演员便不能借助“情绪的记忆”而感到不知所措了。值得一提的是，尽管有的演员缺乏生活积累，导演却能根据演员的不同的特点和条件，给予适当的帮助和启发，使演员的创造不断地向前发展。

还有一个关于导演处理上的“悲剧性”问题。过去的处理，列斯里认为基本上是正确的，只是还没有充分发挥悲剧的力量。问题在于第一幕的悲剧性处理得过重，因而影响全剧的发展。因为万尼亚的悲剧应该逐渐地在观众面前展开，不应该一开幕就把悲剧的结局过早地表现出来。虽然万尼亚二十五年的自我牺牲的劳动，为了一个错误的偶像而失去了意义，他的一切美好的幻想都破灭了，但是他寻求着一种新的生活，寻求着劳动的新的意义，寻求着真诚的爱情以恢复他那毁掉了的一生。

过去我们对阿斯特罗夫医生的处理也是不够准确的。主要是过于理想化和诗意了。专家认为，假定说阿斯特罗夫是一个诗人的话，那么他不是普希金笔下的充满柔情的连斯基，而应该是马雅可夫斯基式的充满希望的、鲜明而有力的诗人。他身上有着普通俄罗斯人的一种对抗黑暗势力的天赋的激情。这一启发，对扮演阿斯特罗夫的演员成功地塑造这一人物起到了良好的作用。其他人物如苏尼亚、叶琳娜以至破落地主铁里金等，在处理上专家没有提出什么异议，只是通过反复的加工排练，更加深化了这些形象。

在整个加工排练过程中，不仅由于专家和导演的共同努力和精心的配合使戏的进展十分迅速，而演员们的创作态度的异常严肃，也是使艺术创造顺利发展的主要因素。尤其值得一提的是：基本上改变了把自己单纯地作为导演创作对象，而是做到了在导演的组织和启发下进行独立的创造。舞台美术设计和布景、道具、灯光、效果等也能理解导演的意图，配合了排练工作。

（八）

在舞台上的排演，经过分场细排、连排、总排这几个阶段。直到艺术指导、导演以及艺术委员会一致认为可以和观众见面后，才算排演工作的结束，但不意味着创作的告终。相反，艺术指导和导演每天都和观众一道看戏，而且在散戏以后，立即在台后小结当晚的演出，对演员和舞台各部门的工作提出意见，提高演出质量，使艺术创作发展到更高的境界。

通过《万尼亚舅舅》的排练演出，对我们剧院不论在导演艺术上，表演艺术上，舞台美术以及如何建立一个正规剧院的若干问题上，都获得了许多珍贵的经验。

《万尼亚舅舅》演出后，得到了外国朋友的肯定，有的说："就像在莫斯科艺术剧院看完一场成功的演出一样，我们十分惊异，契诃夫的风格、情调、人物形象都被你们掌握住了。这无疑是不平常的极为成功的演出。"他们对扮演主人公万尼亚的金山同志，以及扮演苏尼亚、阿斯特罗夫、叶琳娜、谢列布利雅可夫、铁里金等的艺术家们推崇备至，认为他们的表演艺术是令人惊叹的。

全国第一次话剧汇演期间，《万尼亚舅舅》作为大会展览剧目也赢得了好评和赞赏。

为了恢复和发扬青艺的艺术传统，为了学习孙维世同志系统地应用斯氏体系的导演艺术及成功地塑造人物形象的艺术家们的严肃的创作作风，重新回顾《万尼亚舅舅》的排演和演出，无疑是很有益的。

1983年1月

原载十中国青年艺术剧院艺术室 蔡体良编《艺耕集》，
中国戏剧出版社 1984年版，第89—98页

娜拉

《娜拉》

1956年7月首演

编剧：〔挪威〕亨里克·易卜生
译者：潘家洵
艺术顾问：〔挪威〕盖达琳
导演：吴　雪

剧情介绍

娜拉为了挽救丈夫托伐·海尔茂的生命，在几年前秘密地向尼尔·柯洛克斯泰借用了一笔款子。这种未经丈夫同意的借贷关系，在当时的社会法律制度下，是被认为极不荣誉而且应该受到惩罚的行为。娜拉所以这样做，却正是为了维护她丈夫的荣誉。债务使娜拉经常陷于窘迫。但她仍然感到幸福，因为她满足于取悦自认为爱她的丈夫。

海尔茂新任银行经理，柯洛克斯泰恰好是这所银行的原有职员之一。海尔茂仅仅出于虚伪的自尊，决心开除柯洛克斯泰，事件的关键发生在这里：柯洛克斯泰为了活命，请求娜拉促使海尔茂取消原有的企图，但遭到海尔茂的拒绝。在这以前柯洛克斯泰早就发现了娜拉在借据上的假造签字，这时他被迫不得不写信向海尔茂揭示这种违法的事实，借此要求海尔茂保留他的职位。过去柯洛克斯泰因假造签字弄得身败名裂，他并不愿娜拉也遭到同样命运。但他却不能放弃这个唯一的、足以保留自己职位的把柄。

娜拉恐惧这意外的、即将来临的消息会打击他的丈夫，她曾企图取得朗克大夫和林敦太太的帮助。但她又相信她的海尔茂接信后，必定会由于谅解她，挺身担负起全部的责任。她痛苦而又幸福，矛盾的煎熬，使她打算自杀。朗克大夫因为遗传的恶病，深夜前来与他们作最后的告别，更使她心头蒙上了一层阴影。她要把一切责任担当起来。

当海尔茂获悉事情的真相以后，暴露了他自私的嘴脸，呵责娜拉断送了他的所谓前途。他决定向柯洛克斯泰屈服。

意外的是林敦太太与柯洛克斯泰的邂逅，他们曾是旧日初恋的爱侣，双方都在生活中经历了风波，在彼此发现互谅互爱中，获得了新的生活意义。于是柯洛克斯泰由于幸福而宽恕地把借据无条件地退还娜拉。海尔茂见到了借据，他的所谓前途不再受到威胁，因而重新戴上了那副假面，企图让娜拉仍旧继续做他的玩偶。

可是，作为觉醒了的娜拉，已经认识到传统的道德标准的虚伪，她对于幸福有了全新的理解，她离开了丈夫和孩子，她不愿当“玩偶”，她要做一个“人”，于是她勇敢地出走了。娜拉的故事不是在狭窄的家庭伦理问题的基础上，而是在广阔的资产阶级社会概括的基础上被提出的。

引自《娜拉》演出说明书

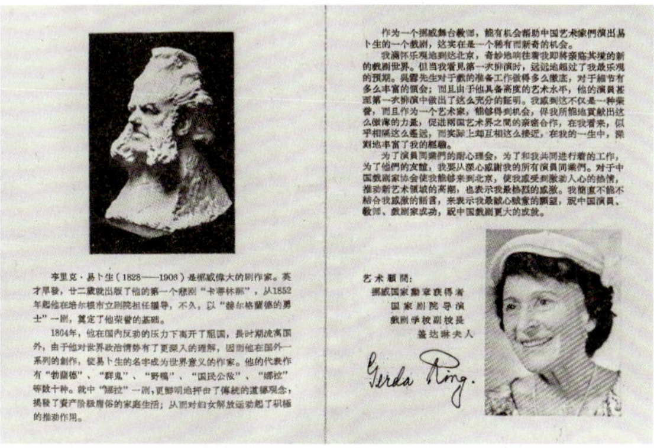

《娜拉》演出说明书

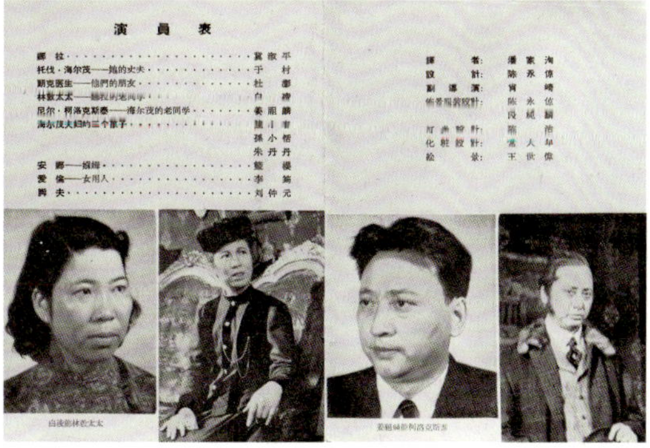

我是怎样扮演娜拉的 *

◎ 冀淑平

能够在这里向诸位介绍一下有关《娜拉》排演、演出的情况，我感到非常荣幸。

（一）

为纪念世界文化名人亨利克·易卜生逝世 50 周年，中国青年艺术剧院于 1956 年 7 月在位于东单的青年艺术剧院剧场隆重演出了他的名作之一《娜拉》（也译为《玩偶之家》）。

《娜拉》艺术创作人员

艺术顾问： 挪威国家勋章获得者，国家剧院导演、戏剧学校副校长盖达琳夫人

导　演： 中国青年艺术剧院院长吴雪先生

舞台美术设计： 陈永倞先生

演　员：

娜拉	冀淑平
托伐·海尔茂——娜拉的丈夫	于　村
朗克医生——他们的朋友	杜　澎
林敦太太——娜拉的老同学	白　凌
尼尔·柯洛克斯泰——海尔茂的老同学	姜祖麟
海尔茂夫妇的三个孩子	陆小春
	孙小恬
	朱丹丹

* 这是冀淑平在“易卜生学术研讨会”上的发言，这次研讨会由挪威王国驻华大使馆和中国翻译工作者协会共同于 1995 年 5 月 8—9 日在北京举办；会后出版了《易卜生研究论文集》（中国文学出版社 1995 年版，中英双语），本文亦被收入该书。——编者注

安娜——保姆　　蓝　樱
艾伦——女用人　　李　筠
脚夫　　刘仲元

演出轰动剧坛，得到有关领导、国内外专家和观众的一致好评。

纪念演出后，仍继续上演。观众很喜欢这个戏。我经常接到观众来信，一位热情的观众曾经看了五遍。甚至一位住在高尔基城的苏联朋友，从画报上看到了剧照也写信给我表示祝贺。记得在挪威大使馆招待会上，我曾看到过挪威为纪念易卜生出版的画册，集中了易卜生作品在世界各地演出的剧照，其中也有我院演出的《娜拉》的剧照。

（二）

早在30年代，当我还是戏剧学校的学生时，我的恩师、老一辈著名戏剧大师曹禺先生在"剧本选读"课上就讲授过易卜生的《人民公敌》《社会支柱》《玩偶之家》等，使我了解到易卜生的剧本具有深刻的社会意义和高度的创作技巧，他不仅是挪威伟大的戏剧家，而且是欧洲近代戏剧的创始人。

易卜生的《玩偶之家》是以妇女解放为主题的，那时我就很喜欢娜拉这个角色。但是，只有当我扮演这个角色，一再研读剧本时，才知道这个角色为何吸引着我！我深深地为这位崇高的女性所感动！记得读到娜拉出走前的大段台词时，忍不住眼泪滚滚而下，使得字迹在我面前模糊起来。多么纯洁、善良而又勇敢的女性啊！她虽然已经是三个孩子的母亲，但纯洁得像皎洁的月亮，她要过"快活的生活"，她以别人的快活为最大的快活，以能使别人快活作为自己最大的幸福，无论是对丈夫、对孩子、对朋友、对用人。为了挽救危在旦夕的丈夫的性命，她敢于冒天下之大不韪，担着触犯法律的风险，毅然决然地冒名签字去借债，这需要多么大的勇气！而当她发现自己深爱的、愿为他牺牲一切甚至生命的丈夫竟然是个伪君子，从来没把自己当作人看待，她只是丈夫的玩具后，为了学习做一个真正的人，为了人的尊严，她毅然决然地离开了曾视为生命的丈夫和可爱的孩子们，这又是需要何等的勇气！她是位真正有才能的、勇敢的女性，是妇女追求解放和自由的象征。

我为有机会扮演这个角色感到无比幸福。这不仅仅是作为演员扮演了心爱的角色，而且是我理解到这次演出的伟大意义：我在肩负着促进中挪两国人民友好的神圣职责。易卜生的作品虽然早在二三十年代就被介绍到中国来，但是新中国成立以后演出易卜生的作品这还是第一次。为了中挪两国的文化交流，为了准确地再现易卜生笔下的人物，为了在舞台上体现娜拉的可爱形象，我克服了种种困难，以演员的全部热情，用心去接近角色。我和我们全排演组的演职员同行们像学生一样从头学起，严肃、认真、细致地研读易卜生的其他作品，请专家做报告。之后，分析、研究剧本主题思想和人物性格。同时，我还到舞蹈学校向专家学习“特兰特拉”土风舞；听音乐唱片，选择适合娜拉的乐曲。在正常情况下，像《娜拉》这样的世界名著需要较长的排练时间，但这次从开始排练到正式公演，前后仅用了一个多月时间。我们是在 5 月份导演吴雪先生去挪威参加“易卜生纪念周”活动回来以后进入排练阶段的。应该说，为了赶在 7 月份上演，这是一次带有“突击”性的工作。

（三）

在排练过程中，我努力去挖掘人物的内心世界，感情变化，台词的潜在意思……力求达到生活在人物的规定情境中。我仔细琢磨娜拉应有的眼神、音色、语势、步态……有时因苦思某一点应如何处理、表现而夜不成寐，有时也为有所发现、突破而万分喜悦。记得有一次在去剧院的路上，我边走边想着第一幕中娜拉对好友林敦太太讲她为救丈夫性命而借钱时的得意、骄傲的心情，迎面走来的台词老师惊异地问我：“什么事情让你这么高兴？你好像在对所有的人笑！”“啊！真对不起，我在想戏！”于是，我们大声笑了起来。

在角色创作中，我特别注意人物性格的前后对比。在第一幕开始时，娜拉是只无忧无虑、歌唱快活幸福生活的依人小鸟，如同天真烂漫的少女。然而，丈夫的一番“表演”使她彻底改变了：他发现借据后，对她大发雷霆，极尽辱骂诬蔑之能事；而当他发现借据又退回来之后，觉得“自己”没事了，他又笑脸相迎，要娜拉仍然做他“会唱歌的小鸟”、

第一幕　快活的小鸟

第二幕　觉醒中的娜拉

第三幕　娜拉出走前把戒指还给海尔茂

他的玩具！娜拉简直不能相信，表面文质彬彬、风流潇洒的丈夫，竟隐藏着那么卑鄙、丑恶的灵魂！他的心是多么冷酷、无情！他是极端自私的伪君子。与自己共同生活了八年，为他生了三个孩子的丈夫，竟然从来没有把自己当作平等的人看待！严酷的现实使娜拉痛切地觉悟到："我首先是一个人，跟你一样的人！"坐下来与丈夫谈话的娜拉端庄、凝重，面无表情，冷若冰霜，宛若一座大理石雕像，只有泪水悄然流下……这是思考的娜拉，觉醒的娜拉，叛逆的娜拉，要求自由、解放的娜拉！与过去那个有着一双滴溜溜转的、绽放着幸福光芒的眼神，迈着轻快的碎步、不停地哼着歌儿的娜拉判若两人。"快活的小鸟"飞出了金丝笼，娜拉离开了她曾经深爱的丈夫和可爱的孩子们，去寻找真正的自由、幸福的生活。

（四）

当全剧粗排了一遍之后，我们的艺术顾问、挪威戏剧家、易卜生专家盖达琳夫人来了！记得全剧第一次连排请盖达琳夫人看时，我就像一个功课不好、怕见老师又迫切需要老师帮助的学生，忐忑不安。令人振奋的是，盖达琳夫人看过连排之后，很称赞我们的工作，她甚至说：“你们出乎我意料之外的那样了解易卜生，还需要我做什么呢?！”这位慈祥、亲切、热情的专家鼓舞了我们的创作热情，更增强了我们的信心。在以后的细排中，盖达琳夫人与我们一起工作，给予了我们很多细致、具体、宝贵的帮助；我们与挪威艺术家之间，也建立了深厚的友谊。

在我的演员生涯中，娜拉是我最心爱的角色，也是我认为创造得比较成功的角色。

从 1956 年到现在，已经事隔将近 40 年，但我对这段往事仍然记忆犹新。这是我一生中最愉快的回忆，我将永远以感谢、喜悦的心情怀念这次演出，并能为中挪文化交流贡献过些许力量，感到幸福。

愿中挪友好如松柏长青!

谢谢大家!

原载于孟胜德等编《易卜生研究论文集》，中国文学出版社 1995 年版，
第 57—62 页；据冀淑平手稿略有补充

Betty Hennings as Nora in *A Doll,sHouse*
first performance at The Royal Theatre,Copenhagen 1897
《玩偶之家》1879 年在哥本哈根皇家剧院首次演出，由贝蒂亨宁斯扮演娜拉。

Ji Shuping as Nora in *A Dall's House*
performed by the China Youth Art Theatre in Beijing,1956
1956 年中国剧院演出《玩偶之家》，由冀淑平扮演剧中人娜拉。

《易卜生研究论文集》（孟胜德等编，中国文学出版社 1995 年版）选页

冀淑平在盖达琳夫人卧室门口的留影（‘96易卜生国家戏剧节期间摄于挪威首都奥斯陆）
墙上粘贴的剪报是介绍挪威国家剧院105岁高龄的著名导演盖达琳的文章，
文中讲述了她于1956年赴华指导青艺排演《娜拉》的情况，
剪报中右图为冀淑平在北京‘95易卜生学术研讨会上的留影——娜拉手持铃鼓练舞的造型

冀淑平（前排左二）和《娜拉》导演吴雪（后排右一）与访问中央戏剧学院的希腊戏剧家（前排中）合影
引自《戏剧艺术家的摇篮·中央戏剧学院》（文化艺术出版社2012年版）

链接

图说《娜拉》

◎ 陈非比　编

中国青年艺术剧院 1956 年隆重献演易卜生名剧《娜拉》

第一幕

娜拉——快活的小鸟

谭国根教授提供（经挪威国家图书馆授权使用）

海尔茂　小松鼠又在淘气了？
娜　拉　嗯！
海尔茂　小松鼠什么时候回来的？
娜　拉　刚回来。托伐，快出来瞧我买的东西。

海尔茂　我不要你别的，只要你像现在这样——做我会唱歌的可爱的小鸟。可是我觉得——你今天的神气有点儿——有点儿——叫我说什么好呢？有点儿跟平常不一样——
娜　拉　真的吗？
海尔茂　真的。抬起头来。
娜　拉　怎么啦？
海尔茂　爱吃甜的孩子又偷嘴了吧？
娜　拉　没有。别胡说。

娜　拉　大好的春光快来了，一片长空，万里碧云，那该多美呀！到时候我们也许有一次短期旅行。也许我又可以看见海了。哦，活在世上过快活日子多有意思！

娜　拉　朗克大夫，你要不要吃块杏仁甜饼干？

朗　克　什么！杏仁甜饼干！我记得你们家不准吃这个。

娜　拉　不错。这是克立斯替纳送给我的。

林敦太太　什么！我——？

娜　拉　唔，别管它，吃一回没关系！这块给你，朗克大夫！

谭国根教授提供（经挪威国家图书馆授权使用）

娜　拉　让我给你介绍，这是克立斯替纳，刚进城。

海尔茂　克立斯替纳？对不起，我不认识——

娜　拉　托伐，她就是林敦太太——克立斯替纳・林敦。

海尔茂　不错，不错！大概是我太太的老同学吧？

林敦太太　一点儿不错，我们从小就认识。

谭国根教授提供（经挪威国家图书馆授权使用）

柯洛克斯泰　对不起，海尔茂太太——

娜　拉　哦！你来干什么？

柯洛克斯泰　海尔茂太太，你肯不肯用你的力量帮我点儿忙？

娜　拉　什么？这话怎么讲？

柯洛克斯泰　你肯不肯想办法帮我保全我银行里的小位置？

娜　拉　托伐，我问你，这个柯洛克斯泰犯过的事当真很严重吗？

海尔茂　伪造签字，一句话都在里头了。你懂得这四个字的意思不懂得？

娜　拉　他也许是不得已吧？

第二幕

娜拉——抗争中的小鸟

谭国根教授提供（经挪威国家图书馆授权使用）

谭国根教授提供（经挪威国家图书馆授权使用）

娜 拉 我的亲安娜，我小时候你待我像母亲一个样儿。

安 娜 可怜的小娜拉除了我就没有母亲了。

娜 拉 要是我的孩子没有母亲，我知道你一定会——我在这儿胡说八道！

谭国根教授提供

林敦太太 我问你，朗克大夫是不是经常像昨天晚上那么不高兴？

娜 拉 不，昨天晚上特别看得出。你要知道， 他真可怜，身上害了一种病，叫做脊髓痨。人家说他的父亲是个吃喝嫖赌的荒唐鬼，所以他从小就有病。

娜　拉　要是你的小松鼠求你点儿事——

海尔茂　唔？

娜　拉　你肯不肯答应她？

海尔茂　我得先知道是什么事。

娜　拉　你要是肯答应我，我变个仙女儿在月亮底下给你跳舞。

谭国根教授提供（经挪威国家图书馆授权使用）

朗　克　我坐在这儿跟你聊天的时候，我想不出——我真想不出——要是我始终不到你们这儿来，我的日子不知怎么过。

娜　拉　不错，我觉得你跟我们非常合得来。

朗　克　现在我只能一切都丢下——

娜　拉　胡说。我们不许你离开。

谭国根教授提供

娜　拉　你来干什么？
柯洛克斯泰　报告一个小消息。
娜　拉　那么，快说。什么消息？
柯洛克斯泰　你知道你丈夫已经把我辞掉了。

谭国根教授提供（经挪威国家图书馆授权使用）

海尔茂　娜拉，你这种跳法好像是到了生死关头似的。
娜　拉　本来是嘛。
海尔茂　朗克，算了吧。这简直是胡闹！别弹琴了！
海尔茂　你真得从头学。
娜　拉　是啊，我真得从头学。你得陪我练到底。托伐，你答应不答应？
海尔茂　答应，答应。

第三幕

觉醒了的娜拉毅然出走

谭国根教授提供（经挪威国家图书馆授权使用）

林敦太太　尼尔，现在咱们两个翻了船的人凑在一块儿，你看怎么样？

柯洛克斯泰　你说什么？

林敦太太　两个人坐在筏子上总比各自抱着一块破板子希望大一点。

娜　拉　我给你点烟。

朗　克　谢谢，谢谢！现在我要跟你们告别了！

谭国根教授提供

海尔茂　娜拉！

娜　拉　啊！

海尔茂　这是谁的信？你知道信里说的什么事？

娜　拉　我知道，快让我走！让我出去！

海尔茂　真有这件事？他信里的话难道是真的？不会，不会，不会是真的。

娜　拉　全是真的。我只知道爱你，别的什么都不管。

海尔茂　哼，别这么花言巧语！

海尔茂　娜拉！唔，别忙！让我再看一遍！不错，不错！我没事了！娜拉，我没事了！

娜　拉　我呢？

海尔茂　当然你也没事了，咱们俩都没事了。你看，他把借据还你了。

谭国根教授提供

娜　拉　托伐，坐下，咱们有好些话要谈一谈。

海尔茂　娜拉，这是什么意思？你的脸色冰冷铁板的——

娜　拉　坐下。一下子说不完。我有好些话跟你谈。

海尔茂　娜拉，你把我吓了一跳。我不了解你。

娜　拉　这话说得对，你不了解我，我也到今天晚上才了解你。

娜　拉　拿去，这是你的戒指。把我的也还我。

海尔茂　连戒指都要还？

娜　拉　要还。

海尔茂　拿去。

娜　拉　好，现在事情完了。我把钥匙都搁在这儿。家里的事用人都知道——他们比我更熟悉。

海尔茂　完了！完了！娜拉，你永远不会再想我了吧？

娜　拉　唔，我会时常想到你，想到孩子们，想到这个家。

海尔茂　娜拉，难道我永远只是个生人？

娜　拉　托伐，那就要等奇迹中的奇迹发生了。

海尔茂　什么叫奇迹中的奇迹？

娜　拉　那就是说，咱们俩都得改变到——唔，托伐，我现在不相信世界上有奇迹了。

海尔茂　可我相信。你说下去！咱们俩都得改变到什么样子——？

娜　拉　改变到咱们俩在一块过日子真正像夫妻。再见。

谭国根教授提供（经挪威国家图书馆授权使用）

据《玩偶之家》剧本（潘家洵译《易卜生戏剧选》，人民文学出版社 1956 年版，第 115—203 页）编；剧中人物译名以青艺演出说明书为准，剧照由曹西林、游振国摄

链接

《娜拉》演出所想到的

◎吴雪

萧伯纳在他《论易卜生主义的精华》一文中，有这样一段话："人们认为易卜生的许多剧作里，都有一种不道德的倾向。这句话就以下的意义讲是真实的：不道德并不包含有害的行为。它的行为，不问有害或无害，都是和流行的一些观念不相适应的。因为易卜生几乎专心致力于去征服人的精神或意志，永远比人的理想成长得快，而适应这种精神或意志往往产生悲剧的结果，正像那些因违反依然还有效的理想而产生的悲剧一样。所以在易卜生的许多剧作里的主要效果，是在公众面前表示，必须永远做不道德的事。……我们的许多理想，都像是古代的神灵一样，永远是需要人类牺牲的。所以易卜生说：'不要勉强一个人去证明这些牺牲是必须的，有价值的。可以允许每一个人在他对于那种理想的真实性已失去信仰的时候，拒绝自己和别人的牺牲。'"这寥寥数语，已经充分地道出易卜生与当时的社会不相调和的内在原因，也概括了易卜生全部戏剧的共同主题——那就是"人类精神的反叛"，和贯串动作——那就是"做不道德的事"。正是通过了剧中人的所谓不道德的行为，才彻底揭露了资产阶级社会的道德和文明的全部虚伪性。娜拉为了追求生活的意义和人的权利而毅然地从"傀儡家庭"出走，就是一个典型例子。

1878年，易卜生的笔记上有这样一段记载："有两种精神法律，两种良心，一种存在于男人身上，而完全不同的另外一种，存在于女人身上。男女互相并不了解，但女人实际上是按照男人的法律受到制裁的。"同年在罗马城斯堪的那维亚人学社，他也说过这样的话："我所害怕的是问题琐碎，思想贫乏，生小病、吃零药的男人。"这很可以代表易卜生对当时男权中心社会的看法，和对庸俗的小市民生活厌恶的感情。我想这也就是易卜生写《傀儡之家》一剧的动机和主题思想在他脑子里最初的孕育。因为第二年他就发表了这部不朽的名剧，创造了像娜拉那样的光辉形象——在今天仍然是觉醒了的，要求有独立人格的妇女的世界典型。

挪威人对易卜生有这样一句评价："他永远是关心人，而且是最说老实话的人。"这句朴素的话，对易卜生是最恰当不过的评语。因为关心人，他才对那些妨碍人类进步的事情，观察和感受得那么深切；说老实话，他才敢于甘犯众怒，不怕担当叛逆的罪名，提出许多当时生活中的重大问题来。《娜拉》乍一看仿佛是一出家庭婚姻问题的悲喜剧，实际上，作者却通过一个普通家庭发生的一件夫妻之间不和睦的事件，把整个资产阶级社会的丑恶虚伪的帷幕都揭开了。朗克大夫本是一个有思想有作为的人，但他受了他父亲花柳病的遗传，得了不治之症。父亲仍然是社会上的"好"人物，他却做了牺牲品。易卜生在好几个剧本里强调了这种遗传病，实际上这种没法治疗的遗传病正是当时社会的病。克立斯替纳·林敦和柯洛克斯泰，本是一对善良、忠厚而又互相热爱着的恋人，为了生活，林敦不能不压抑着自己的感情，同另外一个自己并不爱的有钱人结婚。柯洛克斯泰失掉克立斯替纳以后同另外一个女人结婚了。为了救自己的妻子的性命，他被迫在借钱的借据上签了一个假字，却被社会视为道德堕落的分子，以致一蹶不振，不能不用“卖新闻”、放高利贷来维持生活。娜拉的丈夫海尔茂，看起来是一个十足的正人君子、文明人物，骨子里却是一个彻头彻尾的自私自利、虚伪庸俗的市侩。《娜拉》一剧所告诉我们的是：在把一切都建立在金钱的基础上，充满铜臭气味的社会里，不可能存在真正的友谊、爱情和人的生活，自然更没有妇女的独立的人格了。这就是为什么在当时的欧洲，有的人认为易卜生是“不道德的作家”的真正原因，因为他的老实话，正触动了这些人的痛处。

有人曾经疑惑：娜拉这个人物还存在某些缺点，如她曾因朗克而引起她感情上的内心活动，在丈夫面前说谎，偷偷吃杏仁糖，等等，会不会减少观众对娜拉的同情。我们姑不先去解释娜拉的每一个缺点的后面，都有她善良的动机，易卜生原来也并不想把他的人物写成一个完美无缺的仙女。娜拉只不过是一个普通的妇女，也带着小市民的某些特点，不特别好，也不特别坏，甚至是一个娇生惯养、思想简单的人。正因为这样，当她从朗克的身世、林敦和柯洛克斯泰的遭遇中，多少懂得一些生活和认识她所处的社会的时候，特别是当她热爱了八年、一直把他当作“圣人”看待的丈夫海尔茂的本来面目在她面前暴露无疑，她意识到她丈夫是一个伪君子的时候，在她面前所展开的冲突，才变得那么深刻，那么有力量。也正是这样，《娜拉》才有了它更加广泛的社会基础。

在旧社会里，上演一次《娜拉》，等于一次抗议：尽管遭受到旧势力的各种阻拦，但假如人民继续了《娜拉》的声音，那她到处成了活的力量。在旧中国有这样的例子，挪威也有这样的例子。1886 年《娜拉》第一次在挪威首都奥斯陆演出的时候，扮演娜拉的是挪威伟大的艺术家贞妮·朱埃尔·雷莫尔斯。演出非常出色，但保守的舆论却骂这个戏极端猥亵，不近人情，不自然，十分令人讨厌。戏虽然只演了几夜，却给社会留下了深刻的记忆。二十年后，挪威的国家剧院又恢复了这个剧的演出。到 1936 年再度上演此剧时，已经没有什么阻力了。因为挪威的社会，早已经越过了易卜生提出问题的那个时代。此后《娜拉》就成了剧院经常上演的剧目。今年五月是易卜生逝世五十周年，在纪念周上又演出了《娜拉》。那景况就大不相同了，十七个国家的代表都到奥斯陆来参加纪念，我想易卜生生前是决想不到的。

我们在七月也举行了易卜生的盛大纪念会，《娜拉》再度在北京上演了。然而《娜拉》已经有了不同的演出的最高任务：我们把它当成一支向往新生活的颂歌，清除腐朽的资产阶级意识的清凉剂。在最近的演出中，人们看到第二幕海尔茂因为老同学叫他的小名而大发雷霆的时候，哄堂大笑了。那笑声充满多少讽刺和力量！

当然，《娜拉》在今天演出的意义，绝不止此。地球上还有一些阴暗的角落，大部分的妇女仍然过着悲惨的非人生活。《娜拉》的声音，仍不失为有力的召唤！

引自中国话剧艺术研究会编，林克欢、杜宁远主编《吴雪七十年的话剧生涯》，
中国戏剧出版社 2001 年版，第 26—29 页；
原载于《文艺报》1956 年第 16 期；收入本书时略有删节

链接

易卜生的名剧《娜拉》在中国

《娜拉》这个戏的情节是这样的：银行经理海尔茂和他的夫人娜拉非常相爱，可是这种相爱是不平等的，那就是说妻子必须成为丈夫的傀儡，否则家庭中就将要发生“不幸”。年轻美貌、善良聪明的娜拉就这样和海尔茂一起生活了八年。八年之后，一件有损海尔茂名誉、地位的事件发生了，因此这对“相爱”的夫妇闹翻了。这时候娜拉才突然明白自己竟然做了丈夫八年的傀儡，于是她坚决地离开了丈夫，走向了社会。

为了纪念世界文化名人易卜生，中国青年艺术剧院从本月28日起在北京上演此剧。此剧的艺术顾问是挪威戏剧家盖达琳夫人，导演是吴雪，主要演员有冀淑平、于村、姜祖麟、白凌、杜澎等。

《娜拉》是反动统治阶级眼里的一支钉。它比亨里克·易卜生的其他剧作，更有力地揭穿了资产阶级幸福生活的假象，也揭开了资产阶级虚伪道德的帷幕；因此，在剧中娜拉的最后出走，就惊得他们竖起了根根毛发。德国的一个剧场经理不得不要求易卜生修改这个刺激的结尾。

《娜拉》在中国的命运更是多灾多难。它在中国的演出史，也正是一页左翼戏剧的斗争史。

翠花胡同八号

远在1921年，北京人艺戏剧专门学校的26个学员，组成了“二十六剧团”，这里有戏剧界老前辈章泯、张含晖、万籁天、芳信、邵惟等，在共产党地下组织的领导下，积极筹备演出《娜拉》。困难很多，无排演经费，无排演场。由党送给二百元经费，并借给翠花胡同八号（党的秘密活动地）作排演场才解决了。在排演中曾受到警察的盯梢，他们机警地混入真光电影院（现北京剧场）的观众中，才摆脱这次危险。

1923年正式演出，由吴瑞燕饰演娜拉，万籁天饰演柯洛克斯泰。

只准演完一幕

演出刚一开幕，大队警察吹着警笛闯入剧场，当即以“男女同台，有伤风化”的罪名，强迫停演。当时的观众都是青年学生，也是“五四”运动的积极分子，当然不会罢休；纷纷提起板凳作武器，和警察形成对垒的场面。在双方僵持的局面下，谈判开始了。

警察方面答应了一个可笑的条件：只准演完一幕。

剧团利用了敌人的弱点，机智地答应了这个条件。于是第一幕演完后，不闭幕又接演第二幕、第三幕，因为这个戏只有一个景，是不需要中间换景片的。

演员满意地演完全剧，观众满意地看完全剧；在旁边监视着的警察也满意地认为“只演了一幕”，愚蠢的干涉者是以小丑的姿态结束了他们可耻的行动。

“有失教师尊严”

1934年，上海“业余戏剧协会”又演出了《娜拉》。[1]当时由章泯、万籁天等组成了导演团。演员方面，蓝苹饰演娜拉，赵丹饰演海尔茂，金山饰演柯洛克斯泰，魏鹤龄饰演朗克大夫。

在反动势力的阻挠下，他们的生活是很苦的，有时一天只啃两个烧饼，坚持着排练。演出后，受到各界的重视，报刊和剧人们举行座谈会，热烈地讨论着《娜拉》的社会性和艺术性，使这个戏更深刻地给观众留下印象。

上海演出结束后，不久，南京又公演了《娜拉》。接着，有些学校也在重重迫害下排演了这个戏，江苏省的一个女教员曾因演娜拉，被当局认为“有失教师尊严”，而被撤了职。

1941年，欧阳红樱等在成都也公演过这个戏。

在重庆——场场爆满

1948年秋，反动统治到了垂死挣扎的阶段，封闭了许多剧团。就在这时，重庆的“陪都剧社”在地下党的支持下又排演了《娜拉》，导演是赖敬，主要演员由白玲饰演娜拉，张扬饰演海尔茂。

反动派特务们，继承了他们祖先——北洋军阀的爪牙们的丑行，强迫删改剧中许多台词。我们有经验的戏剧战士们，又一次利用了敌人的愚蠢，口头答应删改，但在抗建堂公演时却按原本一字不动地搬上舞台。恼羞成怒的特务们，在公演第三天逮捕了剧社秘书陈谦谋（共产党员，后牺牲）。这种暴行，不但没吓住演员们，反而使他们增加了斗争的决心，坚持演出了一个多月，场场满座，受到广大群众的支持。

反动统治势力已被埋葬到它自己掘下的坟墓里去，随着全国的解放，《娜拉》也被解放了。在全世界爱好和平的人民纪念戏剧大师亨里克·易卜生的时候，中国青年艺术剧院即将公演《娜拉》。排演是在政府大力支持下进行的，导演吴雪得到了赴挪威参加易卜生纪念会的机会，考察了有关易卜生的史迹，收集了许多有关《娜拉》的资料。从苏联、捷克斯洛伐克、挪威寄来了多次公演《娜拉》的剧照和资料。挪威戏剧专家盖达琳夫人也亲自来到中国，多次莅临剧院帮助这个戏的排演。

（郭奋扬辑）

原载于《中国青年报》1956年7月25日（中国国家话剧院提供）

---

① 据查，此次演出是在1935年。——编者注

阿米娜

《远方青年》

1963 年 12 月首演

编剧：武玉笑

导演：吴　雪

剧情简介

天山脚下，哈萨克人的家乡；绿茵的草场，牧民们放牧马群的地方。……

这里的风景如画，这里的牧民纯朴而坚强，虽然远在祖国的边疆，却同样沐浴着社会主义的幸福阳光。

在总路线的光辉照耀下，这里成立了人民公社。党又派来一批一批的青年知识分子，参加了国营畜牧场。为了发展祖国的畜牧事业，为了建设新的边疆，各族青年在劳动和斗争中逐渐成长。

维吾尔族青年沙特克是这群青年畜牧工作者的榜样。他全心全意为牧民服务，在实际工作中刻苦钻研技术，大搞土洋结合，从群众中不断汲取智慧和力量。哈萨克牧民把他称为山鹰。山区的暴风雪不仅不能挫折他的翅膀，反而把他锻炼得更为矫健，强壮。

维吾尔族大学生阿米娜和艾利，是一对未婚情侣，毕业后实习双双来到马场。阿米娜是一个纯洁而爱幻想的姑娘，她满腔热情想在科学研究中做出出色的成绩，但开始时她还不大懂得实际工作的意义，还不善于根据牧民的需要来确定研究工作的方向。在沙特克的帮助和影响下，她逐渐将科学实验和生产斗争结合起来；她与牧民结合的过程也是与艾利分化的过程，这中间又体现了阶级斗争的思想。她像春天的幼苗，在牧民中扎根，越扎越深；在牧民中成长，越长越茁壮。

艾利在事业上和爱情上都是极端自私的人。他看不起沙特克的经验和群众的智慧，他更反对阿米娜向沙特克学习，向群众学习。他好逸恶劳，沽名钓誉，骄傲专断，急于求成，由于他错误地勘察了草场，几乎造成大批怀胎母马流产丢胎的严重事故；幸亏沙特克冒着大风雪奋不顾身地赶到几十里外去抢救，才得以挽回。但艾利非但不承认错误，反而以小人之心对沙特克进行卑鄙的诽谤，以致一错再错，落到爱人离弃、朋友决裂的下场。个人主义的路是一条绝路，党及时地向艾利指出前进的方向。

戏里还描写了汉族干部吴军、哈萨克族青年哈森、哈萨克族姑娘玛依拉、回族青年阿曼，以及牧民卡生拜克和康拜尔两家人的形象。这些形象交织起来，构成新疆各族青年和人民在党的领导下团结一致建设边疆的生活图画。边疆在前进，人民在成长！

引自《远方青年》演出说明书

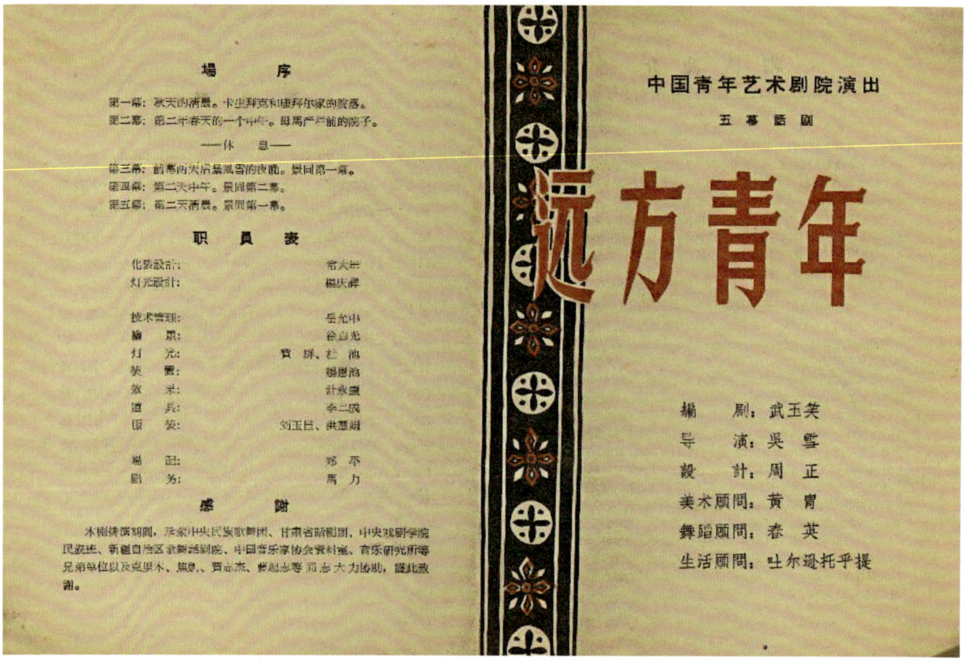

場　序

第一幕：秋天的清晨。卡生拜克和康拜尔家的院落。
第二幕：第二年春天的一个中午。母馬产房前的院子。
——休　息——
第三幕：前幕两天后暴風雪的夜晚。景同第一幕。
第四幕：第二天中午。景同第二幕。
第五幕：第二天清晨。景同第一幕。

職　員　表

化装設計：	常大世
灯光設計：	楊庆祥
技术管理：	岳允中
繪　景：	徐启光
灯　光：	賈　琛、杜　鴻
裝　置：	楊恩鴻
效　果：	計永康
道　具：	李二成
服　裝：	刘玉臣、洪慧娟
場　記：	郑　平
剧　务：	馬　力

感　謝

本剧排演期間，承蒙中央民族歌舞团、甘肃省話剧团、中央戏剧学院民族班、新疆自治区维吾尔話剧院、中国音乐家协会資料室、音乐研究所等兄弟单位以及克里木、焦典、賈志杰、曹赵志等同志大力協助，謹此致謝。

中国青年艺术剧院演出
五幕話剧
远方青年
編　剧：武玉笑
导　演：吴　雪
設　計：周　正
美术顧問：黄　胄
舞蹈顧問：春　英
生活顧問：吐尔逊托乎提

《远方青年》演出说明书（中国国家话剧院提供）

阿米娜角色创造手记 *

◎ 冀淑平

第一幕　快活的天鹅

生活是多么幸福，生活是多么美好！阿米娜像只快活的天鹅，和自己心爱的未婚夫抱着满腔热情，怀着研究如何根除马肠阻塞这一专题的决心，飞到了牧场。辽阔的草原，清澈的流水，远处的雪山，给了阿米娜多少遐想！她下决心要在这可爱的地方锻炼、改造自己，好好地学习、实践。

这里不仅地方可爱，人也可爱：有说话富于诗意的弹唱诗人康拜尔大叔，有热情接待我们的大婶们；有虽然有些严厉但诚恳的卡生拜克大爷，还有贝贝什那样年轻、纯真的小姑娘……真巧！没有想到的是，原来沙特克也在这里！卡生拜克老队长简直把他说神了。他受了感染住了医院，不禁为他的健康担心，脑子里出现了那个曾经有过好感的沙特克，但愿他早日平安回来！但愿他真的像老卡生拜克说的那样变成一只雄鹰了！

阿米娜和艾利（王冰饰）满怀激情来到牧区（曹西林摄，下同）

* 这份角色创造手记的内容是按三幕五场撰写的，但在《武玉笑剧作选》（甘肃人民出版社 1983 年版）中所载的《远方青年》剧本（完稿于 1962 年 10 月），以及中国国家话剧院所提供的演出说明书中，该剧是一部五幕话剧。而在该剧公演后的相关剧评中，也存在上述两种不同的说法，参见本书 781 页和 795 页的有关文章。出现这种情况的原因不详。——编者注

阿米娜与快乐的玛依拉（朱奇饰）重逢
引自《隆重纪念中国青年艺术剧院诞辰六十周年》光盘（青艺子弟联谊会编）

旧友重逢！无忧无虑的、快乐的玛依拉来了！我劝她不要改行，要她严肃地对待生活，不能永远是个孩子。

吴军场长也来看我们。一看就知道他是部队来的，爽朗、热情，对我们寄予殷切的希望和全力的支持，更增添了我们工作的信心和力量。

从玛依拉那儿借书回来，艾利打来一只肥得像只小羊羔的野鸭，说是要饱尝野味。虽然我急于看书觉得麻烦不愿弄，但还是同意来个消毒大解剖。

鸭子不见了，怎么回事？

“被一位同志扔到葬马坑去了？”

“为什么？”艾利怒气冲冲地责问。

“因为飞禽野兽都可能带着传染病菌，不能把它们拿到牛舍马厩附近来！”一个声音回答。

“哼！这简直是，简直是穆罕默德的法规！……”

“艾利！怎么可以这样粗野？”我连忙制止他。

“阿米娜?！”

啊？这声音好熟悉！谁？原来是沙特克！简直不认识他了！几乎不能相信面前这个脸膛通红、身体魁梧、眼光那样严厉的人是两年前很少讲话，几乎像个书呆子的沙特克！真像个山里人！

但是，“防疫第一”，他是对的！

沙特克（阿米娜上中专时的同学，王培饰）
引自崔秀英编《戏剧之子 缅怀王培》

第二幕

幕前

下来已经快半年了，很快实习就要期满，但是，阿米娜要研究的题目还没有多少着落；好多琐琐碎碎的事情占了许多时间——指导接生，检疫出场的马，为能治的简单的马病治疗……总之，不能安下心来进行研究。阿米娜处在矛盾与苦恼中：具体工作要做，研究又是重点；时间不等人，只好挤时间搞论文。她发现自己来前的设想太简单——一切由自己安排，但还是要服从工作需要。

对于沙特克，佩服他的态度——勤勤恳恳，群众有困难，随叫随到；但是不同意他的方法——不科学。

这些日子，我可真够忙的，但是很痛快！我教会了人们用科学的方法接生、防疫。当我看到人们顺利地用科学方法接下了一个又一个小马驹时，感到深深的幸福。

但有时，当我看到那成堆的书籍和写了没有多少的论文时，我的心情又沉重起来了。一到这种时候我就想，以后具体的工作少管些吧，他们已经掌握了科学方法，我已经尽到我的职责了。

最令我不能理解的是沙特克！几个月来很少看到他坐下来钻研点学问，整天在山沟里、马群里滚来滚去。他勤勤恳恳、哪叫哪到的态度固然令人佩服，但是这种只用些土方偏方，头疼医头、脚疼医脚的办法能够攀登科学高峰吗？人们说他是一只山鹰，我看倒像只麻雀！几次想找他谈谈，但他忙得像阵风，一会到这儿，一会到那儿……

这时的阿米娜，虽然在工作着，但实际上是为“我”，而不是为群众、为生产服务；仍是以第三者、客人的态度，不能以群众之乐为乐，以群众之爱为爱，不能与群众同呼吸，共甘苦。

马驹死了，只感到自己工作没做好，不能体会卡生拜克的痛心，所以遇到指责而感到委屈，认为一切要合乎科学要求；也没认识到是由于自己没虚心向群众学习的结果。吴场长指出她是一条腿走路，是残废，不能接受。

直到沙特克以土法救活了她用所谓科学方法认为不能救活的马驹，并知道他也在钻研理论后，才发现自己确实是只“单翅膀的燕子”。

二幕一场　单翅膀的燕子

第二年春，一个晴朗的中午

春天了，正是牧场的产驹季节，阿米娜来指导接产，挤时间进行研究。吴场长的指示是明确的：要将研究和生产结合起来。但时间、精力都有限，二者如何结合？顾了这头顾不了那头。没办法，阿米娜只好趁接产的空档，挤时间研究，很苦恼。

几个牧人又来找我去给马治病。真要命！只好狠心拒绝他们。而且有理由：不能侥幸，要负责任；不合乎科学的，从来不做，也不能做。

①了解沙特克，说服他。

阿米娜佩服沙特克的工作态度，但不同意他的做法，认为他在防疫工作上缺乏高远的理想；不管怎样钻研，进行多方面探索，但要沿着科学的道路。沙特克总是回答："我的理想很简单，只求解决问题。"

②正在写东西，古丽奇来找她接产，拒绝。

难产？去接，拒绝用土方法。

③马驹死了，但尽了力量；阿米娜不理解为什么一匹马会引起牧民们那样激动？她感到非常委屈。

阿米娜接生的顿河马驹死了，牧民们不能原谅她

这能怪我吗，这的确是少见的畸型难产啊！

我心里已经够难受的了，可卡衣夏大婶还在那儿说什么“骑着骡马走的女子当不了先”“白天鹅原来是只白母鸡”！卡生拜克大叔还说要到场部告我，说我对成活计划不负责任，我拒绝请土医生。不，这不公平！实在是情况太特殊，怎么能说我不负责任？

阿米娜从艾利那里得到力量：他找到了新草场，虽然听康拜尔大叔说有疑问，但相信艾利的学识。

④不能接受吴场长的教导——残废！

吴场长（郭寿阳饰）在开导阿米娜

吴场长说我是一条腿走路，难道我是个残废？我并没有拒绝学习，我也没有不做工作；我按科学方法工作，而科学碰到了难题。牧民们不了解这一层，难道吴场长您也不了解吗？

⑤沙特克救活了小马驹？是用的土方法？去看看怎么救活的。

哎呀，真的，小马驹多壮实，多可爱！小马驹的眼睛里仿佛流露出感激的光芒！我从来没有见过这么漂亮的马驹！

向沙特克致谢，致敬；发现他有科学根据。
体会了卡生拜克的感情。
理解了吴场长的教诲：单翅膀的燕子！

是的，我过去可能真是个残废。吴场长说，只讲科学伟大，不懂为生产服务是不行的；不应该拒绝学习，科学最怕门户之见。康拜尔大叔也曾说过，手艺要多方面来，缰绳勒不住就勒钗子！现在才理解了他们的话的意义。只有向老牧人学习，向群众的经验学习，向生活学习，才能丰富理论研究。

二幕二场之前

已经两天两夜没有好好睡觉了，我的心是这样地不安。风在吼，雪在下，沙特克会不会有什么危险？……赶往夏特草原的母马到底为什么流产？我曾经几次劝艾利到夏特去找沙特克，他说要赶写总结。母马流产的原因还没有弄清楚，怎么就一口咬定不是自己的责任？我真不能理解为什么他一点也不关心沙克特；夏特草原的母马流产，他怎么就那么心安理得？……我感到我越来越不了解他了。前天，我一辈子都忘不了那个瞬间！我不能相信那是我钟情的未婚夫站在我面前！那声音，那眼神，那面孔，一反往日的温柔、体贴、爱抚，像是煞神降到人间！为什么仅仅因为一支猎枪引起他那样激怒，难道像沙特克这样的同志不应该关心，惦念？

夏特母马流产的原因到底何在？我相信艾利的学识，他也不会没有责任感。但是，他对沙特克的态度，击在桌上那狠狠的一拳，却不能不令我产生疑团。但愿沙特克平安归来，但愿不是艾利的勘察不当引起了夏特草原母马的流产。

二幕二场　暴风雪之夜

阿米娜在焦急地等待沙特克的消息

阿米娜已经两天两夜没睡觉了，她担心沙特克的安全，想以工作镇静自己；又担心小马驹受冻，焦急，不安；但几次要去帮牧民们做事都被艾利阻拦。

夜，风暴狂吼，大雪纷飞。已经是三天三夜了，沙特克还是没有一点儿消息。卡生拜克大叔冒着风雪去找沙特克，古丽齐大婶去护理马驹，卡衣夏大婶去抢饲料……人们在沸腾，在与暴风雪搏斗。……我再也呆不住了。我不能再做单翅的燕子，要尽力做点事情，要么去看马驹。可艾利硬把我推了回来，为什么总是这样？为什么他一反过去（总听我的），非要我听他的不可，这难道是由于爱我吗？

我怀抱着吴场长送来的热水袋，心中真是百感交集！

艾利，场长对我们这么关心，难道你不感到惭愧吗？我们是要检查，检查我们下来后到底做了些什么？是怎么做的？沙特克现在生死不明，难道与你没有关系吗，你怎么能这么无动于衷？！

（暗转）暴风雪后的宁静

阿米娜静静地等着沙特克。表面的宁静掩盖着内心的波动：沙特克会不会有危险？夏特草原母马流产的原因到底是什么？艾利怎么变得那样陌生？沙特克为什么引起自己深深的惦念？……

经过这场暴风雪后，阿米娜不能安心于自己的研究了，她在激动着，深思着……（受不了艾的唠叨，到外面一个人安静会儿……）可他又追了出来，表示他的令人不能忍受的关心……

艾利对沙特克的不公平的看法，引起阿米娜极深的反感；她对艾利勘察的牧场产生了怀疑，也怀疑自己是否真正了解他。（而他却说自己怀恋旧情！该怎么说才好？真是卑鄙！）

艾利又追过来道歉，阿米娜满腹心事，躲开他……

沙特克终于平安回来了！

暴风雪使好多马受了伤，沙特克要去给伤马看病；阿米娜和他一起去，决心向他学习！

二幕三场　决裂

第二天中午

阿米娜在检疫马鼻疽病。

○ 问康拜尔：为什么她已检查过的马，沙特克都要重新检查？是不是不相信自己？后了解到沙特克是对检疫马鼻疽病高度负责。

艾利跑来要求她的原谅，并竭力阻止她去给马检疫鼻疽病，说这是因为爱她……当艾利说她是他心目中的香妃伊帕尔汉时，阿米娜感到自己受到了极大的侮辱——“我不要这样的爱情！”她忍不住挥手打了艾利一记耳光……

吴场长和沙特克证实母马流产的原因是艾利粗心大意不负责任地勘察草原所致。

沙特克在十级大风、零下 42 度、飞禽走兽落不住脚的地方，整整守了一夜——为了弄清夏特草原母马流产的原因；这深深感动了阿米娜，对照起来，更感到艾利的不负责任。前前后后联系起来，怀疑自己是否真的了解艾利。

阿米娜："请你走吧！"

〇 阿米娜安慰、鼓励艾利。她痛心、难过，但仍是爱他的，对他寄以希望，相信他通过这事会吸取教训，走错第一步，第二步不会再跟上，所以安慰他，鼓励他。

〇 患病的哈尔洛夫种马注射炭疽血清后倒下了，是艾利去打的针，阿米娜怀疑他是否又会粗心大意。她相信沙特克不可能诊断不出病情而下错药，但又不相信艾利还像勘察草场那样粗心大意，决定自己去澄清事实真相。

〇 种马救活了，仍是炭疽血清！真相大白了，可艾利仍咬定他注射的也是炭疽血清！不诚实，最大的震动。为救活种马而高兴，但又为自己看错了人而痛心。不能和这种自私的、不诚实的人生活在一起，虽然爱他，毅然决裂。

阿米娜："我问你，你是不是给种马注射过了？"

艾　利："注射过了！注射过了！"

阿米娜："注射的什么？"

艾　利："炭疽血清！炭疽血清！"

阿米娜：（一把摘下两只耳环啪地放到桌上）"请你走吧！"

第三幕　重振双翅

前场第二天

阿米娜准备离开这个地方。但到山里马群去，还是更远一点？矛盾。想走得远远的，摆脱这里和艾利的不愉快的、痛心的回忆；但又想留在这里多向沙特克学习，不愿离开他，实际已不知不觉地在爱他了，但不愿正视。

感情矛盾：想到艾利伤心，悔恨；极力摆脱。

阿米娜为沙特克的成就高兴（王培之女王昕提供）

玛依拉劝阿米娜留在这里

○ 沙特克给马做的肠阻塞手术成功了！

阿米娜为沙特克的成就高兴，向他表示祝贺，更敬佩他。但也更为自己惭愧，好像到现在还不懂科学。

○ 和玛依拉谈心后，阿米娜决心不再为过去而悔恨，决心向沙特克学习，走沙特克的道路，像沙特克那样对待工作、生活。

是的，玛依拉说得对，过去的一切，是很滑稽！我不能永远在悔恨中生活，我决心和她一道——进山去！

据冀淑平手稿整理（写作时间不详），文题由编者加配

链接

幸运与机遇（节选）

◎ 武玉笑

说起吴雪同志对我国戏剧人才，尤其是青年剧作者的大力扶持与热情培育，我是由衷地钦佩和敬仰！他那宽阔爽朗的艺术家的胸怀与重情的艺术气质中始终深藏着一颗火热的爱心！

1961 年初，正是“三年困难时期”，我放弃了去北京填饱肚子的机会，爬上了火车再一次直奔西部边疆，去伊犁地区哈萨克大草原体验生活与采风。我不时暗暗地咀嚼吴雪同志对我说过的话。① 到第二年底，我写出了多场次大型话剧《远方青年》。圈内人初读剧本之后，我听到的既不是鼓励与喝彩，也不是肯定或建议，却是一片失望的叹息声。不少人认为这是一篇大散文，根本不是一部戏。我既灰心又苦闷，深深陷入了一种不可名状的痛苦中——该朝哪条路上走？正当“山重水复疑无路”之际，我爱人关启芝看了《远方青年》，感动得暗暗流泪，她坚定地劝我：勇敢点，把剧本寄给《剧本》月刊，寄给中国青年艺术剧院吴老雪！果然，一个星期后事情有了转机，我接到了吴雪同志的电报：“《远方青年》即将开排，速来京……”

啊，我的心嘣嘣直跳：“我这个西部偏远地区的蛮汉子遇到了伯乐，伯乐在哪儿？哦，是在北京——”于是，我连夜上了火车，坐硬座离开兰州，东出潼关直达北京。当时吴雪同志因身体不适正在协和医院住院休息疗养，我既忘了带见面礼，也没顾得找落脚处就直奔医院。推开他住的病房门，映入我眼帘的是，一派明媚的晨光中，洁白病床的枕头边上，放着的正是我的剧本《远方青年》第二稿的复印本。正在地中央沉思踱步的吴雪同志一见我，立刻走上前来双手紧紧地扶着我的肩膀，半晌没说一句话，那一瞬间，所谓“官”态与“官”架子，以及习惯性的一手扶着脑门子的深思状一扫而去……然后他说“好极了，你来得及时。”这会儿我才明白他只是借着身体不适在医院里休息，为了有时间思考剧本的修改与他导演的艺术处理……我既欢欣又感动。

对剧本主题思想如何进行更为深化的加工与修改呢？吴雪同志考虑到我正好在中国戏剧家协会举办的，由老舍、曹禺等主讲的戏剧创作学习班学习，索性由他做修改；参加演出的王培、冀淑平、王冰等都是有影响的表演艺术家，舞美设计由张正宇独挑②。对这些，我满意得真像傻小子晕晕呼呼

① 原文曾有如下记载：1958 年在中国青年艺术剧院排练《天山脚下》期间，吴雪院长曾对该剧作者武玉笑说：“我们是个多民族的国家，祖国的统一、民族的团结是我们取得一切胜利的根本保证，而我们剧院有责任有义务在戏剧舞台上反映各族人民新的斗争生活。《天山脚下》是一部反映农业战线题材的本子，可以不可以再写写反映地区工业战线或畜牧战线方面的现实生活呢？年轻人，你有没有这方面的兴趣呀？”——编者注

② 据《远方青年》说明书载，本剧舞美设计者为周正。——编者注

地喝了一肚子酒。这些艺术家都是在扶植我！

第二年初春的一个傍晚，北京上空灿烂的晚霞渐渐褪去，在明亮的路灯下，我看到吴雪同志独自一人在东单青艺剧场前散步，他两手抄在胸前，一边走一边在思索。是不是排练中出了什么大难题？我凑上去与他搭话，并肩走着。他微微笑着，像对我，也像是自言自语地说：“是啊，难度当然是有喽……首先，中央戏剧学院民族表演班的同学在实习时演出了《远方青年》。参加演出的同学全是维吾尔族青年，他们能歌善舞，我很担心我们剧院演不出他们那种浓郁的生活气息、清新的格调和味道来……”此时此刻，我却突然有股子莫名的自信和胆略——完全以一位小老师的口吻向大老师说：“老院长，我要看到的是话剧，你们是国家级专业的话剧院，有自己的优势和实力，您发挥话剧的优势嘛！”

“那好，那我就继续剪枝蔓树主干，先推上舞台再看……”

“推上舞台”、正式向首都观众拉开帷幕谈何容易？这样那样的审查言论接踵而至，尤其是某部委的一名主要负责人观看审查演出后说：“恐怕不行吧？我们党和国家辛辛苦苦培养出的少数民族的青年知识分子，怎么会是满脑子资产阶级个人主义思想呢？这样的演出会在社会上产生什么影响？”我猜想吴雪同志要“头大”了。但他毫无气馁之态，相反却很沉着镇定，他对我说：“肉烂总在锅里嘛，急个啥子哟？冷冷锅底再看……”一个多星期后，有一天清晨不到六点钟，我还在招待所的被窝里，突然吴雪同志打来电话。他亲切地说：“小武子呵，我们的戏成了，要正式公演了……昨天晚上我邀请罗瑞卿同志和周扬同志看了我们的《远方青年》，幕间休息时，罗瑞卿同志当面问我，这样一台好戏排出来怎么不公演啊？谁不让公演？……登报公演嘛！”

啊，真可谓“柳暗花明又一村”！我高兴极了。吴雪同志约我第二天晚上同他一起观看《远方青年》的正式公演。

第二天演出时，我和吴雪同志并排坐在第四排正中，我不时侧过脸去看他的反应，只见他聚精会神地注视着舞台，时而眉飞色舞，时而哈哈大笑，时而与观众一起兴奋地鼓掌……我想这是他独特艺术特质的反映，他不是在为自己的艺术成果喝彩，而是充满激情地在拥抱我国各族人民崭新的、多姿多彩的新生活！

1964年这个戏荣获文化部颁发的“优秀剧作奖”和“优秀演出奖”。谁知几年后，这部作品在“文化大革命”中被“四人帮”批判为“典型的‘中间人物论’代表作”，剧院的这台演出也被指责为“首都舞台上的一株大毒草”！“文化大革命”后期，我出了“牛棚”，依然常常想起中国青年艺术剧院，想到老艺术家吴雪同志对我的培植与关爱，并暗暗庆幸在自己的创作道路上，能结识吴雪同志这样一位热心而又至诚的老艺术家。

摘引自中国话剧艺术研究会编，林克欢、杜宁远主编
《吴雪七十年的戏剧生涯》，中国戏剧出版社 2001 年版

丁牧

《权与法》

1979 年 10 月首演

编剧：邢益勋

导演：邓止怡　王　培

剧情简介

某市市委第二书记曹达利用职权，串通市委办公室主任雷邦夫，把中央拨给灾区的救灾款为自己修建楼堂馆所，并为了掩盖真相，竟威胁指使女干部丁牧谎报救灾款是用于教育和科研的经费。这件事被群众向报社写信揭发了，但是报社总编辑郑洪来在曹达的阻止下，不敢在报纸上发表这封信。

这时调来一位刚平反的市委第一书记罗放，他坚持党性原则，不徇私情，同敢于坚持真理的记者罗丹华、教师赵国庆、女工丁红等与曹达等人进行了坚决的斗争，也使丁牧鼓起了斗争到底的勇气。原来那封揭发信就是她写的。真相大白了，曹达、雷邦夫这些无法无天、以权代法的败类，终于受到法律的制裁。

引自刘孝文、梁思睿编纂《中国上演话剧剧目综览（1949—1984）》，巴蜀书社 2002 年版，第 412 页

演员表
（出场先后为序）

郑洪来（报社总编辑）……金　涛　郭寿阳
罗丹华（报社女记者、罗放的女儿）……张　玄　董　欣
雷邦夫（市委办公室主任）……徐金增
曹　达（市委第二书记）……高维启　张聚福
丁　牧（市计委女干部）……冀淑平　赵肖男
万局长（市公安局长）……冯汉元
丁　红（纺织厂女工、丁牧的女儿）……赵肖男
赵国庆（中学教师、丁红的爱人）……田维胜
罗　放（新调来的市委第一书记）……王尚信
曹春梅（某单位干部、罗的妻子）……张秀芳
人民警察甲、乙……本院演员

庆祝中华人民共和国成立三十周年献礼剧目

权与法

四幕话剧

中国青年艺术剧院演出

《权与法》演出说明书

我怎样扮演丁牧

——《权与法》艺术创作小结

◎ 冀淑平

斯坦尼说："我们艺术的目的不仅在于创造角色的人的精神生活，还在于通过艺术的形式把这种生活表现出来。……所以演员应当不只是在内心体验角色，而且要在外部体现所体验到的东西。"

当我接到在《权与法》中扮演丁牧的任务后，我是含着眼泪一口气读完剧本的。我不仅被剧本反映的主题思想、内容所感动，也深深地爱上了丁牧这个人物，我觉得她并不是写在剧本中的角色，而是生活在我们身边的姐妹。在乌云压顶十年浩劫那些年月里，有多少善良的姐妹遭受过与丁牧相似的不幸遭遇啊！

我爱善良、正直的丁牧，因为她在原则问题面前不因善良而软弱，尽管无情的打击接踵而来，却没有使她失去生活的信心。由于她善良、单纯，轻信了以"党的化身"自居的曹达和以"最关心丁牧母女"面貌出现的雷邦夫，在尖锐、复杂的斗争中失足落水；但她一旦觉醒，对党、对人民的高度责任感，就使她敢于面对强权挺身而出。当然，她不是那种"高、大、全"式的"英雄人物"，在曹达的强权压力下，曾经动摇过斗争的信心，但她终于在党和人民的支持下，站到了维护社会主义法制的前线。文艺作品要反映现实，要为四个现代化服务，作为党培养多年的演员，我应该克服年老久病的困难，以全部热情，用自己身心去创造这个形象，希望受迫害、受侮辱的姐妹们，都能像丁牧那样相信党、相信群众，为发展社会主义民主，维护社会主义法制进行不懈的斗争。

一、找寻和把握正确的自我感觉

在案头工作阶段，我反复研读剧本，找寻人物的动作线和心理状态。我以生活为基础、剧本为依据，找寻人物性格形成的社会、家庭影响；同时，也在感受人物的思想感情、音

丁牧（曹西林摄）

容笑貌。丁牧贯穿全剧的动作是："揭发曹达的违法乱纪罪行"；在这个动作过程中，她遇到了各种预料不到的情况，使她处于揭发还是不揭发的矛盾中。

丁牧就是在这种矛盾中生活着，对不同的人和事采取了不同的态度和行动。

排《权》剧时，我已年近花甲"发福"了。为了从形体上接近人物，在酷热的八月，无论是在生活中还是排演场上，我都穿着紧身束腰，跑步、跳跃，加强形体训练；同时减少食量和睡眠时间。

在研究、分析角色的过程中，我结合自己在"文化大革命"中的经历以及周围同志一夜间成为"反革命"等种种遭遇（如一位女友因自己的丈夫惨死而精神失常），去理解和体会丁牧的心理状态、思想感情。

在研究、分析角色时，我先后写下了《丈夫肖波惨死的凄风苦雨之夜》《丁牧孤身只影独自饮泣怀念肖波》《与心爱的女儿小红相依为命的生活情景》等几个片断；我好像感受到了人物的音容相貌、言谈举止和性格特征。

由于丁牧的职业特点，更重要的是她的不幸遭遇，形成她稳重、寡言、善思的性格特征。她将心灵的创伤与痛苦深深地埋在心底，感情内含，遇事冷静，善于控制；她看起来似乎面无表情，眼帘下垂，目光平视，那对眼睛有时显得有些呆滞；她很少有大的形体动作，步态稳重，语调柔和；她温顺却不软弱，柔中有刚；她既是不正常政治生活的受害者，又是觉醒后敢于与不正之风进行斗争的计委干部；她是个高级知识分子，有教养，有独特的魅力……我仿佛朦朦胧胧地看到了丁牧的影子。

要先让人物生活在我的心中，然后我才能生活在人物中。案头工作，就是从自我出发体验人物的开始；之后，通过不断的排练、体验，从动作、规定情境、人物关系等诸方面，逐渐把握了人物正确的自我感觉。

罗丹华造访丁牧 第二幕

由于受到曹达的诬陷，此时的丁牧，经过激烈的内心斗争，她将痛苦、委屈埋在心底，已经决定为了女儿不再揭发曹达了；因此要使人（包括最心爱的女儿）觉得什么事都没有发生过一样。

罗丹华的到来，是不速之客。当不知道她的身份时，用诧异的眼光看着她；当回忆起在报社是她曾照顾自己后，热情地接待她。而当知道她是罗书记的女儿后，又马上存有戒心："她来干什么？她是报社记者？难道她听到了什么？……到底为什么来找我呢？……"**思索着，慢慢走向前台。**[①]"不管为什么而来吧，反正再也不提揭发信的事了……何况还是罗书记的女儿！……"她决心"将心封锁起来"，于是，转身，坐下，右臂斜靠在椅背上，两手交叉着，非常平静地说："你找我有什么事吗？"丁牧在全剧中只有这一瞬显得那么安详、自在，真的好像什么事情都没有发生过一样。

当罗丹华问是否向郑总编要回一封信时，一惊："她怎么知道的？"但仍要将心封锁起来，**掩饰，**斜靠在椅背上的手放了下来，将身体转向正面，不安地、底气不足地说："我没有写过信。"听到丹华说："……我在场，我都听见了！"丁牧为丹华指出自己撒谎而感到脸有些发热，随着一声"啊！"右转身，头稍低，手不安地抚摸着桌边。

当听到丹华说："……我怕曹书记对你……"她为丹华的关心所感动，将身体转向丹华，看着她那那双真挚、热情的眼睛，封锁起来的心灵打开了，情不自禁地、沉重地说出了心里话：（昨天那种事）"不，会发生的！"**当丹华讲自己的身世时，丁牧的动作已不再是"掩饰"，**而是想**"了解她"**了，并向她**"解释"**，想让她了解自己，就像对待朋友那样。

罗丹华（童欣饰，王辉摄）

这段戏虽然很短，但和丹华的关系由"不速之客"存有戒心，发展到互有了解，在感情上已成为朋友的层次，就较为清楚地体现出来了。

① 文中加重的字是冀淑平手稿中用圆圈标注的文字，下同。——编者注

罗书记来访　第二幕

丁牧没见过罗书记，但他上任后深入调查研究的情况，丁牧是有耳闻的；由于他的到来市委沸腾了，群众敢于讲话了，丁牧是目睹的；而丁牧之所以决定揭发曹达也是因罗的到来而促成的。

罗书记刚进门时丁牧以为他是小红的客人，作为主人，很有礼貌地接待他；当罗与小红谈厂里的情况时，丁牧的心还在郑洪来退回来的信上。当听到小红说“你就是新调来的罗放书记”时，丁牧吃惊地站起来，因为郑洪来已经告诉丁牧罗书记知道写信的事了，她忐忑不安，思索着罗到底为何而来：“女儿刚走，他又亲自来了，肯定是为信而来！……虽然他可能是位好领导，但他毕竟和曹达是至亲啊……将会发生什么事，很难预料。”

小红送郑下场后，丁牧**一直在思考将会发生什么事，应该怎样应对？**其动作是：**“观察他”**。丁牧是很有教养的人，即便此时心里很不安，但仍是有礼貌地、热情地招待他。当发现罗竟然干吃烧饼时，油然起敬：“真是名不虚传啊！……”请他坐下吃东西后，就目不转睛地、上下打量着他：**鹤发童颜，那亲切的眼光，和蔼的声音……多么平易近人啊！**

“你精通英语，请你替我翻译出来好吗？”

“翻译？什么书？翻译出来干什么？”接过书，急切地翻看内容——是关于经济管理的……市委第一书记，日理万机，该有多忙啊……

“您还有时间读这方面的书？”

当听到罗说“晚了整整二十年！”她下意识将翻开的书合了起来。**此时的丁牧完全被面前这位长者吸引了，仰头，敬仰地倾听着他……**像是孩子面对慈祥、可亲的长辈，像是学生面对尊敬的老师……当丁牧说“不晚，不晚……”时，她爽朗地笑了，她那有些呆滞的眼睛放射出稚子般的光彩；这是丁牧在全剧中仅有的一次发自内心的笑。这一刹那，她好像将

罗放（王尚信饰）：“你精通英语，请你替我翻译出来好吗？”（曹西林摄，下同）

发生的一切事情都忘却了，她诚挚、严肃地建议搞个调查组。这时，我们仿佛看到了未受创伤前青春时代的那个单纯、热情的丁牧的影子。

当听罗说“……这个调查组希望你能参加”时，一股热流沁入丁牧的心房，她鼻子都发酸了：“……多少年了啊，从来在政治上都是不被信任的……老罗同志啊，自从离开校门，这还是第一次遇到像你这样的好领导，该怎样表达我的感激之情啊！……”党的阳光温暖了丁牧的心，他不自觉地改称他为“老罗同志”！

当罗放问道对市委有什么意见，丁牧意识到要谈关于揭发曹达的问题了，感觉马上不同了。矛盾、不安，最初是强作镇静地回答：“我没考虑过。”当罗进一步启发后，说：“我不了解……我搞不清楚……”这不是一般的掩饰：对这样可亲可敬的领导，不应该有任何隐瞒，应该向他倾诉一切！……但是，曹达毕竟是罗书记的至亲啊，他是不会善罢甘休的……而且，怎么说，从哪里说起，后果会如何？……丁牧嘴里说的是“……真的不了解”，内心却一直处在说还是不说的矛盾中。因此，她送老罗走说“真对不起您”时不是客气，而是因未吐露真情愧对这样的好领导，从心里感到对不起他。

以上处理，体现了丁牧与罗书记由最初的上下级关系发展到亲切地称他为“老罗同志”，感到了党的温暖、信任，也为后来决定去找罗并揭发曹达打下了基础。

演员创造形象，随时找寻人物正确的自我感觉是至为重要的。一旦掌握了正确的自我感觉，就能产生人物应有的反应（包括形体、语言、内心活动），就能像生活在自己的生活中那样，使人物生活在规定情境中去积极行动。

二、台 词

剧作家写出来的台词不是人物的全部思想感情，只是人物思想中最主要、最突出，也是最强烈的那部分，是特定人物在特定情景下非说不可的话，是表达人物思想感情的重要手段，必须有动作性。有台词时要明确台词的全部含义，没台词时要有内心活动。

从对词开始，我就“设身处地”积极行动，即以我之身为丁牧去感受（有时是对方——人，有时是视象），力求生活在规定情境中，由排演场外的准备台词到对词，排演时丢掉台词，达到台词是此时此刻产生的，而不是事先背好了的。

表达台词除根据人物的思想感情运用呼吸，停顿，语速快慢，不同的语势、语调外，还要运用眼睛。“眼睛是心灵的窗户”，生活本身就是这样；而对于丁牧这个“似乎面无表情”的人，用眼请“说话”就更为重要了。

与曹达的交锋　第一幕

在与曹达这段戏里，台词并不多，但是双方都是处在“外弛内张”“互相摸底”的状态。丁和曹是矛盾的双方，一个要揭发，一个要反揭发。在曹达摊出诬告信这最后一招之前，表面看起来他们是心平气和地谈话，实质上是场针锋相对的斗争。当丁牧经过考虑同意留下来与曹谈话时，就已经想到曹是为了揭发信的事。但曹对这件事究竟知道到什么程度？将会怎样谈？不能预料。

曹达（高维启饰）与丁牧

当曹达问她见过罗书记没有时，善良的丁牧还没感到他摸底的真意，所以是礼貌地、一般地下级对上级的回答：“还没有。”

“应该见见……他是我的老上级，我们是老战友了！……”曹说。

“什么意思？”丁牧微微一愣，从曹那听起来似乎是无所谓的语气中，感到不是一般地介绍关系，而是弦外有音；更想了解曹达到底用意何在。

果然，曹又扯到所谓的“反动思潮”，说“搞小动作的人是绝没有好下场的！”

“小动作显然是指写信的事?！……那不是小动作！……”要解释，微转身，眼睛看着曹，刚要开口被曹打断。

“……我不是指你写的那封信，因为你的信当然是想公开发表的啰？”

从他那神态、语气，丁牧清楚地明白了曹是在摸自己的底，她决定公开表明自己的态度。于是，她从容地从手提包内拿出一份《人民日报》，侧身向曹，眼睛看着他，告诉他，是要发表，这是我作为财经干部应该做的事。她声音响亮却非常柔和地说：

“曹书记，现在报纸上不是经常公开发表这一类的信件吗？”

曹达居然声称：“……如果有什么错误，当然不怕公开承认。”

既然如此，就顺着他的话，将他的军，非常果断地说：

“那么好，我要求公开发表我的揭发信！”之后，屏住呼吸，直视曹达，等待他这关键性的回答。

丁牧心里明白，曹达是不会公开承认自己的错误、改过自新的，但对他仍寄有一线希望。果然不出所料，此时曹达由软的手段转为威胁、恫吓；最后，竟然摊出了一封诬告信！

当听到“……（肖波）到家后第二天就死了，我们怀疑他家里……”说“不！不对”时，要紧接，因为这是直接的反应。在接下来说“肖波被关在‘牛棚’里……”之前有个停顿：提到肖波的死，刺痛了丁牧心底的创伤，肖波惨死的情景又出现在眼前，她呼吸急促、来回踱步，用停顿、深呼吸控制自己悲愤的心情……然后，“……他们折磨他，打他……”的一段台词要一气呵成。此时的丁牧不是解释、反驳曹达，而是**控诉**，是对包括曹达在内的凶手们的**血泪控诉**：“我丈夫是被你们折磨死的！”

“扯谎！狡辩！……是你把他给害死了！”

“什么?！”丁牧简直不敢相信自己的耳朵！

经过激烈的思想斗争，当丁牧决定揭发曹达时是有思想准备的：他会打击报复，会给自己穿小鞋，把自己调走……这些都是意料之中的。但是，粉碎“四人帮”已经快两年了，曹达居然还卑鄙、恶毒到这种程度，则是她意料之外的。她懵了，傻了！转身，困惑地看着曹，说：“什么！你？”**不是一般的惊讶、质问**，而是要**证实**：这真的是你说的话吗？“什么！你？……”用低声、气音，如同乐曲中的颤音符……这时的丁牧已经有些掌握不住身体的平衡了。

“你犯了‘通奸杀夫罪’！”

“啊?！”

似晴天霹雳，五雷轰顶！这真是欲加之罪何患无词啊！丁牧惊异、愤怒地注视着曹达：**那恶狠狠的想杀人的眼睛，那从牙缝里挤出来的声音！**像恶狼扑羊！**天哪，这是要置我于死地而后快啊！**眼冒金花头发晕，丁牧再也支持不住自己的身体了，倒在沙发上……

曹达：“你犯了‘通奸杀夫罪’！”

这场戏是第一幕的高潮，丁牧的台词很少；要准确体现她的思想感情，就必须既观察自己的话怎样作用于对方，又要接受对方的每一个声音、动作、眼神，并且引起自己一连串的内心反应；是用耳朵在听，用心在想，用眼睛在传达自己的内心反应。

向女儿痛说被害史 第二幕

曹达今晚要来逮捕她！将雷邦夫“**斥走**”后，心潮起伏的丁牧极力想使自己平静些思考应该怎么办时，心爱的小红又来追问关于信的问题。

面对相依为命的唯一亲人，此时此刻丁牧的心情极其复杂：参与了曹达的犯罪行为这件事，几年来像千斤重的铁砣沉重地压在心底，每念及此就寝食不安。她是财经干部，知道做假账是知法犯法，因此，她害怕；由于轻信了雷邦夫而被曹达拉下了水，她痛恨他们，也恨自己软弱、幼稚；要告诉女儿这种犯罪行为，作为一个有污点的母亲，她羞愧、悔恨；想到自己的行为对党和人民造成的损失，她痛心……恐惧、悔恨、沉痛种种感情交织在一起。曹达马上要派人来逮捕自己，很可能这次与女儿是生离死别，必须要在被捕之前将真相告诉女儿！我将这段戏命名为“诀别前痛诉被害史”。丁牧这段在全剧中最长的台词，如同一个人临终前向自己最心爱的人倾诉衷肠，口述遗嘱，不讲出来便死不瞑目。心理动作是，**“克制自己，原原本本、清清楚楚把事情真相告诉女儿”**。语言基调平、慢，声音低、沉，音量极小。

“……妈都告诉你！”

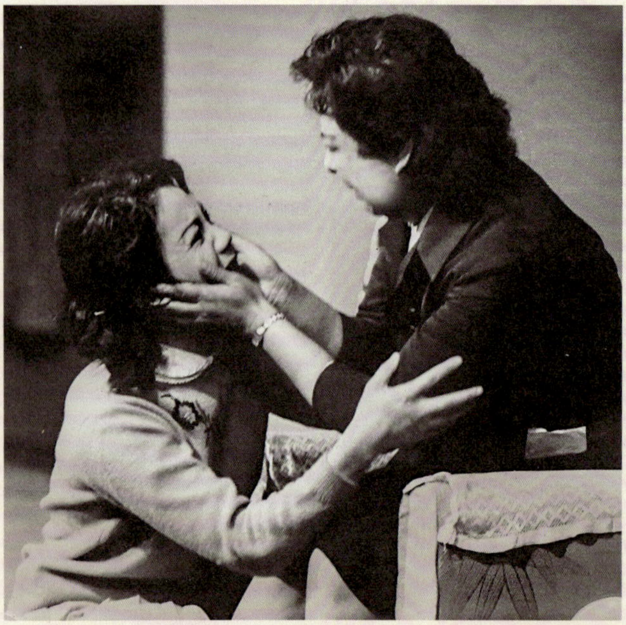
丁牧：“……妈都告诉你！”

看到女儿那纯洁、真挚、期待的眼神，像个犯人面对审判官；她不敢再看女儿的眼睛了，再面对这双酷似爸爸的、会说话的眼睛，她可能会失去告诉女儿的勇气！于是，转身，头深深地埋下去，浑身像是瘫痪了一样！但，迫在眉睫，必须鼓足勇气告诉她！镇静一下自己，扶着头的手慢慢地、有些颤抖地拿下来；头慢慢地抬起来，眼睛平视前方；虽然极力镇静自己，声音仍有些颤抖……

“事情是这样的。”丁牧开始讲述事情的原委。

为了尽量使自己平静，也为了使女儿将每句话、每个字都牢牢记在心上，她一字一字地、慢慢地、断断续续地讲述了曹达如何动用救灾款物营私，越讲越觉得可怕；讲到“又通过雷主任把我找去给他们做假账”时，“我”字用颤音，“做”字后面一个小小的停顿。

丁红（赵肖男饰）：“妈妈，你真的那样做了吗？”

“妈妈，你真的那样做了吗？”剧本的提示为“丁牧痛苦地点点头”。我觉得那样处理既破坏了此时像座“泥塑”似的丁牧的形象，又不能充分表达她此时痛心、悔恨的心情；故处理成呼吸下沉，往肚里咽的、沉重的、几乎听不见的一声：“嗯！”

“妈犯了罪以后，心里很不安。”这句话我加了“一直”两个字，因为从犯罪的第一天起丁牧就于心不安，而不是粉碎“四人帮”、罗书记来了之后才“不安”。

“他们为了堵住我的嘴，竟然诬陷我说……”说不下去了！但事情迫在眉睫，一定得告诉女儿！克制自己！

“……说……”心如刀绞，嘴唇都在发抖……“是我害死了你爸爸！”到哪里去申诉这千古奇冤?！……党纪国法何在？天理何在啊！！……虽然极力控制自己，两行热泪还是忍不住流了下来。

“妈妈刚才走到江边，真想一头扎下去。可是妈怕剩下你一个人……你不能再没有妈妈了！”仍在控制自己。

“妈妈——”女儿凄厉的哭声像把尖刀插入心房！心在疼，心在哭泣，肝胆俱裂！

“孩子！”像开了闸的渠水，像融化了的雪山，善于控制自己感情的丁牧再也控制不住自己，紧抱着女儿失声痛哭。

但是，丁牧怕心灵屡受创伤的女儿经受不住这样沉重的打击，又极力控制自己的感情，边强忍自己的泪水，边给女儿擦泪：“没有了妈妈，你连国庆也会失去的。”

丈夫被划成右派，“文化大革命”中受迫害惨死，自己被曹达拉下水犯过罪；这种种遭遇，使丁牧成为一个有泪不轻弹、苦水往肚里咽的人。因此，在这段台词中，不能哭腔哭调地表现她如何“委屈”“痛苦”；包括说“妈冤枉啊”“刚才走到江边我真想一头扎下去”都不能有一点“可怜”自己的感觉，而要使人看到她是如何以极大的毅力，在控制自己埋在心底的辛酸苦辣。这里，通过面部的无表情，发呆的眼神体现她内心的义愤、委屈、惧怕、悔恨、担忧等百感交集的复杂心情；用表面的不动、表面的静，表现内心的激动、不平静。虽然说话有时断断续续，但语断情不断。

三、形 体

恰当的形体动作是体现人物思想感情的重要手段。在舞台上，一举手一投足都要有动作性、目的性，都是要表达一定的思想、愿望的。

前面谈到的与罗丹华刚见面时手臂的放、收，身体的转动，以及向女儿“痛诉被害史”前的转身、埋头又慢慢抬起来等，也是通过形体来表现丁牧的感情变化的。

与罗放的谈话　第二幕

丁牧对罗放说：“您知道吗，我就剩下一个女儿了，我得为她活着。”丁牧不愿意当着罗书记的面流泪，急转身，大步冲向阳台；低头，悄悄地擦眼泪。之后，抬头，看着乌云密布的天空，她思绪万千；为了使自己平静下来，左手扶着栏杆，右臂曲靠在栏杆上，感受着罗书记在劝慰自己的女儿……这时，虽是背对观众，也要“情不断”，通过背影使观众感受到丁牧的复杂心境。

在罗放家庭院的一上一下　第三幕

丁牧与曹春梅从屋里出来。她是在向罗书记夫妇痛哭流涕地控诉了曹达的罪行和对自己的陷害后上场的。因此，上场时她余痛未止，仍在饮泣、擦泪，这样的心境就决定了她低着头，脚步沉重地慢慢地走向桌边。

当罗放决定当晚召开党委会，让丁牧和郑总编回报社做第二天发表揭发信的准备，与郑一同下场时，她则是从罗身上得到鼓舞、信心，望着罗书记那亲切、支持的眼神疾步而下，走起路来好像脚下充满力量。

这一上一下不同的感觉，不同的步态，体现了丁牧两种不同的心境，正是带戏上下场的。

等待电话　第四幕

党委会已经开了将近两个小时了，说好了会议一有决定罗马上打电话来，但一直没有电话。丁牧忐忑不安，焦虑地等待电话：眼睛盯住电话机，从桌边踱至沙发前，再踱回，看表、再看电话机。

电话铃响了！满以为是罗打来的，心速加快了，快步去接。当发现不是罗打来的，前倾的身体失望地懈了下来；随之，急切的语气变为客气、有礼貌地回答对方。

电话铃又响了！判断是哪部电话机后几乎是小跑着去接的。因为这时已从丹华那里知道曹与罗正“对着干哪”，更急于知道会议的结果。电话仍然不是罗书记打来的，又一次失望更加心情不安。看着电话机慢慢地放下听筒，心在剧烈地跳，在桌边靠了一下，想使自己平静些。看到桌上自己刚才看的书：坐下看书，试图转移注意力……但一行还没看完，不由得眼睛又从书转到电话机上，轻轻地叹口气，下意识地合上书，手托腮："怎么回事，为什么老罗到现在还不打电话来？……难道真的因为曹达基础厚能量大，老罗刚来不久，单枪匹马而不能通过他的意见吗？……真不敢想象，如果老罗顶不过他们，将会发生什么事啊……"

听到雷邦夫是杀夫仇人之后 第四幕

善良的丁牧做梦也没有想到，害死自己丈夫的凶手竟然是"最关心自己母女"的雷邦夫！她受不了这样突然、沉重的打击，她愤怒地抓起文件柜上的花瓶要向雷邦夫砸去，被罗放制止后她顺手扯落了桌布。

由于受不了这么突然的、沉重的打击，她身体都软了，伏在桌子上支撑着身体哭泣。边哭边听罗书记的话，在这个过程中，渐渐地有了力量，有声的哭渐变为饮泣，软了的身体渐渐变为手扶头，站立；表现经过这场风雨，丁牧在党和人民的支持下"站了起来"，从而发展到闭幕前的写控诉材料。这，不仅是丁牧感情的又一顶点，更重要的是人物的完成——在揭发还是不揭发的矛盾中，丁牧终于站到了维护社会主义法制的前线。因此，虽然仅在扯落桌布前有"天哪"一句台词，背对观众，也必须通过形体表达人物的感情变化。

丁牧愤怒地抓起文件柜上的花瓶……

在创造丁牧这个人物的过程中，我常常为思考人物夜不成寐。每当想到丁牧孤身只影面对四壁怀念肖波，想到肖波惨死的那个凄风苦雨之夜，想到丁牧常常是"枕前泪共阶前雨，隔个窗儿滴到明"的情景，我不知多少次泪水浸湿了枕头。创造丁牧这个人物，我确实到了"废寝忘食"的状态，她像是我的影子随时跟着我，我又在随时找寻着她。

演员是通过创造形象感染观众的。扮演丁牧，我再一次体会到：整个创作过程就是从自我出发体验人物、进入人物以至创造出形象的过程，即演员的思想感情和角色的思想感情矛盾统一的过程。这就要求演员在整个创作过程中不断地、深入地、反复地体验人物的

《权与法》第四幕剧照（中国国家话剧院提供）

自右至左：田维熙饰赵国庆，冀淑平饰丁牧，赵肖男饰丁红，王尚信饰罗放，金涛饰郑洪来，童欣饰罗丹华，冯汉元饰公安局长，徐金增饰雷邦夫　舞台设计：吕德康　摄影：曹西林　（图注引自崔秀英编《戏剧之子 缅怀王培》）

思想感情并且找寻恰当的表现形式，将所体验到的通过动作、形体、台词等体现出来。“动于衷，形于外”“以形传情”。

演员创造形象，无论从体验入手还是从外部入手，最终都是要将体验与体现统一起来。只去体验，不能通过与之相适应的表达手段体现出来，或者不去体验单纯地追求表现，都不能创造出真实的、有感染力的形象。扮演丁牧，我是从体验入手，力图通过各种表现手段塑造人物的。

曾经不止一次有同志问我：“你是怎样做到每次演到与女儿那段戏，都能那么动情、那么激动呢？”我说：“每次演出都要重新体验，力求做到（当然不是都能做到）第一次听到，第一次看到，第一次做到，在规定情境中生活一遍。”只有这样才能保持演出青春。

虽然，我力求将丁牧的形象塑造得鲜明些、深刻些，但由于各方面修养的局限，出现在舞台上的丁牧仍有很多欠缺：人物性格、职业特点不那么鲜明，某些台词还有些生硬；第四幕开幕时用踱步、看表等动作固然能体现出丁牧忐忑不安的心情，但作为丁牧这个特定人物在那种特定的情境中，是否还有其他更恰当的表现形式呢？现在的表现显得一般了。

演出是创造形象的继续而不是结束，不足之处都需要我在今后的演出中不断地体验，不断地寻求更恰当的表现方式，使丁牧这个形象更加丰满、感人。

冀淑平 1980.8 初稿

1982.8 修改

据冀淑平手稿整理。该文的缩编稿《我怎样演丁牧——〈权与法〉创作札记》曾载于中国青年艺术剧院艺术资料编辑室编《艺耕集（续一）》（1984），第 61—67 页

链接

《权与法》创作漫谈

◎ 邢益勋

我是一个在戏剧创作上刚迈出一步的人。话剧《权与法》的创作、排练、演出等艺术实践的全过程，对我确实是一次很好的学习和提高的机会。剧本演出、发表和电视播放后，得到广大观众和文艺界同行们的热情肯定，特别是读着许多观众热情洋溢的来信，我心里是很激动的。我将以此作为对自己的鼓舞和鞭策。

这个剧本所以引起观众的兴趣，我想，除了内容能引起他们比较强烈的共鸣之外，恐怕同力求真实地再现现实生活有关。

一　主题的提炼

这个剧本的创作过程中，我没有搞“主题先行”。它的主题思想是在生活和创作实践中不断寻找、摸索和提炼的。

1978 年上半年，从中央到地方，广大受林彪、“四人帮”打击迫害的老干部重新出来工作后，他们之中有许多人只要是恢复和发扬党的优良传统，为人民群众办了几件好事，人民群众就欢欣鼓舞，到处传颂着他们的佳话。与此同时，报纸上揭发了许多诸如“大庄地区”和“驻马店地区”等领导人违法乱纪、破坏财经纪律的严重罪行，人民群众看了则非常气愤，议论纷纷，并联系着本单位本部门，一起叙说着违法乱纪的种种……人民群众那种强烈的爱憎感情冲击着我，使我产生了一种压抑不住的创作冲动。我决定通过戏剧创作，表达人民群众的感情、愿望、要求和呼声。

最初，我主观上的想法很简单，就是要热情地歌颂那些为人民所爱的老干部，要愤怒地鞭挞那些为人民所憎的违法者。在得到剧院领导的积极支持后，我开始深入生活，进行采访，收集素材。我写出来的第一稿叫《好啊！新来的书记》，第二稿叫《公仆》，顾名思义，主要是想歌颂领导干部的公仆精神。剧院领导和艺委会听了剧本之后，认为立意很好，题材新颖。但认为，既是歌颂公仆精神，可主要事件又是平冤案；也就是说，公仆行为和平冤案行为很难结合好，主题思想体现得不够直接有力。他们建议我不如集中写平冤案，歌颂新时代的“包公精神”。我接受了这个意见，重新进行重点采访，到司法公安部门进一步了解一些案例。在这个过程中，我开始第一次接触并认真地想到了法制问题。同时，剧院抓创作的领导也及时提醒我：写平冤案，但不要写成破案戏。为平反而平反，这样的戏也许情节抓人，但不容易有深度，更不会有生命力。这种提醒是很重要、很及时的（可见有水平的、内行的领导是多么重要），它使我思考得更多一些，也更深一些。

的确是这样，我们应该平冤案。但造成那层出不穷、千奇百怪的冤案的社会原因，历史原因和思想原因又是什么呢？

几千年的封建专制统治，在我国的政治生活中，只讲“权”，不讲“法”，可以说，人们几乎没有“法”的观念。几十年来，我们也只是宣传“政策和策略是党的生命”，使我们只懂得政策观念而没有法制观念，我们甚至连一部刑律都来不及制定出来。“文化大革命”中，林彪、“四人帮”连闹带砸，把政策观念都砸没了。结果在国家的政治生活中，“有权就有一切”，有权者可以无法无天、胡作非为；无权者而又稍有不满和意见时，则惨遭打击迫害，被人制造冤假错案。这种现象几乎是年复一年地在现实生活中发生着。

另一种更为普遍的现象是，我们不少领导干部，他们缺乏马列主义思想方法，也缺乏群众观点。他们思想里有的是封建的传统观念：“家长制”“一言堂”“长官意志”……他们在工作中只会搞强迫命令、瞎指挥。群众要有意见，他们就搞打击报复、穿小鞋。反正左右开弓，就这两手。

这些在现实生活中严酷而又尖锐的问题，人民已经无法再忍受了，党也已经不能再容忍了。人民要求改变这种状况，党决定结束这种状况。因此，社会主义的民主与法制问题，在我们的政治生活中已被放在了一个极为突出、极为重要的位置上来了。

基于上述考虑，我又决定把歌颂新时代的“包公精神”，改为宣传法制观念。而着重点又放在向我们的领导干部提出你到底爱谁的问题。是爱党，爱人民，为人民负责？还是爱自己，爱自己的那个“家”而闹特殊搞违法行为？根据这种立意改出来的第五稿，取名为《你爱谁？》。

剧本投入排练时，正好人大五届二次会议刚开过，人们对社会主义的民主与法制的问题更为关注，议论和思考得更多，因此导演同志建议我再进一步挖掘和深化主题，削去“你爱谁”的思想线，而集中、突出、丰富法制的问题。因为导演准备把演出的主题定为“刑要上大夫，礼要下庶人”。演出的最高任务应该是“在法律面前人人平等”。我完全同意导演的意见，因此在排练中，我又对剧本进行了比较大的加工修改，剧名也改称《权与法》。

二　谈谈罗放

罗放并不是这个戏的主人公，他是党的领导形象，但是人们对这个人物的议论却很多，鉴于目前政治生活的现状，这种议论是完全能够理解的。

许多同志来信中说，“我从舞台上看见了真正的中国共产党员的形象”，罗放使人“激动”“受鼓舞”，给人以“信心和力量”，他是“罗青天”，是“真正体现了党的领导”。也有许多同志在信中说，“看见罗放主持正义，不徇私情，真是痛快极了！”但看完戏回家冷静一想，又感到“可惜罗放这种领导在现实生活中太少了！太少了！太少了！”罗放多少有些“理想化”了。也有许多同志认为罗放“还是以权解决问题”，“他要是不调来呢？法能胜利吗？”更有些熟悉的同志说，“你真的看见生活中有罗放这种人了？你很聪明，写了一个罗放，戏就能演出了。”等等。

议论可以很多，评说可以不一。不过我想申明：认为我是出于戏能够上演的需要，不得不“聪明”地写一个罗放，那就太委屈人了。应该说，最初，正是罗放这个人物构成了我想写这个剧本的原动力，他一度还是这个戏的主人公呢！对那些重新工作后，能够坚持党的原则，发扬革命传统，保持一颗为人民服务的公仆之心的老干部，我确实是感到由衷高兴并想歌颂他们的。最近文艺界经常在议论歌颂与暴露的关系问题，在北京和上海，都有同志在报上写文章评论《权与法》在歌颂与暴露关系上的处理。我看了很高兴，从作者的角度来说，我感到不管是歌颂还是暴露，都应该是真诚的，发自内心的，而不应该是寻求作品出路的需要。

我认为罗放这种老同志在生活中是有不少的。文艺界里有，我甚至还自认为了解得比较具体；前几年我在农村深入生活、进行采访时，在地县社各级也接触过一些；同时，在社会上，报刊里，各种材料中也有所见闻。他们宁折不弯地跟林彪、“四人帮”一伙斗争了整整十年，他们有着坚定的信念和很高的政治思想水平，对党和人民有着一种历史的责任感，对革命抱着高度的热忱又有着灵活的工作作风。也许由于概括集中的结果，罗放是“理想化”了一些，但作为党的领导形象，我认为应该有一种榜样的力量。

然而，罗放并不是一个只体现着党的原则的书记，他也是一个有血有肉有感情的普通人。他是有人情味的。他关心女儿罗丹华的婚事；他能设身处地为丁红着想并深深地同情着她，他理解丁牧的处境并能平等地对待她；他不满意郑洪来和万局长但又能谅解他们，信任他们。他也是有喜怒哀乐的。当他了解到曹达破坏财经纪律还要打击陷害丁牧的违法乱纪行为时，他怒不可遏，暴跳如雷地推倒花盆，痛斥曹达；在对人民的爱和对曹达的憎两种感情的冲击下，他失去了冷静，差一点做出“一个人说了算”的决定。他妻子曹春梅及时提醒他的那些话，平时他又何尝不懂？甚至那些道理很可能还是他教给妻子的呢！但此时此刻，他全忘了。罗放的这种表现，还不仅是一种感情因素，更有着一种根深蒂固的传统习惯在起作用哩。要知道，罗放是生活在中国这块土地上的共产党员，几千年的封建“家长制”“一言堂”的影响，我国长期武装斗争的革命特点使干部们养成了一种“军事命令”的习惯，加上多年来我们党内民主生活的被践踏和破坏，这一切使即便像罗放这样的好领导人，也常常不可避免地会下意识地犯错误。只是，这种领导人的可贵之处就在于知错必改。这是获得人民信任的基础。一些好心的观众在来信中建议删掉差一点“个人说了算”的细节，认为这“有损于罗放的形象”，但更多的观众还是肯定这个细节的，认为“真实可信”“感人”，使人看了觉得“亲切可爱”。

当然，由于生活、思想、艺术表现能力诸方面的原因，罗放写得并不算成功。《解放日报》王镇同志的文章说得好，罗放应该具有“思想家的特点”“对于如何总结过去，如何建设未来，有许多切合实际的清醒的见解”“他应该把‘法’和我们党的最终目标联系起来”，这样“才能突破当前说来说去还是有了权才能够解释‘法’的思想境界”。这个批评非常中肯，当初我如果能有这样的思想认识，相信罗放会写得稍为好一些。

三　写一写真实的人

人们现在对文艺作品的要求越来越高了，他们不仅希望看到作品中具备真实的力量和思想的力量，更要求看到作品中能有典型化的艺术的力量。拿这种标准来衡量，《权与法》自然还有一段较大的距离；不过，它毕竟还是反映了生活的真实和人物的真实。

文学是人学。戏剧创作归根结底是为了在舞台上表现真实的活生生的人。但在林彪、“四人帮”时期，文艺作品的正面人物尤其英雄人物，他们都是集一切人间美德而又不食人间烟火的“神仙”；反面人物则是集一切人间邪恶而又不像人的“鬼怪”；所谓不好不坏的“中间人物”又不允许存在。

在写《权与法》时，我决心改变这种状况，再不能去写那种生活中不存在的假人了，也不必在作品里只突出一个“神仙”。我希望写出几个不同类型（还够不上“典型”）的真实的人物来。

主人公丁牧是一个正直善良的知识分子。她无论经历过怎样的人生挫折，都能保持着内心世界的纯洁。但由于她政治上的不成熟，性格上的弱点，处境的困难，使她做了假账。但是她犯了错误后内心又感到不安，失去了平衡感，几经灵魂搏斗后，终于勇敢地站出来斗争了。

女记者罗丹华作为高干子女的大起大落的政治生活，作为知识分子的思想视野和作为记者职业的生活视野，使她在政治上是成熟的，思想是深刻尖锐的，是非鲜明而性格泼辣。但十年浩劫，世态炎凉，也使她变得有些玩世不恭，随随便便，漫不经心，不太严肃了。

总编辑郑洪来是我国二十年中不正常的政治生活下的产物。在他身上有着一种奇怪的矛盾现象：有头脑有思想而小心谨慎，胆小怕事；善于保护自已，又力求不损害别人；愿意追求真理而又害怕斗争；工作认真负责而没有创造性；诚实正派，又常常不得不违背良心；服从上级而不会讨好拍马；理智冷静中仍有政治热情；颇为顺利的政治生活中，又掩盖着内心的苦恼……

老干部曹春梅是一个很朴实很有原则的人。但在“姐弟患难与共”的感情下，她也一时不清醒了，竟在罗放面前为曹达求情。

市委书记曹达是党的败类，违法乱纪的犯罪分子。但他在革命战争中又的确出生入死打过仗，流过血，受过伤，立过功。在“文化大革命”刚开始也受过冲击，挨过整。

市办公室主任雷邦夫是一个有野心的两面派、伪君子。但他的确是在真爱着丁牧，这种爱是在二十年前的大学时代就产生了的，它还保留着青年时代的真诚而并非出于玩弄和利用。

公安局万局长盲目地对上级长官负责中包含着对政权的忠诚，在他的思想僵化中又流露出朴素的感情，在他那无动于衷的冷漠中又有知错愿改的态度。

纺织女工丁红那颗富于进取的心是顽强而乐观的。但出于对妈妈那深沉的爱，居然差一点干出嫁祸于人的行动来。

中学教师赵国庆是受伤的一代，也是战斗的一代。他那火一般的感情中又有一种冷眼旁观的态度，那对人应该相信的人生哲学中又带有一种怀疑和观察的味道。

总而言之，我想努力写出人物的复杂性、多面性和立体感来。我不是故意去写人的好中有坏，坏中有好；而是想按生活的本来面目真实地去写。因为生活本身就是复杂和多变的，人的思想性格也必然是复杂和多样的。我们常常看到：优点和缺点，正确和错误，美与丑，善与恶，真与假，好与坏是经常地交织在一起的，使我们认识人，认识生活有多么困难啊！

我是想这样写了，但写得如何，不得而知。但当我读着许多拿自己联系着丁牧、罗丹华、郑洪来、赵国庆、丁红等人物的群众来信时，我感受到了在文艺创作中，真实是多么重要。

原载于邢益勋《权与法（四幕话剧）》，中国戏剧出版社 1980 年版，第 78—86 页

链接

《权与法》导演构思

◎ 邓止怡 王培（执笔）

前言

《权与法》这个戏，经过作者邢益勋同志的艰苦努力，把本子写出来并经院领导决定由我们剧组担负这个戏的排演任务。我们相信经过剧组全体工作人员的一致努力，会很好地完成这次创作任务的。

对于我们来说，排这个戏有它方便之处，也有它困难之处。就方便条件来说，有关这个戏的主题，我们是在实际生活中有所感受的；它的时代背景，我们是身临其境的；它所刻画的一些人物，我们是熟悉或比较熟悉的；剧中所概括的矛盾和所依据的事件、情节，我们或从身边的实际生活中，或从亲友们的间接介绍，或从所阅读的报刊杂志以及剧组所宣读的“背景材料”中，我们是有所了解的。因此，我们对于剧中所描绘的一切并不生疏，而且是感同身受的。

基于此点，我们的导演构思不打算对时代背景等方面进行详尽的论述，主要在艺术处理上比较详细地谈谈我们的想法。这，是首先要加以说明的一点。

第二，一个剧的导演艺术构思，不可能在事先把什么都想到了，想周全了，这是不可能的。它，只有当排练完成以后，才可以说基本完成了。因为，创作过程（排练过程）正是导演不断根据群众的出色创造来丰富、完善自己“构思”的过程。因而，希望同志们在排练中要出智慧出点子，帮助我们的导演工作，进而把我们这个戏排好。

下面谈谈导演组对剧本的理解和分析，谈谈在艺术处理上的某些想法。

第一，剧本所反映的时代背景

剧本规定为1978年初夏的某一天。

1978年，正是党中央领导全国人民拨乱反正的第二年。自从全党和全国人民一举粉碎“四人帮”的篡党篡国的阴谋以来，党领导全国人民取得了辉煌的胜利。

在全国人民进行新长征的征途中，我们党的队伍中涌现了许许多多全心全意为人民服务，为社会主义事业服务并立志改革的人。他们在广大群众中为党赢得了荣誉，为人民立下了功勋。

但是，应该看到，林彪、“四人帮”对党的作风的破坏是极其严重的，他们的反革命复辟活动使党的机体受到极大的损伤。我们的老党员和老干部，大多数在同林彪、“四人帮”斗争时表现是好的，恢复工作以后继续保持艰苦朴素、联系群众的作风，得到人民的拥护。然而，确有一些人辜负了党的信任和人民的期望，没有正视自己的缺点，没有接受历史的教训，不严格要求自己，忘记了党的优良传统，染上了这样或那样的不正之风，损害党和人民的关系，挫伤群众的民主积极性，使广大群众产生忧虑甚至因此对实现四个现代化信心不足。

更有甚者，个别党员领导干部甚至是高级领导干部，他们违背自己当初的入党誓言，忘掉全心全意为人民服务的宗旨，而是千方百计地利用职权谋取私利。他们利用手中掌握的权力搞特权，走后门，营私舞弊，挥霍浪费，贪污腐化，拉帮结派。对于敢于揭发他们恶行的人民群众，利用职权进行打击报复，甚至进行卑鄙的政治陷害。

因此，当1978年3月五届人大开过之后，我国内部在大好形势之下，存在着一些尖锐的矛盾，而这些尖锐的矛盾当中占有极其重要位置之一的，就是广大人民群众和这些搞特权搞腐败的领导者之间的矛盾。应当说，这个矛盾是十分尖锐的，它不仅直接影响着党在人民群众中的威信，而且直接影响着四个现代化的成败问题。

…………

列宁同志曾指出：“共产党员成了官僚主义者。如果说有什么东西会把我们毁掉的话，那就是这个。”（《列宁全集》第35卷，第552页）

因此，广大党员和人民群众与这批特权者之间，存在着一场维护马列主义、毛泽东思想路线，维护党的原则，维护社会主义民主与法治，维护人的基本权利的尖锐斗争。而《你爱谁》一剧，正是反映了这样一个时代背景。（后剧名改为《权与法》）

第二，剧本的主题和主题思想

《权与法》一剧是一出以揭露领导干部搞特权、搞违法乱纪为题材的剧本。

作者根据现实生活中的实际感受，根据所掌握的大量素材加以高度的集中、概括创作了这样一部紧密结合现实的戏。

那么《权与法》这出以揭露领导干部搞特权、违法乱纪的剧本，它的主题和主题思想是什么呢？

同一个题材的剧本，甚至同一个剧本，根据不尽相同的角度去理解和解释，可以确定为不同的主题和不同的主题思想。

我们去探索一下生活实际，再深入地去分析一下剧本，我们就会从众多生活现象中，挖掘到生活的实质。

…………

中国曾经是一个有着几千年封建主义统治的国家，几千年来，“朕即一切”“金口玉言”是理所当然的、天经地义的事。解放了，共产党从没有权，变成有了权，并且处于当权地位了。共产主义是我们党的崇高理想，但是，在我们的一部分干部中，封建主义思想残余却是根深蒂固地扎在他们的脑海里，随着权位的越发显赫而越发膨胀起来。在他们看来，自己无论是贪污腐化还是违法乱纪，小民无权干涉。老百姓只能甘心当奴隶，而他们自己却可以为所欲为。法律呢？那只是为老百姓制定的，至于他们自己则不受任何刑律的约束。因为，在他们看来，“刑不上大夫”也是天经地义的事。有谁敢碰一碰他们吗？那么，一方面，他们靠“官官相护”可以通融过关；一方面，给群众随意加个罪名就可以把人置于死地。张志新同志的案例突出地说明了这一点，我们排演这个戏的全部剧情也充分地说明了这一点，我们所宣读的大量背景材料也更加论证了这一点。同志们，那些材料不论是揭发领导干部什么样的问题，其实质的意思只有一个，即：刑要上大夫！这是群众的呼声，是群众的共同要求和愿望。

因此，根据我们对实际生活的观察、分析和探索，从实质上来揭示这个戏的主题和主题思想，那么，我们把它们确定为这样——

主 题

这个剧本是以写“刑要上大夫”，换句话说就是“在法律面前人人平等”为主题的。

主题思想

这个戏将会告诉或揭示一个什么思想呢？它告诉广大观众：“在我们社会里，任何人不论他们职位多高，功劳多大都不能成为骑在人民头上的老爷胡作非为、为非作歹而不受法律约束；人民必须无所畏惧地进行斗争，才能踢开自己头上的老爷而争得自己的民主权利！”

（导演组确定以上的主题和主题思想之后，深感《你爱谁》的剧名已不合适，便决定改动剧名，发动排演组起名，在20多个名字中，最后确定《权与法》。）

第三，演出的最高任务

当前，五届人大二次会议刚刚闭幕。五届人大二次会议的召开是我国划时代的一件大事。会上，制定并公布了我国的一系列法律法规，无疑也是我国社会政治生活中的重大事件。

正当全国即将展开宣传法制、全党即将展开整风的时候，我们演出这个戏的重要意义就是：“深刻揭露社会生活中那些披着共产党员外衣而贪赃枉法、欺压群众的犯罪分子，歌颂那些遵守党纪国法并与群众共患难的领导者和敢于与违法乱纪现象作坚决斗争的群众，从而使广大观众警醒起来，团结起来，坚持与一切违反法制的现象作殊死的斗争。使人民要前进，人民要民主，人民要反对特权成为势不可挡的洪流！”这，就是我们这个戏的演出最高任务。

第四，全剧的主要事件

这个戏的主要事件十分清晰、明确，那就是：丁牧写了一封揭发市委曹书记违法乱纪行为的揭发信，而曹书记却要对丁牧进行打击报复。全剧所有人物都围绕着这一主要事件展开了活动，并从这些活动中展现出各个人物不同的思想性格，从而揭示了主题思想。

第五，全剧的贯穿动作

全剧的贯穿动作可以用两个字来概括，就是：“揭”与“捂”的斗争。从这两个字的贯穿动作引申出来说，那就是一场人应该说真话还是应该说假话，人应当诚实还是应当虚伪的矛盾冲突。

第六，全剧的主要艺术处理

剧作的艺术特征和我们的演出风格。

此剧是一部现实主义的作品，它像一幅写实画，而且是一幅工笔画。它像一首抒发人们心声的交响曲。作者以比较细腻的笔触不仅描绘了生活而且刻画了一些生活中具有典型意义的人物。尤其应当指出的是，作者突破了多年来“三突出”这条绳索的束缚，在一定程度上写出了人物的复杂心理和多面的性格。作者没有去追求离奇的情节和动人的故事，而是通过十分简单的一件事、一封揭发信，揭示了十分复杂的斗争和各个人物的复杂心理。与我们通常读到的某些剧本相比较，人物比较有深度、有厚度而不是平面的了。因此，有的同志说，它很有易卜生、曹禺剧作的味道，这不是没有道理的。如果以绘画和音乐作品来比拟，那么，此戏，不是齐白石笔下的花鸟鱼虫，而是唐寅笔下的仕女；不是伦勃朗笔下的写意风景，而是列宾笔下的人物肖像；不是贝多芬乐谱里那气壮山河的气势，而是舒伯特乐谱中流出的一首“小夜曲”。它，虽然旋律（也就是剧中的情节）简单却写出了人们的悲叹、哀伤、愤怒、喜悦、惆怅、思念、爱抚、痛苦与欢乐……

如果，我们用四个字来概括一下这个戏的特征，那么，它就是“细”（人物心理刻画细）、“深”（主题深刻）、“复”（人物心理复杂）、“鲜”（艺术形象鲜明）。

剧本的特征决定了我们的演出风格（包括布景设计、演员表演、服装、道具、化装、灯光、效果等）必须是写实的，逼真的；一言以蔽之，真实的生活和真实的人物。因此，我们总的艺术构思就是三句话：真实、平凡的生活；深刻、复杂的心理；尖锐、激烈的斗争。全剧总的艺术效果必须达到四个字：“激动人心”。只有达到这四个字的艺术效果，才能够深刻地揭示出剧作的主题思想，才能够完成演出最高任务，从而鼓舞广大观众行动起来与一切特权者进行坚决的斗争！

主要艺术处理。

当然，我们不可能把全剧从第一幕开头直到第四幕结尾全部谈一遍，这是不可能的。我们只能谈一谈每幕戏的重点（即主场戏）。

主场戏之一

雷邦夫向丁牧示爱强行拥抱被曹达撞见，曹借机想控制丁牧并加以陷害。

丁　牧　（极力挣脱）啊，不，不要，你放开我……

［这时，曹达突然闯入。丁牧蹭地站起来。］

曹　达　啊……原来是你们二位，对不起！

雷邦夫　（愣住）曹书记，你没有走？

曹　达　啊，我是回来取这些信的……没想到你们二位在这里……哈哈……丁牧同志干吗站着？请坐下，坐下。

［丁牧羞怒交加不知如何是好，仍站在一旁。］

雷邦夫　（不悦地）曹书记，我走了。（下）

［这时，丁牧也要走。］

曹 达 丁牧同志，请你等一等，坐吧，我们谈一谈。

[丁牧迟疑片刻，走回沙发坐下，低头不语。]

[为了加强对丁牧陷害的手段，除去笔记本之外，曹达伪造了一封所谓的邻居揭发信，诬陷肖波的死与丁牧有关。]

曹 达 你说，你丈夫到底是怎么死的？

丁 牧 我丈夫？

曹 达 （更逼近她）对！你有勇气说出来吗？

丁 牧 你的意思，我不明白。（生气地坐下）

曹 达 你很明白。因为……（从口袋里拿出一封信）我掌握着一封情书。（念）“对我女儿的关心和帮助，我会永远感激你的。多年来你对我的友情是纯真的。但是，我把自己的全部感情都给了肖波。……”这，是你写给雷主任的吧？

丁 牧 ……对。

曹 达 换句话说，肖波的存在对于你是一个障碍。

丁 牧 障碍？不，你胡说！

曹 达 （冷冷地）不要激动，还有呢。（又掏出一份材料）听，“我们是丁牧的邻居，我们清清楚楚地记得，当肖波被送回家时，身体很正常，但第二天却死了。我们怀疑肖波不是病故而是他家里人……”

丁 牧 （“蹭”地从沙发上站起）什么?!（激情地）肖波被关在“牛棚”里，你们打他，打得死去活来，只剩下一口气了，才把昏迷不醒的肖波抬回家来，还不让治疗。第二天就死了！

曹 达 （厉声地）撒谎！狡辩！事情很明白，你丈夫妨碍了你勾引雷邦夫。等肖波从隔离审查中一放出来，你就把他给害死了！

丁 牧 （巨大的震惊）什么？

曹 达 你犯了“通奸杀夫罪”！

丁 牧 你！……（气昏了过去，瘫倒在沙发上，她手中的《人民日报》掉落在地上）

[这时，工地上的汽锤声“吭吭”地轰响，那声音几乎要凿碎人们的心。]

[曹达看看达到了目的，松了一口气，悠然地点着香烟，轻轻地吐了一口，走向落地窗。天空阴云飞卷，一阵风吹来，窗帘飞舞。]

主场戏之二

这场戏的主要片断，是丁牧向女儿述说错误和事实真相的一段。在这一长段台词中，如果丁牧找不到一种正确的自我感觉，那这段戏感人的程度便大大减弱。一个母亲在自己女儿面前说出自己的错误，这不是一件简单的事，是不好开口，也说不出口的；更何况一直瞒着女儿很久了。但是，如果此时不告诉女儿真相，那她被捕后就没有机会了；因此她必须在被捕之前、分别之时说清楚。

出于自己的软弱，如今造成的不幸，在女儿面前自己是对不起她的。所以，在处理这段戏时，丁牧要抓住准确的自我感觉，那就是——像一个犯人在讲述过去的错误一样。极为平淡地，不加任何批判和义愤，不慷慨陈词，不大声高调，只是在说到后来很委屈而声音颤抖，泪水不自觉地流下。因为事实就是如此，再义愤、慷慨、批判、咬牙切齿、大喊大叫也无用。丁牧此刻没有别的反抗要求，只是想老老实实地、原原本本地把真相告诉女儿。越是如此，越被同情，越打动人心，观众越受感动。

主场戏之三

(1) 这段戏就是我们设想的“华彩乐段”。这段戏通过三个老干部在场，要揭示出两种思想、两种观点、两种世界观的尖锐矛盾冲突。可以说是全剧思想冲突的高潮，是或者你被我战胜了，或者是我被你战胜了的顶点。因此，我们必须弄出一段精彩的戏来。

(2) 这段戏还是打主题、打主题思想的戏。如果说，同志们都要求剧本的主题进一步深化，那么，这段戏是关键。这段戏，无论是在戏上或台词上搞深了，都有利于深化主题。

(3) 这段戏还有利于深刻揭示罗放、曹达这两个人物的内心世界。曹达在这场戏里必须讲出他内心深处的一些东西，而罗放必须深刻地予以抨击、批判、剖析——这，实际上就揭示了这个戏的主题思想。

(4) 艺术上的处理构思是——

当曹达知道罗放和春梅支持丁牧公开发表揭发信后，他十分愤怒。他想尽一切理由想说服罗放和春梅放弃对丁牧的支持。但，却遭到春梅和罗放的拒绝。就是在这种唇枪舌剑式的争辩中，双方越来越激昂。当曹达听到要受到法律制裁时：

曹　达　（一惊，激怒地）什么？法律制裁？我受法律制裁？哈哈（狂笑）凭什么？凭什么？（突然撩起裤腿）这伤疤就是我的罪证？“战斗英雄”的称号就是我的罪名？你们去告我吧！我倒要看看共产党的法律是如何判决我这个老共产党员的！（咆哮地）

罗　放　（震怒，顺手将花盆打翻在地）（大吼一声）你住口!! ……（激动地）什么老共产党员，你是党的败类……就因为你过去有功，现在有权，法律就管不了你吗？一个共产党员干部不是人民群众的公仆，而是他们的老爷，谁要监督你、触犯你、揭露你，你就可以编造事实，以权代法，判人罪名吗？不！决不允许！法律不是只为平民百姓定的，在法律面前，决不允许有任何特权！你过去的功劳和现在的权力都掩盖不了你的罪行。我再次提醒你必须接受法律的制裁！

曹　达　我也要提醒你，市委是一个领导集体，它也决不会由你一个人说了算！你包庇怂恿一个杀人犯，打击迫害党的老干部，我也要控告你们，揭露你们！（冲下）

罗　放　（大声地）好吧！晚上党委会上见！

春　梅　（担心地）老罗，今晚的党委会……

罗　放　（心潮难平地）斗争是不可避免的！……

主场戏之四

当小红听说雷邦夫就是杀害自己父亲的凶手，而这个人却是她一直像对待父亲一样所敬爱的人，一时惊吓得倒退在桌前，痛苦地扑在桌上。突然她反转身子，使出全身力气喊出了"你!！"瞪着两只大眼睛，射出愤怒仇恨的目光，像只受伤的小老虎，奔向雷邦夫面前，雷邦夫吓得后退，小红逼近，举起手要打雷的耳光。但是一个从小受着严格家庭教育的女孩，从来不曾打骂过人，虽然她极度愤恨地举起了手，但她不会打人，也打不疼人。因此，那只激动而颤抖的手，便渐渐软下来。在这不堪忍受的悲痛中，她双手伸向天空，大声喊出"爸爸啊！"这一声呼唤要把这家人的不幸遭遇和悲惨命运喊出，它震动着每一个观众的心，从而去痛恨那些执法而又犯法的人。这就是我们想通过一些艺术处理而要达到的目的。

闭幕的艺术处理

全剧闭幕最好能与全剧开幕相呼应，调子统一。因此在最后这样处理：

罗　放　丁牧同志，……对曹达这样犯法的人，你应该揭发控告，让法律制裁他们。

丁　牧　（极大兴奋，充满信心）好！我一定揭发，给法院的揭发控告材料我一定写。不！我现在就写。

［丁牧走到写字台前，郑洪来为她拿出笔和纸，罗书记为她打开台灯，小红、丹华、国庆走进，丁牧提笔思索一下后，便奋笔疾书。

当台灯打开时，演区光压缩，灯光聚在桌前，窗外由星光夜空，转为黎明朝霞。

窗外传来汽车响和人流声，它说明尽管人们都曾有过不幸的遭遇，但，我们的生活还是沸腾的。］

（以上是《权与法》部分导演构思）

1979 年 7 月 6 日

原载于崔秀英编《戏剧之子 缅怀王培》，
2013 年版，第 12—24 页。收入本书时略有删节

勃里亚夫人

《樱桃时节》

1983年3月首演

编剧：〔法〕茹尔·瓦莱斯

译者：沈大力

导演：陈　颙

剧情简介

让娜自幼跟叔叔彼埃尔参加革命活动，她的父亲是在1848年法国工人起义中，被帝国别动队中尉波纳尔枪杀的。20年后，波纳尔更加显赫富有了，他却在追求美丽的女工让娜，但彼埃尔认出了这个凶手。1871年1月，普法战争中巴黎被普军围困，人民奋起保卫巴黎，炮火中让娜负伤，被《人民之声报》编辑勃里亚救护，他们倾诉了相互的爱慕之情。3月，在工人和起义士兵占领的巴黎街头，他们起草了巴黎公社革命纲领，宣告公社诞生。战斗中他们生俘了波纳尔，但被叛徒卡拉泰尔暗中释放投敌，使工人武装遭受很大损失。5月，波纳尔指挥的帝国军队攻占了工人的一个个街垒，巴黎沉浸在一片血泊中。巴黎公社失败，勃里亚和让娜越狱逃脱，彼埃尔和社员们大义凛然，他们手挽手走上刑场，慷慨就义。

引自刘孝文、梁思睿编纂《中国上演话剧剧目综览（1949—1984）》，巴蜀书社2002年版，第574页

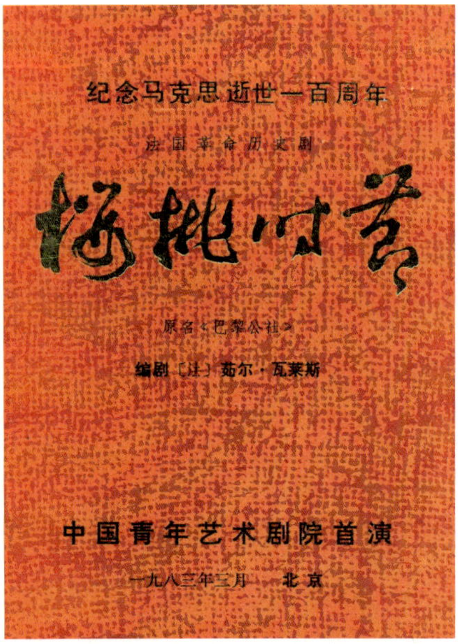

演出说明书（中国国家话剧院提供）

演出背景：在纪念无产阶级革命导师卡尔·马克思逝世一百周年的日子里，中国青年艺术剧院正式公演了反映巴黎公社波澜壮阔战斗场景的话剧《樱桃时节》。这部法国革命史诗的作者，是当年亲身参加过巴黎街垒战斗的公社教育委员、著名作家茹尔·瓦莱斯。这是该剧在世界各国首次上演。

难忘的《樱桃时节》*

——扮演勃里亚夫人随感

◎ 冀淑平

（一）

我在花甲之年，参加了《樱桃时节》的演出，这对我来说，是一段难忘的经历。建组初期，多次听沈大力同志的报告。我仿佛看到公社社员面对死亡从容就义的英雄气概。他们没有眼泪，是带着看到理想终会实现的微笑向战友、亲人们告别的，他们懂得今天的自我牺牲将会给后人带来美好的明天。当我听到雄伟、激昂、鼓舞人心的公社革命歌曲时，鼻头感到阵阵发酸；当我听到先烈们热情、乐观、豪迈的诗句，感人肺腑的遗嘱时，忍不住热泪盈眶。早在一百多年前，善良的人们为了挣脱奴隶的枷锁，为了自由、解放，敢于将天捅个窟窿，勇于牺牲一切，包括他们年轻、宝贵的生命！力量从何而来？为了理想、信念，为了美好的未来！先烈们为理想而献身的崇高精神深深教育了我，激励着我。

我将永远牢记敬爱的周总理生前的教导："活到老，学到老，改造到老。"作为四化建设中精神文明的建设者、"人类灵魂工程师"的文艺工作者，只有首先铸造自己的灵魂，提高自身的思想觉悟、品德和情操，然后才有可能以饱满的政治热情创造出感人的艺术形象，从而感染、教育观众。我再次体会到，艺术创作是向英雄学习、增强革命感情、陶冶革命情操、提高精神境界的过程。

（二）

经过学习法国革命史、听报告、看图片，对巴黎公社的时代背景有了概括的了解。但是，表演艺术的特点是集创作者、工具、成品于演员一身，演员要用自己的心灵、肢体

* 本文由中国国家话剧院提供。——编者注

去创造形象，仅靠听报告等是远远不够的，必须从自己的经历中去寻找、感受类似剧本所反映的时代脉搏，及各种不同类型、性格的人物。

抗日战争时期，“工农兵学商，一齐来救亡……”“抗日的烽火燃烧在太行山上……”那风起云涌席卷全国的抗日浪潮，以及民族、阶级之间的矛盾变化，帮助我理解和感受剧本所需要的气氛、节奏，人物、人物关系。当年我在四川江安剧专剧团工作时，我的房东是个地主，她封建思想严重，视老百姓为“贱民”，盛气凌人，动辄就“梗”着脖子，微微摇晃着脑袋，训斥她的佃农、仆人，但对她那独苗苗孙子则爱如生命；她的衣服永远浆洗得平平整整，干净利落，办起事来精明干练。她那顽固的封建思想，地主阶级的立场；那训斥佃农、用人的眼神……在她身上不正有很多因素是扮演勃里亚夫人可以借鉴的吗？

勃里亚夫人是全剧三位贵族夫人中唯一坚持资产阶级立场、观点的人。设想她丈夫是军人，在1848年六月起义讨伐起义人民时被枪杀；那时她的儿子雅克才两三岁。孀居的她，含辛茹苦将雅克养大，对儿子有特殊的感情，儿子对她而言胜过自己的生命；她生活的全部意义就是望子成龙，娶富有的贵族为妻，以重振门庭，光宗耀祖。

贯穿动作：千方百计将“堕入深渊”的儿子拉回到本阶级来。

个性特征：固执、顽固、倔犟。（利己主义者，善于利用时机、见风使舵，精明能干。）

感情色彩：强烈的爱和憎。（爱她的阶级、儿子、未来的儿媳，爱她自己及她所爱的一切；憎恨以彼埃尔、让娜为首的“贱民群”。）

勃里亚夫人共三场戏。

第三场

第一次上场，这很重要。从全剧讲，出现了一个新人物；从演员讲，是角色的第一次亮相，要使观众一目了然，从上场看到人物的基调。

初读剧本时就感到上场不合理，目的性不明确。排演过程中几经探索，演出时的处理如下。

> “围困中的巴黎”，这是第三场的规定情境。同样的环境，不同人的不同态度产生不同的行动。爱子如命的勃里亚夫人将儿子在家养伤作为她说服儿子离开“贱民群”的良机。晨起，向儿子灌输一通“道理”，看着儿子已听从她的劝告（她以为如此）静静地躺下看书后，出去想为儿子弄点营养品。离家不久，轰轰的炮声吓得她魂飞魄散。“天哪！家里会不会被炸？儿子怎么样？……”她顾不得自己了，“赶快回家！”这就是上场时的动作。于是，她一路小跑着，直到家门口才喘了口气，习惯性地划了个十字：“上帝保佑，总算平安无事！”手还不自觉

左：冯福生饰雅克・勃里亚（中国国家话剧院提供，陈阿丁摄）

左：赵肖男饰维尔奈夫人

地摸着像是要跳出来的心。（划十字不仅表现她此时的心情，也表现了设想中的她是个基督教徒，这与她顽固地反对儿子有关——一切都是上帝安排好的，“暴乱”等等，都是犯上作乱，是违背教义的。）

见到维尔奈夫人是个意外。当问她“……您来看我”时，心如明镜：准是为雅克而来。说的是“……这身衣裳多潇洒呀！”心里却是在思考：“她到底为何而来？怎样利用这个难得的机会？……”当听到维尔奈夫人说“……告诉您儿子个好消息”时，故意说“多少年来我得到的尽是些坏消息……”；动作是以母爱去打动维尔奈夫人的心，挑起她的嫉妒心去和让娜争夺儿子；采取的方法是“欲擒故纵”。

我觉得这样处理既合理，也能体现人物的思想感情。（顺便提一下，我心目中的勃里亚夫人，因原来有独白、旁白，还应具有喜剧色彩；按导演构思删掉后，略带夸张的小跑步，惊魂未定的喘息，也许能体现一点喜剧色彩？）

第四场

导演特意安排了在放不放波纳尔的问题上要勃里亚夫人和让娜直接交锋。戏虽不多，但要体现两个阶级、两种力量的搏斗，她们不同的立场、态度、感情必须鲜明地体现出来。排演中，这段戏动作虽然对，但感情浓度总嫌不足；是在上舞台后才逐渐丰富的。如“这种漂亮话都是你叔叔教的吧？”将“你”字改为“您”，她虽很生气，但仍不失身份，习惯地称呼“您”；“叔叔”二字由于气愤、仇恨，微微摇头、“梗”脖。听到“……女公民”更是不能容忍，狠狠地打量着让娜，来回大踱步，以控制内心的激愤不要爆发出来，并由此想到当年大批起义者被流放，或被蒙面枪杀……丈夫被“暴民”杀害，自己的不幸遭遇……“我们又要看到1848年6月的恐怖日子了！”要有视象，用气音。“……他竟然接受你们这些贱民的什么原则堕落深渊！”是不失身份地责骂让娜。“雅克，放了波纳尔先生！”是以神圣的母亲在命令儿子，内心是：“听我的话，不许听她的！”这样既区别于第一次说“……放了他吧，他可能会有危险……”在为波纳尔求情，也便于表现雅克说“……我不会放他走”后母子二人背台后的争执。维尔奈夫人被雅克气跑了！“真是气死我了！可当着这么多的贱民，叫我这个做母亲的怎么开导这个不听话的儿子?！……还是赶快去安抚维尔奈夫人！”于是，随着一声“哼！”轻跺脚，转身，双手提裙，梗着脖子，微晃头，跑步追维尔奈夫人急下。

第五场

工人掌握了政权，自由巴黎的幸福时刻。

精明能干、深谋远虑、善于利用时机的勃里亚夫人请维尔奈写了介绍信，千辛万苦到凡尔赛找到波纳尔弄到了通行证，并将它密封起来寄存在维尔奈家。这样，一旦要去凡尔赛则万无一失了。但离开巴黎还需要公社的通行证，好不容易在儿子的书堆中找到一张空白通行证，这真是上帝保佑，趁儿子掌权，赶快到公安局签署。

导演要求一阵风似的快步上场，以区别于此前维尔奈的上场。演员要使之合理，化为人物的合乎逻辑的行动。

在勃里亚夫人看来，当前虽然是儿子和贱民的天下，但他们的好景不长，早晚要失败，如同1848年六月起义一样。趁这有利于自己的局面赶快为儿子办好一切手续，就凭是雅克的母亲，公安局的人还能不待如上宾？他们将会为自己的光临而引以为荣，何况办这点区区小事？

没有料到竟吃了“闭门羹”，甚至说明自己的身份后，仍然被“挡驾”，只有当同守门的贱民争吵以后，才让在门外等着。因此，当允许她进来时，她压住

右：李庆祥饰鲁雅克（中国国家话剧院提供，陈阿丁摄）

内心的气愤，小碎步、气呼呼地上场。公社总算有讲理的人，既然人家笑脸相迎，她就也笑脸相对；他又认识自己的儿子，那就更好办了！在鲁雅克说不能办之前，她的感觉是居高临下，轻松自如。她漫不经心地边好奇地打量第一次来到的“贱民们”的办公室，边吩咐鲁给签字。当听到要儿子自己来取时，出乎意料之外，改变了节奏，急切地说：“……您得把它给我！”正当表明自己代儿子签字鲁仍拒绝签字老太太无对策时，来人报告有情况。老太太想：正好，想想该怎么办。她是有教养的人，不能干预别人的公事。“好吧，到那边等他，冷静想想……等他办完事再说……”慢慢走下坡，感到有点热了，背台时拿出扇子，从容地扇着，注意力却在鲁雅克那边。回身：“他的公事该办完了吧？”表面上却在漫不经心地观察办公室。然后快步到椅前坐下，对鲁说：“……我非需要这张通行证不可，您明白吗？”看起来很有礼貌，实际上是在给鲁下命令：“你非签不可，否则今天老太太就不走！”从容、缓慢地扇着扇子。

“凡尔赛的通行证到了他们的手里?!”非同小可，极大的震惊！节奏、感觉急剧变化，猛地站了起来，扇子“唰”地合起：“……还给我，那是我的！”居然要我坐监牢！看看鲁雅克和米谷：“去就去，看你们能把我老太太怎么样！

进去容易，看你们怎么把老太太请出来！”鼻子一声“哼！”“唰”地打开扇子，快扇，小步，气下。

这里，一是将导演的要求：“当米谷和鲁雅克谈话时走开，而当米、鲁谈完话过来之前勃里亚夫人就已经坐在椅子上”的调度体现出来；二是运用扇子既表现了季节，又体现了人物感情的变化。不能帮助演员体现人物感情的小道具是多余的，而能体现感情的道具则是塑造形象的有机组成部分。“内心空白，就没有权利生活在舞台上。”表演艺术重要的在于没有台词时必须找寻准确的内心活动，只有这样，才能使人物动作、感情不断线地在舞台上行动。

被关在牢房的勃里亚夫人冷静下来之后，心情是不安的：那张历尽艰辛弄来的通行证密封后放在最保险的维尔奈家，怎么会到了这帮人手里？……维尔奈夫人自己都不知道信封里装的是什么，绝不可能是她拿来的。那么，这些狡猾的贱民到底是耍了什么花招，用了什么方法弄到的呢？……她百思不得其解。去凡尔赛不犯法，但找波纳尔搞通行证则是现政权所不允许的……这些贱民怎能理解做母亲的心？……这张通行证将会引起什么后果？……正当她忐忑不安时，有人来请她，“准是为通行证的事！……好吧，见机行事，刀来剑挡，水来土掩……”慢步，较沉重地上场。

这段戏导演要求是：“大闹公堂”。排演阶段动作虽对，但有时“过”，有时不足，掌握不住分寸，层次不清。到剧场合成后，通过不断寻找、感受、适应，作了如下处理。

知道通行证已经掌握在人家手里后，老太太心里有鬼，感到理亏，最初只能是被动地应付。当被揭穿有人看到她去取通行证，并追问她到底是否与维尔奈夫人和自己儿子串通后，还试图抵赖；直到维尔奈夫人当面揭穿老太太是瞒着她干的，在事实面前，她才不得不承认“……是我一个人干的。”此时的勃里亚夫人虽已气急败坏，但为了不连累儿子和心目中的儿媳，她还在极力控制自己，尽量使自己的愤怒不要爆发出来，忍住气向他们解释，所有这一切都是为了“尽做母亲的责任……”而当鲁雅克打断她的话，质问她是否要让儿子“离开他自己的岗位”时，强忍的怒火终于像火山爆发一样迸发出来，她一个箭步冲到鲁雅克面前，先对鲁、波，后向让娜和拉卡泰尔怒吼：“得了吧！什么岗位呀！……你们枪毙我好了！”情绪达到高潮，甚至失去理智，号哭。

“大闹公堂”，是导演的构思、要求，作为演员不能去“表演”闹公堂，而是要去体会人物此时此刻的心情：她遇到了什么人？发生了什么事？给自己什么刺激？引起自己什么反应、采取什么行动？并将它们体现出来。一句话，“大闹公堂”是人物生活在规定情境中，根据人物关系、事件发展所采取的行动，是思想感情变化、发展的结果。

演员的工作是挖掘人物的全部思想感情，并将之体现出来；是在导演统一构思下的独立创造者。整个创造过程就是在“我”身上找“她”，在“她”身上找“我”的不断探索、寻找的过程，是演员和角色辩证统一的过程。认为不需要花费气力，只要“照导演示范的样子去做就行了”的想法，是对表演艺术的误解。

（三）

将波澜壮阔的无产阶级第一次掌握政权的革命历史再现在舞台上，以纪念马克思逝世一百周年，是一项既光荣又艰巨的特殊任务。对先烈由衷的崇敬、向先烈学习的激情激励着我，使我以饱满的热情去创造勃里亚夫人这个站在资产阶级立场，代表资产阶级顽固势力的典型。虽然我力求塑造一个真实、鲜明的法国没落贵族妇人的形象，但由于客观上时间紧迫，主观上有些力不从心，一些该做的工作还没做。如我习惯于将重要的幕后、幕间戏想象得很具体，这次就做得很不够；对台词的挖掘也不够深刻，形体表现不那么准确。因此，勃里亚夫人形象塑造得失之处，需要我们的共同创造者——可爱的观众来鉴定、帮助，以便在今后的演出中继续努力。但无论如何，当我在花甲之年，能够参加这次意义重大的演出，为再现永远被人民敬仰的无产阶级革命先驱——巴黎公社的壮丽史诗而贡献了自己的绵薄之力，我感到光荣、幸福。巴黎公社的原则永存，巴黎公社的冲天英雄气概，为理想而献身的革命精神，将鼓舞、激励我为建设社会主义精神文明，为党的文艺事业而献身。

短促的“樱桃时节”，是我终身难忘的时刻！

冀淑平
1983 年 5 月 20 日

据冀淑平手稿整理，收入本书时略有删改

链接

献给人民一束洁白的樱桃花（节选）

◎ 陈 颙

卡尔·马克思对波澜壮阔的巴黎公社斗争不仅热情关注并高度评价其历史功绩："工人的巴黎及其公社将永远作为新社会的光辉先驱受人敬仰。它的英烈们已永远铭记在工人阶级的伟大心坎里。"19世纪法国著名文学家、巴黎公社教育委员、《人民呼声报》主编、街垒战斗参加者茹尔·瓦莱斯的巨著《樱桃时节》（原名《巴黎公社》）饱含着激情，活生生地记述了那场斗争的真相，向后人展现出具有冲天气概的巴黎人民为砸烂旧世界，建设新生活的英勇献身精神。

茹尔·瓦莱斯曾热情期望这个戏能被搬上舞台，一百多年来他的美好理想始终未得实现。今天，在社会主义中国，能够在纪念全世界无产阶级革命导师马克思逝世一百周年之际，把《樱桃时节》奉献给中国观众，赢得在世界上首演此剧的荣誉，不仅可以告慰那些令人敬仰的公社英烈们和茹尔·瓦莱斯，也实现了敬爱的周总理生前的宿愿。如果他能够和我们一同坐在剧场里，他将和台上的演职员、台下的观众分享幸福的激动和胜利的喜悦。中国青年艺术剧院的演职员，在这次的艺术创作中倾注了对卡尔·马克思事业的忠贞信仰，对巴黎公社英烈们的永远怀念，对周总理和我国老一辈无产阶级革命家的热爱，用心血浇灌出一束洁白的樱桃花，敬献在人民的面前。

作为这个戏的导演，我体验到攀登险峰后难以抑制的兴奋和欢乐，这是我排戏生涯中不可忘怀的充满火热战斗激情的一页。再没有比能够用艺术形象的语言在舞台上尽情抒发人类对美好理想的追求，对新生活的探索，对旧世界的愤怒抨击，更令革命文艺战士神往的境界了。更何况，这里充满着动人心弦的情感的波涛，思想的火花，高尚的情操，栩栩如生的各种人物形象，他们复杂曲折的人生道路，个人命运与社会变革的紧密纠葛，他们之间那细致入微的心灵碰撞……当然，工作是极其困难和艰辛的，要把一百多年来从没有人排演过的这部22万字译稿，5幕11个场景变化，近百个人物出现，甚至有许多话剧舞台条件难以体现的壮观、浩大场面的戏搬上舞台，我们是在前人没有走过的路上踏着荆棘前进的，谁知道将会失败还是成功呢？从同志们期待、关怀，甚至担心的目光中，我们意识到肩上的担子有多重。但是，卡尔·马克思和公社战士们的英灵始终和我们同在，鼓舞我们不能畏缩和退却，只能一往直前。现在，演出刚刚开始，创作仍在继续，还不到进行艺术总结和写文章介绍经验的时候，但为了配合剧本的发表，我竟然大胆破例，拿起笨拙的笔写起来，肯定将是十分不成熟的思想的记录，然而这确是我永远怀念那令人心潮澎湃的岁月的见证！

对原剧本的删节过程也是我导演进行艺术构思的过程。我尊重亲身参加过街垒战斗的作者观察和体验那场壮阔历史斗争的广度和深度，相信这部具有历史记录性质的宏大艺术作品蕴含着不可比拟的史诗剧的气魄。我似乎在作品的字里行间看见茹尔·瓦莱斯那深邃的目光，看见他激动人心的讲演，看见他在拿枪射击，看见他在编写《人民呼声报》，看见他出没在公社战士的人流和公社战旗的海洋中；也看见他奋笔疾书，创作《巴黎公社》（即《樱桃时节》）剧本，高声含泪朗读，要向后人讲述这段历史，倾吐他对为美好理想斗争的樱桃红艳的时节——公社时节的无限深情。

因此，我和译者沈大力同志、副导演刘仲元同志共同合作，反复研讨，形成现在的演出本。我又和舞台美术设计薛殿杰同志，一道酝酿出今天的舞台美术形象。当然，在整体导演构思中，也离不开作曲家刘霖同志富于感情的音乐形象的感染力。

（一）我们突出把茹尔·瓦莱斯极具现实主义表现手法的戏剧作品按照史诗剧的格调进行艺术处理，强调展现法国革命历史进程和巴黎公社斗争的血缘关系，从而体现演出的雄伟气魄和历史厚度。我们保留了作者从 1848 年 6 月巴黎工人武装起义被血腥镇压，巴黎人民惨遭屠杀，起义者被流放非洲的戏剧开场，把 5 幕 11 场的戏剧结构打破，变成 7 个场景：以法国革命历史的真实为背景，展现了 1870 年（距开场戏 21 年后）巴黎工人阶级酝酿新的觉醒；1871 年普法战争时期巴黎人民奋起保卫法兰西，反对资产阶级共和国的投降卖国；三月十八日运动，蒙马特尔高地上出现新世纪的曙光，巴黎公社的诞生；公社 72 天的新生活，培育着新社会的儿女；五月流血周公社战士们的殊死战斗，英勇献身；以及最后萨多利集中营临时军事法庭上的审判，越狱以及公社领导人的壮烈牺牲。

为了强化史诗剧的叙事性，表达演出者对公社英烈的崇敬，我们用一名亲身参加过公社斗争的老战士作为历史的见证者，向后人讲述一幕幕激越人心的斗争场面。我心目中这名公社老战士就如同作者茹尔·瓦莱斯本人一样，洋溢着无限的革命激情。在 7 场戏之间，观众将从他的叙述中更加清晰地理解这场斗争的深刻涵义和悲壮性。

（二）力图体现人民群众是这场斗争的主体的思想，着意刻画反映群众自治精神的场面。我们虽然对众多的人物进行集中和删减，但注意不把戏剧线索全部集中在少数主要人物身上，不为了情节和戏剧结构的“集中”而大量删砍群众场面。反映这样如火如荼的群众斗争的戏，是要下大功夫，把每一个出现的人民群众形象塑造好，把那些能够展现社会命运变革的场景给人以强烈的印象。如第一场，1848 年六月起义被镇压后，被俘的起义者队伍缓缓从街道深处走来，他们把愤怒和仇恨的火种埋在心头，沉重的脚步踏在血染的砌石上，望着死难烈士的尸体，瞪着凶残的刽子手……这样的舞台形象使观众在记忆中留下难忘的精神振荡。……三月十八日运动的斗争场景，街垒战斗的壮观，集中营里的俘虏群像……这一切都体现出这个剧本具有真正“人民戏剧”的特质，如果忽视这点，将损害对巴黎公社精神面貌的准确体现。

（三）巴黎公社时期的斗争是极为曲折的，各种思潮在斗争中的表现，也是错综复杂的。我们企图在纷乱中见清晰，突出表现资产阶级营垒与无产阶级阵营的本质冲突；镇压者的残暴和被镇压者的反抗。但作者笔下的人物和生活，绝非一百年后我们用枯燥的政治概念去图解某种原则和意念的“代表性”，他们是那个历史时代的法国社会生活中各种特定“典型”形象和生活画面凝聚成的艺术结晶，他们是纷纭复杂斗争中有血有肉的“复杂的人”。在排练过程中曾有同志对杀人成性的波纳尔上校，为什么在流血周时抓到数学家马杜耶和公社小战士松鼠会把他们释放产生疑虑；还担心公社领导人波杜安在萨多利集中营接受贵族少妇维尔奈夫人要营救革命者勃里亚和让娜出狱的建议是否会损伤无产者的光辉形象……。我们认为这种担心是不合适的。我们力图让茹尔·瓦莱斯剧作中体现的复杂的人生价值观念和生活图像得以深刻的展现，这将增强演出的思想性和历史的真实感，从而具有强烈的时代气息。

（四）为了集中体现这场斗争的实质和展现公社的思想，我们用马克思和近百年来马克思主义者用历史唯物主义观点对公社的评价，作为浓缩剧本、突出人物形象的依据。我们把巴黎工人运动领袖、公社领导人彼埃尔·波杜安作为全剧的主线人物，对他在1848年六月起义时被无辜枪杀的哥哥路易·波杜安的遗女让娜·波杜安的形象做了极大程度的强化，把原作中散落在其他可删去的人物身上的闪光的行为和思想感情合理地凝在让娜身上，使她作为工人阶级的后代，在斗争中成长，接过公社战旗，继续为公社理想而奋斗的典型性更加鲜明起来。……

我们认为，茹尔·瓦莱斯的剧作简直是丰富的宝藏，是我们再创造和展开想象的广阔天地。我们从中汲取营养，才提炼出现在这样一批各具特色、性格鲜明的人物形象。非常遗憾，我们的舞台受时空的局限，不能把那么多珍贵素材展现给观众。我热切地希望，茹尔·瓦莱斯的22万字原作能在中国出版，观众和读者定会从中得到更美好的精神享受。

（五）在地点和环境的描述上，我们从原著的绝对写实中跳出来，采取假定性手法，利用中性景观原则，把舞台指示写成郊区、街道、广场、街垒、集中营等简化词句，尽量删去与原剧中写实景观有关的上楼下楼、开门关门等舞台行为，以便形成全剧统一的流畅的艺术风格。如第二场红色俱乐部的戏原来在室内，要开会发言，寻找座位，藏进衣帽间等，较为务实；我们把戏拉出在俱乐部门口进行，时间定为在等待开会之前，既保持了原作展示人物关系的戏剧精华，又避免舞台行为陷入生活真实细节的“约束”。第四场咖啡馆改为在露天，里外相通，摆脱了舞台上用实景切割表演区的困境。第七场，我们把集中营的牢房舍去，让男女俘虏成堆地散坐在舞台两侧，由监狱铁门和通道组成的表演区和临时法庭审判席可以相互连接加以运用；这里只让人感受到监狱牢房的气氛，而不是求具体环境的真实；这和史诗剧的创作原则是相适应的。这样的构思为我们把茹尔·瓦莱斯令人感到难以表现的剧作在舞台上立体化起来，找到一条可喜的通路。

当我进一步酝酿《樱桃时节》演出的艺术形象时，在脑海中逐渐诞生了这样两句话：悲壮中见抒情，纷乱中见清晰。好像我对人物命运的解释，对舞台画面的勾勒，对舞台美术的要求，对音响效果的运用，处处都离不开这个意念。

我用公社诗人克莱芒作词、勒纳尔作曲的《樱桃时节》作为全剧的艺术形象核心，把几个场景贯穿起来，用第四段词作为全剧的序曲，公社少女小路易斯手捧洁白的樱桃花，沿着当年进行街垒战斗的巴黎街道缅怀那逝去的美好年华，心痛欲裂，连幸福女神也不能为她的创伤止血，她永远怀念那令人心潮澎湃的岁月！这个舞台艺术形象在我们心中激起无限深情。我想让最纯洁的少女代表我和所有演出人员、观众把我们怀念与敬仰的心声倾吐，把我们的爱献给卡尔·马克思和公社的英烈们，也献给创作这部伟大作品的茹尔·瓦莱斯。

…………

当律师出身的革命青年和让娜在普法战争的炮火中，彼此倾吐爱慕之情时，他们共同对克莱芒的名曲《樱桃时节》的爱和对公社理想的爱，紧紧地把他们连接在一起。而在流血周街垒战斗中，他们目睹公社即将失败的无可挽回的悲惨命运时，他们的爱情更加坚贞，他们决心为公社事业献身的悲壮心情，又反映在他们共同吟唱《樱桃时节》第二、三段词曲中。歌声在街垒此起彼伏，公社战士惋惜公社时节的短促，红艳的樱桃象征公社胜利果实，从叶间脱落，宛如滴滴鲜血！每当我想起这个场景，痛惜和悲壮的心情油然而生，他们那大无畏的自我牺牲精神，伴随着对生命和美好理想的怀念，作为人类最宝贵的精神财富，留给我们公社的后代了，我们如何对待先烈们的遗愿呢？把他们忘记……难道不痛心和感到耻辱吗？记住他们吧！永远记住他们吧！英烈们献身的事业，后继有人，愿他们含笑长眠地下！

全剧的终结，我用《樱桃时节》的颂歌交织着《国际歌》的旋律为壮烈牺牲的公社战士们送行、礼葬，这是演出的最强音，也是我们在向巴黎公社火红战旗指引下为人类解放事业英勇献身的伟大工人阶级致敬！

排练此剧过程中，我们先后收到来自法国巴黎的六封贺信、贺电……表达了法国人民和公社历史及其思想研究专家们，对我国革命文艺工作者的鼓励和祝贺。我们的艺术创作活动和卡尔·马克思颂扬的巴黎公社的事业紧紧连在一起，我们感到无上光荣和幸福。至于我个人，被授予“巴黎公社之友协会”在中国的第三名荣誉会员，我将这一切归功于和我共同完成这一历史性创作任务的中国青年艺术剧院全体同志，特别是那些在报纸上、说明书上不见名字的，为这一事业默默无闻埋头苦干的同志们，他们身上真正体现着马克思所高度评价的公社精神！光荣属于全体人民！

摘引自《剧本》1983年第4期

链接

从《巴黎公社》到《樱桃时节》（节选）

◎ 余林

多少年来我国的戏剧工作者，曾经多次尝试将人类历史上最壮丽的一页——巴黎公社搬上舞台，周恩来总理生前的嘱托，一直是大家为之奋斗的共同目标。亲自参加过巴黎公社起义的法国著名作家茹尔·瓦莱斯的巨著《巴黎公社》（即《樱桃时节》），是在1968年才被发现的。这部近22万字的浩瀚之作，1980年陈颙同志随中国戏剧家代表团从西德回国路经巴黎时，公社烈士的遗址，再次点燃起她将这部著作搬上中国舞台的强烈愿望，她同在法国工作的沈大力同志建立了合作的默契。22万字，5幕11个场景，175场戏，近百个人物，三五百人的群众场面，要被浓缩在我国现有条件的舞台上，无疑是一项满含着艰辛的创作劳动。令人钦佩的是在纪念马克思逝世一百周年的日子里，这部巨著以7景81场约7万字的篇幅，不到3个小时的时间，献演给我国首都的观众，使这部在世界上任何国家还没有演出过的剧作，赢得了首次演出的光荣。

茹尔·瓦莱斯于1832年出生在一个贫困的教师家庭，他的一生正是法国历史上风云多变的时代。1851年路易·波拿巴发动政变，瓦莱斯以旧制度的受害者，参加了巴黎拉丁区的一场抵抗运动。1857年，《金钱》标志着瓦莱斯文学创作的开端。1866年出版了笔锋犀利的文集《反抗者》，从1867年起他担任了巴黎民主主义的喉舌《街道》的主编。1871年3月18日以后，他被选为巴黎公社委员，任教育代表，主编当时复刊的《人民呼声报》。五月“流血周”里，他拿枪走上街垒，跟工人并肩战斗到最后时刻。公社被镇压后，瓦莱斯流亡英国，以“1871年被镇压、被漠视的起义群众的历史家”在瑞士日内瓦、洛桑、纳沙泰尔寻找起义的幸存者。为了驳斥资产阶级对巴黎公社的诬蔑，他愤然于公社失败的第二年，写出了剧作《巴黎公社》，他多次在群众集会上朗诵这部作品，赞颂公社可歌可泣的战斗精神。他的自传体小说《雅克·万特拉》三部曲《孩子》《高中毕业生》《起义者》为无数进步人士所推崇。1885年瓦莱斯逝世，巴黎十万群众高呼“公社万岁”为他送葬。《国际歌》作者欧仁·鲍狄埃赋诗悼念“这位受苦人的代表，被枪杀者的使节”。在19世纪的伟大作家中，瓦莱斯最早把工人的形象，作为文学作品的主人。《巴黎公社》成为法国“人民戏剧”流派中有代表性的杰作。

要驾驭这样一部波澜壮阔的史剧，把它形象地屹立在舞台上，除了具有令人钦佩的勇气之外，更为重要的是需要具有聪慧的艺术概括力。从22万字的文学本，到7万字的演出本，我们看到它既不是改编，更不是一般的“剪枝”，而是作品精粹篇章的艺术升华和艺术提炼。由于舞台条件的局限，壮阔的群众游行、选举、战斗……作了某些压缩，将原作中的三景“被围困的巴黎”同四景“普军的炮火”，十景“复仇的希望”同十一景“越狱”合并，同时删去原作第七景发生在沙蒂翁高地的和第八景发生在伊西炮台的战斗。从这些合并和删减中不难看出导演谨慎地保留了贯穿于全剧的总体构思。

作为历史见证者的瓦莱斯，力求全面地反映巴黎公社斗争的史实。最初的剧名叫《巴黎人民》，在他的笔下是众多的普普通通的工人、农民、士兵、妇女、儿童，作者赋予他们以极大的感情。演出本正是保留和延续了这种感情。……译导者围绕着瓦莱斯作品的主体构思，不仅把戏调整得符合我国观众的欣赏习惯，而且兼收并蓄了公社文学中深化主题的有深刻涵义的内容。毋庸置疑，这是一次有创造性的艺术实践。

摘引自《剧本》1983年第4期

法国《巴黎公社之友协会》祝贺“青艺”排演茹尔·瓦莱斯剧作《樱桃时节》，并授予导演陈颙该会荣誉会员称号

中华人民共和国，北京

尊敬的陈颙女士：

通过本会荣誉会员沈大力先生，我们兴奋地获悉您在“中国青年艺术剧院”导演现名为《樱桃时节》的茹尔·瓦莱斯的剧作。

值此卡尔·马克思逝世一百周年之际，令我们万分感动的是，在像你们这样一个巴黎公社取得胜利的国度里，由于您顽强的劳动，“中国青艺”将使人更进一步了解那些被卡尔·马克思称为“冲天”的巴黎人所付出的牺牲。

敬爱的女士，您是世界上的仁人志士，致力于颂赞巴黎公社的英烈。您的行动正符合我们这个创立已经一个多世纪的协会的宗旨。

因此，本协会大会决定授给您“巴黎公社之友协会荣誉会员”证。

我们知道，您是当之无愧的。您将和沈大力先生一起成为本协会在中华人民共和国的荣誉代表。

“巴黎公社之友协会”授予陈颙导演为该会荣誉会员称号
引自《樱桃时节》演出说明书（中国国家话剧院提供）

“巴黎公社之友协会”是法国颇有影响的群众团体，成立于1880年。当时法国大赦，被流放和流亡的巴黎公社社员纷纷返回巴黎，成立了“巴黎公社老战士协会”；老社员们陆续离世后改为现名。它的荣誉会员专门授给介绍巴黎公社有贡献的外国人，获此称号的约有二十余位。《樱桃时节》的翻译沈大力是该协会的第一个中国会员。

引自余林《从〈巴黎公社〉到〈樱桃时节〉》（《剧本》1983年第4期）

彩虹总在风雨后

——那些年我和妈妈共同走过

◎ 陈非比

陈氏妙笔永惊天　冀姨技绝淑平川　儿时少友争强勇　曾有反目定江山

美艳天成若娥仙　端庄地老往如烟　剧魂璧合堪俪影　戏后神钗美人间

这是青艺子弟段向群的诗作《第八钗：冀淑平阿姨》，选自《青宫十二钗》一文。段向群是青艺剧作家段承滨叔叔和宋扬阿姨的长子，他在该文的《段章序》中写道："段章所指'青宫'，既非乾清宫之'清宫'，亦非青羊宫之'青宫'，而是指青年艺术宫，是中国青年艺术剧院剧场的别号，那里曾经是新中国话剧界的一个大舞台，也是青艺上一代表演艺术家们重要的演出场所……所以段章用青宫十二钗方式，另类地表达对这些当年的表演艺术家阿姨们的追忆与景仰！"在这首诗后还附有《娜拉》的剧照和妈妈的简介。

段向群这首诗勾起我对妈妈过往的许多记忆……

是的，"戏后神钗美人间"！妈妈美貌、端庄、勤奋，在我心中留下无尽美好的记忆，也在青艺舞台上留下了丽达、叶琳娜、娜拉、沈绮文、张静、伯爵夫人、阿米娜、丁牧等诸多生动感人的艺术形象。

然而，彩虹总在风雨后。有多少人知道，在那些靓丽的艺术形象背后，作为一个母亲、妻子和演员，妈妈曾经历过怎样的磨难；为了追求她挚爱的话剧艺术，为了捍卫那舞台形象的完美，她，曾付出过多少常人难以想象的艰辛？

《娜拉》的台前幕后

两个“剧本”

在妈妈珍藏的艺术档案中，有两个截然不同的关于《娜拉》的“剧本”：

——一个破旧不堪的铅印剧本。这是一份排版中的毛校样，铅空和校对人员的批改赫然纸上，这显然是因为排戏时间太仓促才使用的；从其页码是“245—345”来判断，它来自某个“剧本选集”，书眉上写的剧名是《玩偶之家》；纸张很薄很脆，早已泛黄褶皱，有的地方已经撕裂。在这个剧本上，妈妈的手迹清晰可见：“娜拉”的名字前打了红勾，台词的删改、重点等作了标记，还间或写有情绪定位、潜台词，等等。

——一个整整齐齐的手抄剧本。在一个大16开厚厚的黑色硬皮笔记本上，每一页都用当年那种手动数码机打印着页码编号，从第5页至115页。翻开这个笔记本，左面是妈妈那秀丽的笔迹，一字不漏、整整齐齐地抄有全部剧本的内容（不包括幕前的场景描述）——我注意到，是订正后的版本；而右面则都完全空着。我想，这是妈妈为加深印象、看得更清楚（那个原始剧本太破旧了）和便于书写角色分析而为。我还看到一个写有“娜拉”的笔记本，那是一个在20世纪50年代最流行的大32开练习本，淡红色的封面上印着醒目的红色大字“一切为了祖国”。这是一份排演工作日志，包括一部分角色创造笔记。我猜想，那些关于角色创造的内容原本是准备经过整理后写进那个手抄剧本的空白页的——此前在排演《万尼亚舅舅》时，她就为叶琳娜撰写了数万字的角色创造笔记；这已经成为她的创作习惯。

《玩偶之家》的铅印剧本（右）和妈妈的手抄剧本（左）

但是，那个手抄剧本的空白页为什么一直空着？妈妈，您这次为什么没有像扮演叶琳娜时那样，写出完整的角色创造笔记？是您对角色创造不那么认真了吗？

据妈妈其他文章记载，此剧 5 月底以后才正式开排，仅一个多月后即 7 月 15 日晚进行了连排，7 月 28 日首演；可见排练时间是多么仓促。

《娜拉》的演出成功了，纪念世界文化名人易卜生逝世 50 周年的任务顺利完成了。然而，这次演出有什么影响，它成功的意义何在？

《娜拉》首演 40 年之后，当妈妈应邀站在 1995 年北京“易卜生学术研讨会”的讲台上演讲时；当我陪伴 73 岁高龄的妈妈远赴挪威，看到她以唯一的特邀嘉宾身份登上“ ’96 易卜生国家戏剧节”盛大开幕式的舞台上致辞时；当我在大会会场入口处看到唯一的展板——青艺版《娜拉》的演出介绍，并在希恩易卜生童年故居纪念馆中看到青艺版《娜拉》的成套剧照时；我才惊喜地意识到，作为新中国第一个国家剧院上演的新中国第一台《娜拉》，1956 年那次纪念演出的成功，其影响竟然是这样深刻，这样久远！

但是，又有多少人知道妈妈“成功”背后的艰辛呢？当时年仅 33 岁、在青艺舞台上第一次挑大梁的她，面对着创作难度极大的角色，肩负着纪念世界文化名人、促进中挪友谊的国家任务，排练时间紧迫又时至酷暑，“叶琳娜”成功在先造成的“压力山大”……困难何其多，压力何其大啊！

然而，更加鲜为人知的是，接受这次创作任务之前，妈妈已被诊断出罹患了肺结核（尚属于非开放性，不具有传染性），本应该立即进行治疗、休养；而她，却带着肺叶上黄豆大的空洞，在炎热的夏季里拼着命坚持排练、演出，竟这样抱病连演了数十场。每次演出，无论天气多么炎热，无论身体多么不适，为了舞台形象的完美，为了不让汗水浸透衣衫，她在紧身的束腰外，还要穿一层专门量身定做的用细竹篾编织成的隔水服！

这次演出任务完成后，妈妈不得不住进了结核病院进行疗养，那手抄剧本的空白页上，便再也没有等到它的主人为它书写华章了——这个《娜拉》的手抄剧本永远定格在了那个“一半空白”的状态。

炼狱之旅

关于那次罹患重病的前前后后，妈妈自己没有留下什么文字记载；但在我的内心深处，却留下了永远抹不去的苦涩记忆——那年，我不到 15 岁，正是感情脆弱、多愁善感的年龄。那时我正上初中二年级，在北京师大女附中住校；在我的日记中，可以寻觅到当年妈妈那炼狱之旅的点点印迹。

1956-02-25

下午5点多钟回到家一进门，小荻就告诉我他转学了，转到汇文〖住校〗，因为家里没人照顾。今天过得是很不愉快的，因为妈得病了，搬到院部去住了。我听了很伤心，在屋里一个人独自哭了一场……

这就是说，至少在1956年2月，即接受《娜拉》任务之前，妈妈就被确诊罹患了肺结核。带着这样的病痛担负这样的重任，妈妈，您曾经历了什么？

在关于《娜拉》的那个红皮练习本中，妈妈有这样的记载：

06-22——

第一幕首次连排……

说不出来的心情……昨日午后胡思乱想，杂念甚多，想到后悔、委屈，等等，后竭力克服，晚上及今晨四时半醒来才能集中想想戏。自己觉得在原基础上有进展，导演在这点上也是肯定的。但问题甚多，主要的东西没抓住。回忆起来，觉得自己下的功夫是很不够，虽然也确有困难。

近两日身体不好，心情欠佳，吃不下，睡不着，想来想去还是应该找导演谈谈，使他了解，便于帮助。

导演提醒：戏有进展，但身体千万不能垮。

几天来的思索、劳动见诸于结果。事实证明，只有排除一切杂念才能全身心投入于创作。今后要加强这一点。

07-16——

昨晚第一次连起来，天热，汗流浃背，艺委看戏，紧张，一、二幕未进去，是演完了，而不是过了一段生活。第三幕稍好些。总的结果是不如平时排演自如，反而觉得连不起来，心理线索无发展。完后，久久不能入眠，反复思考，问题在于很多地方未充分体验，只是死板地按照导演的要求去做。所以有时做作，有时挤感情。需要很好体验。

短短的几行排演手记，妈妈创造角色的压力之大，困难之多，可见一斑！

在上世纪50年代，没有今天这样的空调等制冷设备，作为女儿，我一直在为病痛中拼搏的妈妈揪着心；我在日记中写下了那个暑假里的感受。

1956-07-14~08-31

我很为妈担心，现在天气这么热，她要穿着冬装演戏，而戏又这么重，她的病一定厉害了。……终于上演了，一般地说，她演得还使人满意，部长说的。剧院的同志们也满意，而且关心她，见了她就叫她注意休息。盖达琳夫人也还满意，这使我多高兴啊。

那年9月，剧院领导为了照顾我们，在东单三条青艺宿舍大院内为我们调整了住房，增加了一个小间，这样妈妈就可以从院部搬回来了——她住小屋可以与我们“隔离”。于是，我们从原来住的一楼，搬到了另一个门洞里的二楼。增加的这间小屋不大，原来是一个卫生间，拆去马桶简单修缮一下倒是还安静舒适；就是窗户朝北不见阳光，又是瓷砖地，冬日里还是很冷的。后来，妈妈病愈后住到大房间，那间小屋就成了我们几个孩子的天下，不过我们只有周末才回家住住。后来，弟弟小荻从汇文转回米市大街小学上学，他便成为那间小屋的“常住人口”了。然而，我们当时怎么也不会想到，正是这间小屋，酿成了四年后的那场悲剧！

据我的日记记载，《娜拉》的演出一直持续到9月下旬。

1956-09-22

好容易有一个没有事的星期六，我很着急回家，因为刚搬了房子，一定很乱要我帮忙。果然，回家只有爸爸一个人在收拾，很乱，今天上午刚搬……饭后，我到剧场去看妈，她今天要演出《娜拉》，可能是最后一场了……

1956-09-23

妈说：昨天党代会的代表在看完演出后到后台来了，说这个角色很难演，她演得很好。我很高兴，但提醒她：就是别骄傲啊！她说，就是有点骄傲。我知道她这是开玩笑，当然，演员的自豪感还是可以有的。

1956年10月8日，妈妈依依不舍地告别了心爱的舞台，也离开了她难以割舍的家人，住进了位于北京西郊温泉的结核病院。

可怜父母心

在那漫长的离家养病期间，妈妈，您又经历了什么？

作为四个孩子的母亲——其中三个尚在童年：小眉两岁半，老三（陈冀的原名叫陈三，我们常叫他老三或小三）四岁半，小荻八岁；我也刚刚十五岁——妈妈首先要面对的就是对儿女的殷殷牵挂，她对我们实在放心不下啊！还有，那体弱多病又从来不会照顾自己的爸爸，我平日住校，谁来照料他的生活起居呢？

妈妈的担心不是没有道理的。作为长女，我曾饱尝过家中没有妈妈的日子是多么凄苦与悲凉。

1957-01-06（日）

在家照看孩子，不觉有些小小的伤感。弟弟妹妹们都还小，尤其是小眉，还不到三岁，但是他们得不到母爱……每当剧院的同志对孩子们关怀、照顾时，自己就挺难受，我不要别人可怜（当然同志们的关怀并不是可怜）……爸爸一个人是够寂寞的，每天晚上回来一个人冷冷清清，守着个空屋子。他的性格本来就比较孤僻，现在似乎更是这样……星期日啊，别人家都团圆了，一家人快快活活，而咱们家，却缺少一个母亲……

年幼的弟妹多么需要妈妈的呵护

1957-03-03（日）

早上很早就到学校活动，回家已经快两点了。一进门，呈现在我眼前的是一副凌乱不堪、令人烦恼的情景：玩具扔得乱七八糟，小三坐在床上大声地委屈地哭，爸爸板着脸、皱着眉坐在沙发上，我心里很难过。我问老三为什么哭，他也不说，只是哭得更伤心了。他抢小眉的玩具，小眉又躺到地上哭起来，我心里真难受，背着爸爸掉了几滴眼泪，多脆弱啊！不过，我主要是觉得妈妈不在家的苦楚。我倒没什么，只是有时候想妈。而弟妹们呢，他们还小，却得不到母爱，得不到母亲的温暖……我可怜他们，一想到这些，我虽然很难过，还是控制住自己……

妈妈住进疗养院治病长达八个多月，这段时光对于身体多病又不擅家务的爸爸而言，也是严峻的考验啊！我清楚地记得，每每周末回到家里，打开桌上盖着的旧报纸，总会看到两三个小碗——里面盛着酱豆腐、馒头片之类的剩饭剩菜；下周回来，还是同样的情景！只是那报纸上又多了些许灰尘！此情此景真令我心碎，没有妈妈的照顾，爸爸过的是什么日子啊！当然我知道，孤苦的生活只能激励爸爸更加埋头于工作，但我能想象他内心是多么痛苦！

作为长女，我对妈妈从来是“报喜不报忧”，这些苦痛我从来不对妈妈诉说。然而，作为母亲，妈妈何尝不了解这个“没妈的家”的苦衷！她想念我们，不放心我们，也常来信安慰我，鼓励我——那时的我是妈妈唯一能寄予希望的人。

1956-12-10

中午接到妈妈的信，还有5张照片……由照片看她长胖了，我真希望她快点回来吧。信上还说，让我像个大姐姐样，要耐心地带弟妹玩，她相信我会很好的。为什么不能呢？主要在于意志啊！

1957年寒假，家家喜庆团圆的春节临近，妈妈多想回家看望孩子们啊！无奈病痛缠身，疗养院的大夫不同意她回家，为此，妈妈在疗养院竟闹起情绪来。

1957-01-27

下午妈打电话问爸爸回家的事。看样子没有多大希望，她在医院闹情绪呢！这两天觉也睡不好，吃也吃不多，这会影响她的健康，所以医生不应当太机械，太无情，母亲总是母亲，孩子总是需要温暖和母爱的啊！

1957-01-28

为了以防万一，我和剧院的同志一块去看妈，如果她实在不能回来呢，那多一次看望的机会总好些。但是，幸运得很，总算答应了，我们一同回家了。妈的确是胖多了。他们那儿的同志可真好，又热情，又亲切，年长的像父亲，年轻的像兄弟姐妹，真像一家人一样，妈有这样一些同志在身旁，也算是非常幸福。妈是个软弱的人，感情太容易激动，为了回家这件事哭过好几回，而且每次还哭好久，动不动就眼圈红了，真是演员啊！

那一年，我们家总算过了一个团圆年！

为了重返舞台

治病的过程是艰难的。最初，大夫建议妈妈手术——她的病情严重但病灶范围集中，如果施行手术摘掉一叶肺，既快捷又彻底。但是妈妈坚决不同意：我才三十多岁，开胸后身体畸形了，今后还怎么演戏啊！大夫对她说，你肺上已经形成空洞了，靠一般的吃药是很难治愈的。如果不手术，那就必须采取一些特殊的用药方法——会比较痛苦，你能承受吗？

“能！”为了自己的艺术生命，为了重返舞台，妈妈决心承受一切苦痛！

在长达半年多的时间里，妈妈一直在用顽强的毅力承受着“残酷”的创伤性治疗：从脖颈穿刺经气管注射药物，或经气管滴入药物。妈妈把后者戏称作“吃面条”，即把导管经鼻腔插入气管深部，使药物可以直达病灶处。就这样，她咬紧牙关，坚持治疗，终于一步步走出病魔的桎梏，最终战胜了疾病。

1957-03-16

多出乎意料之外啊！妈妈突然回来了！真叫人高兴。……由谈话里可以看出，妈还是有毅力的。大概这一方面是经过了锻炼，一方面有政治理想，她现在每天“吃面条”……但是这么久，她胜利了，苦没有白吃，病情有了显著的好转。同时她也没有悲观失望，决心和疾病斗争到底，看谁能胜利。像这样地乐观、忍耐，一定会很快地好起来的！

雪后（1956年冬摄于温泉疗养院）

春假记事 1957-05-02~05

5月2日的清晨，我、爸爸带着小荻，到妈那儿去。虽然有小雨，我们相信它不会下得太长。果然，九点多钟时，太阳便露出了它的笑脸。是的，这是一个少有的晴朗的天气，再加上美妙的大自然的风景和欢乐愉快的心情，真高兴啊。妈妈这次照相的结果，出人意外地好——空洞闭合了！如果第二次再照个侧面的相没有问题，那么大概她不久就会出院了，这真令我兴奋！

1957-05-20

妈妈出院了，这真令我高兴，我有一种苦日子熬出了头的感觉，所以我知道这消息的那天晚上连觉都没睡好，高兴得眼睛都湿了。

妈妈出院后病情曾有所反复，医生再次建议手术；但她仍然坚持保守治疗，经过全休治疗一段时间后，她终于彻底痊愈了。

1958-03-20

妈妈又演《娜拉》了。每天工作很忙，一家人甚至几天不见面。我很担心她的身体，上帝保佑她安康吧！

若不是日记上有记载，对于1958年这次《娜拉》演出我可真没有印象了；但石小满（石羽伯伯最小的儿子）的文章《童年拾零》[①]，却印证了我日记的记载。

2004年岁末，出门前照例到三楼父母那里看上一眼有无啥事，进门后看到四位阿姨（白凌、冀淑平、沈晓音、王冀）坐在家中与父母谈笑风生。我便也参与了进去，聊天的余暇我发现她们的头发花白了，有的也已经发胖，这也不算奇怪，都是七老八十的人了。最使我兴奋的是四位阿姨中，竟有两位在我童年的时候演过我的母亲。

娜拉的小儿子（石小满饰）在后台，1958年
石小满提供

不知什么原因（大概是因为胖乎乎、眼睛大），五八年还是五九年，我和我二哥（小禾）被荣幸地选为饰演娜拉的孩子（第二代），接替了已上高小的我姐（小恬）和陆小春（陆阳春之子）。

由于我和小禾都是第一次上戏，所以冀淑平阿姨（娜拉的饰演者）与导演和众多的叔叔阿姨给我们讲剧情（我们当然是听不懂了），又领我们走地位，好在四五岁了，让我们从哪儿走到哪儿还能记住，加上胆子大点，就算每天能在话剧舞台上，在中国话剧的最高殿堂混上十来分钟。但是，使我至今难忘的是我们三个孩子在布景后唱的歌“平安夜，圣诞夜”……

妈妈终于又重返话剧舞台了！那个既可爱又令人敬佩的新中国的第一个“娜拉”又神采奕奕地回来了！

紧接着，沈绮文（《青春之歌》，1958年3月首演）、张静（《十三陵水库畅想曲》，1958年7月首演）等中国现代女性的形象，也光彩夺目地出现在青艺的舞台上。

① 石小满：《童年拾零》，邓维、周征、姜小亮、杨和平编辑《老青艺的大人与孩子们》，2005年，第89页。

《十三陵水库畅想曲》定装照

两年的艰难奋斗啊，亲爱的妈妈！您的成功首演和二次回归，是您为捍卫自己的艺术生命与疾病顽强抗争的胜利，是您作为一个艺术家在逆境中执着拼搏的胜利！在您那纤细柔弱的身躯里，蕴藏着一颗多么坚强的心！我从心底为您感到骄傲，为您感到自豪！

丧子之痛

石狮雕像前的记忆

我和妈妈共同走过的岁月，已经成为遥远的记忆，那东单三条青艺宿舍大院，早已消失在东方广场的喧嚣里。多年以后，有时为妈妈到协和医院取药，我会特意绕道去东单三条走走。是的，这里已不再是我昔日的家园。然而，让我感到庆幸和安慰的是，那协和医学院的校园还在，那两尊威严的石狮，还依旧忠诚地守卫在校园门口——它们，曾见证了我们的欢乐，也见证过我们的苦难。

打开妈妈精心收藏的家庭影集，两张“全家福”照片映入眼帘，它们都是在协和医学院门口石狮前的留影。第一张大约摄于 1952 年秋，那时弟弟陈冀只有七八个月，妹妹小眉还没有出生。另一张大约是摄于 1955 年冬，那时小眉已经快两岁了；然而，这张“全家福”却缺席了大儿子小荻——据说照相那天他随学校参加劳动去了。

于是，我四处寻觅，希望能找到一张妹妹小眉出生后我们这个幸福的六口之家的“全家福”——两儿两女，这是多么令人羡慕的一家人啊！

然而，我没有找到全家六人的合影；甚至，连我们四个兄弟姐妹的合影也没有！

几年后，一个意外事故夺去了小荻的生命，六人“全家福”照的缺失，竟然成为永远无法弥补的遗憾！

1952年秋的全家合影

三个孩子是非比、小荻和陈冀

1955年冬的合影（小荻弟弟随学校参加劳动而缺席）

那个凄风苦雨之夜

时光迈进了20世纪60年代。那一时期，久违的欢乐刚刚回到我们身边：妈妈的病彻底“摘了帽”，家里那没有母爱的凄苦岁月，终于熬到了尽头；爸爸入了党，那多年纠结于心的“历史问题”包袱终于得以放下；我考进了享有盛名的中国科学技术大学，在地球物理系就读（后专攻地震专业）；弟妹们渐渐长大，越来越懂事听话；国家虽然还处在困难时期，但对爸妈这样的高级知识分子却给予了极大的关怀和照顾，我们并不感到生活艰苦，反而更加激励起革命的干劲……一切本该是多么美好啊！

然而，新的一年刚刚到来，一场灾难却突然降临，彻底打碎了我们来之不易的幸福甜美的生活!

1961年1月7日——我永远忘不了那个寒风凛冽的凄惨的夜晚!

那是我大学一年级的一个周末。快要期末考试了，我曾告诉爸妈这周不回家了；但不知为什么，到了晚上我却鬼使神差般跑回家来，满心欢喜地带着学校新年发的橘子没舍得吃，预备回家分给弟妹们……

到家了，我匆匆上楼。

刚拐到第二层楼梯，忽然听到一阵凄厉的哭声——那是妈妈的声音!!那样撕心裂肺，那样令人毛骨悚然！我的双腿一下子瘫软下来，预感到发生了什么不幸；跌跌撞撞地急步爬上二楼后，我看见妈妈站在楼道尽头的小屋门口掩面痛哭……

我急忙冲过去问妈妈："怎么了？"说着就要去推小屋的房门，我觉得一定是小荻在里面，他怎么了？我一心想进去看个究竟!

但是，妈妈拦住了我……

我满心疑惑匆忙随妈妈来到大屋。只见爸爸坐在书桌旁面色阴沉，一言不发；妈妈还在不停地哭泣。

我全身无力地坐在沙发上，双腿在不停地颤抖……小荻不在家，我预感到是他出了什么事——那时他特别喜欢滑冰，难道是滑冰出了事故?

"到底出了什么事?!"我急不可耐地追问。

没有回答。

"小荻死了！"最终，爸爸艰难地吐出这四个字!

"什么?!"犹如五雷轰顶，我简直不敢相信自己的耳朵，禁不住失声痛哭。

"煤气中毒！"爸爸又说。

"他现在在哪儿？"

"已经处理完了。"

"什么时候的事？"

"今天早上。"

"你们为什么不告诉我？"

"你不是说这周不回来，要准备考试吗，我们怕影响你。"

我的心碎了！可怜的小荻弟弟，你才刚满十二岁啊，你那么聪明，那么伶俐；你怎么能忍心离开这个世界！你让生养你的父母，让你的亲人们，怎么去承受这沉重的打击啊!

那一晚，我留在爸爸妈妈屋里过夜……我无法接受眼前的现实，我根本不能入睡，满脑子都是小荻的身影，妈妈的哭泣，爸爸"小荻死了"的声音……

我的小荻弟弟

小荻在爸爸妈妈陪伴下快乐地玩耍（摄于青艺托儿所）

小荻1948年夏出生于南京，小我七岁。作为我们陈家的长子，他是爸妈的心肝宝贝，连他的名字都与父亲笔名“梦荻”一脉相承。然而，在那动荡的年月，他从小吃了不少苦。1949年随妈妈参军到浙江金华后，他被寄养在一个茶叶店老板家，刚一岁就不幸染上肺结核，到北京后经多方求医方得痊愈。病好之后，他被送进青艺托儿所全托，才有了幸福的童年。

作为四个兄弟姐妹中的老大，我和小荻在一起的时间最多；爸爸妈妈不在家的时候，都是我照顾他，连学校交学费、请家长之类的事，也经常是由我这个“大姐”代劳。

童年的小荻是那种既聪明过人又难以管教的孩子，让大人们操了太多的心。尤其是在那“七岁八岁狗都嫌”的年龄，只有十四五岁的我，作为他的姐姐，曾因为他太贪玩、太调皮，不用功、不听话，伤透了脑筋。

1957-01-13（日）

姐弟俩

今天又是每周一次的考验，失败了。早晨对小荻又着急了。我检查他的语文作业，结果他把“外”字拼错了，而且还不承认，我就让他打开书来瞧瞧，他又是那样不耐烦的懒洋洋的样，我自己当时也不知怎么就把他的本子摔在地上了，简直气得我要哭了。他当时很不服气：“嘿，你干吗摔我本？”他向着我嚷，我没有理他。我知道自己太过火了，但是当时就是控制不住。事后我问小荻他刚才对不对，又对他说：“姐姐叫你看书是好意，你刚刚得了三分，再不努力下学期就不能升三年级了，你又快九岁了，该入队了，应当好好学习……

然而，看起来又“浑”又“倔”的他，有时又可爱得让人心疼。

1957-01-06（日）

明天爸爸要去看妈，快睡的时候他给我看了一封信。这封信的信封很小，但很别致，结构也很有趣，打开来看，原来是小荻给妈妈写的信，这是他自己悄悄放在金阿姨给妈的信封里的。信上这样写："陈小荻：亲爱的妈妈：妈妈您好吗？您的身体好不好？您快乐不快乐？"真有趣，小荻这孩子还是挺可爱的。

1957-01-23（三，寒假）

引吭高歌

下午在家带小荻很耐心，我认为。我帮他把鞋带弄好，全身衣服换了，钉上了扣子，对他很耐心，但愿坚持下去……小荻也是蛮可爱的，昨天舍不得吃橘子，留给我和爸爸，还用纸条写了一行歪歪扭扭的字："姐姐爸爸你们吃吧！"这两天没人管他，自己吃饭睡觉的，也真不简单啦！

小荻离去的那年已经上小学六年级了，人长开了，越来越帅气，人人都说他长得最像妈妈，是我们家最漂亮的孩子。更重要的是，他开始懂事了，也知道用功读书啦，我和爸爸妈妈都感到非常欣慰。

更使爸爸妈妈对他疼爱有加的是，小荻天资聪慧，尤其酷爱美术，极有希望继承父业。他无师自通，小小年纪就自己动手绘制贺年片，连签名盖章都像模像样地赫然纸上。1961年元旦前，我把他绘制的贺年片带回学校送给同学们，大家都交口称赞：你弟弟真是个天才！……

然而，这样一个"天才"，却被煤气中毒夺去了幼小的生命！

后来听大人们说，造成煤气泄漏的原因可能是楼房年久失修、墙内烟道堵塞所致；否则，装有烟筒的炉子怎么会漏气呢？

小荻绘制的贺年片，我一直珍藏着……

舞台美术家的孩子们
左起，第一排：小荻，陆小春（陆阳春之子） 第二排：张鸣琦之子，张正宇的长子和次子

浴火重生

小荻走后，我有很长时间走不出阴影；而更令我备受折磨和煎熬的是，我不知道爸爸妈妈的丧子之痛，何时才能平复啊！他们会不会一蹶不振？尤其是妈妈，她还能再在舞台上绽放光彩吗？

1961-01-16（一）

经过了一个星期天，回了家……好不容易稍稍平静下来的心又泛起波澜……妈妈瘦了，情绪还是那么坏！爸爸呢，看得出来，一周来脸色变多了。他就是那样，什么也不爱表现在外面，像个闷葫芦，但他那内心创痛不可避免的流露反而更使我心痛！老三太懂事了，真是个好孩子！小荻活着该多好！

剧院的领导为了减轻爸爸妈妈的痛苦和思念，曾安排他们到京郊的宾馆小住，但这真的无济于事啊！心灵的巨大创痛，岂是几天环境的更迭所能抚慰的？记得有个周末我曾去宾馆陪他们住过一晚，那陌生、静谧而漆黑的夜，只能带给我更加彻骨的悲凉！

1961-05-29（一）

周末回家，又背了新的包袱——妈妈身体坏多了，真的，这几个月来她老了许多，瘦了许多，我心里忍不住阵阵发痛！如果没有小荻的事儿发生，一切该多么好！

然而，妈妈，您没有使爱您的人失望。就在小荻离去后不到三个月，1961 年 4 月，您又走上了舞台，虽然那只是一个无名的小角色——《中锋在黎明时死去》中一个小小的“秘书”——但您一定也是用心在演绎她，对吗？

《费加罗的婚姻》剧照（曹西林摄）

左：冀淑平饰伯爵夫人　中：刘燕生饰苏珊娜　右：白峰溪饰薛侣班

一年后，1962年夏，妈妈走进了法国剧作家博马舍的著名喜剧《费加罗的婚姻》剧组，那是刚刚来到剧院的年轻导演陈颙在青艺的“开门”大戏，她在《我的艺术舞台》一书中有这样的记载：

> 一批“青艺”的优秀青年演员和顶尖人才被集中到剧组……“青艺”女演员中的佼佼者刘燕生、冀淑平、于黛琴、白峰溪分别挑起了饰演苏珊娜、伯爵夫人、薛侣班等角色的重担。……“青艺”排出的强有力的演员阵容，充满了创造精神和虎虎生气。这第一回合的接触使我不知不觉被“青艺”演员火热的激情和整体配合的默契所深深感动。①

妈妈，这个“伯爵夫人”是您惨遭丧子之痛一年后第一个重要的舞台形象，对吗？那样娇艳媚人，那样生动传神；在女儿看来，一点也不比叶琳娜和娜拉逊色啊。在遭受那么大的打击后，您是如何做到的？您内心曾经历过怎样的磨难与挣扎？

1963年，走出苦难的妈妈已进入“不惑之年”，她又该怎样向年龄挑战，她还能创造出靓丽的舞台形象吗？

---

① 陈颙：《无愧、无怨、无悔——我与“中国青年艺术剧院”》，陈颙著《我的艺术舞台》，中国戏剧出版社1999年版，第430页。

1963-08-10

妈妈要演大学生，《远方青年》中的阿米娜。剧本我还喜欢……，我要尽我所能帮助妈妈〖理解当代大学生〗……

1963年冬《远方青年》盛装登场，获得成功，荣获了文化部优秀话剧演出奖。[1] 妈妈的表演也获得好评，著名戏剧评论家左辛称：

饰演阿米娜的冀淑平，是在《万尼亚舅舅》中饰演叶琳娜和在《娜拉》中饰演娜拉而著名的女演员，她在多年养病之后重登舞台，创造了这样一个当代维族姑娘的纯洁优美的形象，显示了这位老演员对现实生活的可贵的热情。”[2]

《远方青年》的演出反响强烈。作为当年国内“三大画报”之一的《民族画报》，曾用大幅彩色专版推介了这台精彩的演出。[3] 该剧还走出市中心的青艺剧场，多次在五道口俱乐部等剧场为大学生们演出，我们科大分部的学生会还组织同学们观看了好几场呢！

1964年，妈妈随青艺团队远赴新疆巡演，一年多时间走遍了天山南北，继续深情地向人们诉说着“阿米娜”的故事。在火热的生活中她不断锤炼自己，大胆走上《豹子湾战斗》的舞台，演绎了八路军四排长吴彩凤的精彩人生，也实现了从“才子佳人”向“无产阶级战士”的华丽转身。

1965年金秋我大学毕业即将奔赴大西南去从事地震工作；临行前我们全家在天安门前合影留念。今天，重新审视这张“全家福”照片不禁感慨良多！十年前在东单三条协和医学院门口石狮前合影中的三个孩子已长大成人——但还是缺席了小获弟弟，他如果在世，已经是十七八的大小伙儿了，肯定是照片中个子最高、最帅的一个……

1965年秋全家在天安门前合影

①《中国青年艺术剧院大事记 1949—1999》，张健钟主编《半个世纪的舞台历程 中国青年艺术剧院 1949—1999》，第166页。

② 左辛：《边疆三人行——〈远方青年〉里的三个青年形象》，《中国青年报》1964年1月4日。

③《民族画报》(汉文版)，1964年4月号总94期。

蒙难——1976

大地的震撼

1976年7月28日——整整20年前的这一天，《娜拉》首演；我惊叹历史机缘巧合的安排，更不能忘记后一个“7·28”彻骨的伤痛！

1976年7月28日，对于全中国人民，特别是对我们当代中国地震工作者而言，永远是一个刻骨铭心的祭日。是日凌晨3时42分，在这载入人类灾难史册的瞬间，一场大祸从天而降：唐山——一座拥有百年历史和百万人口的工业重镇，被疯狂抖动的大地颠碎，在滚滚尘烟和一片黑暗的冀东大地上，在堆积如山的瓦砾废墟间，数以十万计的生命被埋葬！燕山悲鸣，渤海呜咽，京津披创，举世哀伤！

幸福的四口之家——仅有的一张“全家福”

就是在这场惨绝人寰的天灾中，我的丈夫、大学同窗挚友，爸爸妈妈唯一的、疼爱有加的女婿贾云年，以及他的战友们——此前一个多月一直奔波于唐山、滦县地区执行任务的河北省地震局地震地质考察小组一行六人，全都被无情的震魔吞噬，他们以身殉职，为地震事业献出了年轻的生命……那一年，云年只有33岁！

2006年，饱尝痛失亲人的苦难，历经风雨岁月的磨砺，我曾把地震后30年的感悟和体验，融入一部30万字的“长信”《悲壮的历程——唐山地震30年写给云年》；书中所记录的地震发生后那些痛彻心扉的日日夜夜，至今仍然历历在目，恍如昨日。

7月30日

午夜，散去了白日的暑气，安静了嘈杂的人声，忙碌了三天三夜的我，第一次独自一个人坐在办公室。凝视着窗外那无边的黑暗，遥望着远方那可能已永远离去的亲人，我梳理着几天来纷乱的思绪……已经是地震的第四天了，亲人生还的希望已几乎是零！我对自己说：是到了该冷静地面对现实的时候了，非比啊，你准备好了吗？

7月31日

又一个夜晚降临了，人们仍在忙碌。

我正在办公室工作，一抬头，见医务室的孙宝英大夫正向我走来。

“非比，来，再打一针吧！”她微笑着，温柔地对我说。

我乖乖地伸出了手臂。几天来，由于体力不支，我常靠打葡萄糖坚持着。至于孙大夫为什么会此时来给我注射，我当时并没有多想。

不一会儿，政工组的小刘走进办公室，轻声对我说：“非比，李向前同志请你去一趟。”

我跟着小刘来到行政办公楼，推开李向前副局长办公室的房门，只见政工部门的几个同志都面色凝重地坐在那里。我愣了一下，突然意识到：难道那个最严峻的时刻真的来了?!

我在李向前同志办公桌对面的椅子上缓缓坐下，静静地等待着命运的宣判。

“……我们的好同志……地震战士贾云年同志，在唐山地震中以身殉职……”李向前代表党委，正式向我宣布了云年遇难的消息。

那一晚，我彻夜难眠……

为女儿撑起一片蓝天

我永远不会忘记，在那些失去亲人最艰难的日子里，年迈的双亲是怎样用他们瘦弱的身躯，坚强的意志，博大的胸襟，支撑我从苦难中一步步走出来。

确认了云年死讯后的第二天——1976年8月1日，这一天本是妈妈53岁的生日；而这一天，却成为我一生中最艰难的日子！没有想到的是，在我最痛苦的时候，爸爸妈妈竟奇迹般地来到我的身边！

8月1日

天亮了。同样的日出，同样的天宇，可对我来说，仿佛一夜之间全都失去了灵性。太阳不再明亮，鲜花不再芬芳，世界上少了一个我最亲近的人，时光顿时变成一种难耐的折磨。

然而，生活还要继续，工作还要继续……于是，我又走进了办公室。

上午，突然有人告诉我，北京打来电话："非比的爸爸、妈妈、弟弟将于今天下午到达石家庄。"原来，地震后组织上已经派人去北京看望了我的家人，电话正是他们打来的。

"下午就到？"此时此刻，我是多么想见到北京的亲人啊。然而，一缕愁云又浮上心头：怎么办，要马上告诉他们云年的噩耗吗？年迈的父母风尘仆仆来到这里，他们能承受住这个打击吗？我和同志们都在担心。

"这样，我们先派几个人去接站，把二老送到你家，先不要告诉他们实情，就说还没有得到最后的消息；然后，再根据他们的情况，商量怎么办。"记不清是谁这样说。

下午，去接站的李钦祖回来告诉我："你爸爸、妈妈地震时受了惊吓，又担心云年出事，这几天一直住在外面，又受了凉，身体状况都不太好。尤其是你妈，嗓子都哑得说不出话了。"

"那今天绝不能告诉他们云年的情况，否则他们会垮的。就说还没有确切消息，让他们今晚先睡个好觉。"我毫不犹豫地做了决定。

于是，我们商量了对策：拖到晚上我先回家去应付一下，避而不见不合情理；然后……是事先安排好的一幕充满善意谎言的"戏"。

同志们开车送我回家，并在楼下守候。

我强忍悲痛面带微笑走进家门，安慰二老：云年的情况还在落实，我现在很好，你们不必担心……

冯伟的爱人刘茜敲门："非比，室里叫你去开会商会！"

于是，我嘱咐二老：好好休息，我去会商，今晚住办公室，不要等我。

随后，我下楼与同志们一起登车返回办公楼。

当晚，二老果然睡了一个"好觉"——地震后第一次在屋里睡觉，怀抱着虽然渺茫但尚未泯灭的希望……

8月2日

这天晚上，见二老精神好些了，组织上决定把真实情况告诉他们。于是，李向前及其他有关同志和我一起回到家中……

尽管有一定思想准备，但爸爸、妈妈和弟弟还是无法抑制心头的悲痛，特别是妈妈，更是抱着我泣不成声……依偎在母亲温暖的怀抱，此时此刻，女儿多么想在妈妈怀里痛痛快快地大哭一场，让压抑在心头多日的苦痛、悲伤与愁怨，统统爆发出来、倾倒出来啊！

然而，理智告诉我，我不能，我不能啊！事到如今，一切已无法挽回，做父母的最放心不下的不就是女儿吗?！只有女儿的坚强，女儿的安康，才是父母最大的希望，最大的安慰啊！我不能放任自己，我不能给亲人雪上加霜啊！

"妈妈，你们别太难过……这么大的天灾，谁也无法抗拒，遇难的不是我们一家一户，是千家万户啊……云年是为人民的利益而死的，他死得其所……我会正确对待不幸的，组织和同志们都很关心我，你们就放心吧……千万别太难过，身体要紧啊……"

那一夜，我与家人在一起，我们互相安慰，彼此鼓励，相互依偎着、搀扶着，度过了那个难熬的不眠之夜。

8月3日

晨曦中，我们迎来了又一个黎明。

让我倍感欣慰的是，爸爸、妈妈没有被悲痛压倒，作为受党教育多年的文艺工作者，他们默默地咽下悲伤，用意志支撑着多病的身躯，挺起胸膛，伸出臂膀，用深情的母爱和伟大的父爱，为女儿撑起一片蓝天，呵护着她走过风雨，走向明天……

至今我还清楚地记得，就在知道了云年噩耗的第二天上午，妈妈就用颤抖的手拿起笔杆，给剧院党支部的鲍占元同志写了一封长信，详细汇报了来石后的情况；这封信的底稿我一直保存至今。

鲍占元同志：

我极其沉痛地向您汇报：女婿贾云年同志在这次地震中光荣地牺牲了！

到石家庄出站后，就有地震局的一位很熟的同志带着一位领导和其他两位同志接我们，原来是那位临行前到家里来看我们的同志电话通知了这边，他们专程派车来接我们的。他们告诉我们，由于派了几批同志去灾区，家里留下的老弱同志都已住在办公室，日夜不停地监视震情，女儿非比也和大家一样，带病坚守工作岗位，正在开会。当晚十时左右，女儿几位同志陪着来看望我们，说她很好，但工作需要她，仍须去夜战，要我们好生休息，注意身体。其他同志无微不至地照顾我们……这一切，使我们预感到事情的严重性，估计可能是领导掌握了情况，但考虑到我们的身体，要我们适当休息后再告诉我们，这是领导的关心和爱护。

昨晚，最可怕的事情终于来临了！地震局党委和政工组的两位同志来告知我们：地震战士、对工作认真负责的好同志贾云年和其他五位同志都光荣牺牲了。非比同志平时工作认真，学习努力，这次表现得非常坚强。当她知道震中在唐山后，就料到会发生不幸事件，当即向党委写了思想汇报，要求到灾区第一线去，表示要将其他同志的工作担当起来，正确对待一切可能发生的事情，在这次抗震斗争中经受考验。大家都在为这些同志的牺牲而悲痛，特来向我们慰问，要我们注意身体，克制感情，等等。

虽然，我们决定来就是为了在不幸的事情发生后分担女儿的痛苦，到了这里又有一系列的预感，思想上是有所准备的，但毕竟还抱有一线希望，所以听到这消息后，仍然抑制不住自己的悲痛。但女儿说得好：这样严重的自然灾害，不可能没有牺牲，遭到不幸的不是我们一家一户，是无可估量的国家和人民的损失；云年是为了保卫首都安全，保卫党中央、毛主席献出了生命，他死得光荣！想想灾区多少受灾的阶级亲人，想到目前紧张的工作是为了首都的安全，想到有党和群众的关怀，她就能化悲痛为力量，就能把个人的不幸置之度外……

这次除他们六位同志外，地震局所属的唐山地区的地震队也有同志牺牲，地震工作遭受这样严重的损失，是从来没有过的。这里的领导除本职工作外，还需要做大量的家属工作。事已至此，无可挽回；为了不给这里的领导增加麻烦，为了能使女儿全力投入工作，我们做父母的，也应该正确对待，否则由于我们不能克制，病倒一个，不仅给女儿增加负担，重要的是给革命工作带来损失，给这里的领导增加麻烦。请组织放心，我们一定以革命利益为重，尽量克制自己，经受住这次考验。

天津云年家虽无伤亡，但家中已不能住了。云年的二哥昨日已将贾军（女儿的大孩子）送来；非比虽然忍住悲痛坚持工作，但她病还没完全好，现在吃不下饭，每天打葡萄糖，须要打针和吃药才能睡觉。孩子、女儿需要我们照顾，可能将来还有一系列的善后工作，看来短期内是不能回京了。请将情况转向团领导汇报。

北京地震仍未解除，望同志们千万不要麻痹大意、丧失警惕，团结一致，共同抗震。

致

革命的敬礼！

冀淑平　8.3. 上午

请将情况详细告诉朱奇同志，就不另写信了。

同志们都很关心，要我有消息后及时告诉他们，请酌情将情况告诉路曦、老沈、祖麟、沙老太、小邹、小刘、桂容、逸生、小童、小夏、风眠、文彦等同志，请告诉他们，这里的领导和同志们对我们很关心，照顾得无微不至，送粮、送菜、送药。因为怕我们经受不住，在什么时候、怎样告诉我们〖云年遇难的消息〗，都是经过再三考虑的。有党和同志们的关怀，我们一定会注意身体，正确对待，请同志们不要为我们着急、难过。

这就是我亲爱的妈妈！这就是那个外表看起来柔弱，而内心却刚毅坚强的妈妈！

震后一段时间，一直是爸爸妈妈和弟妹们为我照料着两个孩子：未满八岁的贾军和三岁多的贾谌。后来，为了减轻我的负担，贾军回到天津奶奶家上学；爸爸妈妈与剧院领导商定，把贾谌带回北京，全托入住了剧院（当时称“中国话剧团”）的幼儿园。每到周末，不管多忙多累，爸爸妈妈都会把谌谌接回家来，让他能有一个快乐的童年……

记得那是 1977 年“六一”儿童节之际，我正在北京出差，于是到幼儿园参加了他们的联欢会。当看到身穿漂亮维吾尔族服装的谌谌，手拿着小铃鼓，迈着不太熟悉的舞步满脸稚气地登场时，我忍不住泪流满面……

贾谌在姥姥、姥爷、舅舅和小姨照料下快乐成长
1978 年春节摄于北京东单三条青艺宿舍

重返舞台

1976 年 10 月，普天同庆的日子，饱经沧桑的中华大地，终于驱散了“四人帮”的阴霾，迎来了科学与艺术的春天！

然而，曾经的 1966—1976，十年，整整十年啊，与众多的同行一样，妈妈的艺术生命已被那场浩劫亵渎；那是一个艺术家最具活力、最富创造力的十年啊！如今，经历了太多的世态炎凉和家庭悲剧，特别是遭受了唐山地震痛失亲人那沉重的打击，已经步入了“知天命”年龄的妈妈呀，您，还期盼着再次风姿飒爽地站在舞台上吗？您，还有能力再次走进广大观众的内心吗？

戏剧期刊上登载的《权与法》画页

感谢青艺的领导和艺术团队，是他们给予妈妈再创辉煌的勇气与机遇；而妈妈，也将她饱经沧桑的人生体验，化作艺术创作的财富与源泉，把它们更为深刻、更加细腻地融入角色创造，在《权与法》中塑造了一个对她而言全新的女性形象——一个饱受摧残蹂躏而终于挺身而起与不正之风勇敢抗争的市计委干部丁牧。

1979 年 10 月，由邢益勋编剧、邓止怡和王培导演的话剧《权与法》隆重推出，参加了文化部举办的国庆三十周年献礼演出并获奖；之后，该剧又赴河南各地巡演。基于当年“郑州扶轮中学”的情缘，河南观众把妈妈视作“故乡人”，对她的人物塑造给予积极的评价。

著名的优秀话剧演员冀淑平同志，虽然年近六旬，但她那精湛的舞台艺术风采仍不减当年。在此剧中，她成功地塑造了丁牧这个四十岁左右的善良女性的艺术形象……从内心世界的刻画，到外部形体的控制、运用以及台词处理，无不刻意求精……使广大观众从内心和丁牧这一舞台形象发生了强烈的共鸣，产生了催人泪下的艺术魅力。[①]

"彩虹总在风雨后。"回顾妈妈所走过的艺术道路，研读了妈妈用心血浇注的那一份份角色创造笔记或艺术总结，特别是重温了妈妈坎坷的人生经历，我看到了，一个热爱舞台的艺术家，是在用生命创造形象。对舞台艺术的执着追求，使他们勇于在逆境中求索，敢于直面人生的一切苦难；而那历经磨难而重新绽放的艺术之花，开得更加艳丽壮美，更加光彩照人。

2017 年 6 月初拟，2018 年 2 月完稿

东单三条 31 号青艺宿舍大门
这个院子曾是我魂牵梦绕的家园，那些年我和妈妈曾在这里共同走过
引自《老青艺的大人与孩子们》2005 年版

① 韩戈、周诚：《引人入胜 发人深省——中国青年艺术剧院演出的〈权与法〉观后》，《河南日报》1980 年 10 月 19 日。

第三章

岁月如歌

时光流逝。1950年身着绿色军便服、年仅27岁的我，如今已是两鬓斑白步入古稀之年。值此纪念剧院诞生45周年之际，多少往事浮现眼前，恍如昨日，终生难忘。

我是幸运儿，有机会在专家们、导演们、同行们的帮助下，创造了几个为观众所喜爱的形象。没有他们，没有剧作家，没有剧院的全力支持是不可能的。每念及此，怎能不怀念我们曾经共同进行艺术创作的团结、互助的集体?！怎能不怀念先我们而去的良师艺友们?！

——摘引自冀淑平《忆往昔 念故人》

排演琐记

记《万尼亚舅舅》的排演

◎ 冀淑平

1954 年，为纪念世界文化名人、19 世纪俄罗斯现实主义作家契诃夫逝世 50 周年，剧院上演了《万尼亚舅舅》。孙维世导演，陈永倞设计。我有幸成为这个剧组的成员，获益匪浅。

（一）

我是在初次连排后，请来了苏联戏剧专家列斯里担任艺术顾问后，由扮演玛雅（万尼亚的母亲）改为扮演叶琳娜的。专家和维世导演要求演员非常严格，要我们挖掘潜台词、内心独白，想象幕间、幕前戏。他们经常讲：“有空白就没有权利站在舞台上。”“演员的艺术不在于说话时我怎样活着，而是我不说话时怎样活着。”总之，要求演员真实地生活在舞台上。他们根据演员的不同情况以多种方式启发演员：有时是讲看起来毫不相干的故事，最后点出问题；有时严厉地一语中的；有时又亲自示范。

一次，专家说：“叶琳娜，你不要用肚子走路，你要用肩膀和胸走路！”这一提示，不仅指出我习惯挺着肚子走路的毛病（那时我很瘦，但要“表示”我不瘦，故“挺肚”），而且对我体验叶琳娜的自我感觉很有启发。于是，我加强形体锻炼，生活中穿代用服、高跟鞋练习走路，找寻叶琳娜应有的步态；通过收腹、挺胸体会，寻找人物的自我感觉。

专家还不只一次地指出："叶琳娜，你不要和云彩说话！"由于我是突然改演叶琳娜就马上投入排演，没有经过对词阶段，缺少对人物的理解、体验，就必然内心空虚，因而也就必然缺乏对象感，容易虚假地"表演"生气、痛苦。我必须补课！于是，我有针对性地重读契诃夫小说及其他有关作品。同时，从自己情绪记忆中寻找与人物相通、类似的因素，在生活中培养人物的感觉、感情。总之，努力去体会、挖掘人物的内心世界，展开想象的翅膀，丰富幕前、幕间生活。

第四幕剧照　叶琳娜与万尼亚告别

通过创造叶琳娜这个人物，我体会到，专家、维世导演对演员们的一切要求，都是为了使人物真实地生活在规定情境中积极行动；而要做到这一点，必须有真情实感。演员的工作，就是挖掘人物的全部内心活动，并通过各种手段体现出来。每时、每事都要真实、具体，这就是我向专家、导演学习得到的启示，它成为我创造人物的座右铭。

（二）

我是幸运儿，有机会在《万尼亚舅舅》剧组中得到专家、导演和同行们的指导和帮助。每念及此，怎能不怀念我们曾经共同进行艺术创作的团结、互助的集体，怎能不怀念先我而去的良师艺友们！

《万尼亚舅舅》剧组中，孙维世——最了解演员，善于启发帮助演员，笑声朗朗，像姐妹一样亲切的才女，过早就含冤而去！九位演员中，金山、路曦、王斑、熊伟、蓝樱也都先后离去。其中，金山是我的前辈。抗日战争期间我在郑州读初中时，他和洪深、冼星海、王莹、欧阳红樱等组成的上海救亡演剧队就住在我们校内，他们的演出、歌咏活动，影响了许多青年人，也影响了我以后专攻戏剧。他是我的启蒙老师，也是他，作为当时的副院长亲自到车站接我来院。这位30年代就已经蜚声中外的电影明星、戏剧艺术大师，从不以此自居，在艺术创作上要求自己极为严格。为达到专家、维世要求的“真实地生活在舞台上”，他首先写“演员笔记”，内容包括潜台词，内心独白，幕前、幕间戏。他的笔记后来形成《一个角色的创造》单行本。我们都是在听了他读的“笔记”后，悟到必须像他那样下功夫才可能没有空白，真实地生活。于是，以他为榜样，大家都写笔记。

路曦是我的挚友。早在40年代她就以《风雪夜归人》中的玉春享誉山城重庆，深受

第四幕剧照　金山饰万尼亚，路曦饰苏尼亚

敬爱的周总理的赞许，解放前就蜚声演剧界，是位造诣极深的表演艺术家。她在《万》剧中塑造的苏尼亚得到一致好评。特别是最后一幕跪在万尼亚舅舅身边，流着眼泪，强忍着少女失恋的心灵创伤，去安慰、鼓励痛不欲生的舅舅，说“……我们会有休息的……我们要活下去……”那段台词，更是声情并茂，感人至深，脍炙人口。直到现在，有关单位仍为没能保留那段录音，少了一份极好的台词教材而遗憾。与路曦的合作中，在创造人物、特别是处理台词，使我受益良多。如第二幕叶琳娜与苏尼亚“和好”那段戏，排演场外，我俩反复研究、练习，有时忘了时间；当发现已是深夜不能回家时，只好在她的宿舍抵足而眠。我们两人共当创作的苦、乐，真可谓是“同甘共苦”的艺友、挚友。

记得她的丈夫冼群去世不久，《万》剧要演出，她正处在中年丧夫的极度悲恸中。当她知道领导曾为此考虑推迟演出后，表示绝不能因为个人的事影响日程。如期演出那晚，大家在侧幕边为她担心，结果她以非凡的毅力，排除悲痛，投入角色，像往常一样圆满地完成了演出。“个人的事再大，进入后台都要抛在脑后。”从小学艺、一生坎坷的路曦，无论遭遇到什么不幸，都不能影响她的事业：她心目中的艺术。

五位演员创造的万尼亚、苏尼亚、老教授、玛雅、老奶妈诸鲜明形象，将活在观众和我心中，我永远不会忘记和他们在一起共同度过的日日夜夜。

（三）

《万尼亚舅舅》剧组是个严肃认真、团结互助的创作集体。遵照专家、导演维世的教导，所有演职员都忘我地投入，切磋琢磨，克服一切困难，力求达到专家、维世的要求。

舞台美术家们创造了典型环境，布景、灯光、效果、化妆、服装、道具等各个部门都有极好的创造。例如，第二幕的雨声，由瓢泼大雨到大雨、小雨，甚至雨后屋檐下雨水的“滴答”声都层次分明。第四幕闭幕前的马蹄声，能够听出车子过桥、由近及远的去向。演员的头套、发式、服装，道具的色彩、样式，等等，都极为考究。这一切，都创造了应有的气氛，配合、体现了人物感情与剧情发展。总之，所有的工作都只有一个目的：运用一切艺术手段，将契诃夫笔下的生活、人物真实地展现在我国的舞台上。

由于全剧组的通力合作，剧院上下的大力支持，《万》剧上演后获得巨大成功，受到各界好评，有关报刊刊登了介绍、评论文章，兹摘录如下。

在上演的第一日，中华人民共和国文化部副部长钱俊瑞、夏衍，对外文化联络事务局局长洪深等前往观剧。正在首都举行演出的苏联国立莫斯科音乐剧院的领导人波利雅科夫及主要艺术家们也前往观看了演出。演出结束时，全场的贵宾和观众热烈鼓掌祝贺中国青

《万尼亚舅舅》演出后剧组的合影

前排左起：副导演肖崎、——、——、导演孙维世、苏联专家列斯里、路曦、吴雪

后排左起：——、沈贤、蓝樱、冀淑平、熊伟、金山、江水、王斑、白丁乙、设计陈永倞

年艺术剧院演员们动人的演出。他们说："如果我们的老师——曾经在俄国舞台上演出了《万尼亚舅舅》的斯坦尼斯拉夫斯基和丹钦词还活着的话，也会感谢你们的。"（《光明日报》）

演出人员以非凡的细致的艺术手法表现了契诃夫作品的思想意图，传达了这个作品的诗意。这个演出中的一切都使人感到非常真实。表现贵族庄园的布景，19 世纪末叶的俄罗斯人的服装和他们的生活日用品——所有这一切都是逼真的。中国青年艺术剧院在演出这个剧本中所采用的现实主义方法，使全体演出人员获得了巨大的成就。（《苏维埃文化报》）

整个演出以巨大的生活力量和优美的艺术魅力征服了观众。……舞台上的一切——布景、灯光、音响效果，等等，都造成了人物真实生活的环境。蟋蟀的哀鸣，钟声沉重的摆动，落日的余晖，远去的马蹄声……都是人物内在生活不可分割的一部分。整个演出在完整统一的创造中向我们提供了运用斯坦尼斯拉夫斯基体系的成功范例，令人信服地标示出我国现实主义的舞台艺术已达到了新的高度。（《光明日报》）

1956 年，全国话剧会演时，《万尼亚舅舅》作为展览剧目演出，获得各地同行们的一致好评。

节选自冀淑平《忆往昔　念故人》，见《青艺》1993 年第 5 期

忆与金山同志的合作

◎ 冀淑平

《一个角色的创造》（中国戏剧出版社 1957 年版）

金山同志不幸与世长辞了！消息传来，我悲痛万分；我们失去了一位多么可敬、多么优秀的艺术前辈！

回首往昔，与金山同志相识、共事的点点滴滴，都那样清晰地浮现在眼前。

记得我第一次见到金山同志是在 1937 年。那年秋天，上海救亡演剧二队在洪深、金山等同志带领下来到郑州，在我校礼堂演出了《九一八以来》《放下你的鞭子》《东北之家》等剧目。由金山同志主演的活报剧《九一八以来》给我留下了深刻的印象。二队离去后，同学们纷纷走出课堂，带着向二队学习的剧目、歌曲在郑州郊区演出，我也第一次走上舞台，在《放下你的鞭子》中扮演了香姐。

来到剧院后，我曾与金山同志谈及此事，说我是受了演剧二队的影响才进剧专学习的。当我说道：“应该说，您还是我的启蒙老师呢！”他笑了：“啊?！是这样？当年的中学生不简单了呢！”笑得那样自在、慈祥、爽朗！

金山同志在我心中播下了艺术的种子；与他的艺术合作和同台演出，更给予我深刻的影响和宝贵的启迪。

1950 年剧院排演《保尔・柯察金》时，他已是著名的表、导演艺术家，青艺的副院长和总导演，但他在创造角色时仍然那样一丝不苟、精益求精，时时以一个普通演员的身份出现。为了寻找保尔年轻时的感觉，年已四旬的他坚持长跑，练习跳跃。他与合作者总是平等相待，共同探讨，从来不摆“老前辈”的架子。我在《保》剧中扮演丽达，创造角色时遇到困难，他总是亲切地鼓励我：“不要紧张，不要被‘指导员’束缚住。”

1954年，我在《万尼亚舅舅》中扮演叶琳娜，有幸与金山同志再次合作，更是受益匪浅。他在艺术创作上要求自己极为严格。为达到苏联专家和维世导演的要求：“真实地生活在舞台上”，他率先撰写《演员笔记》，其内容包括潜台词、内心独白，以及幕前、幕间戏，等等。大家在听了他的介绍后深受启发，领悟到必须像他那样下苦功，才能在舞台上真实地生活。于是，我们以他为榜样，都认真地撰写角色笔记。金山同志关于万尼亚的演员笔记，后来形成了一本著名的专著——《一个角色的创造》。

由于他真正做到了“真实地生活在舞台上”，在与他的对手戏中，我总能从他的眼神、声音中受到刺激、受到感染，真切地感受到万尼亚对叶琳娜深沉的疼爱与怜惜；甚至当我与别人对话时，我仍能感受到他温柔的目光在悄悄地追随着我，关怀着我，爱抚着我。

我注意到她的安详的仪态。她似乎正倾听着阿斯特罗夫的讲话，她又似乎正想着什么别的有趣味的事情。她的微含笑意的容颜，益发显得美丽。“……人间稀有的美丽！可是为什么要把自己的这种财富埋葬在一个行将就木的伪君子的手里呢！难道这就是‘爱情’吗？或者，这就是‘自我牺牲’吗？……”

——万尼亚的内心独白，摘自金山著《一个角色的创造》，第44—45页

“我的可怜的人呀，为什么你竟善良得连自卫的能力都没有了呢?！……”我想到她十年前的遭遇，我想到她十年前的青春的愉快和今天的暗自愁苦，更对她爱怜痛惜，我情不自禁地托起她的纤手。

——万尼亚的内心独白，摘自金山著《一个角色的创造》，第 59 页

金山同志对待艺术的认真与严谨，也表现在每次演出上。演出七点开始，他总是四点准时到后台，化装，酝酿角色，每一场演出都是那样充满激情，直到谢完幕走回后台时，他仿佛仍沉浸在人物之中……

从金山同志身上，我看到了一个艺术家的本色，他用自己的行动，使我进一步懂得了“要爱自己心目中的艺术”！

安息吧，敬爱的金山同志！您永远活在我们心中！

据冀淑平悼念金山的手稿（1982 年 7 月 20 日）整理

我的“挪威母亲”

◎ 冀淑平

为纪念世界文化名人易卜生逝世50周年，剧院于1956年7月28日上演了《娜拉》。

这个戏是用很短的时间突击排练的。记得建组不久，约5月底，导演吴雪院长即赴挪威参加“纪念易卜生活动周”，演职员就利用这个时间做案头工作：读易卜生著作，请有关专家做报告，分析剧本、人物等。约一周余导演回国后开始对词排练。

早在剧校读书时我就学习过易卜生的著作，那时我就很喜欢娜拉这个角色。今天终于有机会扮演这个角色了，我感到无比幸福。这不仅是因为作为演员扮演了自己心爱的角色，更因为这次演出具有重大的意义——我在肩负着促进中挪两国人民友好的神圣责任。为了能在舞台上体现这个可爱的形象，为了中挪两国的文化交流，我要用全部热情去塑造好这个角色。

当《娜拉》三幕戏粗排了一遍之后，我们的艺术顾问，挪威戏剧家、易卜生专家盖达琳夫人来了。盖达琳夫人是个和蔼可亲的、慈祥的老人。记得她看完我们的连排后很称赞我们的工作，使我们加强了创作的信心。由于她的热情鼓励与精心指导，我们的演出获得了巨大成功，我们与盖达琳夫人之间也建立了亲密的友谊。

盖达琳夫人回国途经香港时，曾对记者说：她是应中国戏剧家协会之邀来中国的，“中国人是那么地好客，能和中国戏剧家在一起工作，对我来讲，是一种伟大的经验。中国戏剧家有良好的修养，这次由吴雪导演演出的《娜拉》（《傀儡家庭》），演得非常成功，他们把易卜生原著的精神很成功地表现出来。”记者再问她中国男女演员的演技是否很好，她回答说：“绝对是很好的演员。”

盖达琳夫人在后台指导娜拉化装（中国国家话剧院提供）
原载于《光明日报》1956年7月29日

盖达琳夫人在北京工作之余，我们曾陪她游颐和园、逛北海。记得在北海公园她曾指着一座房子问是做什么用的，当她得知是专为妈妈、孩子们准备的“妇婴休息室”时，称赞我们的国家、政府为妇女儿童们想得多么周到。她对我们几千年的文化古迹，甚至饮食都赞不绝口。在我们和盖达琳夫人短短相处的日子里，心灵的接近使我们忘记了是生活在两个相距很遥远的国度，我们像一家人一样，彼此是那样了解，以致后来不需要翻译都能完全理解对方的要求。

很多年后我都与盖达琳夫人保持着联系。1982 年，我又收到了盖达琳夫人的来信，她在信中写道：

亲爱的冀淑平，我的中国女儿：

非常感谢你的来信，来信令人愉快。

很抱歉至今才复信，因为我得了一种病，致使我不能用自己的右手。我好了一点，又请了一位朋友帮我打字。

自从上回我难忘的访问以来，这些年我一直思念你——我可爱的中国女儿，你的丈夫，你的儿子，还有昆明湖上的小朋友，FuTufeng 和在北京的其他同事。我问候他们！尤其是向吴雪问候，他提升了我很高兴。

我孩童时期就梦想去中国，当我的梦想变成现实的时候，我发现这现实比梦想美多了。

盖达琳夫人与《娜拉》剧组演职员合影

盖达琳夫人与《娜拉》剧组人员等在北海公园合影

杭州一游太神奇了，我亲眼看见了老子和其他一些伟大的历史人物生活过的地方。大自然太神奇，太可爱了！但，最珍贵的要算是你们对我的友好和热情了。

关于我自己的事我再说一点儿：除了在奥斯陆的国家大剧院外，我还在丹麦导演过五次（有三次是《玩偶之家》！）在冰岛还导演过几次，其他大部分是在挪威的一些剧院了。

我一生都是忙碌和激动人心的，但是最难忘的却是我的中国朋友和中国之行。可惜中国和挪威相隔太远，要不，该你到我们这儿来看看了。

我将永远想念你。

你的挪威母亲

1982 年 6 月 1 日

我深深地感到，艺术确实是沟通人们相互了解的桥梁，通过它，人们能很快、很深地相互了解。与盖达琳夫人共同工作、生活的日子，是我一生中最愉快的回忆，我将永远以感谢、喜悦的心情怀念我的这位“挪威母亲”。

据冀淑平《忆往昔　念故人》

（载于《青艺》1993 年第 5 期）和盖达琳夫人来信摘编

我和戏中的三个孩子

◎ 冀淑平

1956年7月，为纪念世界文化名人亨里克·易卜生逝世50周年，中国青年艺术剧院隆重演出易卜生名剧《娜拉》（又名《玩偶之家》）。该剧特邀挪威国家勋章获得者、易卜生专家盖达琳夫人担任艺术顾问，吴雪导演，舞美设计陈永倧，主要演员有于村、杜澎、姜祖麟、白凌等，我饰演娜拉。

在剧中我有三个孩子，由陆小春（陆阳春同志的儿子）、孙小恬（石羽同志的女儿）、朱丹丹（朱奇同志的女儿）分别扮演。小春扮演的大男孩，男儿本色，是个憨厚、老实的孩子，很有大哥哥的样子。第二个男孩由小恬扮演，她女扮男装，但看不出一点女孩子味儿，是个靓丽的小帅哥。有趣的是由丹丹扮演的唯一的小女儿，她圆圆的脸，碧眼、金发，卷曲的金发上戴着一顶俏皮的法兰西小帽，腰间还系条小围裙……活脱脱的一个有生命的洋娃娃，我们都戏称她“小洋娃娃”。那时丹丹只有四岁，小春和小恬大约也只有七八岁。

娜拉和她的孩子们

演员（自左至右）：陆小春，朱丹丹，冀淑平，孙小恬

第一幕中，娜拉正领着三个孩子玩“捉迷藏”，娜拉蒙着眼睛蹲着身子在寻找藏在各处的孩子。在欢乐、嬉笑声中，讨债人柯洛柯斯泰（姜祖麟同志扮演）突然出现在面前，娜拉和孩子们一愣，空气顿时紧张起来。娜拉知道柯洛柯斯泰登门必是有关借债的事情，这不能让孩子们知道，于是她要孩子们回避。

孩子们发现不速之客后，不约而同地靠拢在妈妈身边

这段戏孩子们没有台词，但表演很精彩：他们发现不速之客后，不约而同地靠拢在妈妈身边，惊奇地注视着妈妈，发现妈妈神色不安又要他们回自己的房间时，表现了害怕、为妈妈担心，不愿意离开却又不能不离开妈妈的心情。尤其是“小洋娃娃”丹丹临到下场门还回头看了一眼妈妈，没有任何语言，就能够把应有的感情表达出来，而且做到了“带戏下场”，真是不容易！难怪盖达琳夫人曾问我：“你们从哪里找来这么好的小演员？”我说：“这都是剧院艺术家们的后代。”几个孩子真不愧是青艺子弟，生来就有“艺术细胞”，从小就绽放出绚丽的光彩！

斗转星移，半个世纪了，当初几岁的孩子们，如今应该是50开外的中年人了，而我也鬓发斑白、年逾八十了。多年来虽未与孩子们联系，但短暂的合作，短暂的亲情，以及三个孩子鲜明可爱的形象，却留给我不可磨灭的、美好的记忆；直到现在，偶尔遇到来京探亲的小女儿丹丹，她仍亲昵地叫我“妈妈”呢！

祝愿我可爱的孩子们事业有成，家庭幸福！

2005年3月于劲松“不老斋”

原载于《老青艺的大人与孩子们》，2005年印行，第9页

“有朋自远方来，不亦乐乎”

◎ 冀淑平

我曾于1949年夏携女儿非比在浙江金华参军，成为中国人民解放军三野三十五军文工团的一员女兵。

1950年元月末，我告别战友来到北京，调至新中国组建的第一个国家剧院——中国青年艺术剧院工作。

有幸的是，我在青艺参演的第一个剧目，就是充满革命激情的苏联名剧——《保尔·柯察金》。该剧是根据苏联荣获列宁勋章的著名作家奥斯特罗夫斯基的小说《钢铁是怎样炼成的》改编的，由刚从苏联深造回国的孙维世同志导演。著名演员金山饰保尔·柯察金，张瑞芳饰冬妮娅，吴雪饰朱赫莱，我饰丽达；舞台美术设计由我的先生陈永倞担任。

青艺的首任院长廖承志同志非常重视该剧的排演，在院领导的关怀下，在孙维世同志的带领下，《保》剧全体创作人员以饱满的政治热情全身心地投入工作，“以保尔精神进行创作”是大家的共同心声。保尔那种只要一息尚存，就要为共产主义事业献身的革命精神，那种与困难和疾病作斗争的钢铁意志，深深教育和鼓舞着我们。

1950年9月，《保》剧隆重上演，盛况空前，出现了“预购戏票蜂拥至，深夜买票队伍长”的感人景象。演出一炮打响，轰动剧坛。敬爱的周总理也在百忙中抽暇观看了演出，与全体演职人员亲切会面合影，并题词留念：“钢铁是怎样炼成的是一出富有教育意义的剧”。

《保》剧上演后，各地兄弟团体纷纷来京观摩。1950年10月金秋，在这北京一年中最好的季节里，在来京的众多同行中，我喜出望外地迎来了原三十五军文工团（时已改建制为华东海军文工团，驻上海）的四位战友：魏良炎、田恺、姚思诚、李村；除了魏良炎外，其他三位还是我在剧专的学友，与永倞也有师生之谊。如此集战友、学友、师生、同行于一体的人们共聚一堂，真是亲情无限。“有朋自远方来，不亦乐乎！”为使战友们有更多的时间相聚，也为了战友们观摩、学习更便捷，他们四位在京期间，就在我家安营扎寨了。

那时，我家住在东单三条青艺宿舍（位于现东方广场的东北角），只有一间位于二楼的十几平方米的住房。由于我们安家不久，房间里除了一张双人木板床和几只箱子外，东西不多。于是，大家一齐动手，拉绳挂帘，将房间一分为二，营造了一个不错的住处。白天，拉开帘子，无障碍自由活动；晚上，一帘之隔，各就其位：我和永倞睡在帘子里面的床上，四位战友就在帘子外面临窗摆开一溜地铺，席地而卧。

在这个临时组成的“家庭”里，充满了友谊和亲情。每每聚在一起，我们总是有说不完的话，叙不完的情。我们谈《保》剧的创作与演出，从人物形象、舞台调度，到音乐、灯光、布景，从演员到观众。大家侃侃而谈，直到夜深人静，还沉浸在艺术交流与探索的快乐之中。

我们聚在一起，也常常回忆起三十五军文工团的情景。战友们不忘我作为一个科班出身、演惯了才子佳人的话剧演员，初演革命歌剧时的窘态：在《白毛女》中扮演张二婶，生硬地踩着节拍迈步；在《刘胡兰》中扮演指导员，不会拿手枪，更不知怎样往腰里“别”手枪。我们还共同回忆起金华生活的点点滴滴：战友们席地而坐，围成一圈，谈笑风生包

母女兵：在三十五军文工团的留影

饺子；到城外的金华江边洗涤衣物，假日里上街品尝当地的风味小吃“福建羹”。

四位战友在京工作得十分紧张忙碌而又卓有成效。他们晚上观摩《保》剧的演出，白天或拜访孙维世等主创人员，或到剧院有关部门参观学习，搜集资料。剧院也为他们提供了方便，临行前向他们赠送了《保》剧的全部剧照及舞台美术设计图、制作图。由此，也使青艺与海军文艺工作者建立了深厚的友谊。

四位战友回沪后，华东海军文工团很快排练并演出了《保》剧，先给部队演出，后在兰心大剧院公演，获得了巨大成功，受到黄佐临等专家的赞许与好评。

斗转星移，岁月如梭，这些往事已过去了半个多世纪。如今，当年曾是 20 多岁风华正茂的战友——思诚、老魏、李村先后英年早逝，我也年近八旬，但这段共同度过的美好时光，却深深地留在我的记忆里，永志难忘。

原载于华东海军政治部文工团老战友联谊会《半个世纪情》
丛书编委会编《亭亭海石花》，2002 年版，第 224—227 页

华东军区海军政治部文工团首次公演《保尔·柯察金》的海报

难忘的新疆之行

◎ 冀淑平

1964年，应王震将军之邀，青艺组成以邓止怡同志为首的演出队，带着《远方青年》和《豹子湾战斗》两个剧目，远赴新疆巡演。

在一年又四个月的时间里，我们送戏上门，走遍天山南北，行达程两万余里；北至乌鲁木齐、石河子、奎屯，西至伊犁，南由阿克苏、库尔勒直至塔里木河以南的各个团场（新疆建设兵团以团为单位在各地建设的农场），都留下了我们的足迹。

我们在乌鲁木齐等城市演出的场次很少，大多是在基层团场演出。每到一处，都须临时搭台，舞台工作部门的同志因地制宜，想了很多办法。例如，有时舞台太小，就把后台延伸到室外，并把礼堂两边的窗户打开，作为演员上下场的通道；有时则在露天广场搭台。

每到一处，特别是露天演出，盛况空前，除团场的战士外，老乡们也骑着毛驴从几十里外赶来。在某团场演出时正值隆冬。前台，地上、屋顶上坐满了观众，连树上都站满了人；后台，高大的炉子里炉火正旺，桌子上摆着诱人的西瓜，真正是“围着火炉吃西瓜”。

演出之余，我们请当年359旅进疆的老战士、老英雄做报告。他们说，进疆时，这里是一片荒原，是他们用双手将芦苇滩、沙滩改造为一个个盛产农作物的团场。而当这座团场的灯光亮了以后，他们又去开辟另外一个团场。塔里木一带颜色、形状各异的团场，浸透着他们辛劳的汗水。这些在战争年代中出生入死、建立了战功的英雄们，今天又作为普通的劳动者，用他们的双手，默默无闻地为祖国创造着财富。

除演出之外，我们还与来自祖国四面八方的支边青年同吃同住同劳动，并为当地的业余演出队进行辅导。记得我们曾到某知识青年点深入生活，那里都是来自上海的知青。我们白天一起劳动，晚上一同排练节目，入夜同睡一个通铺；整日里“阿拉”“侬”之声不绝于耳，如果只听说话，还以为置身于上海呢！

这些朝气蓬勃年仅一二十岁的孩子，远离家乡和爹娘自觉自愿来到边疆。有时他们会因想家而哭泣，但当他们翻动着晒在阳光下雪白的棉花时，当他们摘取紫色的茄子、嫩绿的青椒、粉红的番茄时，他们会自豪地说：“这是我们亲手种的！”这是一群多么天真可

青艺演出队与新疆生产建设兵团农一师部分同志的合影

爱又可敬的姑娘和小伙！和他们在一起，我们都年轻了许多。热情的乡亲、围场的老战士、支边的青年人，教育、激励着我们，使我们更坚定了文艺为工农兵服务的方向。

休整时，我们一同游览仙境般的天池，或一同在林荫道上散步、交心，路旁的白杨树哗哗作响，蓝天、白云，水渠中流水潺潺。富饶美丽的新疆，充实火热的生活，使同志们之间加深了了解，增强了友谊。

时间已经过去了二十多年，但新疆之行始终难以忘怀。公路两旁高耸入天的白杨，摇曳在风中的沙枣、红柳，碧绿如茵的草原和那放牧着的羊群，画一般的、宛如明镜的天池……那些将昔日荒芜的芦苇地建设成现代化农场的战士们，那些用坎土曼将戈壁滩改造成一望无际的良田的支边青年们，那些曾经和我在祖国边疆共同工作、生活过的同志们……这一切都历历在目，令人难忘。

我怀念祖国富饶、美丽的新疆，我更怀念新疆的人！

据冀淑平手稿《新疆之行琐忆》（写作时间不详）等摘编

塔里木书简

◎ 冀淑平

编者按： 中国青年艺术剧院赴新疆演出队在新疆各军垦农场巡回演出已近一年，他们在深入实际，为广大工农兵群众服务工作中受到很大教育。我们将陆续发表几位同志的信件。

××同志：

原谅我在乌鲁木齐一直没有给你写过信。

你到过新疆，因此，关于新疆如何辽阔、富饶，物产多么丰富，瓜果如何香甜，等等，就无须我再啰嗦了。

可惜，你没到过塔里木，你不知道这里出现了什么样的奇迹！塔里木，这曾被称作“进去出不来”的禁区，在我们的军垦战士的辛勤劳动下，已成为农场密布、渠道纵横、条田成片、树木成林的塞外江南。在这里，我们每两天或三天一个“点”，进行演出活动。演出场地大都是露天广场，那场面真是动人：每场观众多至五千，最少也有一千多。他们安安静静地坐在木凳上，或者干脆坐在地上。周围的树上、柴堆上都站满了看戏的人。群众多么如饥似渴地需要文化生活啊！戏演完之后，观众用他们超额完成任务的喜报来向我们致谢。当我握住一只只热情的手时，心里说不出来的激动：能有机会为这些建设边疆、保卫边疆的战士们演出而感到光荣，也由衷地感到惭愧。你是知道我的情况的，十几年来一直待在城市，又没有听党的话自觉地改造思想，背上了“名演员”的包袱。作为党领导下的文艺工作者，不去表现生活中的主人——工农兵，不为我们时代的主人——工农兵服务，是不对头的。

在塔里木，接触了许多革命前辈，有长征的老红军，有抗日战争时转战南北的老干部，有南泥湾大生产时的能手。他们当年为革命出生入死，建立过丰功伟绩，今天又勤勤恳恳地建设祖国的边疆。他们对党的事业赤胆忠心，生活上艰苦朴素，平易近人，使我受到极大的教育。一次，在一个农场里，一位穿着蓝色棉袄、褪了色的绿军裤的同志一声不响地给我们的火炉加了木柴就走了。当我们访问战斗英雄杜立海场长时，才发现那位加柴的同志就是他。瞧！战斗中的英雄，生产上的能手，在生活中就是一个普普通通的劳动者，真正的英雄是从来不以英雄自居的。又一次，一个参加过抗日战争的场长对我们讲，他几乎每三年就调动一次工作。去的时候是戈壁滩、芦苇湖，等到有了房子、水、电灯时，他又到另外的戈壁滩上去了……。面对着这些革命前辈，能不严肃地考虑究竟应该怎样对待生活、工作吗？相比之下，我更感到，"政治上只求过得去，生活上力求过得好"的思想是多么丑恶。现在，我开始在工作、生活中有意识地做个普普通通劳动者，在装台、拆台、装卸车时做些力所能及的事情；有时也为军垦战士和队里的同志洗洗补补。

顺便告诉你一件事。因工作需要，我在《豹子湾战斗》中扮演了吴彩凤。任务来得紧急，是毛主席战略上藐视困难，战术上重视困难的思想给了我巨大的创作力量；同志们一点一滴的帮助，给了我强烈的创作信心。在极短的时间内，我参加了演出。尽管目前我所体现的吴彩凤离人物要求还差得很远，但是，我在艺术创造上迈开了新的一步。你听到这事以后想必也会高兴的。

也许是第一次参加这样的工作吧，我像一只井底的青蛙忽然跳到了井外，感到天地是多么广阔，生活是多么丰富多彩，一切都是这样新鲜，这样吸引人！我感到自己的心胸开朗多了，同志们也说我年轻了。虽然，现在还算不得真正深入生活，但是，看到的、听到的，已经使我受益不浅，我已经开始尝到了甜头，今后还要争取更加深入地到火热的斗争中去。

原载于《北京晚报》1965 年 7 月 14 日第三版

新疆演出队的同志们在阿克苏留影
引自张健钟主编《半个世纪的舞台历程——中国青年艺术剧院 1949—1999》

院庆感怀

◎ 冀淑平

欣逢培育我成长的沃土——青艺建院50年大庆，心潮起伏。多少往事涌上心头，仿佛就在眼前。

怎能忘，我们的第一任院长“廖头”——廖承志同志。这位矮矮胖胖、操着广东腔普通话、总是笑呵呵的长者，他哪像一位“官员”？（当时他是团中央书记）倒像位慈祥的家长。他一再教导我们：解放区来的老同志和地方来的进步戏剧工作者，就像两个拳头；两个拳头要拧成一股劲，取长补短互相学习，共同建设青艺，建设新中国的剧场艺术。在《保尔·柯察金》中，他粉墨登场，扮演冬妮娅的丈夫。演出之后，他和我们一起走出剧场，迎着习习微风，呼吸着清新的空气，一同到东单二条口的小摊上，坐着长条板凳，品尝一毛钱一碗的馄饨和烧饼夹肉，谈笑风生；谁也不觉得他是一院之长、团中央的领导。为了安全，他的警卫员一再提醒他不能这样随便，但他却毫不在意，总是和我们一起吃宵夜，共享美好的夜晚。

怎能忘，我们的总导演孙维世同志，老一辈戏剧家金老山（金山）同志，我的良师益友路曦同志。维世导演充满青春活力，和蔼可亲，她那爽朗的笑声至今回响在我的耳边。作为演员，在她面前你会很自然地敞开心扉，毫无顾虑。她从不疾言厉色，总是委婉地、耐心地诱导你达到她的要求。她和同志们打成一片，女同志更是和她情同姐妹。她导演的《保尔·柯察金》50年代初轰动剧坛，观众带着铺盖半夜排队等候在“青年宫”剧场前，各兄弟团体争相来京学习。她导演的《万尼亚舅舅》蜚声国内外，曾在第一届全国话剧会演时作观摩演出。1950年，已是不惑之年的金老山，在排演《保尔·柯察金》时，为了塑造少年的保尔，剪成童发头，腰扎绳子，凌晨在长安街上跑步、跳跃。他塑造的万尼亚舅舅更是有口皆碑，为了这个角色他如痴如醉。后来出版的《一个角色的创造》是他心血的结晶，艺术创造的结晶，是我们学习的好教材。早在40年代就以《风雪夜归人》中的玉春、《清宫外史》中的慈禧太后等角色享誉大后方的路曦所扮演的纯真的苏尼亚，感人至深。在创作中，我们互相切磋，为了第二幕闭幕前苏尼亚和叶琳娜“和好”的那场戏，我们探讨到

《万尼亚舅舅》演出后剧组的合影

深夜，以至回不了家，只好在她的宿舍抵足而眠。

我们的“斑哥”（王斑）同志、精明能干的院长助理熊伟同志、老大姐蓝樱同志和幽默的江老水（江水）同志，也都在《万》剧中完满地创造了鲜明的舞台形象。《万》剧的创作是艰苦的，尤其我是在全剧初次连排后，由扮演玛雅改为扮演叶琳娜的，困难更多。艺术顾问、苏联专家列斯里对演员要求甚高，有时我会因为不能理解他的要求而紧张得不知所措。在这种时候，往往是他（她）们悄悄地、轻松地为我指点迷津，使我顿有所悟，获益良多。

怎能忘，我们的副院长、导演邓止怡同志，多年合作共尝创作艰苦共享创作喜悦的邵华、王尚信、王培、雷平等艺术友人。事实上，我们从未称呼过邓止怡同志为“院长”，总是亲昵地叫他“老邓”。他心胸坦荡，光明磊落。作为导演，他积极扶植现代剧目，努力培养青年演员；在艺术上充分发扬民主，善于调动演员的积极性。他导演的《霓虹灯下的哨兵》，主要角色都由青年演员担任，老演员演群众，并且要求我们老演员，没有台词只有一个过场戏也要像“灯泡”似的发亮。在他的启发下，邵华和我设计为一对夫妇。我烫着“油条式”的长发，身穿花绸旗袍，脚蹬绣花鞋，挽着身穿白色西装、白色皮鞋，风度翩翩的“丈夫”上场，悠闲地在马路上散步。当看到又黑又粗壮的“大个子”哨兵时，像发现了什么“怪物”，惊恐、厌恶地打量着他，说了句：“哎哟！吓死人哉！”然后，略侧身，像躲避瘟疫一样匆匆下场。每次演出，这点戏观众都会发出笑声。类似这样的戏，都是老邓发动大家搞出来后，经他筛选用于戏中的。①

邵华同志在政治思想、艺术创造方面，都对自己要求非常严格。他扮演过中、外、大、

① 王培在《艺术家的探索和创新——记邓止怡同志》一文中也有此记述：“著名话剧演员冀淑平在剧中扮演一个一句台词也没有的上海滩的过路的妇人，至今也留在观众的记忆中。他（她）们的创造都富于新意——而这正是导演邓止怡同志所追求的。”见中国青年艺术剧院艺术室 蔡体良编《艺耕集》，中国戏剧出版社 1984 年版，第 112 页。——编者注

小众多角色，比如印度名剧《沙恭达罗》中的丑角，《中锋在黎明时死去》中的拍卖人，《红色风暴》中的英国大使等。他在青艺舞台上从未演过主要人物，但他是不可或缺的绿叶；绿叶衬托着红花，使红花更加艳丽多姿。他从未到过四川，但他一句句地学，硬是在四川方言剧《抓壮丁》中成功扮演了佃农姜国富。他在电视剧《四世同堂》中主演的祈老爷子，更是脍炙人口。

老邓和王培联合导演《权与法》时，演员们常常为某一问题争论不休，各抒己见，然后由二位导演统一意见，阐明他们的解释。王尚信扮演的罗放书记，激情、亲切。王尚信曾首次将贺龙将军的形象成功地搬上话剧舞台，还在电影《燎原》中扮演刘少奇（雷唤觉），《佩剑将军》中扮演将军。王培曾在电影《早春二月》中扮演钱正兴，在《邻居》中扮演党委书记袁亦。《邻居》一片曾荣获金奖。他在《上海屋檐下》里扮演车夫，在剧本中这是个无名的群众，在台上仅出现一分钟。他调动童年的记忆，精心塑造，创造出真实、感人的形象，为“没有小角色，只有小演员”作了最好的诠释，“一分钟的戏剧”在剧坛传为美谈。《权与法》的排练，充分展现、发挥了他作为导演的才华和智慧。《权与法》剧组合作得非常愉快，导演与演员、演员与演员之间，坦诚相见，互相配合、启发。该剧荣获文化部直属院团观摩演出奖。邵华、王尚信、王培，我们曾一起在新疆度过一年多难忘

新疆演出队的同志们与兵团领导合影
前排：王尚信（右一） 二排：王培（左二）、邵华（左三）

的岁月。我们带着《远方青年》《豹子湾战斗》两个剧目，在乌鲁木齐等城市演出数场，同时送戏上门，走遍天山南北，巡回演出。每到一处，临时搭台，特别是露天演出，盛况空前……热情的乡亲，围场的老战士，支边的青年，教育、激励着我们，使我们在思想上得到升华……

雷平同志对艺术创作一丝不苟，精益求精，生活中艰苦朴素，平易近人，时刻不忘记共产党员的模范作用。她创造的三嫂子、瑞珏、吴彩凤、贺湘等性格各异的妇女形象，个个光彩熠熠。我们敬爱的雷大姐，不愧为德艺双馨的表演艺术家。

安息吧，我尊敬的、亲爱的、给我以教益的人们！你们为青艺献出了青春、热情、爱心，为青艺建立了卓越的、不可磨灭的功勋。青艺不会忘记你们，历史不会忘记你们，你们永远活在我的心中！

看今朝，形势喜人。青艺人才济济，群星灿烂。话剧有姐妹艺术不可替代的、独特的魅力，我坚信，青艺必将在话剧艺术的发展中作出新的贡献。祝愿抚育我的青艺出人才，出好戏，迎接新世纪的到来。

原载于《青艺》1999 年第 1 期，收入本书时有删节

1984 年 4 月 16 日青艺建院 35 周年在北京饭店举行盛大庆祝会
第二排左起：金淑之、雷平、陈颙、冀淑平

挪威纪行

——’96 易卜生戏剧节侧记

◎ 冀淑平

我有幸受挪威国家剧院艺术总监爱伦·霍恩和易卜生国家戏剧节主席桑尔德·斯岛的邀请，荣幸地参加了今年 8 月 30 日至 9 月 14 日在挪威首都奥斯陆举行的 ’96 易卜生戏剧节，留下了难忘的、美好的记忆。

1995 年 5 月 8 日和 9 日，挪威王国驻华大使馆和中国翻译工作者协会共同在北京举办了集中、挪两国易卜生专家学者于一堂的“易卜生学术研讨会”。我以曾经的娜拉扮演者身份参加了这次盛会，并作了《我是怎样扮演娜拉的》大会发言。会上，我结识了爱伦·霍恩。当我得知我们剧院 1956 年排演《娜拉》时的艺术顾问——挪威国家勋章获得者、国家剧院导演、戏剧学校副校长盖达琳夫人尚健在且已百余岁高龄时，非常高兴。盖达琳夫人曾热情地指导我们的排练，相处时间虽短，但以吴雪导演为首的《娜拉》剧组的同行们与她结下了真挚、深厚的友谊。我请霍恩女士回国后代我问候盖达琳夫人，带去我对亲爱的盖达琳夫人的怀念之情。交谈中，霍恩女士对我说：“回国后，我将提一个很好的建议：邀请你到挪威来。”

今年 3 月，我接到了挪威朋友热情洋溢的邀请信，邀请我和一位同伴参加当年的易卜生国家戏剧节。于是我和长女陈非比于 8 月 29 日飞向奥斯陆。

飞抵奥斯陆

出乎我的意料，爱伦·霍恩、桑尔德·斯岛女士和翻译崔剑先生亲自到机场迎接我们。当爱伦·霍恩将一束鲜花送给我并热烈拥抱我时，我的心似乎加速了跳动。她们在百忙中竟然在机场等候了一个多小时（在哥本哈根转机时因故障而延误）。奥斯陆的第一次见面就使我深受感动。

我们被送往距国家剧院很近、位于皇宫后面的皇家花园饭店。霍恩告诉我，非常高兴

与挪威国家剧院艺术总监爱伦·霍恩（左）和'96 易卜生国家戏剧节主席桑尔德·斯岛（右）合影

我能到挪威来，考虑到我的年龄、身体，只安排我参加开幕式，会见盖达琳夫人和参观易卜生故居等几项活动。如果要看演出，可请翻译崔剑先生通过组委会秘书长留票，崔剑先生将负责全程陪同我，照顾我。她还一再嘱咐我注意身体，不要太累。精心的安排、无微不至的关怀，饱含着浓浓的深情。

在前往饭店的途中，我们看到马路两边高悬着欢庆易卜生戏剧节的长长条幅，在开幕之前，节日的气氛已经洋溢在奥斯陆的街头。

盛大的开幕式

戏剧节的开幕式在国家剧院举行。国家剧院坐落在市中心，两层楼，有一个大剧场和两个小剧场，可以同时上演三个剧目；有演员50多位，几乎每日都有演出。剧院门前广场上，一边耸立着易卜生的雕像，另一边是挪威著名诗人、国歌作者的雕像。

8月30日晚，我在翻译的陪同下来到国家剧院大剧场。没有想到的是，在剧场入口处的门边，一个木架上摆放着青艺演出《娜拉》的剧照、演出情况介绍和说明书等资料。

7时许，开幕式准时开始。首先，由爱伦·霍恩致欢迎词；随后，她介绍我与观众见面。她说："这是本届戏剧节唯一的特邀嘉宾——1956年在盖达琳夫人指导排演的《娜拉》中成功扮演了娜拉的'中国娜拉'冀淑平女士！"在热烈的掌声中我走上舞台，满怀深情地感谢主人对我的盛情邀请，预祝戏剧节圆满成功，祝福中挪人民的友谊万古长青。

紧接着由挪威文化部长致辞。她身着黑色长裙套服，高高的身材，浓黑的秀发，美丽的容貌，戴着闪光宝石耳环，风度非凡。她讲述了戏剧节的意义，易卜生在世界的影响，等等。她幽默、风趣，在长约十分钟的讲话中，听众时而鼓掌，时而发出笑声；可以感受到这位女部长与观众们是心心相通的。

开幕式后由挪威国家剧院演出《觊觎王位的人》。这是易卜生早期根据挪威民间传说和历史撰写的剧本，描写了争夺王位的斗争。虽然有语言障碍，但我仍能感受到演员们饱满的激情和娴熟的演技。舞台上仅有几条黑色的幕布，主要靠灯光表现不同的环境，包括战斗场面。演出非常成功，闭幕后，观众掌声不断，后来形成有节奏的"齐拍"。

多彩的演出

参加本届戏剧节的有加拿大、捷克、以色列、芬兰、中国、俄罗斯、英国、瑞典等八个国家；演出剧目有《觊觎王位的人》《海上夫人》《群鬼》《野鸭》《培尔·金特》（有两个国家演出），以及《人民公敌》等。

我国参加本届戏剧节的中央实验话剧院，在小剧场演出了易卜生四大社会问题剧之一的《人民公敌》。这是一台移植到现代中国的成功的演出，导演构思以及舞美设计、服装、道具等，都力求体现我国的特点。黄小立、李如平、张家声等演员，无论台词、形体都很见功底，演技高超，不愧为国家剧院的演员。此剧的改编非常成功，矛盾冲突尖锐，把易卜生“世界上最有力量的人是最孤立的人”的思想，鲜明地体现了出来。不同的语言没有造成任何障碍，该反应处观众们都有反应，情绪非常热烈，演员谢幕多达五六次。当演员们谢幕后经过我面前时，我情不自禁地起身与他们握手表达我由衷的祝贺，感谢剧组同行们的创造，使我国的话剧征服了挪威的观众，为中挪两国文化交流作出了出色的贡献。

拜见盖达琳夫人

8 月 31 日，盖达琳夫人的女儿、女婿陪同我去养老院看望盖达琳夫人。走进房间，只见她安详地坐在轮椅上——这就是我非常想念的、105 岁高寿的、亲爱的盖达琳夫人！她，红红的面颊，银色白发挽了个圆髻盘在头顶，眼神虽有些呆滞却和当年一样的慈祥。我将鲜花献给她，将丝巾披在她的肩上，给她看当年在颐和园拍的照片……她的女儿附在她的耳边轻声细语，不停地告诉她：你的“中国女儿”来看你了。盖达琳夫人时而发出“呵……呵”的声音，时而看看我们；从她的眼神中看出她已经认出了我。

与盖达琳夫人及其女儿合影

40 年前，工作之余我们曾一同游览北海、泛舟颐和园，这一切仿佛就在昨天。40 年后的今天，又欣喜地看到她这样高寿，虽然不能用语言表达情感，但仍然神志清楚。当我轻轻地亲吻她的面颊时，我的眼睛湿润了……欢聚、幸福的时刻常常是短暂的。院方为了照顾远道而来的中国客人，才破例在午餐前极短的时间让我们会见；护士小姐来接她进餐，我们目送她离去……

“再见，亲爱的盖达琳夫人，你的中国女儿永远为你祝福。”我在心里默念着。

山顶餐厅的欢聚

离开养老院后，我们来到远离市区的福格纳山顶餐厅。这是建筑在山顶上的一座深棕色木结构二层楼房，尖顶，颇具东方色彩，别具一格。站在山上放眼望去，晴空万里飘着朵朵白云；山下，蓝色的大海静静地躺着；只有海边才有的清新、湿润的空气，沁人心脾。广场上，蘑菇形的遮阳伞下，休闲的人们沐浴着阳光，尽情享受着大自然的恩赐。

在山顶餐厅二楼的一间大餐厅内，由爱伦·霍恩主持为我举办了一场记者招待会。与会者包括挪威国家剧院的导演，挪威电视剧《玩偶家庭》中扮演娜拉的著名女演员，40年前陪同盖达琳夫人来我国的克努姆先生，挪威国家电视台、奥斯陆电视台记者以及英国戏剧报记者等。爱伦·霍恩把1956年我们剧院送给盖达琳夫人的《娜拉》剧照拿给来宾传阅；之后，我谈了当年《娜拉》的演出情况和我对娜拉的理解，并回答了记者们的提问。不知是哪位记者提出要我表演一段台词，众人随声附和。我半玩笑半认真地说：“事隔四十年了，诸位在给我出难题。”大家仍一再要求，盛情之下，我思索片刻后，选择了娜拉出走前的台词。我指着坐在对面的盖达琳夫人的女儿，说：“她就是海尔茂，庄重、严肃、眼含热泪的娜拉面对自己的丈夫”：

> 小时候我是爸爸的玩具，到了你这里又成了你的玩具……**八年了**①，我们从来就没有正正经经地坐下来谈过一件事……我和一个**陌生人**生活了八年，给他生了三个孩子！……首先，我是一个人，一个**和你一样**的人！……法律、道德我是不懂，所以我要去学，至少我要**学着**做一个人，所以我要离开你。……

极短的静场后接着是人们的赞赏。自己觉得是动了感情的，这可以说是有趣的插曲吧。

会后在正厅就餐。主人选择这里是为了请我品尝挪威的特产：野味。主菜有驯鹿肉，野菌和草莓、山葡萄、樱桃等野果做的甜食。烛光下，宾主为友谊频频举杯；令人尊敬的克努姆先生风趣地讲述他当年在中国的见闻；我对主人的盛情款待表示深挚的谢意。谈笑风生中，这顿午餐竟然用了两个小时。后来崔剑先生告诉我，这里是奥斯陆有名的旅游点，食品是高档次的，昂贵的；这是对嘉宾很高的礼遇。

午餐后，我在爱伦·霍恩等陪同下，兴致勃勃步行至附近著名的跳雪台参观游览，亲身领略了挪威这个冰雪运动之国的别样风采。

---

① 加重的字为作者手稿上加了圆圈的字，表示台词的重音所在。——编者注

别开生面的“易卜生接力赛”

负责剧院信息部的“让”女士，邀我于9月3日下午参加了“易卜生接力赛”的开幕式。这是很有意义的活动。开幕式演出的剧场属于地区，由国家剧院领导，国家剧院有时也在这里演出。“易卜生接力赛”也是戏剧节的活动。挪威19个省的中学都有业余剧团，在19个省的剧团中选拔4个到奥斯陆来，然后再从中选两个参加戏剧节的演出。

因为来自各地，需要互相认识，在“易卜生接力赛”的开幕式上，各个剧团以不同的方式自我介绍。有的朗诵易卜生的诗句，有的化装表演话剧片断，有的则音乐配合形体表演……形式多种多样；演员们自由、活泼、朝气蓬勃，充满了青春力量。

富有远见卓识的挪威艺术家们，很重视培养易卜生戏剧的接班人，或许，若干年后，易卜生专家、名演员、名导演就来自这些青年。

访问易卜生故乡——希恩

应希恩市市长、易卜生剧院院长、希恩市易卜生事务协调官的邀请，我和中央实验话剧院的同行们，于9月13日驱车前往希恩访问易卜生故乡。沿途多为丘陵，一面傍山，一面临海，风光迤逦。粉色、蓝色、白色，造型大同小异的休闲别墅散坐在山坡上，蓝色的港湾中停泊着私人游艇；放眼望去，宛如一幅典型的欧洲风景画。人在画中行，令人心醉。

车行约三小时后，我们来到位于希恩市中心的“易卜生剧院”。据介绍，该剧院由两个省合办，有25位演员，每年上演5—7个剧目，除易卜生的作品外，也演其他剧目。

剧院为我们演出了《培尔·金特》的三个片段。院长解释，这是专为13岁左右的孩子们演出的版本，为了让他们从小就认识易卜生，热爱易卜生，选择孩子们能够接受的场次，将演出时间压缩到一小时。演出很精彩，四位演员演了三场戏。两位女演员，一位兼演培尔·金特的母亲和妖后，一位兼演农村女孩和女妖，还兼作效果；另一位男演员兼音乐师。四位演员一台戏，还包括了剧情需要的音乐、音响和效果。

时间安排得很紧，我们向演员们祝贺后，匆匆赶往郊区的易卜生童年故居。易卜生出生时他家在市中心；他7岁时市中心的家被一场大火烧毁，他家破产后迁入现在的故居；这里原来是一座乡村别墅。

展览内容很丰富，有易卜生少年时画的画，他的自画像和各个时期的照片；他的书房、卧室、餐厅等，绝大部分都是原物。讲解小姐告诉我们，易卜生儿时就喜欢音乐、绘画，还自编自演傀儡戏，常在家庭宴会上表演节目。楼上斜顶的阁楼，据说是《野鸭》一剧中阁楼的原型。另一部分展室，则展出了易卜生作品在世界各地演出的剧照。1956年我们剧

易卜生故居内展出的青艺《娜拉》剧照

在易卜生故居外草坪上手捧展品《娜拉》剧照留影

院演出的《娜拉》的彩色剧照，挂在两面墙上，非常醒目。

参观期间，先后有三位当地记者匆忙赶来，且另有任务要尽快赶回；于是抓住我又是采访，又是拍照，使我没能专心、详尽地参观，至今引为憾事。

参观后，返回希恩市中心，希恩市长在省展览馆内的一个大厅设鲟鱼宴招待我和中央实验话剧院的同行。据介绍，来这里参观的人很多，但这个大厅此前只接待过一次王后，接待我们是第二次；这是挪威人民给予我们的殊荣。

与希恩市市长的合影

到了易卜生的祖国，我进一步认识到易卜生的伟大。易卜生不仅是挪威著名的诗人、戏剧家，而且是近代欧洲戏剧的创始人，为近代戏剧开辟了一个新纪元。他的作品思想深刻、主题突出、结构严谨，他的影响遍及世界各个国家。他的思想超越了时代、地域，至今仍指导着人们怎样对待生活，怎样做一个真正的人；他永远活在热爱他的人民的心中。易卜生不仅属于挪威人民，是挪威的骄傲；也属于世界，是世界人民的骄傲。

感谢挪威国家剧院艺术总监和易卜生戏剧节主席的盛情邀请，在我年逾古稀之时，幸运地访问了易卜生的祖国；那里的山山水水，那里善良、热情、友好的人民，将铭记我心。

奥斯陆之行，是我一生中最美好、最幸福的回忆。

原载于《老年文化》1997 年 1 月创刊号（文化部离退休人员服务中心主办）；
收入本书时据冀淑平同名手稿略有删改，文内标题由编者加配

最美夕阳红

◎ 陈非比

2003年，爸爸走后的第四个年头，妈妈进入了耄耋之年。这年8月，平日不擅作诗的妈妈用一首《念奴娇·八十抒怀》表达了自己的情怀。也许，这首词的韵律不那么讲究；但，它所抒发的情感是真诚的、炙热的。

念奴娇

八十抒怀

神州大地，贺党庆、亿众无限深意。
八十二载峥嵘史，迎来璀璨盛世。
回首往事，淑平稚子，瞬间八十齿序。
孜孜一生，无负人民抚育。

少时学艺渝州，得遇良师，传周公勉励。
坚定方向求进步，从军又复从艺。
花甲之年，入党宣誓，人虽已离休。
与时俱进，奉献永无尽期。

回顾走进新中国后妈妈的生命历程，特别是她晚年离休后留下的足迹，我见到了她“奉献永无尽期”的身影。

（一）

总结自己成长的经历，妈妈曾在一份思想汇报中这样写道：

我虽然在旧社会生活了 26 年，但我一旦投身于革命队伍的熔炉，就立刻被一种崭新的生活所感奋，所吸引。1949 年 8 月，我为“找出路”到浙江金华参加了中国人民解放军三野三十五军文工团。在那里，我们吃粗茶淡饭，睡稻草地铺，排革命歌剧，下基层连队；物质生活虽然艰苦，但精神上却非常充实。我第一次看到，世界上还有那么一些人，他们不为名、不为利，不怕苦、不怕难，一心为劳苦大众的解放而斗争，哪怕赴汤蹈火、流血牺牲也在所不辞。他们，就是中国共产党人。我第一次懂得了，做人就要做有远大理想的人。

妈妈参军那年我快满八岁了，就一同被接纳入伍当了一名小小的文艺兵，而我们俩也成为那时团里唯一的一对“母女兵”（同在一个团里的还有一对“父子兵”）。正因为如此，我非常了解，那段当兵的经历虽然短暂，但对妈妈的影响却非常深远。

1950 年 1 月，怀揣着军人的荣誉和对新生活的憧憬，妈妈离开金华来到北京，加入了刚刚组建不久的中国青年艺术剧院。

初到剧院，组织上常分配妈妈去做一些辅助性的工作，如做剧务、接待外宾、辅导业余剧团，等等。每次，她都二话不说，全力以赴做好工作，把它们都当作是锻炼、改造自己，接触、积累生活的机会。

男八中、女一中联合剧团周年纪念合影，一排左一席地而坐的是时任剧团辅导员的冀淑平

接待朝鲜铁道兵文工团担任报幕员，她受到朝鲜同行的称赞，每当晚上演出结束，她都会笑盈盈地手捧着鲜花归来，那是朝鲜朋友对她的褒奖。担任男八中、女一中联合剧团的辅导员，她与孩子们之间亲密无间，一张摄于近七十年前的合影见证了他们之间的友谊，那个席地而坐的“大演员”是多么平易近人！通过这些实际工作，妈妈懂得了，轰轰烈烈的事业，正是由平凡的琐事组成的；一个立志为人民的事业献身的人，就必须从一点一滴做起，在组织分配给自己的岗位上兢兢业业地工作。

在妈妈的思想汇报里，她曾多次坦诚地谈到自己艺术创作道路上的体会。

> 1956 年接受扮演娜拉的任务时，自己因患肺结核本应半日工作，排练中出现了畏难情绪，怕身体垮；另一方面，《万尼亚舅舅》上演后滋长了骄傲情绪，使自己产生了杂念：怕“砸牌子”。当我意识到这些问题时，及时争取组织的帮助，使我认识到个人的患得患失，会影响到国际文化交流的大事；进一步懂得了革命文艺工作者应该将艺术创造的过程当作思想改造的过程。
>
> 《娜拉》上演后，我因肺叶出现空洞住进了疗养院。院党委书记亲自去看我，要我安心养病，把养病当作政治任务来完成，使我从心底感到组织的关怀和温暖，使我能乐观地对待疾病。我牢记毛主席“战略上要藐视敌人，战术上要重视敌人”的教导，不怕吃苦，坚持治疗，密切与医护人员配合，仅仅七个月的时间，肺部的空洞居然出乎意料地闭合了！这与在旧社会朋友得了肺病因穷困无力医治口吐鲜血死去，是多么鲜明的对比！

1983 年 2 月，妈妈在花甲之年被《樱桃时节》剧组支部接受为预备党员。回顾在剧院三十多年的从艺生涯，妈妈感激在院领导和同志们的关怀和培养下，才能创造出几个闪光的舞台形象，愿余生继续为人民服务，为大多数人的幸福而献身。

（二）

从参加党的队伍至辞世，妈妈走过了生命最后的几十年；她，践行了自己继续为人民的艺术而献身的誓言了吗？

1983 年 5 月，当《樱桃时节》首演成功获得国内外的好评后，剧组进行了认真的艺术总结。妈妈在这个剧中扮演的勃里亚夫人仅有三场戏，并不是主要人物；然而，在中国国家话剧院的资料库中保存的妈妈的总结手迹《难忘的〈樱桃时节〉——扮演勃里亚夫人随感》，却长达 15 页约 6000 多字。对于一个年逾花甲、早已成名的老演员，对于这么一个并不重要的角色，她满可以不必这么认真；但在这份总结中，她不仅回顾了在《樱》剧组所受到的思想教育，深入细致地阐述了创造勃里亚夫人这个人物的过程，也总结了自己

《樱桃时节》剧组半百以上演员与导演陈颙合影
自左至右：李庆祥、陈颙、冀淑平、刘燕生、郭寿阳

塑造人物中的缺欠和不足，“以便在今后的演出中继续创造”。

1984 年离休退出舞台第一线后，妈妈并没有完全终止自己的艺术创作活动。

1985 年 11 月，妈妈应邀参加了电视小品《闪光的红十字》的拍摄。年过花甲的她，与剧组的朋友们一起，登长城，赴桂林，下漓江；在其中的第一个节目《如期合影》中，她与姜祖麟伯伯成功扮演了一对可爱的华侨夫妻。

1987 年，为纪念毛主席《在延安文艺座谈会上的讲话》发表 45 周年，剧院再次复排话剧《抓壮丁》。这个剧目是毛主席 1942 年发表《讲话》后的产物，1950 和 1962 年又两次搬上青艺的舞台，并于1963年拍成电影。“文化大革命”之初，影片《抓壮丁》被打成“毒草”，意在陷害支持此剧拍摄的罗瑞卿同志。1987 年，参与过该剧演出的老同志，以年逾花甲或古稀之身重上舞台。曾在 1950 年公演时扮演李老拴妻的妈妈，这年已 64 岁，也以饱满的热情登台献艺。《抓壮丁》再次成功上演，受到了观众的热烈欢迎。在妈妈的老照片中，特意保存了这次“老家伙们”演出《抓壮丁》后的留影。

电视小品《如期合影》（1985 年 11 月摄于桂林）

冀淑平的照片题字："为纪念《座谈会讲话》发表 45 周年，老家伙们重演《抓壮丁》于首都剧场，与有关领导同志合影。1987.5.22."；站立者前排右四为冀淑平

（三）

离开舞台第一线后，妈妈并没有停下自己的脚步，仍然行进在探求话剧艺术的征程上——她，倾心于对自己的角色创造反复进行认真的艺术总结。

1954 年，妈妈曾在纪念世界文化名人契诃夫而上演的《万尼亚舅舅》中，扮演了主要人物之一叶琳娜。妈妈扮演叶琳娜的过程，颇具传奇色彩。记得妈妈曾对我们讲过，《万》剧建组之初妈妈并没有担任角色，后因扮演玛雅的演员生病，妈妈就接替她扮演玛雅——万尼亚的母亲，一个性格古怪的老太婆。《万》剧连排后不久，一天，排戏结束后，新来剧院担任《万》剧艺术指导的苏联专家列斯里突然对她说，"你，过来，从这边走过去。"于是，妈妈就从舞台左边走到舞台右边；"再走回来。"妈妈又从舞台右边走回来。然后，列斯里又让她朗诵一首诗，她毫无思想准备，就随口吟出"春眠不觉晓，处处闻啼鸟……"之后，她就接过了扮演叶琳娜的重担。由于创作这个角色的时间比别人少了一半，她全情投入加倍努力。短短两个多月的紧张排练中，她在活页笔记本上写下了长达数万字的角色创造笔记《叶琳娜》——从第一幕幕前直写到全剧大幕落下之后。这份落款"淑平 55.1"的手稿，后由他人代为抄写复制，至今仍保存在国家话剧院的艺术档案中。

叶琳娜是妈妈在青艺舞台塑造的第一个有影响的重要角色，也获得了各方的好评。因此，她十分重视这个角色的艺术总结，多年来一直在《叶琳娜》一文的基础上，继续挖掘角色创造的真谛。我在妈妈的手稿中发现，仅仅在1982—1983年期间，妈妈就撰写了三份与《叶琳娜》这篇角色创造笔记有关的文字：

《真实·具体——从叶琳娜札记想起的》（1982年初稿）

《真实·具体——从〈叶琳娜〉笔记所想到的》（1982年10月—11月26日）

《真实·具体——〈万尼亚舅舅〉叶琳娜·安德列耶夫娜创造笔记所想到的》（时间不详，由他人代为抄写）

这三篇手稿各自大约都有万余字，我无法考证它们是否发表过。但我知道，直到《万尼亚舅舅》首演34年后，即1988年，妈妈还在青艺院刊《青艺》1988年第4期上发表了《我心中的叶琳娜》一文。

《权与法》中的丁牧是妈妈扮演的最后一个主要角色，首演于1979年10月。1980年至1983年，她曾反复对丁牧的艺术创造进行总结，写了上万字的手稿。1984年纪念青艺建院三十五周年之际，这篇手稿的缩编版《我怎样演丁牧——〈权与法〉创作札记》，被收编入《艺耕集（续一）》一书（中国青年艺术剧院资料编辑室编，1984）。

1993年，为纪念青艺院庆45周年，妈妈撰写了一篇共49页、约1.5万字的长文《忆往昔 念故人》，对《万尼亚舅舅》《娜拉》《权与法》三个戏的创作过程作了全面回顾，也表达了对那些逝去的艺术友人的深切怀念。这篇长文大幅缩编后发表于《青艺》1993年第5期。那年，妈妈已进入古稀之年。

1999年，中国青年艺术剧院建院五十周年华诞之际，院刊《青艺》开设了《50年院庆专辑》，二十多位老艺术家撰文回忆了半个世纪以来青艺的发展历程。那一年，妈妈已76岁高龄，但她也发表了热情洋溢的《院庆感怀》，深切怀念那些已故的艺术友人，致敬曾经为剧院建设作出过无私奉献的先驱者。

（四）

20世纪90年代中期，年过古稀的妈妈仍然在为国际艺术交流活动而奔忙。

1995年5月8—9日，挪威王国驻华大使馆和中国翻译工作者协会共同在北京举行了一次“易卜生学术研讨会”，中挪两国一些著名的易卜生专家、学者和戏剧艺术家到会。

作为新中国成立后的第一位“娜拉”，妈妈也应邀参加了这次盛会，并以《我是怎样扮演娜拉的》为题在大会上发言。会后，反映这次会议成果的《易卜生研究论文集》由中国文学出版社隆重出版，妈妈的文章和剧照也被收入其中。

时任挪威王国驻华大使白山先生在为该书所作的《祝贺〈易卜生研究论文集〉出版》一文中特别指出：

易卜生的有些剧本过去在中国也出版过，而且还在不同时期的舞台上演出过。随着1949年的政治变革，中国对欧洲戏剧和易卜生的剧本产生了新的兴趣。迄今为止，最值得纪念的是挪威和中国戏剧界人士1956年共同合作演出《玩偶之家》的盛举，由挪威演员兼导演盖达琳夫人当顾问，中国的冀淑平扮演了娜拉。这次易卜生研究文集的出版将为挪中之间的进一步合作铺平道路。

1957.1.20

Воскресенье, 20 января 1957 г. № 17 (549)

НАМ ПИШУТ

Ваши советы помогли мне

Дорогой учитель, Платон Владимирович Лесли!

Наступил 1957 год, разрешите мне выразить Вам и Вашей супруге горячие и сердечные поздравления и пожелать Вам нового счастья в Новом году!

В настоящее время я нахожусь на лоне природы, но, к сожалению, здесь не Ботанический сад, а санаторий. В этом живописном месте есть вечно- и поехать на лечение в санаторий.

Постановка пьесы «Нора» получила восторженную оценку зрителей. Исходя из моего сценического исполнения, все считали, что я сыграла роль Норы лучше, чем сыграла роль Елены.

Своими успехами я, в первую очередь, обязана Вашей помощи Ваши указания и советы помогли мне во многом.

Большим счастьем для меня явилось и то, что я имела возможность принимать участие в репетиции пьесы «Дядя Ваня» под Вашим руководством. Вы помогли мне по-настоящему осознать, как артистам нужно подходить к своей творческой работе. Ваши советы и указания всегда остаются для меня направляющей силой. И никогда не забуду товарищеской искренней помощи, оказанной Вами. Я часто с чувством благодарности и радости вспоминаю о Вас. Ваш образ часто встает пе-

Автор письма в роли Норы в одноименной пьесе Ибсена.

Фото Цао Си-лина.

苏联媒体关于青艺上演《娜拉》的报道
中国国家话剧院提供

妈妈在这次研讨会上声情并茂的发言，引起了与会者特别是挪威戏剧家的关注，他们惊叹四十年前新中国第一位娜拉的成功扮演者，一位已经年过古稀的老人，如今竟然还是这样神采奕奕，风韵不减当年。于是，挪威戏剧家们果断作出决定——邀请冀淑平女士参加来年在挪威举办的’96易卜生国家戏剧节。

1996年1月15日，一封热情洋溢的邀请函从挪威国家剧院飞到妈妈手中：

亲爱的冀淑平女士：

……我们都很盼望能见到您。由于五十年代成功地扮演了娜拉这一舞台形象，使您成为挪威戏剧界中名副其实的传奇式人物，当时演出的一些剧照现陈列在SKIEN附近易卜生童年的故居里。

我们在此荣幸地邀请您及一名同伴参加于今年8月30日至9月14日举行的易卜生戏剧节。

…………

挪威国家剧院艺术总监
易卜生国家戏剧节主席

妈妈在“易卜生学术研讨会”上发言

邀请“一名同伴”，是为了在出行期间能有人全程照料年事已高的妈妈，挪威朋友们考虑得多么周到！1996年5月10日，作为妈妈陪同者的最佳人选，我收到了由挪威国家剧院艺术总监和易卜生戏剧节主席亲自署名的’96易卜生国家戏剧节的邀请函：

亲爱的陈非比女士：

我们十分高兴地从您母亲冀淑平女士处获悉她已接受邀请与一名陪同前来参加将于8月30日至9月14日举行的本年度易卜生戏剧节。

我们也十分高兴冀女士选择您作她此行的陪同。在此我们正式确认邀请您们二位作为嘉宾参加本次戏剧节。

1996年金秋时节，我陪同妈妈飞往北欧美丽的滨海国家、易卜生的故乡挪威，度过了一段令人难忘的美好时光。

回国后，妈妈撰写的《挪威纪行——九六·易卜生戏剧节侧记》，被文化部离退休人员服务中心主办的《老年文化》创刊号（1997年1月）采用，并冠以《文化使者》的专栏名称。我曾深感惊讶和钦佩：这篇《挪威纪行》的手稿完成于1996年11月10日，而且记述的内容丰富而详尽，已过古稀之年的老人，她那敬业的热情，写作的效率和质量，都令我这个“全程陪同”的年轻晚辈自叹不如。

2019年3月妈妈离世后，在整理她的遗物时我才发现，她珍藏着一个名为《1996.8.29—9.15北欧挪威行》的日记本，里面详细记录了她每天的行程、活动和感受，说明她从一开始就深谙此行的意义，是记录和宣传这次活动的有心人。

妈妈在戏剧节开幕式会场门口中挪国旗下留影

是的，她是“有心人”！虽然挪威戏剧节主办方一再告知她“注意身体，量力而行”，“只须参加部分活动”；但这次远行中妈妈始终把自己当作中挪友好的使者，积极参与戏剧节的诸多活动。她在开幕式上热情洋溢的讲话，赢得了热烈的掌声；她观摩“易卜生接力赛”，受到孩子们的拥戴；她拜见了105岁高龄的盖达琳夫人，她访问了易卜生的童年故居，也观摩了挪威戏剧家的精彩演出；她还在奥斯陆、希恩等地多次接受了媒体的采访。回国后，她又迅速拿起笔杆撰文记录这次作为“文化使者”的远行。她以年逾古稀之身，为中挪人民的友谊，为各国戏剧家的交流与合作，作出了自己应有的贡献。

2003年10月，在文化部离退中心党委“三优”表彰大会上，已进入耄耋之年的妈妈，被授予“优秀共产党员”称号，这是对她“奉献永无尽期”的誓言和行动最好的褒奖。

在希恩易卜生童年故居展室内接受记者采访

2011年11月，年近九旬的妈妈住进了养老院。2013年，在一次陈冀开车送她去看病的途中——那时她因患低钠血症常处于精神恍惚、意识混乱的谵妄状态——我曾对弟弟和弟妹提起想为爸妈出书的打算。没有想到妈妈却接过话题：“我们算什么，我们只不过是大千世界中一颗小小的尘埃……”说着还伸出右手，用手指作出形容“微小”的手势，并不屑一顾地说：“算啦，别费那个劲啦！”当时，我与弟妹面面相觑，我们都很吃惊，没有想到病患中常常意识模糊的妈妈，在这件事情上却这么清醒，这么大度！

2003年10月14日获奖后在家中的留影

这就是我的妈妈，这就是那个为了追求舞台艺术的完美，历尽人生坎坷决不屈服的妈妈，这就是那个为了艺术事业一息尚存奋斗不止的妈妈！

夕阳无限好，何惧近黄昏。

2011年12月，中国国家话剧院在创建70年组建10周年之际，向剧院从艺50年以上“为国家话剧院艺术建设与发展”作出“卓越贡献”的老艺术家颁发了“国话帅表”荣誉证书，年近九旬的妈妈也收到了剧院诚挚的祝福，这份祝福为她的艺术人生画上了一个完美的句号。

2019年7月初拟，2020年3月完稿

1996年，73岁高龄的冀淑平作为特邀嘉宾远赴挪威参加了‘96易卜生戏剧节。8月30日晚，在奥斯陆挪威国家剧院剧场举行的戏剧节开幕式上，挪威国家剧院艺术总监爱伦·霍恩致开幕词后，介绍“中国娜拉”与观众见面，并向大会致贺词。

开幕式演出休息中，冀淑平与挪威文化部部长亲切交谈，并合影留念。

9月1日中午，冀淑平在盖达琳夫人的女儿、女婿陪同下，赴养老院看望了105岁高龄的盖达琳夫人。在盖达琳夫人卧室的墙上挂着她100岁诞辰的照片，人们为她庆生敬送的100枝红玫瑰被制成干花悬挂在她的百岁照片旁，冀淑平在这里留影纪念。

9月1日下午在奥斯陆著名的福格纳山顶餐厅，由爱伦·霍恩（左三）主持为冀淑平举办了专场记者招待会，相关媒体和戏剧家悉数到场；会后宾主在烛光下就餐。

9月3日下午，由翻译崔剑陪同，冀淑平在挪威国家剧院接受了挪威晨报记者的采访。

9月9日晚，在挪威国家剧院剧场摆放青艺1956年《娜拉》演出介绍的展板前，冀淑平向北京电视台记者田歌讲述了当年《娜拉》创作演出的有关情况。

中央实验话剧院为本届戏剧节献演《人民公敌》，该剧将易卜生名剧成功移植到现代中国，受到观众热烈欢迎和高度赞赏。冀淑平观看该剧演出后与演员田岷合影。

冀淑平与易卜生第四代孙（曾于20世纪80年代任挪威驻华大使）及其夫人会面，并合影留念。

9月13日易卜生故乡希恩游。首站造访希恩市易卜生剧院，冀淑平在剧院门口与易卜生形象大使合影。

观看希恩市易卜生剧院演出《倍尔·金特》片段。演出结束后，冀淑平走上舞台向演员们表示祝贺。

易卜生故乡游第二站。参观希恩市郊区易卜生童年故居，这里原是一座两层的乡村别墅。照片中冀淑平所在的阁楼，据传是易卜生《野鸭》一剧中阁楼的原型。

在易卜生故居外的草坪，冀淑平与参加本届戏剧节的中央实验话剧院艺术家合影留念。参观后返回市中心，希恩市市长设宴招待了中国客人一行。

据冀淑平手记《1996.8.29—9.15 北欧挪威行》摘编，陈非比摄影

中國青年藝術劇院演出
萬尼亞
庆祝中华人民共和国成立三十周年献礼剧目
权
与
中国青年艺术剧院
易卜生名著
娜拉
NORA
中国青年艺术剧院演出

第四章

专家媒体评说

她留存在中国话剧历史的长廊

冀淑平几十年里在不同的历史时期在近 40 部戏中，饰演了各种不同的人物，而经典名著中的冀淑平，那种隽秀睿智的形象创造，本身就是经典文化的经典解读，她留存在中国话剧历史的长廊里，而且将永远永远……

——摘引自余林先生为本书所作之《跋语》

专家评说

谈《万尼亚舅舅》的演出

◎ 柯岩

在苏联戏剧专家普·乌·列斯里的直接指导下，中国青年艺术剧院演出了契诃夫的四幕名剧《万尼亚舅舅》。这次演出出色地表达了契诃夫剧作的渗透着深刻真理的主题思想，和他所特有的高度的艺术风格。整个演出以巨大的生活力量和优美的艺术魅力征服了观众。呈现在我们眼前的，是真实的十九世纪末俄罗斯乡村平庸繁琐的日常生活，是鲜明的“契诃夫式的”人物形象。舞台上的一切——布景、灯光、音响效果等等——都造成了人物真实的生活环境。蟋蟀的哀鸣，钟声沉重的摆动，落日的余晖，远去的马蹄声……都是人物内心生活不可分割的一部分。整个演出在完整统一的创造中向我们提供了运用斯坦尼斯拉夫斯基演剧体系的成功范例，令人信服地标示出我国现实主义的舞台艺术已达到了新的高度。

从第一幕起，舞台上的生活情景和人物活动就深深地吸引着我们。出现在舞台上的俄罗斯乡村日常生活的风景画，是这样的朴素自然，平凡而又动人。每个人都有自己的内心活动，顺从自己内在贯穿线说话和动作。由于导演这样准确地掌握了人物内在动作的逻辑和潜台词，登场人物之间细致绵密的相互关系；这样成功地处理了契诃夫剧作中特有的停顿；就使得演出出色地表达了契诃夫剧作中的抒情诗意，他的舞台语言的无可抗拒的魅力，他所创造的富有音乐性的生活节奏，他的人物复杂而丰富的心灵秘密。

随着剧情的发展，导演进一步地把当时整个俄罗斯的缩影，呈现在观众面前。它鲜明地显示出，这个社会在没落，生活必须改变也必然会改变。整个演出透过契诃夫善于描写的那种单调、枯寂、平庸与黑暗生活的表面，贯穿着剧中人物的追求幸福光明，幻想自由，创造与劳动的生活潜流。导演强调地表现了戏里的自我牺牲与自私自利的尖锐冲突。生活应该是美好的，真理和劳动是美的基础。自我牺牲与爱好劳动的精神不应该被毁灭。作者深刻的人道主义思想，对生活与创造的抒情式的深思，理想与信念，通过舞台形象强烈地感动了观众，充分显示了这个戏在今天演出的意义。

在角色创造方面，演员们也取得了令人深为满意的成绩。

金山同志所扮演的万尼亚，真实、生动，有力地吸引着观众。演员塑造了这个在灰色生活中有着自己理想的充满深刻内容的形象，体现了这个人物的善良、勤劳、坚强的性格特征。

万尼亚的悲剧一步步地在我们面前展开。不同于过去舞台上一般常见的用疯狂的蹦跳，声嘶力竭的叫喊……来“表示”自己不幸的种种虚伪表演。金山同志力求控制自己强烈的内心激动与痛苦。这种控制不但使我们看到了万尼亚的坚强性格，同时也使我们看到了更为深化的痛苦。

在第三幕，教授宣布要卖田庄后，万尼亚有一个很长的停顿，接着他就用控制着的低音说：“对不起，一定是我的耳朵有毛病了……”，通过这个停顿，这控制着的低音，以及万尼亚的起立，不均匀的步法，喝水时杯子在牙齿上碰得格格作响的一连串动作，不但动人地表现了万尼亚在听到这个消息后的内心纷扰，而且预示了即将到来的情绪爆发，为全剧高潮的到来打下了有力的感情基础。

演员还十分恰当地表现了万尼亚对叶琳娜深沉忘我的爱。这一点突出地表现在第三幕，当万尼亚拿着鲜花进来，看见叶琳娜与阿斯特罗夫接吻时，他向后一退，像被重棒击昏了似的迷惘地注视着他们，他简直不能相信自己的眼睛。他困难地支撑着自己，拖着脚步走向桌子，沉重地呼吸着，脸部痉挛。但爱情的幻灭不是这场戏的主要内容，主要内容是万尼亚怎样想办法忍受着致命的打击生活下去的坚强意志。这坚强意志就体现在金山同志挣扎着说出“没有什么，没有什么……”的语调中，就体现在他仍然以尊敬与关切地对待叶琳娜的勇于克己的精神里。

当然，万尼亚性格坚强的一面和他对新生活追求的内心力量，不可能使他摆脱现实，看清未来，他是一个在感情上不能不存在矛盾的人物。在遭受了一连串打击之后，他想自杀。金山同志的表演取得了观众对可怜的万尼亚的深深同情。但万尼亚不仅是“可怜的”，演员向我们证实，他在挣扎着生活下去。在全剧结尾的一场，金山同志完成了他的整个形象，在苏尼亚反复吟诵着关于未来理想的诗句时，他抬起了头，充满泪水的眼睛里，闪耀着对未来生活的渴望。

路曦同志同样成功地塑造了苏尼亚纯真的、坚强的，雕像般完美的形象。深刻动人地表现了她那“契诃夫式”少女的质朴、真实、深沉的爱情。

从第一幕起，苏尼亚深藏在心底的爱情就被演员鲜明地表现了出来。接着，在风雨敲打着窗扉的深夜，她情不自禁地向阿斯特罗夫表达了爱情，目送他出去之后，转身扑向窗户，藏起自己发热的脸，跌坐在椅子上抑制不住地微笑与沉思。在这一场，演员把爱情对苏尼亚的意义和苏尼亚的少女初恋的喜悦、激动、迷惑、羞怯的心情，更真实而细致地刻画了出来。

在表现爱情破灭的时候，路曦同志非常准确地掌握住了感情的突变。开始，苏尼亚像一只狡猾的小猫似的轻巧地充满欢乐地走近叶琳娜，低低地问：“他说什么？”从叶琳娜的神色中，她预感到了不幸，可是像一般人听坏消息时，首先总是不愿相信而要把它推出去一样，她用炽热的眼睛审视着叶琳娜，希望不会得到可怕的答案。当终于不得不相信这个残酷的事实时，她迅速地转过身去。这转身说明了这打击是如此沉重，任何人的同情与安慰都是多余的，也说明了苏尼亚努力自我控制的坚强性格。而从她颤抖的嘴唇，从她紧紧抓住椅背的痉挛的手，从那一下子就失掉了神采的眼睛中，我们看到了苏尼亚流血的内心，失去了欢乐的生命。

教授宣布要卖去田产，对于苏尼亚，这就意味着要失去家，离开自己习惯的一切，独自到没有关怀的陌生环境里去谋生。但苏尼亚首先想到的不是自己，而是舅舅，演员令人信服地表现了这点。她强忍着眼泪，关切地注视着万尼亚，身子稍向前倾，手紧握在胸，她整个的神态传达出了她对舅舅的怜惜，同情，担心，想去安慰与帮助他的心情。她在自己绝望的痛苦中也不中止对别人的关切与同情。

路曦同志不仅仅深刻动人地表现了苏尼亚的爱情悲剧，她的善良心地，更重要的，是演员以巨大的内心力量刻画了苏尼亚对生活明确的是非感，坚定的生活理想，富有自我牺牲的精神。当父亲提出卖田产时，苏尼亚先是震惊，她无法相信生活中有这样残酷的自私，她为舅舅难过，接着就有力地向父亲提出了质问。演员把“父亲，您得仁慈些，万尼亚舅舅和我们是多不幸……”这段台词的潜在意义，处理成为“父亲，您对万尼亚舅舅是不公平的，您的行为是不对的……”使这句话深刻地显示了苏尼亚的感情倾向。

末了一幕，苏尼亚跪在万尼亚脚下，用着爱和同情向他讨回吗啡，控制着自己的痛苦和阿斯特罗夫告别，吹熄了蜡烛，重新昂起头来投向工作，对着万尼亚说出了那段著名的表现出对于未来向往与坚定信念的独白。这场戏，演员表现了感人至深的力量，苏尼亚的完美形象久久地留在每个观众的心中。

冀淑平同志很好地体现了剧本所要求于叶琳娜的美丽和女性诱惑力，通过角色复杂矛盾的内心活动，刻画了沉湎在幻想中，不敢正视生活的这一软弱空虚的形象。

在第三幕中，苏尼亚信任地向她倾诉了自己的爱情和苦恼，她安慰苏尼亚，答应帮助她。可是当她独自思索着如何帮助苏尼亚的时候，她忽然意识到了自己也爱阿斯特罗夫。她被这个内心秘密强烈地震撼了，站了起来，说："……跳到火辣辣的生活里去……"。从演员在这句话里所表现的严重与渴望的神色里，我们感到了人物内心激烈的斗争——她不满足于自己永远是"第二流角色"的地位，她渴念着幸福与爱情，她真诚地爱这个符合她幻想的男人，可是又不敢摆脱生活安排给她的命运。

再往下发展，人物更加复杂更加剧烈的内心矛盾与感情起伏，就被演员更为深化，更为细致地表达了出来。阿斯特罗夫进来，展开地图给她讲解。在阿斯特罗夫入迷地投入自己所讲的境界中时，她深情地凝视着他。而当他一看她时，她马上又收敛自己，装作看地图，一面在心里思索着如何向他发问……因此当阿斯特罗夫发觉了她没听而停住说"您对这个不感兴趣"时，她掩饰着自己内心的紧张与激动，伸手按住他要拿走的地图，很不自然地笑着，运用着停顿，吞吞吐吐地说着："原谅我……我要给您来一次小小的考试……"通过这些细节表演，我们看到了叶琳娜矛盾的内心：她想帮助苏尼亚获得幸福，因此希望阿斯特罗夫爱苏尼亚；但是她自己也爱他，因此就生怕他爱苏尼亚；这种矛盾的心情使她很激动，她又必须控制着不让他发觉。为了完成苏尼亚付托的使命和弄清阿斯特罗夫的态度，她必须问他，可是她又拖延着害怕开口，因为她也弄不清究竟哪种答案对自己更好……

王斑同志在处理谢列布利雅可夫这个反面人物时，没有把他脸谱化，而是通过他有教养的外表，逐步地把他丑恶的本质揭示在观众面前，因而真实可信，从另一方面帮助了主题的凸现。其他的演员，像饰铁里金的江水同志，饰奶娘的蓝樱同志等，也都很好地尽到了自己的责任，就不一一提及了。

以上提到的所有在角色创造上的成功，都使我们明显地看到了：演员只有真正掌握着时代生活的真实，深入地体验人物内心的思想感情，通过相应的外形体现，才能创造出真实的有生命的人物形象。从人物内心体验出发，这就是现实主义在表演艺术领域中的根本原则。

当然这并不是说《万尼亚舅舅》中的每个演员在任何地方都达到了这点，应该指出，即使是非常成功的演员在有些场戏的表演上也还存在着一些缺点，尽管这些缺点在整个人物塑造上只是些不足之处，但就其性质来说，仍然是属于这个根本范畴的。

这里，我想谈一谈关于阿斯特罗夫这个人物的表现问题。照剧本要求，阿斯特罗夫是一个热爱生活，力图走向未来，热爱劳动，富有创造力的人。在性格上他豁达、热情、坚决、机智而敏锐。作者肯定他在自己的医疗工作上寄托着对未来美好生活的理想这一面，同时，作者又通过他被庸俗卑劣的生活所毒化的一面，谴责了那个黑暗的社会。

表现这样一个复杂多面的人物是困难的。吴雪同志在刻画这个人物复杂的内心活动及人物某些性格特征上也获得一定的成绩。突出的如第二幕万尼亚骂他庸俗的那场戏中，演员很有深度地表达出了生活给阿斯特罗夫安排的可悲的境地，和他对这种生活的抗议和嘲讽。在第三幕对叶琳娜的一场戏中，演员也鲜明地体现了对叶琳娜的激情，和他的敏锐，对生活的豁达的态度，并很有分寸地掌握了这几场戏中人物复杂的心理活动。

尽管还有一些这样闪光的片断，但是演员没能一贯地把形象所经历的生活带上台来，没能透过人物错综复杂的表面行为，把握住人物内在的潜流和感情逻辑，因而形象缺乏有机的完整和统一，好像是镶嵌起来的。演员在表演阿斯特罗夫谈论自己理想时，缺乏人物所特具的那种热烈的信念，那种坚定不移的决心，那种对实现理想的障碍的强烈憎恨与嘲讽，那种对创造性劳动的赞美与热忱。或者说，演员还没能更深入地体会人物理想的实质，没能明晰地看到那些时刻萦回在人物脑中的东西，没能使自己“浸透”在形象中，而只是在形象旁边，用理解来“表演”人物的感情。因而，这几段表演缺乏感染力，不能在观众心里引起共鸣。

冀淑平保存的剪报：柯岩《谈〈万尼亚舅舅〉的演出》

另外，在第二幕，叶琳娜和苏尼亚和好的一场，是很动人的一场戏，但是由于演员没能把叶琳娜所经历的生活带上台来，因此虽然演员表现了进屋之后感受到了苏尼亚的敌意，但观众觉得仅仅这点是不足以使她如此诚挚地要求和好，而和好后又如此欢乐的。同样，叶琳娜在教授被奶娘扶下去之后，演员只一般地“表演”了疲乏、厌倦，没能明确地显示出叶琳娜在对教授关系上的复杂心理活动。

这两段戏，都说明了人物内心活动缺乏充足合理的发展根据，动作的原因和目的不够明确，演员的表演是片断的（内在发展不够），片面的（多方面联系，反应与交流不够），成为一般的情绪“表演”了。

在这次演出中，以演员自己的感情代替或补充人物感情，这种情况还是有的。例如第二幕万尼亚向叶琳娜求爱被拒绝的那场戏中。“大雨已经过去……”和叶琳娜下场后万尼亚的“她走了……”这两段独白，金山同志念得很自然，很真诚，很有感情，然而这不是人物自己的。演员赋予形象在这个情况下不应当有的感伤，和梦幻的色调，而缺乏人物应有的纯真的爱情的喜悦和朴实坦率的气质。

当然，所提出的这些缺点，决不妨碍整个演出在总的方面辉煌的成功。无数观众和文艺工作者被演出深深地感动了。在苏联戏剧专家普·乌·列斯里指导下的这次演出，是我国舞台艺术家刻苦地向斯坦尼斯拉夫斯基演剧体系学习的成功范例。它标志着我国话剧舞台艺术在现实主义道路上又跨进了新的一步，而且是中苏两国人民深厚的、牢不可破的友谊的又一次证实。

原载于《光明日报》1955 年 4 月 2 日

《娜拉》：1956 年在北京演出的《玩偶之家》*

◎ Frode Helland（挪威奥斯陆大学）

中国的易卜生接受史和《玩偶之家》在新中国的三次演出

中国在 20 世纪上半叶经历了前所未有的社会文化变革。这个快速转变的时期充满了巨大的苦难与暴力，同时也带来了进步与希望。中国经历了封建的清王朝，军阀统治（1916—1928 年），民国政府的接管与掌控，日本、俄罗斯和西方的侵略，内战和随后的共产主义革命，中国人民经受了种种磨难。除了这些政治冲突和动荡之外，还有几次干旱和饥荒，最严重的发生在 1920 年和 1921 年。这一动荡时期是亨利克·易卜生传入中国的历史背景。易卜生在社会政治经济结构衰败和分裂的情况下，在 20 世纪第一个十年中被“新文化运动”和五四运动中的知识分子所接受。这些知识分子寻求中国社会的根本变革，他们把易卜生当作一位文学的“代理人”，以促进变革与进步。鲁迅被公认为 20 世纪中国最重要的作家，他早在 1907 年就介绍过易卜生，当时他还在日本学习。在康奈尔大学杜威（John Dewey）门下学习的哲学家胡适，在 1918 年《新青年》杂志上发表的《易卜生主义》一文中，通过引进一种新的个人主义和自由思想推动了他的变革思维。

在“第一次西化”过程中，许多背景不同的知识分子和艺术家参与了对易卜生的介绍与传播，他们把易卜生看作是一个进步的剧作家，中国人民应该向他学习，使自己从封建主义的束缚中解放出来以实现现代化。何成洲认为，关于易卜生，在不同的知识分子中取得了以下共识[①]：

---

* 本文原由张丽芬译自 Frode Helland 的专著《实践中的易卜生》（*Ibsen in Practice*）第 4 章《〈玩偶之家〉在新中国的三次演出》；收入本书时为着重介绍 1956 年《娜拉》演出前后的情况，经作者和译者同意，视需要对译文的标题和内容作了一些变动或删节。——编者注

①Chengzhou He，*Ibsen and Modern Chinese Drama*，University of Oslo：Acta Humaniora，2002，p.11.

在中国的"第一次西化"期间，中国的知识分子在经济、社会和政治上都对变革抱有一致的期望。对于当时的知识分子而言，那时国家最重要的是用真理来唤醒人民。现代文学的建构就是为此目的而进行的，外国文学的引进也是如此。

易卜生在20世纪初的汉语语境中被用来作为引入话剧这个戏剧新形式的组成部分。话剧自然含有自己的现代化和西化逻辑。易卜生的许多剧本都被翻译并且被讨论过。但在中国的场景中，没有一部在重要性上能与《玩偶之家》匹敌。中国易卜生接受史上的第一个阶段已经得到了深入的研究和充分的记录。

然而，在中华人民共和国，易卜生的复杂历史尚未受到详细的分析和研究。在本章中，我将讨论中华人民共和国建国后《玩偶之家》的三个截然不同的版本：1956年纪念易卜生逝世50周年的演出；1998年以挪威女演员主演的娜拉为特征的中、挪同台演出；以及2010年上演的中、挪艺术家携手合作的现代舞剧。它们之所以被选中，不仅因为它们是新中国易卜生演出史上的重要里程碑，也因为它们以不同的方式指向文化交流中的政治因素。《玩偶之家》的这三个案例都涉及文化交流，不仅是在艺术方面，而且在中国和挪威之间更在官方的层面上涉及了政治。它们代表了中国现代戏剧史上的不同阶段，具体表现了中国戏剧与西方戏剧关系的演变。因此，下面的一个中心问题将是研究这些作品与其产生的背景之间的复杂关系，这种背景也经常受到不断变化的中国对于"外国"这一西方他者的影响，此处的"他者"是以挪威戏剧家的形式出现的。为了理解易卜生在舞台实践中的这三个案例，我们有必要把它们和中国与西方他者错综复杂的互动关系联系起来，这就涉及到陈小眉所说的"中国的西方主义"话语机制，本文后面将阐述这一理论话题。这三部作品跨越了中华人民共和国50多年的历史巨变，也证实了我对易卜生戏剧实践研究重要性的强调，不仅是作为对象，而且是作为关系过程。我们将看到的是，不断变化的关系条件如何决定了这一部剧作在一个相对较短的时间内发挥了什么作用。对它们产生的背景的研究有助于我们理解这一现象。

《娜拉》：1956年成功的破冰之旅

挪威与中华人民共和国的关系从一开始就非常良好，尤其是考虑到两国在地理和意识形态上的巨大差距。尽管冷战初期意识形态上的对立如此强烈，挪威还是1950年2月承认中华人民共和国并直接反对美国政策的首批国家之一。其他西方国家也注意到，中国当局从一开始就通过其在奥斯陆的高层次外交代表来作为报答。甚至有人推测1956年的演出可以被视为受到中国当局类似于欣赏的信号，但没有史料支持这一看法。1956年，当《娜拉》（即《玩偶之家》）被搬上舞台时，它无论如何是易卜生戏剧在新中国的第一次重要演出。这是年轻的共和国历史上重要的一年。共产党的领导者在巩固政权、实施“一五”规划后，第一次看到了经济增长的迹象，决定通过“百花齐放”运动，争取更多知识分子的支持。这一短暂的解冻期旨在营造一种富有成效的“非对抗性”批评的氛围，以进一步加强党在过去的精英阶层中的支持，他们毕竟仍然坚持“旧资产阶级世界的价值观”。这也为起源于西欧的艺术和为文学创造了一种更加开放的氛围。

1955 年 10 月 17 日，中国媒体报道，世界和平理事会决定在 1956 年纪念“世界文化十大名人”，易卜生就是其中之一。然而，这并没有在挪威驻北京大使馆激起过分的热情。从中国驻奥斯陆大使馆和挪威外交部之间的通信来看，挪威方面的反应可更恰当地描述为焦虑和不确定。引起焦虑的不是中国当局决定在易卜生逝世 50 周年之际举行一场重大活动，而是世界和平理事会（World Peace Council，or WPC）的参与。该组织于 1948 年在华沙成立，其官方目标和宗旨是促进世界和平和国家主权，以抗衡帝国主义、抵制原子武器等。

世界和平理事会及其组织的文化活动被西方大国视为一个共产主义“前线机构”，纯粹用于宣传目的，并由苏联控制。在同一封信中，尼古拉·格尔默登（Nicolai Geelmuyden）提醒 1955 年也发生过类似的事件，当时在世界和平理事会的主持下分别举行了纪念席勒、孟德斯鸠和安徒生周年活动。被邀请参加席勒活动的是东德大使馆，所有的西方代表都拒绝参加。鉴于可能存在的意识形态和政治上的困难，格尔默登强调有必要制定指导方针，并表示无论如何，他将等待进一步的指示，然后再对中国当局可能的进展作出反应。在接下来的几个月里，大使馆不断要求指示，而奥斯陆的挪威当局则开始了政治上的“澄清”（clarification）进程。

1955 年 11 月 15 日，挪威外交部“第三政治办公室”奇·雅各布森（Odd Jacobsen）在一份备忘录中概述了官方的政策。首先，它强调挪威应继续疏远 WPC 及其所有活动，不做任何有助于提高 WPC 声誉的事情。第二，就易卜生而言，文化部怀疑 WPC 能否为传播剧作家的知识作出任何有价值的贡献；相反，完全有理由担心易卜生的作品可能用于宣传目的（例如，他对普鲁士军国主义的批判）。然而，他们没有理由让挪威驻中国代表远离“那些不被视为宣传的事件，例如易卜生戏剧的演出”，如果这些事件不被作为 WPC 活动的一部分加以强调，鉴于北约其他几个成员国可能不得不“面对类似的问题”，建议挪威在联盟内部提出这一问题，以确保成员国之间达成共识。

1955 年 12 月 5 日，外交部在一份秘密文稿中说，他们希望在决定采取哪条路线之前与其他西方国家讨论这一问题，并指示大使馆“尽可能保留对中国组织可能采取的措施”，大使馆在对各地有关人员作出指示的同时，一直表示关切中方的意向。1956 年 3 月 22 日，挪威驻中国大使馆致信奥斯陆说，如果外交部有机会尽快向大使馆发出指示，他们将不胜感激，因为当时中国人已经与他们取得了联系。中国政府决定举办一次比纪念其他历史文化名人规模更大的活动来纪念易卜生和萧伯纳。他们计划举办一次大型展览、一次研讨会或公众集会，放映一部关于易卜生和挪威的电影（如果大使馆能找到的话），以及他们计划上演《娜拉》。他们要求大使馆协助寻找易卜生时代挪威日常生活的照片、易卜生戏剧演出的照片以及可能被邀请在公开集会上发言的挪威专家姓名。

在4月9日的一封密信中，大使馆被指示遵守1955年11月15日秘密文件中所述的政策；他们可以参与并为纪念亨里克·易卜生而做的安排作出贡献，只要该安排不被视为“宣传”，并且没有WPC的参与。挪方指令是当涉及易卜生时应回避政治，这意味着纯艺术活动是可以接受的。在5月9日的一封信中，大使馆向奥斯陆通报了与中国文化部副部长夏衍（他本人是剧作家，也是研究易卜生的专家）以及北京的外交部官员盛泽培（音译）就即将到来的合作举行的成功会晤；两周后（5月23日至29日），中国导演吴雪将应邀前往奥斯陆参加5月份在奥斯陆举行的易卜生周活动，挪威导演盖达琳（Gerda Ring）应邀前往北京，担任吴雪导演《娜拉》的艺术顾问。令人欣慰的是，这位大使在信中写道，北京活动的官方组织者将是不同的中国艺术组织，尤其是中国舞台艺术家联合会和中国戏剧家协会，而不是WPC。他还报告说，他在与外交部的会谈中直接提出了这个问题，中国人也理解这个问题：“盛先生意识到世界和平理事会对我们来说是一个绊脚石，他笑着说，和平理事会将置于幕后。”活动结束后向外交部提交的大使馆报告中再次感谢中方组织者在这方面表现出的敏感与细致，大使甚至声称，“世界和平理事会没有介入，也没有在任何官方场合被提及。”

经过双方多次相当微妙的谈判，最终的结果是在易卜生逝世50周年之际举行了一场盛大而成功的纪念活动。在活动中反复强调五四运动以来易卜生在中国历史上所起的突出作用。由于与萧伯纳有着相似的联系（他们都是剧作家），7月27日在北京饭店的主厅举行了一次大型会议共同纪念易卜生和萧伯纳。这是当时北京最大的会议厅，观众济济。会议由中国著名作家、文化部长沈雁冰主持，他以笔名茅盾而著称；随后是中国戏剧家协会主席田汉。之后，伦诺克斯·罗宾逊（Lennox Robinson）和鲁比·詹姆斯·明尼（Rubeigh James Minney）论述了乔治·萧伯纳以及他们与爱尔兰剧作家的关系，随后挪威导演盖达琳就易卜生进行了演讲。在听了讲座和演讲后，观众们看到了萧伯纳的《苹果车》和《华伦夫人的职业》中的三个片段。晚会以舞会而告终。会议期间，在场的每个人都收到了含易卜生三部戏剧的最新中译本。大使馆与挪威和中国的报纸，热情地报道了这次非常成功的会议。第二天，《娜拉》在挤满了观众的中国青年艺术剧院首演。这场演出最初只计划了几个晚上，但由于它的成功，它成为剧院保留剧目。此外，剧院在 7 月 28 日星期日上午举行了一次公众集会，演讲者包括吴雪、盖达琳和挪威导演兼评论家格尔哈德·诺普（Gerhard Knoop）。

1956 年的活动完全是中国的一项倡议，仅仅因为中国人想纪念易卜生逝世 50 周年。这项活动有挪威的参与，这也是中国邀请和倡议的结果。几乎所有的费用都由中国政府承担；挪威方面唯一的经费是邀请吴雪和他的翻译，包括在奥斯陆参加易卜生周的旅行和生活费用。中国方面邀请盖达琳女士在北京停留了一个月，他们还邀请格尔哈德·诺普参加这个节日。双方对随后发生的事件都很满意，中方对使馆在实际事务方面所做的努力表示赞赏。挪威人热情地赞扬了纪念活动，特别是成功演出了《娜拉》。大使馆一再强调，WPC 已被排除在外，并且表明“纪念世界文化名人之时没有别有用心的政治因素”。最后这句话的讽刺之处显然是，纪念活动充满了别具匠心的政治考虑，尤其是如上所述的挪威方面。大使馆的结论是，易卜生节已经成为“对挪威的良好宣传”，这也说明了同样的情况。公平地说，在这种文化交流中，双方都高度意识到政治和意识形态的利害关系。

此外，从 7 月 27 日萧伯纳／易卜生会议的演讲来看，说政治被保留在幕后似乎是一种委婉之词。事实上，与大使馆的报告相反，茅盾开幕词的第一句话是：“为了响应世界和平理事会的号召，中国人民今天集聚在这里召开了这次会议。”他并没有继续强调 WPC，但他和另一位中国发言人田汉不断强调的是对萧伯纳和易卜生清晰的政治性与马克思主义解读。根据 WPC 的言辞，茅盾称赞两位剧作家热爱“和平”“自由”“民主”，反对战争等。他对易卜生的结论是：

> 我们之所以纪念他，是因为他的作品鼓励人类争取自由和解放，是因为他们批评狭隘和粗俗，因为他们揭示了宗法制度带来的痛苦。

茅盾的演讲很有趣，还因为它说明了词汇和概念的意义是如何依赖语境的；他对这些来自西方政治的启蒙传统的词汇的使用——“自由”“和平”“解放”——与在西方语境中截然不同。新中国政权当然要抓住这个机会，不仅要展示中国人对易卜生和萧伯纳的熟悉程度，还要说明他们是如何构想这两位剧作家与当代中国社会的关系。主讲人田汉在马克思主义艺术美学观的基础上，就萧伯纳和易卜生及其与新中国的关系作了详细而广博的演讲。萧伯纳因其左派倾向而广受赞誉，但在田汉引用列宁的描述时，认为他是“一个好人，虽然曾经追随过费边主义者”，这暗示了一点保留。[1]易卜生虽然还不能轻易地被称为社会主义者，但他是一位伟大的艺术家，是现代进步的现实主义戏剧之父，他的政治潜力是通过解读《人民公敌》来强调的，在那里，斯托克曼被视为“一个坚决反对资本主义丑陋的斗士”，而这出戏则被视为无情地揭露了资产阶级，当然还有《布兰德》《群鬼》《海上夫人》和《玩偶之家》，都受到了应有的重视。

关于1956年《娜拉》演出的中文资料几乎无一例外地围绕着三方面内容展开。首先，强调了易卜生戏剧在中国的历史背景；第二，探讨戏剧中始终存在的特定的左翼政治思想；第三，讨论易卜生戏剧在中国革命成功后的相关性。在《娜拉》演出说明书上，导演吴雪强调了它与五四运动的关系，同时声称易卜生是由鲁迅——一位大受共产党赞赏的作家介绍进入中国的。除此以外，这个说明书通过讲述这部戏剧1923年、1934年以及1948年的重要演出来连接《玩偶之家》和中国共产党的斗争历史。

1956年，中国官方关于《娜拉》演出的不同资料强调了真正中国的易卜生传统，并增加了政治内涵。当然，在革命前的中国，易卜生从来都不是一个鲜明的共产主义先锋派作家，但中国的易卜生从一开始就与反对旧儒家、封建中国的社会力量联系在一起，这一点似乎很明显。这个中共的叙事很有趣，它试图将易卜生同化为共产主义斗争的一部分，并将其作为意识形态的盟友和先驱。然而，不仅只是在于他们之间的雷同和怎样弥合他们之间的差异，如何使《玩偶之家》合法化，而更是在于如何维护和协调与现实的距离。换句话说，对于革命后的中国戏剧来说，一个新的困难似乎是这个19世纪的欧洲剧作家在新的共产主义指导下的现实中不能被视为具有太强的针对性。关键的问题在于历史差异，用吴雪的话来说，就是易卜生让我们想起了历史的进步——娜拉的时代一去不复返，因为中国的现实已经发生了决定性的变化。

在中华人民共和国的新现实中接纳易卜生可能被视为一种意识形态上的模糊，是一条需要谨慎走的道路。正是小心谨慎的吴雪冒险提出了这一想法：即使在以实现共产主义为目标的新中国，性别歧视这个旧秩序的残余仍然存在。

尽管解放运动取得了巨大的成功，但仍然有旧时代的遗留物。吴雪总结说，《娜拉》是一部经得起时间考验的戏剧。这些意识形态／政治协调的微妙之处无论在表演本身还是在中国的有关演出的资料方面都很突出；激进而具有批评性的易卜生被强调，但同时又被疏远和压制。从任何意义上而言，被贴上西方“代理人”的危险，都是足够清晰的。“百花运动”是第一个主要的运动，即使它是短暂的，并且在解冻期，也与西方其他国家存在

①Tien Han, “Let us Learn from the Great Masters of Realist Drama. In Memory of Henrik Ibsen and George Bernard Shaw,” Beijing: Peking Daily, 6-10 July, 1956, p.13.

着关系，但是西方似乎不能太过一致地接受——这一差距必须通过相互沟通来消除。

与中国作家明确的政治倾向和文化背景不同，挪威方面在这种文化交流中却力图避免政治，尽管是以一种隐晦的含有政治意味的方式。7月27日，盖达琳在公开大会上的讲话警告人们，让他们不要过于强调易卜生的现实针对性或是纠结现实主义的形式问题。相反地，她以一种永恒的、悲剧的方式来宣传易卜生的形象：易卜生是不朽的古典戏剧、诗学和象征主义的代表，又是诗人，而不仅仅是某一思潮的辩护者或代言人。挪威使馆和盖达琳本人都不想卷入政治，而是作为一个存在主义诗人，“作为人类生存状况的翻译家”。然而，当把它们并列起来时，出现的并不是政治观点和非政治观点之间的对比，而是两种政治表述方式之间的差异。不希望在艺术作品中看到阶级或性别方面的压迫或冲突，这本身就是一种政治宣言。盖达琳对易卜生的解读当然有其自身的文化背景；她强调需要做一些新的事情，让易卜生触及到自己在20世纪50年代欧洲剧院的生活。在她看来，这似乎暗示着与政治的疏远，这是冷战初期的征候。20世纪50年代显然可以被看作是挪威和欧洲对传统性别角色重新巩固和强化的时期，如果不是倒退的话。

这种意识形态趋势很容易在挪威人对《玩偶之家》的接受中得到体现，因为20世纪50年代的这部戏剧被认为不是女权主义文本，而是一出永恒的、有关婚姻的或是存在主义的悲剧。

尽管存在着多层次、相互冲突的误解，但文化交流与合作取得了巨大成功，各方都从中受益。1956年9月，中国艺术家联合会秘书长李超致函挪威大使馆，在信中他说：

> 尽管这是中国和挪威之间的首次合作，但双方的合作非常密切。娜拉的表演使中国艺术界和广大观众对挪威人民有了更深入的了解，在了解中诞生了真正的友谊。我们希望挪中两国的伟大传统文化在相互友好的基础上不断发展。

由于接下来几十年在中国发生的一系列事件，易卜生在中国的下一次重大演出几乎需要25年的时间。然而，在某种意义上，易卜生的传统却从未消亡。“文化大革命”之后，它又得以恢复——无论是作为一种表演，还是作为一种跨文化合作。

演出实践：1956年的《娜拉》

1956年《娜拉》的演出在中国最负盛名的剧院——中国青年艺术剧院，由一位杰出的导演和中国最优秀的演员主演，这次演出给中国和挪威的评论家留下了深刻的印象。这次表演没有录音，但是有很好的记录，所以我们这些没有足够幸运看到演出的人，可以对它可能的状况有一个相对完整的印象。除了大量的文字记载，还有丰富的舞台照片形式的视觉记录，有彩色的，也有黑白的。这些照片保存得非常好，质量非常高。这使我们想到两件事：第一，被视为文化交流和合作的视觉证据，舞台剧照证明了这次演出的全过程令人惊叹，它所呈现的舞台形象几乎是独一无二的；第二，我们在围绕演出的中国话语中并没有发现左派或马克思主义政治压力。

第一点是关于照片最引人注目的——几乎令人吃惊的——事实，即演员乍一看可能被误认为是欧洲人，而不是中国人。至少从开场的那张照片上可以看出，娜拉刚购物回家，仍然穿着户外服装，提满了盒子和礼物，她看起来不像是中国女演员。她的头发是金色的，浅色皮肤，脸颊红润（大概是因为外面很冷），她穿着冬装，一件厚外套，戴着一顶小皮帽。直到最后一个细节，剧院一直在努力塑造一个资产阶级的西方权威女性形象，她穿着一件昂贵的紫色礼服，戴着珠宝耳环，右手戴着一枚挪威风格的结婚戒指。

舞台上的其他人也是如此，他们都看起来很“西化”，而且他们都带有他们阶级背景的强烈的视觉标志。女人们穿着昂贵、厚重的长（丝）裙，男人们穿着硕长的晚礼服，穿着浆白色（丝）衬衫，整齐地打着领带或领结。即使是三个金发、浅肤色的孩子，也都盛装打扮——两个男孩穿着西装，白衬衫、灯笼裤，戴着围巾，女孩的穿戴有一些挪威民间服装中的元素。从更仔细的观察中可以看出，不仅注意了服装和化妆的细节，而且还戴着精致的假发和假鼻子表演，使他们成为西方的形象。

“西化”舞台上的人物与中国艺术家在舞美设计中投入的努力和财力相匹配，将舞台设计成真正的西方资产阶级生活场景：粉刷精致、悬着枝形吊灯的高高的天花板，符合历史真实的墙纸，厚重的帷幔和油画。客厅墙壁上有两幅油画，其中一幅描绘了一艘船从海岸线驶离，看上去真的像散发出19世纪挪威国家发展时期的气息；另一幅是罗马建筑的“古典”主题，背景是圆顶的圣彼得广场。这使舞台有一种意大利的氛围，与塔兰蒂拉舞相协调，同时也是一种基督教的宗教布置方式。然而，这也符合挪威戏剧传统的肖像艺术，从一开始就习惯于在布景的后墙上挂着拉斐尔的《麦当娜与孩子》复制品。这套家具很讲究，在一些很重的木框架上涂上了金漆，否则很像红木。后墙上大型的双开门上有着巨大的雕刻和装饰的框架，几乎像两边的柱子。此外，舞台上还有一架钢琴、厚厚的地毯，甚至还有一个镶着瓷砖的炉子。从最小的视觉细节来看，剧院一直在小心翼翼地寻求实现易卜生挪威世界的完整图像。

这也是格尔哈德·诺普和盖达琳在斯堪的纳维亚媒体的报道中所做的说明，他们激情地宣称，语言是唯一可能使人感到此次演出不是纯“挪威人”的。除了细节上的小“错误”，舞台上的场景用诺普的话来说是“整个挪威人的客厅，诚实、真实，充满了烟草色，以及

1880年间的亲密、舒适的氛围”。然而，这些照片不仅告诉我们，吴雪和中国青年艺术剧院希望演员和剧组尽可能真实地呈现挪威和资产阶级家庭的生活方式，而且表演的这一方面甚至可以在演员的形体中找到，例如在他们的手势、姿势和动作中。

在这部戏剧中，有一个场面几乎总是会被拍摄到，那就是塔兰蒂拉舞。在北京，人们看到娜拉穿着一条灰色的丝绸裙子和及腰的深紫色夹克，配上一条镶有白色花边的围巾和袖子。正如前述，娜拉置身的背景也在讲述故事——不仅通过她身后两个男人的注视，而且通过圣彼得广场的油画。然而，最有趣的是她的姿势本身：她的身体侧转，脸朝着观众和照相机，右臂高举着一个铃鼓，左手尖靠在臀部。值得一提的是，这个姿势在戏剧本身中是找不到的，因为舞台指示只告诉我们娜拉在跳舞。那么，这个姿势是舞台实践的一部分，而不是由文本带来的。换句话说，在北京的这次演出中，这个姿势最引人注目的是它涉及了挪威的戏剧传统。这一姿态可追溯到1879年在哥本哈根首演的时刻，并在接下来的几十年里在奥斯陆舞台上重演。在挪威，直到1990年，它一直通过《玩偶之家》的表演传承至今。同样的观点也适用于其他的照片，它们似乎都描绘了模仿斯堪的纳维亚人姿势的身体姿势和位置，无论是娜拉点燃了朗克博士的雪茄，她和孩子们玩耍，还是戏剧结尾。表演中的照片显示了吴雪是在1956年，在挪威一位艺术顾问的帮助下，如何将特定的手势和姿势引入中国戏剧的。

事实上，在阅读评论和欣赏演出剧照时，人们想到更多的是模仿的概念，而不是交流或合作的概念。这并不是说演出本身缺少创意。它看起来非常成功、出色。但毫无疑问，创作这一场景的初衷是要模仿真实的“挪威人的生活方式”。这正是吴雪想要的，为了确保这个结果，他于1956年5月访问了挪威，收集了舞台照片，观看了在挪威上演的易卜生剧目，采访了艺术家和其他专家，并邀请盖达琳在北京呆了一个月，就如何完美地演绎“真正的外国戏”提出建议。因此，不言而喻的是，挪威在中方如何演出的问题上没有施加任何压力，这是一个中国的倡议，中国人知道他们想要什么。

北京1956年的《娜拉》，除在艺术上和观众反响方面都取得了巨大成功外，还以处理文化差异的方式引起了人们的关注。尽管不少演讲者和作家都强调易卜生在中国历史上的重要性，但这场演出的目的是使他在文化、历史和政治上尽可能具有异国感，而与中国本土无关。这个选择，以及它在舞台上和评论上的成功，必须根据它的文化和政治背景加以理解。这是一次官方活动，是中国内部决策的结果，这次演出需要符合当时的政策。因此很明显，它应该置于当时正在进行的“百花齐放，百家争鸣”运动的背景下理解，这意味着向官方政党以外的其他意见开放，同时向外部世界和西方开放。这部作品的巨大成功表明，它能够解决观众感到紧迫的问题，并认为解决该剧提出的问题不是一劳永逸的，解放是一个持续不断的过程。以下的例子可以说明观众的直接反应。吴雪记录下了他在一场演出后无意中听到的一段对话，很好地总结了这段双重话语。

一天晚上散戏后，我无意中在观众中听到一对夫妻的对话：

女 你该好好考虑一下你自己了！

男 我考虑什么呀？

女 考虑什么？这还不明白。我看你就有点像那个海尔茂！

男 别胡扯，我们今天的社会，就根本不会有海尔茂那样的人！

女 我才不胡扯呢，我完全有根据。我说的是你意识中也还有像海尔茂一样的对待妇女的观点和态度。

通过这段对话，吴雪能够对演出涉及到的核心意识形态冲突以一种深刻的表达。有些评论家声称（正如那个丈夫所暗示的那样）：当今社会进步了，这个女人现在可以批评她的丈夫，告诉他需要反省和改进自我；因此她比她西方的姐妹们更富有，离婚基本上是不必要的。然而，妻子的观点可能是，根据她自己的经验事实并不是这样的；旧的思想、信仰和习惯很难消除，旧的意识形态将继续存在，娜拉的问题不可能也不是那么容易解决的。尽管这出戏是以外国戏剧的形式演出的，但很明显，通过这种外国化，它为中国观众尤其是女性观众，打开了自我意识的空间。

这段对话的另一个方面是它表达了不同文化之间的关系；丈夫表现出文化优越感，而妻子至少是在暗示还可以从别人那里学到一些东西。如果说中国的材料中包含明显的西方主义的痕迹，那么挪威人也绝非没有东方主义的偏见。在尼古拉·格尔穆登致奥斯陆政府部门的第一个报告里，他告知世界和平理事会将纪念十大世界文化名人，伦勃朗、海涅、陀思妥耶夫斯基等，除此之外，“印度人和日本人的名字我还没有发现”。这种西方文化的优越感隐含在这样一个事实中：他认为没有必要加上日本画家丰雄奥达（Toyo Oda）和印度诗人迦梨陀娑(Kalidasa)的名字，在他们对易卜生的拥有权上，表现出一种近乎沙文主义的令人惊讶的权威话语。但与此同时，盖达琳和格尔哈德·诺普都表达出了他们曾谦逊地感到的真正的文化碰撞。盖达琳一方面将自己的使命描述为“纠正错误和误解”，另一方面也承认，在中国的日子里她常常觉得，和中国人相比，自己来自一个“文化不发达”的国家。中国和挪威的艺术家似乎都互相学习了一番。他们把这段经历视为丰富各自的人生，同时也激发了一种乐观主义的精神。用盖达琳的话来说，艺术可以跨越国界，架起比政治言说更坚固的桥梁。

中挪两方政府的第一次文化合作取得了巨大的成功，展示了误解是如何成为文化碰撞的一部分。误解不应被看作是对绝对真理或确定性的偏离，而应被看作是在善意的基础上进行协调的富有成效的过程。当然，这也适用于完成本书的经历：我遇到了来自不同文化的资料，在这些文化中我是一个陌生人；反过来，你，读者，也会和我有同样的体验。我确信我在很多方面都有误解，我相信我的读者也会有同样的误解。吴雪的《娜拉》的一个有趣之处在于，这是一个“异国文化交流”的故事；这部作品追求的是差异性和陌生感，而不是相似性和挪用性。为了让该剧在中国本土的语境中发挥作用，中国青年艺术剧院试图让该剧尽可能地挪威化，而出发点是从本土立场考虑的。盖达琳和吴雪都满意他们成功创造的演出，他们互相称赞对方所作的贡献，但他们对本剧的理解却不尽相同，几乎是截然相反的。因此，这部剧作向我们展示了文化交流的关系本质，即演出的内涵本身就是其原剧本的语境。没有对文本和艺术背景的理解，文化交流是无法进行的。我们应该保持一种谦逊的态度，这也是我对自己的要求。

《玩偶之家》：1998 和 2010 年的演出[①]

1998 年在北京上演的《玩偶之家》，它在地方化方面与吴雪时期的舞台呈现表现出强烈的不同，寻找更多的直接联系和现实性。1956 年版的《娜拉》代表了中国的一项创举，百分之百由中国人出资，而吴晓江为中央实验话剧院 1998 年导演的《玩偶之家》部分由挪威国家机构出资，并由挪威女演员艾妮（Agnethe Haaland）扮演娜拉一角，故事被搬到民国时期的中国四川，娜拉与她的中国丈夫发生戏剧冲突。这标志着中国政治发生了重大的变化。在 1956 年，如果使用西方资本主义国家的外来资金在北京举办戏剧演出是不可能的。在自给自足的社会主义体制内，它很容易被看作是一种干涉和经济渗透。而今天，文化将变得越来越商业化，剧院越来越多地失去了以前从国家获得的可靠资金。吴晓江的作品代表了对忠于传统的、真正欧化和显著的从西方标准表现经典的异化与最终背离。吴晓江的总体观点是：“该剧对今天的中国人所产生的特殊意义应该比传达该剧的确切含义更重。”他导演的《玩偶之家》运用跨文化版本的个人故事来解决更大的文化和政治问题。经过近二十年的改革，中国面临的文化问题通过 20 世纪 30 年代革命前中国的跨文化角色塑造得到体现。吴先生专注于当地与外国、西方与中国以及中国内部的文化张力，有着其直接的社会和历史背景。1990 年代遍布中国的一种新形式的民族主义和排外情绪恰恰在《玩偶之家》的表演中被吴导演解决了。

2010 年，在北京首都剧场上演了一部舞剧《玩偶之家》。在新世纪全球化经济快速发

① 由于本书篇幅所限，本节内容只表达了原作的大意，与前文的摘译方式有所不同。——编者注

展和国内文艺演出“市场化”的大背景之下，中挪艺术家的合作不再有任何意识形态方面的阻力或障碍，他们各自尽力展现本国艺术与文化的资源及其“软实力”；中挪舞蹈家同台共舞，几乎天衣无缝地上演了一出舞剧“奇观（spectacle）”。但是，舞剧本身没有语言的介入，侧重身体政治(body politics)的舞台呈现，加上舞蹈设计上的缺欠，使这部舞剧演出远没有像1956年和1998年的话剧演出那样赋予娜拉战胜男权的视觉效果。一部旨在“跨文化的”演出反而淡化了“性别政治与冲突”及其潜在的“女性主义”情怀。

摘译自 Frode Helland 著《实践中的易卜生》（*Ibsen in Practice*，London：Bloomsbury Methuen Drama，2015），第119—173页

附载 / Frode Helland 教授简介

Frode Helland 现任奥斯陆大学人文学院院长兼斯堪的纳维亚研究教授，曾任挪威奥斯陆大学易卜生研究中心主任兼期刊 *Ibsen Studies* 编辑，奥斯陆大学北欧语言系主任、易卜生研究中心主任，易卜生研究国际会议组委会主席。他的主要著作包括：《实践中的易卜生》（*Ibsen in Practice*，2015）；《世界舞台上的“玩偶之家”》（*A Global Doll's House*，2016，与 Julie Holledge 合著）；《跨文化的易卜生》（*Ibsen Between Cultures*，2016）；《舞台上的易卜生》（*Ibsen on Theatre*，2018）等。他还主持编创了《易卜生舞台：有关易卜生演出的国际在线资料网》（*IbsenStage*（ibsenstage.hf.uio.no），the international database for Ibsen performance）。

附载 / 本文译者张丽芬简介

张丽芬，江苏常州人，江苏理工学院人文学院副教授，南京大学本科、文学硕士、艺术学博士，美国加州大学戴维斯校园东亚语言文化系访问学者，江苏省宣传文化系统第二期青年文化人才。近年来主持完成省级课题1项、市厅级课题8项，参与完成国家级课题1项、省部级课题2项。出版专著《永不消逝的笑声：常州滑稽戏研究》（2013），获江苏省第13届哲学社会科学优秀成果奖三等奖。公开发表学术论文20余篇，其中CSSCI、北大中文核心期刊10余篇，人大复印资料全文转载1篇；多篇论文获江苏省哲学社会科学界学术大会优秀论文一等奖、二等奖。

边疆三人行

——《远方青年》里的三个青年形象

◎ 左 辛

一个秋天的早晨，天山的雪峰被朝霞刚刚染上灿烂的光辉，有两个维吾尔族大学生，一对未婚情人，来到哈萨克族牧区。

迎接他们的是绿茵草场的绮丽风光和纯朴牧人的热情款待。哈萨克有句话："蜡烛只能照亮毡房，学问能照亮世界。"牧民们需要有学问的年轻人。

一片新的广阔的天地，展现在这对年轻人的面前。但是，他们将怎样走向生活？——女的阿米娜，是一个有理想而不懂实际的姑娘，她要求上进；男的艾利，则是一个好逸恶劳而又骄傲自满的人。在现实考验的面前，他们之间就必不可免地将发生剧烈的矛盾冲突。

在这里，他们又遇见了另一个维吾尔族青年沙特克。这个被哈萨克族牧民誉为"山里的鹰"的青年，曾经在中专时期与阿米娜同学，中专毕业后他就一直在这里工作了。

这三个青年的相遇，他们在牧民中间的生活、劳动和斗争，构成了一段戏剧性的故事。

中国青年艺术剧院演出的五幕话剧《远方青年》，就是以这三个青年人的故事为其主要情节的。

很明显，这三个不同性格不同思想的青年人，正在走着他们各自不同的生活道路。而他们之间的根本区别，则首先表现在他们对待牧民的不同态度上。

牧民老英雄卡生拜客对沙特克有这样一段评语："那小伙打前年一下来就钻到山里一直跟着马群转，风里、雨里、冰天雪地的日夜的跑，到处摸医道，拜师傅，哪个小队都有他的名，哪个山头都有他的马蹄印，禽兽不过的地方他都走到了……这小伙就从牧工那儿苦学得了一身的好手艺呀！"这种甘当群众小学生的精神使他练得了更好地为群众服务的本领，使他有可能土洋结合、攀登科学的高峰，为牧区建设做出杰出的贡献。这是一个真正与工农群众相结合的青年知识分子的形象，红色专家的形象。他在整天钻山沟、同马打交道的平凡工作中，干出了不平凡的成绩，表现了崇高的精神，这是值得我们仿效和景仰的。

怎样看待这个沙特克，其实也就是怎样看待知识分子与劳动人民相结合的问题。阿米娜在开始的时候还看不到劳动人民的智慧和伟大，以及平凡的为牧民服务的实际工作的意义，也就还不愿全身心地投入到牧民们保产保驹的繁忙而重要的工作中去。在这个时候，她也就看不到沙特克的成绩，而认为沙特克“忙忙碌碌，整天东奔西跑，只不过为了应付眼前的一般防疫”，因而劝告他“一定要沿着科学的道路”前进。但是，从事科学研究的阿米娜在顿河马驹的难产面前束手无策，由于沙特克的抢救才转危为安。阿米娜从这一匹马驹的安危中，看到牧民们那样强烈的痛苦和欢乐，看到自己的无能和沙特克的力量。这是她内心变化的转折点，也是她与劳动人民相结合的出发点。卡生拜客在情绪激动时直率地对阿米娜说：“你要的是科学，我要的是马驹！”兽医科学不能救活一匹马驹，还有什么意义呢？科学研究必须与生产实践相结合，这才是有的放矢，这才能为民造福。阿米娜的成长，使我们深受启发。

艾利对于沙特克的态度就更为恶劣，他轻蔑地称他为“中学生”“山里人”。他反感于沙特克对工作认真负责的作风，认为是给自己存心过不去。艾利为了解决母马冬瘦春乏的问题而到山里去勘察新草地，但刚去两天就害怕严寒，跑回来了。由于他沽名钓誉、好大喜功、急于求成、不负责任，未经请示就把母马迁进自己草率勘定的劣等草场，几乎造成大批怀胎母马流产丢胎的严重事故；幸亏沙特克冒着暴风雪及时赶到山里，才挽回了事态的恶化。沙特克单枪匹马在漫天暴风雪里辗转三天三夜才被卡生拜客救回，这是多么英勇的行为，又是多么令人焦心的事！这一切都是因为艾利的过错，而他偏偏无动于衷，以至一再坚持错误，发展到对沙特克进行卑鄙的诽谤和报复。阿米娜作为他的未婚妻，曾对他进行了反复的、痛苦的斗争，但最后终于和他决裂，随同沙特克和欢乐的青年们进山下马群工作，从而迈向了更广阔的天地。艾利最后望着这批朝远方奔去的青年们的背影，作何感想呢？个人主义的路是绝路，它只会把你引导到危险的深渊，脱离群众，脱离集体，脱离正确的生活方向。艾利应该回头，首先要走的第一步是：到劳动人民中去，甘当劳动人民的小学生，全心全意为劳动人民服务。除此别无它路。

《远方青年》是一出反映新疆牧区生活的好戏。它通过浓厚的新疆民族生活色彩，美丽含蓄的牧歌体语言，鲜明真实的艺术形象，以及曲折动人的故事情节，显示了一个具有普遍的、强烈的现实意义的主题：知识分子必须与劳动人民相结合，科学研究必须与生产实践相结合。这个戏鼓舞青年到艰苦的地方去，到劳动人民中间去，指出了青年成长的道路。青年如何树立革命的人生观？如何走向生活？都将能从这里得到一些解答。

扮演沙特克的演员王培，突出地表现了这个人物不善言谈，埋头苦干的特点，使人感到朴实、浑厚、诚恳、严格和谦虚。饰演阿米娜的冀淑平，是在《万尼亚舅舅》中饰演叶琳娜和在《娜拉》中饰演娜拉而著名的女演员，她在多年养病之后重登舞台，创造了这样一个当代维族姑娘的纯洁优美的形象，显示了这位老演员对现实生活的可贵的热情。青年演员王冰扮演的艾利，形象逼真，分寸感很准确，没有故意丑化这个人物。由于演员们成功的创造，我们从这三个真实可信的形象受到很深的感染和教育。

“有高飞的山鹰，也有飞不高的斑鸠，还有沉到水底的鸭子！”老牧人卡生拜客说的这句话，很值得深思。

原载于《中国青年报》1964 年 1 月 4 日（中国国家话剧院提供）

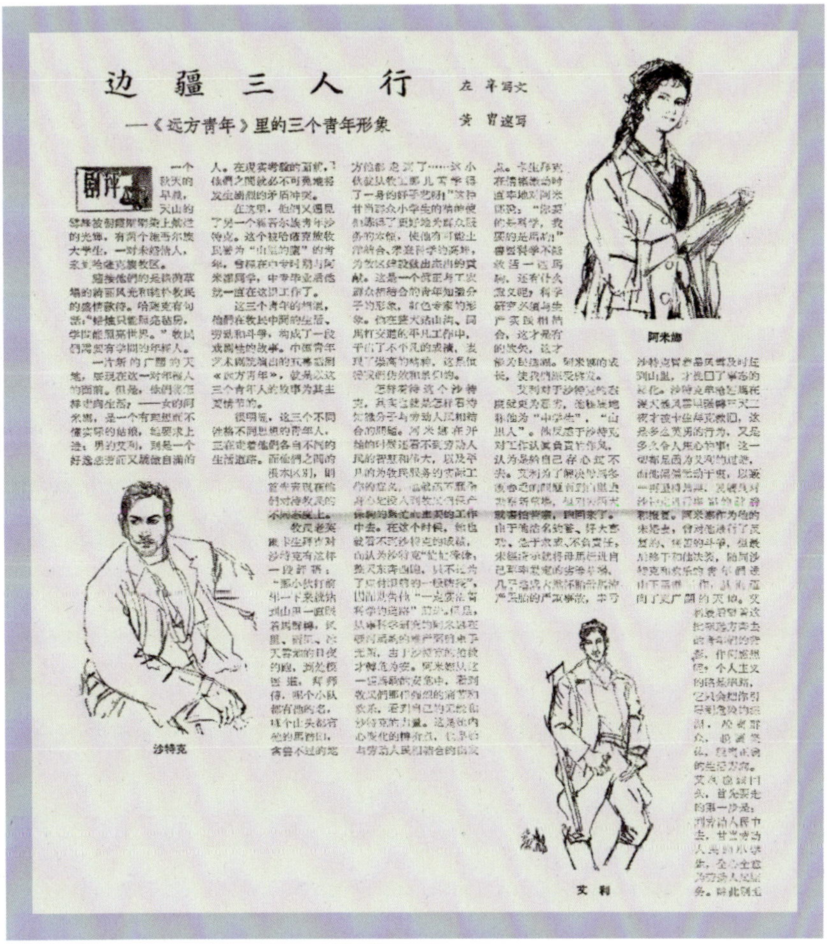

边 疆 三 人 行

——《远方青年》里的三个青年形象

左 辛写文

黄 胄速写

剧评

《远方青年》剧评剪报（中国国家话剧院提供）

关于《权与法》的通信

◎ 约翰·杜雷

亲爱的邢益勋：

匆匆给你这封信，是为了表达我多么欣赏那天晚上的演出，并感谢你在幕间休息时前来同我们谈话。我将记住你这一番友好情意。我早就该给你们写信，只是我们一直忙于整装，以便今日动身。我们今晚乘飞机去布加勒斯特、柏林，在大约一周以后到伦敦，然后再去加拿大。

这个戏使我很感动。一幕幕的剧情交代得很清楚。剧的整个布局也是很有逻辑性地一环套一环，因此剧情的发展，顺畅自然，毫无造作勉强，直到剧终幕落。在整个戏接近尾声时，党委会出现的争论与意见分歧，为剧情的进一步发展提供了条件。但实际上这是全剧中唯一明显地披露出整个剧情的一个地方。老干部吃烧饼的场面也很典型地塑造了他特有的人物性格。在母亲的沉默寡言中，甚至当女儿被告知她自己的母亲正是被指控为谋害丈夫的凶手而大为愤慨的时候，扮演母、女两个角色的演员的表演都是很逼真的。第二幕的开始部分带有鲜明的契诃夫风格。而且坏干部曹达的姐姐试图以讲述童年生活来为她的弟弟辩解，并竭尽全力地来试图软化她的丈夫执行的那一条路线的决心时，这种艺术的表现手法也很妙。

坦率地讲，我认为剧中还应当对有关人物的过去经历有更多的交代。可能的话，在雷邦夫被暴露出他是真正的凶手，而总编辑却是一个真正善良的人以前，还应该安排几条更多的线索。譬如就总编辑来讲，我认为当他自己讲可以为别人的需要而承担责任时，他的举止风度还可以更带有讥讽的味道。有的时候他还应当更借助于语言和神态来表露出他已具有更充足的力量和确切的情报，足以使他最终地揭露出真正的罪犯，而这一切都能预示出他最后表现出来的刚直不阿。再有一点，如果雷邦夫是凶手的话，他对意中人（丁牧）的迷恋就应当更明显一些，而这一点仅在戏的开始时安排的两个人短暂的一下拥抱是不足以说明雷邦夫的身份的。不晓得什么缘故，剧中一直向观众回避了他对丁牧近乎疯狂的爱恋。我不认为戏里需要安排什么特别表现爱情的热烈场面，但需要必要的表白与眼色。作为现在的角色的处理，我是没有预想到在戏的结局时他却变成了杀人犯。比如侦探小说是要把这样的迹象隐匿起来的。是不是在你们的戏里，忽然借用起侦探小说的手法来？这我拿不准。

然而，所有这一些意见仅仅是我个人的、一个西方人对这个话剧的反应。你们的剧本是为中国观众写的，老实讲，我并不了解他们的口味。因此，请你们记住，这些意见完全是我对这个话剧的个人的、主观的评论。由于在看戏时我是靠梁同志口译的，所以得出的这些看法很可能是混乱的、甚至是错误的。梁同志不可能自始至终地告诉我那位罗丹华一直在说的讽刺话，类似的情况也还有。在此情况下，可能有不少重要的情节我还没有掌握住，也正因漏掉了这些情节会使我得出错误的意见来。

最后，还有一件事，在整个剧中有一个强烈的倾向性，就是角色的基本活动都是出自政治的意图，虽然那里也有一种令人喜爱的处理手法，如姐姐关怀弟弟时的一段回忆与姐姐和他丈夫后来的一段调解，以及那段恋爱的插曲。但尽管有这一些，从人物的活动上看，大体上还是从具体到抽象，而不是相反的处理。又如在第一幕中，好干部罗放告诉曹达，他要揭发曹达的言行，曹达和他姐姐两个人都苦苦哀求他能“手下留情”。罗放在思索这事时，曾有片刻的沉思。这时，传来了孩子们的嬉戏笑语，这欢笑声唤醒了罗放，为了下一代的幸福，他必须挺身而出去揭发他的小舅子。从另一个角度来讲，孩子们的嬉笑声或许应能唤起姐弟两人对他们童年时代的追忆，曹达历经贫困、被欺侮的过去，以及他在后来的生活中又是如何需要补偿他早年所遭受的苦难。从这点出发，人物性格的写实就应有更深入的发展，从而使剧情的变化更引人入胜和富有活力。我这里也仅是举一个例子来说明，这里是以一个比较迅速的、过于简单的手法就把一个人物的性格的刻画抽象化了。那个“为了下一代，我们必须揭露你”的政治决定是如此的轻而易举，缺乏了必要的感情上的波澜。同样，总编辑和雷主任真面目的最后揭示也是以一种出人意料的方式，这也来得太简单。

一个西方剧作家，我认为当他具备一个政治观点后就要进一步在这个观点上精雕细刻，或把它修琢成一个近乎完整的各种人物性格的联系。一旦我定居下来并找到工作后，我一定把戴维·埃德加、霍华德·布伦顿和爱德华·邦得的作品（他们都是社会主义者的剧作家）寄给你，那些作品将使你们感兴趣。他们都是为西方观众写的作品，所以在某种程度上讲，在译成中文时还需要体现中国式的人情关系。

顺便说一句，我认为邓止怡和王培导演得很好。整个戏的风格也很统一，表演得也很精湛。当母亲告诉女儿，她本人被指控为凶手时，女儿的反应使我十分惊异，从而使我感受到戏中人物的现实与逼真。

请代向马力致谢，感谢他如此善意地在幕间休息时来看我。所有这一切都使我难以忘却。

请一定和我保持联系。也许我能介绍你和一些西方的剧作家联系。在今后的几个月内和我们联系时，请用我信右角上注明的地址。再次请你记住，我所谈的意见仅仅是一个西方人对一个卓越的、令人难忘的戏的一些意见，或许在需要的地方能产生一些影响。

约翰·杜雷 1979.12.11

附：如果不是你要求我这样做的话，我将不会就此发表任何意见的。但愿在这一点上你是诚意的要求。

原载于邢益勋《权与法（四幕话剧）》，中国戏剧出版社 1980 年版，第 87—90 页

《权与法》剧本封面

链接

邢益勋复约翰·杜雷

约翰·杜雷先生：

您好。您作为一位来华帮助我国建设的专家，在工作期满回国的前夕，抽出时间给我写了那样热情洋溢的来信，我由衷地感谢您这种充满友好情谊的心意。

我感到非常吃惊的是，您虽不懂汉语，仅仅通过口头翻译看了一次《权与法》的演出，您在幕间休息的十分钟里，特别是在来信中却谈了那么多具体中肯的意见，而且许多意见我是很欣赏的，它们是那样的准确深刻，那样的令人信服。这对我无疑是十分宝贵的鼓励和帮助。

虽然我国的社会制度、观念形态、欣赏习惯和你们西方国家不同，作为一个中国的戏剧工作者，我自然首先想的是为我国人民写作。但戏剧艺术有它的客观规律，因此您在信中谈到剧中人雷邦夫和总编辑郑洪来应该多有“几个线索”的伏笔，以便使观众对他们的行为能有预感的精神准备等，我认为是说得很对的。您对雷邦夫这个人物的理解和分析更使我同意，我就是要写一个在品质上是坏蛋，而在爱情上是真诚到近乎疯狂程度的人，可惜我没能写好。

还有，尽管我们之间的戏剧观可能不同，但戏剧要写人，写人的思想、性格、感情，却是共同规律所要求的。因此您谈到我的戏在“写人情的方面应该深入发展”，“故事应该更错综复杂和更有生气”，为此您举了第二幕戏作为例子进行具体分析，我以为分析得很好，对我很有启发。

我所从事的话剧艺术，是从你们西方经日本介绍到中国来的，它在中国虽然只有短短的七十多年历史，但这是一种很有生命力的艺术形式，因为这种艺术形式最能反映现实生活、表现时代精神，为我国革命事业作出很大的贡献。因此它在我国不仅已经深深扎根，开花结果，而且发展很快，越来越受到我国观众的欢迎。我在学习这种艺术形式的学生时代，不仅从我国当代最著名最有影响的戏剧家曹禺、夏衍和老舍等人的著作里得到很大的教益，也从贵国的莎士比亚的著作中，从挪威的易卜生的著作中，从俄国的契诃夫的著作中得到很大的教益。可以说，他们都是我最崇拜的戏剧创作大师了。您在信中谈到第二幕带有“鲜明的契诃夫风格”，这说明您太理解我了。虽然，老实讲，我国观众更喜欢接受莎士比亚和易卜生式的风格，对契诃夫式的风格还不大习惯，但是因为我个人的爱好，所以我在自己的创作中，想努力用一些契诃夫的手法。结果剧场演出在观众中达到的效果不错，这一点使我很高兴，也希望您能分享我的创作欢乐。

非常感谢您的好意，我也很愿意和您建立联系，进行艺术探讨，增进友谊。只是，我应该坦率向您承认，可惜我不懂英语（我学生时代学的俄语也全忘光了），您的信我必须请人翻译，我的信也必须请人翻译，所以我们的通讯联系会多费一些周折的。

您想寄给我几位戏剧家的作品，我非常高兴。我将把这作为我国戏剧界和戏剧爱好者共同享用的财富。

邓止怡和王培两位导演感谢您对他们导演成绩的热情肯定，他们和我一起向您致意问好。

再见！祝好

邢益勋 1980.1.22

原载于邢益勋《权与法（四幕话剧）》，
中国戏剧出版社 1980 年版，第 91—93 页

附载 /《权与法》排演花絮

著名话剧演员冀淑平现在已是年近六旬的老演员了，但是，她在艺术创造上的刻苦精神仍一如既往。她年龄大了，身体也发胖了。这次，在《权与法》中她担任了主角四十多岁的女干部丁牧的创作任务，只从体形上说困难就很大。因为，按剧中需要，丁牧是一个颇具风采的的人物。冀淑平为了达到形象刻画的需要，在炎热的夏天里人们挥汗如雨时，她却一直穿着长衣紧身塑腰在排练，每排一遍都汗流浃背。年轻演员们看到前辈这种一丝不苟的精神无不为之感动。

在剧院有人开玩笑说，《权与法》是“病号组”。这个话有一半是真的，因为这个剧组集中了一大批沙场老将，他们都上了年纪而且身体多病。如冀淑平、王尚信、高维启等人，不是高血压，就是严重的心脏病。难怪导演王培总这样说：“一到了激情戏，我在台底下就捏一把汗！“因为这些老演员都是怀揣着救急药盒上台的。但是，这些老将们倒不在乎，他们都说，只要能让观众看了满意，从剧中得到一些有益的启示，在艺术上得到一些享受，再累点也不怕！

在中国工作或工作过的许多外国专家，对此剧给予很好的评价。如英国专家约翰·杜雷先生看了《权与法》后十分激动，在返回英国前夕仍在百忙中给作者邢益勋写了一封热情洋溢的信。其中说道：这个戏剧情交代得清楚，布局很有逻辑，剧情发展顺畅，表演生动逼真，导演有突出的现实主义风格……。邢益勋也复了一封热情友好的感谢信。这两封信发表在《戏剧艺术论丛》第二辑上，成为中英人民之间一段友好的佳话。

摘引自《青艺通讯 中国青年艺术剧院巡回演出专刊》1980 年 9 月

编织优美的人

——冀淑平访问记

◎ 关登辉

我浏览冀淑平同志的相册，宛如参观了一次戏剧人物肖像的大画廊：《远方青年》中的维吾尔族姑娘阿米娜手抚着辫梢幸福地微笑着；《费加罗的婚姻》中华贵雍容的伯爵夫人端庄地坐在靠椅上，贵族派头十足；《万尼亚舅舅》中娇柔妩媚的少妇叶琳娜忧郁地注视着前方；《娜拉》中娜拉跳着欢快的舞蹈，就像一只纤巧的百灵鸟……众多的角色，千姿百态，形真韵浓，个个都那么生动、鲜活、呼之欲出。

“好漂亮啊！”我心里一次次叹喟着，并不禁抬起头来，凝视着这位五六十年代曾领话剧舞台上一代风流的表演艺术家，编织着当年她在舞台上声情并茂地把美和情奉献给热爱她的观众时的美好年华。

“不像我吗？”见我看得发呆，冀淑平同志淡雅地一笑，用手捋了捋盘在脑后的发髻，“人家说我就比那时胖了点。”接着就充满感情地向我谈起她那令人羡慕的舞台生涯。

《远方青年》饰阿米娜（左）

在艺术上有些成就的人往往有着比别人更曲折、坎坷的道路。而冀淑平却把自己的艺术道路形容成她人生乐谱中的一个上滑音——优美而流畅，含着不可多得的偶然和机遇。

回首往事，冀淑平庆幸地说，我对于艺术的认识和结缘发生在中国人民抵抗日本侵略者的大背景中，而更加可遇不可求的是，给我打开艺术之门的是两位后来名垂中外艺术青史的著名人物。

那是1937年，抗日战争爆发了，由金山

《费加罗的婚姻》饰伯爵夫人罗丝娜（中）（中国国家话剧院提供，曹西林摄）

等带领的上海救亡演剧队，沿着陇海铁路到了郑州，就住在当时冀淑平读书的扶轮中学里。演剧队整日在街头演出宣传抗日的节目。这些爱国青年的演出燃起了冀淑平抗日的热情，同时也使她感受到演戏所能产生的神奇力量。冀淑平被迷住了，她参加了金山举办的戏剧讲习班，并在《放下你的鞭子》中扮演了角色，就在街头土场上写下了她表演生涯中的第一笔。音乐家冼星海也是这个演出队的队员，他演唱的《大刀进行曲》和《大路歌》激昂雄壮，震动了冀淑平的心。冀淑平逐字逐句地向冼星海学会了这几首歌，同时也接受了音乐为大众服务的启蒙教育。风云时代，两位艺术家精彩的示范和指导使冀淑平在认识艺术之后，能够比较快地成熟起来。

1938 年，冀淑平考入了已西迁到重庆的国立戏剧学校，三年的学习生活是冀淑平艺术发展的重要的一步。当时在国立剧校荟集了一批很有才干的艺术家，如余上沅、洪深、黄佐临、杨村彬、张骏祥、吴晓邦、曹禺、吴祖光、金韵之等。在学校里，冀淑平系统地学习了西洋戏剧史、中国戏剧史、表演、编剧和音乐等课程。在表演课上学的是苏联戏剧家斯坦尼的表演方法。从元素开始训练，然后排片断，最后排大戏。严谨、开明的教学和老师们智慧与才气的不断熏陶，造就了冀淑平他们这代具有扎实基本功、素质优良的戏剧演员。

毕业后，冀淑平在剧专剧团任职八年。在此期间，她演了很多戏，如《清宫外史》中的瑾妃，《家》中的梅表姐，《岳飞》中的王夫人……。凭借着自己很好的演员天赋和刻苦的努力，冀淑平把这些角色都塑造得颇有光彩。

然而，艺术上的成绩并没有使冀淑平感到满足，在她的心里总是憧憬着一种更新的生活。1949 年南京解放后，她参加了中国人民解放军三野三十五军文工团。部队的生活给冀淑平打开了一个新的天地。上下级之间，同志之间，是那么坦诚、平等、友好。革命部队热火朝天的生活强烈地感染着冀淑平，乃至现在回忆起来，她还动情地说："当时我突然觉得自己变得更年轻了，我觉得人就得这么活着才有意义；我后来入党就是在三十五军打下的思想基础。"在部队文工团，她先后扮演了话剧《夜店》中的赛观音，歌剧《白毛女》中的张二婶、《刘胡兰》中的指导员等，从未间断过舞台实践。

1950 年初，冀淑平来到了中国青年艺术剧院。这以后的三十几个春秋，是冀淑平艺术才华发挥得最充分的时期，也是她艺术创作的黄金时代。她成功地扮演了许多角色，包括晚年时期的《樱桃时节》中的勃里亚夫人，《伽俐略传》中的女管家、《权与法》中的丁牧，等等。尤其是 50 年代她在《万尼亚舅舅》中扮演的叶琳娜和在《娜拉》中扮演的娜拉，曾经轰动当时的话剧舞台，甚而至今她们的形象还深刻在一些老观众的心里。

1954 年，冀淑平刚入而立之年，高高的个儿，纤细的身材，加上十多年的演出经验，她被来华担任艺术指导的苏联专家列斯里一眼看中，指定她扮演《万尼亚舅舅》中的叶琳娜。这对于本来扮演剧中另一人物玛雅的冀淑平来说，确真有些"受宠若惊"，激动之余又有些担心。契诃夫笔下的叶琳娜是 19 世纪 80 年代俄国的一个"上流少妇"，她聪明、雅致，感情纤细，性格复杂。面对这样一个角色，冀淑平认认真真地当起了小学生。在导演的启发下，她做了大量的案头工作，深入了解产生"叶琳娜"的时代因素，虚心地向一些有成就的老演员请教。她把每一场幕后戏和每一句潜台词都琢磨得非常细致和准确，以至到了入迷的境界。有时她会半夜突然从床上坐起，在创作笔记上记下心里的一刹那的感受。

《万尼亚舅舅》饰叶琳娜

《娜拉》饰娜拉

创作是艰苦的，冀淑平甘愿为此付出代价。终于，一个身着拖地长裙，美丽、娇柔的少妇飘然而至出现在舞台上，冀淑平赋予了叶琳娜动人、可信的独特生命。

“不鸣则已，一鸣惊人。”“列斯里挖掘了一颗珍珠。”这虽然是同志们的玩笑话，但也表达了他们对冀淑平的钦佩。一时间，报纸上、广播里也传出对冀淑平演技的赞扬。女作家柯岩在报上评论道：“冀淑平同志很好地体现了剧本所要求于叶琳娜的美丽和女性诱惑力，通过角色复杂矛盾的内心活动，刻画了沉缅在幻想中，不敢正视生活的这一软弱空虚的形象。”

1956 年，剧院开始排演挪威戏剧家易卜生的名剧《娜拉》。这是一个创作难度较大的角色，人物性格和心理变化大起大落，要求演员不但能演戏，还必须能歌善舞。当院领导决定让冀淑平扮演娜拉时，她虔诚地接受了任务，整个身心立即进入一种亢奋的创作状态。

她在《人民日报》上发表了一篇《我爱娜拉》的文章。她说："娜拉在外貌上娇小、纤弱，个性上天真、活泼，但心灵深处却有着那么坚强的意志，我能从心里感受到她。"在排演场，冀淑平不顾自己罹患结核病身体虚弱，一遍遍地演，一遍遍地跳，用一个艺术家的真诚和一个女性的同情去理解、感受着角色，忘情地镌刻着娜拉美丽的外表和丰富的内心。同志们望着她那一次又一次充溢着泪水的眼睛和湿透的衣衫，真想让她停下来休息休息。

《娜拉》演出后获得很大成功，不仅各界观众称赞这个戏，挪威的戏剧专家看了后也连连地叫好。

当问起冀淑平，她扮演的叶琳娜和娜拉这两个角色，哪一个较满意时，她说："我对娜拉更满意，除了前者是在没有思想准备的情况下匆忙上阵，而后者有充分的思想准备外，我对娜拉的反叛理解得更透，共鸣得更深。不过在叶琳娜的创作中，我从列斯里那里也学到了许多创作方法，如内心视象的具体，潜台词的准确，等等；在以后的创作中，我基本是用这种方法工作的，从中获益不少。"

冀淑平是个有个性的艺术家，对于生活和创作都有自己独到的理解。她说："我是体验派。"在"体验与表现""先内再外，先外再内"等等表演问题的争论中，冀淑平始终这样说。这是她总结自己创作经验而得出的结论。冀淑平坚持认为，表演人物不动感情不行，在排练中就要动情。但是冀淑平在艺术上绝不自封畛域，丰富的生活经历和对表演艺术的追求使她能够兼容并蓄，善于理解和借鉴各种观点和流派用来充实自己的美学追求和创作手段，这在冀淑平的生活工作轨迹中是不难发现的。这正是冀淑平之所以终于成为一个被人们喜爱的艺术家的优秀心理素质。

如今，冀淑平虽然已告别了她倾注了一生心血的话剧舞台，但她的心里仍充满了眷恋之情；对现在上演的新戏和年轻同志的表演，仍然十分关注。

当我向冀淑平同志告别时，她附在我耳边轻轻地说："演了一辈子戏，我能理解青年演员的心，他们需要实践机会呵。"

不久，冀淑平将赴四川省江安县为筹备成立一个艺术家陈列馆而尽一份力量。我们祝愿她在开辟新的艺术道路上一路顺风，永远年轻！

原载于《青艺》1988年第4期

动人心弦的演出 绚丽多彩的语言

——话剧《远方青年》观后

◎ 吕 江

如果说，日常说话也算一门艺术，那么，话剧里的说话更是艺术的艺术了。话剧倘不讲究说话，一定会失却至少会降低它对观众的吸引力。有些人不十分喜欢看话剧，大约就是有感于这个或那个话剧的话还不够理想，或者是曾经有过一个话说得不很精彩的话剧。我自己就有过这样的经验。结果呢？连一些好的话剧也失之交臂了。但是，要求话剧的语言，即使不是字字珠玑、句句金玉，至少应该做到比我们平素说的话要准确、鲜明、生动、形象、精炼些，我想这决不算是过分。

看了正在首都舞台上演出的话剧《远方青年》（武玉笑编剧，吴雪导演，中国青年艺术剧院演出），我庆幸这次可没有失之交臂。它不仅在思想意义上使我受到教育，而且在语言艺术上使我感到是一种享受。

《远方青年》写的是“马的故乡和养马人的故事”，确切地说，是以新疆伊犁哈萨克自治州一个国营养马场为背景，以一群民族知识青年——马的大夫为主体的一段现实生活的描叙。这个题材对城市观众说来很新鲜很别致。但这不是演出的主要目的。主要目的是从青年兽医们对待事业和人生的不同追求和向往上，对待工作、生活、群众、科学等的不同态度和作风上，展示出两种基于不同阶级思想根源的人生观和道德标准之间的冲突和斗争，让观众去思索：社会主义社会需要什么样的青年？如何教育青年一代和青年一代如何进行自我教育成为无产阶级事业的可靠接班人？

在舞台上，被热烈地歌颂着的，是以沙特克为代表的不怕任何艰险困难的一心一意为人民服务的新思想新风格；被无情地抨击着的，是艾利那种自私自利的个人主义者的旧意识旧作风；被孜孜地诱导着的，是阿米娜、玛依拉等受些旧社会影响的但基本是向上的青年们。这使我们不禁又一次回味起毛主席早就讲过的话：“你们青年人朝气蓬勃，正在兴旺时期，好像早晨八九点钟的太阳。希望寄托在你们身上。”“知识分子如果不和工农民众相结合，则将一事无成。革命的或不革命的或反革命的知识分子的最后的分界，看其是否愿意并且实行和工农民众相结合。”

在剧中，这一切都是通过生动的故事情节、鲜明的人物形象、丰富多采的语言来表达的。生活气息浓厚，真实而有深度，使人觉得亲切可信。

从人物的塑造看，我以为大都比较成功。先进人物很多，尤其青年一群，行业相同，经历相仿，但是各有各的性格、想法、神态、动作，各自成为具有特色的鲜明形象出现在舞台上。落后人物艾利，处处碰壁，很容易被处理成一个可笑的喜剧式的人物，那样他作为反面教材就会减弱教育效果；正相反，他是被认真地一丝不苟地刻画着的。卡衣夏、康拜尔等一些次要人物，戏不多，可是在剧本赋予的一些个性化了的台词上，在演员的一举手一投足之间，也还是能生动地勾画出纯朴的老牧民们的群像来。阿米娜，从剧本到舞台，都把握住了她有抱负、肯努力、纯洁可爱的一面，也都适当表现出了她幼稚、受旧思想影响和被艾利蒙蔽因而还有明显缺点的一面。这个人物的形象比较丰满，只是演得还嫌纯真不足。卡生拜克是个“对好事满面阳光，对坏事满面冰霜”的老牧人，他的感情变化是有根据的，他对有缺点、犯错误的青年们的抱怨情绪和暴跳如雷的态度，也是基本上符合这个人物的性格的。但是，过分渲染这一面，也许反而减弱了这个人物的光彩。最难演的是沙特克这个人物，剧本写他的优良品质、高尚风格和一些感人事迹，几乎全在幕后，或是借别人的嘴来叙述，他自己的台词和动作不多，观众较少直接感受到他的精神面貌的表露，较多看到他在“忙忙碌碌地应付事务，出出进进地处理事故”。可喜的是，经过了导演和演员的努力，剧本中原有的缺点，大体上获得了弥补。

从舞台的其他处理看，我还有三点小小的感受：一、这个三幕五场的话剧，只有两个场景，但是全剧较浓的民族色彩民族风光依然得到充分的展示。我仿佛越过舞台的时空限制，看到了草原的天然美景，闻到了青草和野花的芳香，听到了清清泉水的潺潺流响，牧人们骑着马儿唱着歌……可见舞台工作者在布景、音响、服装、道具等方面的设计和布置是煞费苦心的。二、剧中马的气氛也很强烈，几乎时时提到马，处处离不开马，其实并没有一匹马出过场，却仍然能在观众心头留下马群嘶叫奔跑、母马产驹、病马奄奄一息等的景象。三、结尾部分，导演改动剧本，把刚刚有了一些觉醒的艾利放在党的领导人吴场长的身旁，舞台上只剩下他俩并排站在屋前台阶上，目送着幕后整装待发即将走上又一条艰苦而又光明的大道去的青年们，吴场长鼓励艾利说："你追上去还来得及。"艾利神色兴奋起来，双方无语片刻，幕就落下了。用这个场面结束全剧，既符合全剧对艾利的描写，也耐人寻味。我们可以想象得到，艾利在党的指引下不可能不转变，只是全剧发展到此还没有提供他已经足够转变的思想基础和思想准备。在这将变未变的情势下，艾利马上追去就会显得生硬；但虽然没有马上追去，观众却已感觉到他的心胸里已经开始燃烧起愿意改邪归正的火苗了。

最后还得要提一提这个戏里的"话"。两年前，我去了一趟新疆牧区，很惊讶和赞赏于那儿竟有这么多的有趣而又含蓄的形象化了的比喻；字字闪耀着兄弟民族智慧的光芒，句句洋溢着生活哲理的启导。可惜我们语言不通，全靠翻译，有时就不能全部听懂，只能勉强心领神会。在《远方青年》里，这种高度的语言艺术，几乎在每个人物的台词里都有，听起来滔滔不绝，动人心弦。但它们又都符合剧中规定的情景，符合人物当时当地的思想感情，有助于突出人物的性格。

例如：只有这位一开始就对青年知识分子不很信任的直性子的卡生拜克，才能直言不讳地对刚下来工作的大学生们说道："你们城市地方来的青年人，说理，嘴皮上像抹了蜜糖！唱歌，嗓门像铜铃一样！"他把康拜尔满怀兴奋的话头"知识是智慧的钥匙"打断，说："智慧能推倒泰山，可这得看他们是些什么材料。"他根据自己的阅历说他们"有长着硬翅膀的山鹰""有飞不高的斑鸠，也有沉下水底的鸭子"。

又如：只有资产阶级个人主义十分严重的骄傲自满的艾利，才能煞有介事地教训他的同事："办事呀，有的时候要学阿訇，怀里得揣两本古兰经才行。"他斥责别人"是盲目的山鹰，看不见地上卧的兔子。"他当面奉承阿米娜为"花园里的一枝红玫瑰，我心目中的香妃伊帕尔汉！"他以小人之心度君子之腹，怀疑沙特克道："明明背后是根刺，何必人前装鲜花！"并且讽刺他："忙人骑在快马背上都可以采花。"

再如：当沙特克对嫉恨他的艾利诚恳地劝说"朋友，就是冰山也该化了"的时候，观众可以看出这个共产党员的胸襟有多么开阔！当阿米娜觉悟到自己不该轻视沙特克因而热泪盈盈地自我悔恨道："当一个人仰着头，从一块宝石面前走过去，还觉着自己满骄傲，很胜利，像天鹅飞翔在高空里，即使宝石都可以放过去。可是当她回身真正落到了生活的大地上，看见它在红红的太阳下闪闪发光的时候……只有咽着眼泪，暗暗点头。"这一番话，说得抒情、中肯，很能引起观众同情。还有，牧人们劝告玛依拉不要再幻想当演员时说的话："戏台上吃香的是演员，牧场上的红人是兽医。防疫员是草原上的玫瑰花，牧人心里都有你。”感情真挚，而且简直是从心里唱出来的诗歌一般。至于买买提最后半开玩笑地奉劝艾利的话：“成千上万的马群里，匹匹的脾性都不一，一无缰绳二没绊，匹匹都在集体里。奉劝野马入群吧，别老在悬崖畔上摘玫瑰！”岂不也是很符合实际的良言！

类似的例子举不胜举。这些语言，有的诗情画意，优美绚丽；有的引人想象，意境深远；有的娓娓动听，琅琅上口。几乎全都可以成为警句，成为至理名言。就是出自艾利之口的一些比喻，本身也还是有光彩的，只是因为他用来为歪道理服务，所以才被康拜尔嘲笑：“哈哈，朋友，你的话成不了名句。”

这个话剧，以它自己所特有的色彩，丰富了我们舞台的画面，为我们带来了一股浓郁的时代气息，使我们喜悦，也使我们兴奋。

原载于《人民日报》1963 年 12 月 25 日（中国国家话剧院提供）

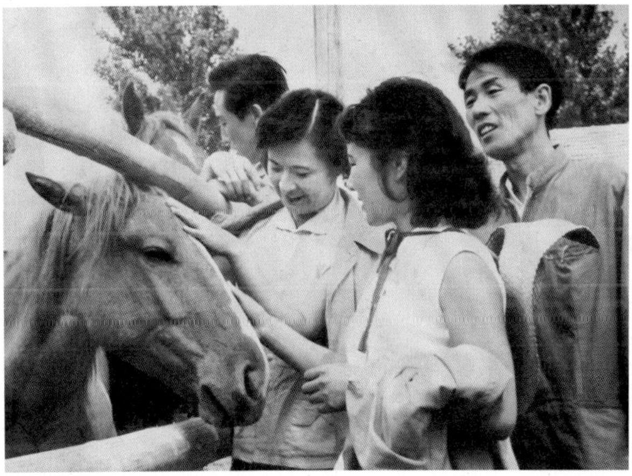

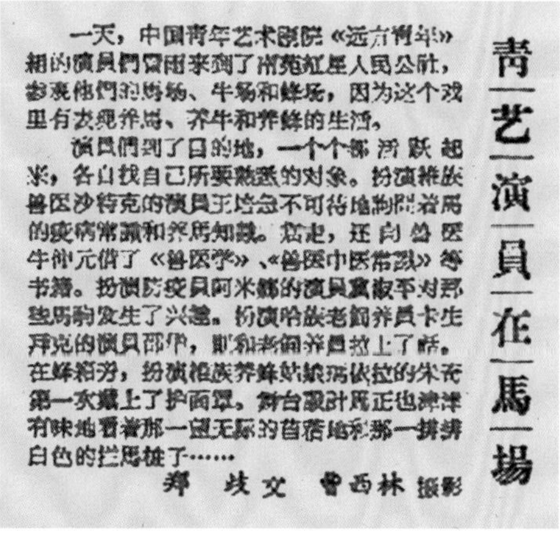

青艺演員在馬場

一天，中国青年艺术剧院《远方青年》組的演員們冒雨来到了南苑红星人民公社，参观他們的馬场、牛场和蜂场，因为这个戏里有表现养馬、养牛和养蜂的生活。

演員們到了目的地，一个个都活跃起来，各自找自己所要熟悉的对象。扮演维族兽医沙特克的演員王培急不可待地詢問着馬的疫病常識和养馬知識。临走，还向兽医牛仰元借了《兽医学》、《兽医中医常識》等书籍。扮演防疫員阿米娜的演員冀淑平对那些馬駒发生了兴趣。扮演哈族老飼养員卡生拜克的演員邵华，則和老飼养員拉上了話。在蜂箱旁，扮演维族养蜂姑娘玛依拉的朱霞第一次戴上了护面罩。舞台設計馬正也津津有味地看着那一望无际的苜蓿地和那一排排白色的拦馬桩了……

鄭岐文　曾西林 攝影

《北京晚报》1963 年 6 月 28 日剪报（中国国家话剧院提供）

阿米娜在吳軍的帮助下，认淸了科学研究一定要和生产实际相結合的正确道路之后，决心向沙特克学习，和他一起到下面去，扎根于实际生活，进行科学实踐。

沙特克（右）将手記借給老同学阿米娜，帮助她

知識青年的一面鏡子

——話剧《远方青年》

李仲魁 摄影

近来，以反映現实生活斗爭为题材的戏剧，像雨后春笋般地涌現在北京的舞台上。中国青年艺术剧院演出的話剧《远方青年》，就是其中之一。

《远方青年》从青年知識分子思想改造的角度，反映了新疆各族人民的新生活。它給人印象最深的，是青年人应該怎样对待生活，走怎样的路。《远方青年》通过三个典型人物明确地回答了这些問題。

《远方青年》以新疆地区的一个畜牧場为背景，通过維吾尔、哈薩克等民族的知識青年在畜牧場里的曲折的斗爭生活，概括地表現了新疆各族青年的精神面貌。維吾尔族大学生阿米娜和艾利，是一对情人，他們来到边疆地区的牧場进行毕业实习。阿米娜是个純洁而爱幻想的姑娘，滿腔热情地想在科学研究中做出成績，但她的工作方向并不明确，在艾利的影响下，曾一度把科学研究和牧民群众的需要对立起来。結果脫离实际，脫离群众。后来在牧場場长、汉族干部吳軍的教育帮助和維吾尔族青年沙特克的模范行动影响下，終于走上了正确的道路。艾利是个习染資产阶級思想較深的青年，醉心于个人成名成家和庸俗自私的“爱情”。他盲目驕傲自大，輕視劳动牧民的經驗，更看不起沒有上过大学但有实际工作能力的沙特克。他好逸悪劳，畏惧艰苦，对待工作缺乏責任心，以致接連地造成事故，他还推諉錯誤，嫁禍于人，受到了群众的批判。沙特克，只是一个中等畜牧兽医专科学校的毕业生，但他听党的話，全心全意为人民服务，把自己的青春和全部知識都献給祖国的社会主义畜牧事业。他来到牧場以后，不畏艰苦，不怕困难，并能虛心向劳动牧民学习，結合生产进行科学研究，結果眞正做到了又紅又专，在工作中作出了巨大的成績，贏得了群众无限的信任和尊敬，被牧民称贊为“山里的鹰”。相形之下，艾利却显得那样渺小和微不足道。話剧通过这三个知識青年的生活道路，使我們清楚地看到：能否和劳动群众相結合，是知識分子革命化的关鍵。沙特克对社会主义事业无限热爱，对劳动人民无限忠誠，正是我們时代革命青年的典型，是少数民族知識青年的榜样。

戏里还描写了汉族干部和哈薩克族青年哈森、瑪依拉，回族青年阿曼以及哈薩克族牧民卡生拜克和康拜尔两家人的形象，这些形象交織起来，构成新疆各族人民在党的領导下团結一致建設边疆的生活图景。

《民族画报》刊登的话剧《远方青年》介绍和剧照（引自 1964 年 4 月号总 94 期《民族画报》汉文版）

《民族画报》创刊于 1955 年 2 月，刊名由周恩来总理题写，它与《人民画报》《解放军画报》并称为“全国三大画报”。现用汉、蒙古、藏、维吾尔、朝鲜、哈萨克六种文字出版发行

艾利錯誤地勘察了牧場，几乎造成严重事故，沙特克冒着大風雪奋不顾身赶去搶救，才得挽回。而沙特克却因此冻倔在野外，幸被老牧民救回。在恢复健康后，沙特克和各族牧民欢度夜晚。

艾利犯了一系列的严重錯誤，使自己陷于脫离集体的境地。这时，場长吳軍及时地給他指出前进的方向。

引人入胜 发人深省

——中国青年艺术剧院演出的《权与法》观后

◎韩戈 周诚

最近，中国青年艺术剧院在我省演出的《权与法》是一出引人入胜、发人深省的好戏，它激起了强烈的反响，受到了广大观众的热烈欢迎。

话剧《权与法》是1979年文化部举办的国庆三十周年献礼节目中获奖剧目之一。剧本描写的是：某市计委女干部丁牧向报社写信揭发市委第二书记曹达挪用救灾粮、款，大修楼堂馆所和营造自己安乐窝的严重错误。但曹为了掩盖错误，逃避罪责，竟利用职权对丁牧进行威胁、利诱，甚至以卑劣的手段，伪造证据，诬陷丁牧害死了自己的丈夫，并妄图以通奸害夫的罪名，将其逮捕入狱，以达到先发制人的目的。在这场尖锐复杂的斗争中，新来的市委第一书记、曹达的姐夫罗放同志，坚持党和人民群众的利益，深入调查研究，同曹达进行了针锋相对的斗争，制止了他对丁牧的打击陷害。他以法不徇情、义不容私的浩然正气，为民伸张了正义，维护了法律的尊严。

这出戏向人们提出这样一个严肃的问题：在社会主义新的历史时期，是要社会主义的民主与法制，还是要封建特权和专制主义？是坚持在法律面前人人平等，还是维持几千年来以权代法、权大于法的传统观念？剧本通过丁牧的女儿丁红，在得知母亲的冤情后大声喊出“真理在哪里？法律在哪里？……”这撼天动地、感人肺腑的呼喊，表达了亿万人民的心声！

青艺演出的《权与法》不仅剧本好，而且表演也非常成功。著名的优秀话剧演员冀淑平同志，虽然年近六旬，但她那精湛的舞台艺术风采仍不减当年。在此剧中，她成功地塑造了丁牧这个四十岁左右的善良女性的艺术形象。为了演好丁牧这个人物，她对丁牧这个角色进行了一次又一次的分析研究，从内心世界的刻画，到外部形体的控制、运用以及台词处理，无不刻意求精。第二场，丁牧这个心地纯洁、正直的女性，因揭发曹达而被诬陷为通奸害夫的罪犯，当她回到家里之后，天大的冤屈，万般的苦衷，就连自己亲生女儿也无法向其倾诉。这种无情的精神折磨，复杂的内心世界，台词是无法表现的。这也正是塑造丁牧这个形象的难度所在。但是，冀淑平同志准确地把握了人物错综复杂的矛盾心理状态，通过面部表情的变化、静场，跑到门外凝视雨色茫茫的夜空等，向观众揭示了千言万语的潜台词，实在是“此处无声胜有声”！就是这些传递潜台词的舞台表演艺术，使广大观众从内心与丁牧这一舞台形象发生了强烈的共鸣，产生了催人泪下的艺术魅力。

饰演市委第一书记罗放的王尚信同志，不只是一位优秀的话剧演员，而且还是观众熟悉的出色的电影演员。他曾在故事影片《燎原》和话剧《曙光》里，成功地塑造了党的罢工运动领导者雷焕觉和无产阶级革命家贺龙同志的形象。他的舞台表演艺术的最显著特点是准确把握人物特点，细致地刻画人物性格，淳朴真实，以情动人。在第二场，罗放书记冒雨到丁牧家里访问。他的出场，仅仅通过和丁红寥寥数语的交谈、吃烧饼、要水喝等几个细小的舞台动作，罗放那淳厚、朴实、平易可亲的特点表现得分外突出鲜明。第三场与曹达正面交锋的一场戏是全剧的高潮，也是罗放舞台艺术形象塑造关键的一场戏。在这里，演员有层次，有分寸，入情入理地刻画了人物。开始，对曹达申明大义，继而据理驳斥其为错误辩护的谬论。最后，在曹达蛮横无理地坚持践踏党纪国法的情况下，罗放则正气凛然，大义灭亲。演员嗓音洪亮宽厚，吐字清晰，感情饱满，抑扬顿挫，收放自如，不仅从外部形态，而且从内涵气质方面使罗放这一铁面无私、执法如山的党的老干部的高大形象，成功地矗立在观众面前。其他如饰演总编辑郑洪来的金涛，饰演曹达的高维启，饰演报社记者的童欣，饰演雷邦夫的徐金增等的表演也是很成功的。我们十分感谢青艺的同志们给我们带来这出好戏，并祝愿他们取得新的成绩！

原载于《河南日报》1980 年 10 月 19 日（中国国家话剧院提供）

在法律面前绝不允许有任何特权！

话剧《权与法》激起观众强烈共鸣

观众称赞这出戏反映了人民对加强民主和法制的渴望

本报讯 中国青年艺术剧院昨天下午和晚上在儿童艺术剧场为上海观众首次演出了话剧《权与法》。这个发人深思的好戏激起了观众强烈的共鸣。

戏演到第三幕，[illegible]“官，就是真理的化身；权，就是法律”而为非作歹时，十分激动地说：“不，绝不允许！法律不是只为平民百姓制定的，在法律面前，绝不允许存在任何特权。你过去的功劳和现在的权力，都掩盖不了你的罪行。你必须受到法律的制裁！”这时剧场响起热烈的掌声。演员含着激动的泪水，有些观众忍不住哭了。他们称赞这出戏好，表达了人民群众对加强民主和法制的渴望。

戏的故事发生在粉碎“四人帮”以后的一九七八年五月。市委第二书记曹达，不顾国家财经纪律，不管灾区人民的死活，公然挪用救灾物资，大盖楼堂馆所。当丁牧揭发他时，他利用手中的权力，残酷迫害，给丁牧罗织“通奸杀夫”罪，准备动用无产阶级专政工具，欲置他于死地。首都调来的市委第一书记罗放经过调查，弄清事实真相，教育和挽救曹达时，曹达有恃无恐地公然宣称：“我倒要看看共产党的法律，是如何判决我这个老共产党员的！”戏通过尖锐的矛盾冲突揭露了曹达以权乱法的丑恶面目，说明了法之为法，必须上下共守，有法不守，等于无法。要维护党纪国法的尊严，执法者必先守法，对曹达这样践踏法纪的当权者，不仅要晓之以理，更要绳之以法。

《权与法》不仅以犀利的笔锋，揭露了蜕化变质的曹达和丧尽天良的市委办公室主任雷邦夫，更以饱满的热情，塑造了“四化”的带头人、坚持党的原则的市委第一书记罗放的形象。在这场尖锐的矛盾冲突中，他不徇私情，不讲情面，为了党和人民的利益，坚持在报上公开发表丁牧的揭发信，并支持按法律程序控告曹达。《权与法》还塑造了三个很有光彩、不同性格的青年人。市委第一书记女儿罗兵华，由于父母在文化大革命中关进了“牛棚”，她从“红五类”一夜之间变成了“狗崽子”。这种不寻常的生活经历，使这个女记者养成了憎恨邪恶、富有锋利的斗争性格。赵固实则是一个正直、朴实、稳重、具有清醒的政治头脑和勇于斗争精神的青年教师。丁牧的女儿丁红则是一个善良、纯洁向上的女工。戏是以罗放和丁牧的胜利而结束的。真理和正义终于战胜了邪恶。有些观众离开剧场的时候说：这戏好！善恶分明，爱憎强烈，看了使人振奋，充满斗争的力量。观众还十分称赞在罗放与曹达短兵相接地激烈斗争时，后台多次传出的雄声合唱：“我们是共产主义接班人……”发人深省，令人回味！

上海观众早就听说北京有这么一个好戏，大家都想先睹为快。戏还未开演，一月内的票早已卖完。

《解放日报》1979 年 12 月 11 日剪报（中国国家话剧院提供）

要坚决执行社会主义法制

文化部献礼演出办公室召开话剧《权与法》座谈会

本报讯 文化部献礼演出办公室最近召开座谈会，对中国青年艺术剧院演出的话剧《权与法》进行了评论。出席会议的有戏剧界的知名人士、专业和业余戏剧评论工作者五十余人。

会上，《权与法》的作者邢益勋同志首先介绍了该剧的创作情况。许多同志充分肯定了剧本和演出获得成功，指出它的题材的真实和主题的深刻，在于它所选择的事件和提出的是必须坚决执行社会主义法制的问题，因而具有较强的时代感。外文出版社廖旭和说："这个戏反映了社会的真实情况，既歌颂好的领导干部，又毫不留情地揭露生活中的阴暗面，它不是消极的，而是给人以鼓舞力量。"天津人民艺术剧院许瑞生认为："《权与法》说出了人民的心里话，党和人民需要它，搞四化建设也需要它。"不少同志同意这种分析，《权与法》告诉人们，以前我们工作的错误和产生某些悲剧的原因，并不只是由于某些个人的意志和行为，而是我们没有坚决执行法制。作者在剧中大胆、直率地提出对当前的一些滥用权力、践踏法纪现象的看法，是思想解放的胜利。艺术要干预生活，一定有人反对，但人民是欢迎的。文化部文艺研究院龚和德认为："《权与法》大胆说出了人们心里的话，总要触动一些人，这正是它的可贵之处。"

《权与法》另一个成功之处，是塑造了几个有现实教育意义的人物形象。如坚持原则、执法无私的市委第一书记罗放，滥用权势、践踏法纪的市委第二书记曹达，报社总编辑郑洪来和敢于抨击不正之风的报社青年记者罗丹华。《中国文学》伏琥说，剧本创造的这些人物，像一面镜子，反映了现实生活。

有些同志在发言中也指出了某些人物的描写存在的弱点。如曹达的思想行为、丁牧的揭发信和雷邦夫的供词，思想依据都不太充分，人物写得不够丰满，这有待加以提高。

座谈会开得很活跃，有些同志对一些问题提出不同意见。在主题和结构上，有的同志认为此剧并没有完成其主题的任务，结构是不真实的。外文出版社张荣富说：《权与法》顾名思义，主题是不能用权代法，不能权大于法；但看了戏，感到法还没有胜利。罗放如不去当市委第一书记，法便不能胜权；因此，戏还未完成它的主题。北京画院李慧生认为，虽然中央三令五申，曹达还盖楼堂馆所，继续制造冤案，这一规定情境不典型。马宗启则认为，像曹达一类人，已从人民公仆变为老爷，他是不会放弃权力的。正因为此，他不顾法纪，制造新的冤案，斗争也更加激烈。这种描写是真实的、典型的。对于某些人物如公安局万局长的塑造，也有两种相反的意见。有的认为，万局长写得很不真实，不像个共产党的公安局长。另一种意见则认为，万局长的性格写得真实、鲜明，写作手法也巧妙。儿童艺术剧院白珊说，万局长的塑造与剧的主题有着不可分割的联系，起了深化主题的作用。

献礼演出办公室负责同志吴雪在发言中说：《权与法》所反映的生活是真实的。它歌颂了党的好干部罗放，鞭挞了坏的干部曹达，这样描写是允许的。对坏的干部现在不是不准揭露，而是揭得不够深。在创作上，现在不是要收，而是要放。不去掉消极的东西，四化上不去。主持座谈会的李超最后说：这次评论开展了百家争鸣，这对进一步推动创作，是很有益的。

（黎之彦）

原载于《光明日报》1979 年 12 月 14 日（中国国家话剧院提供）

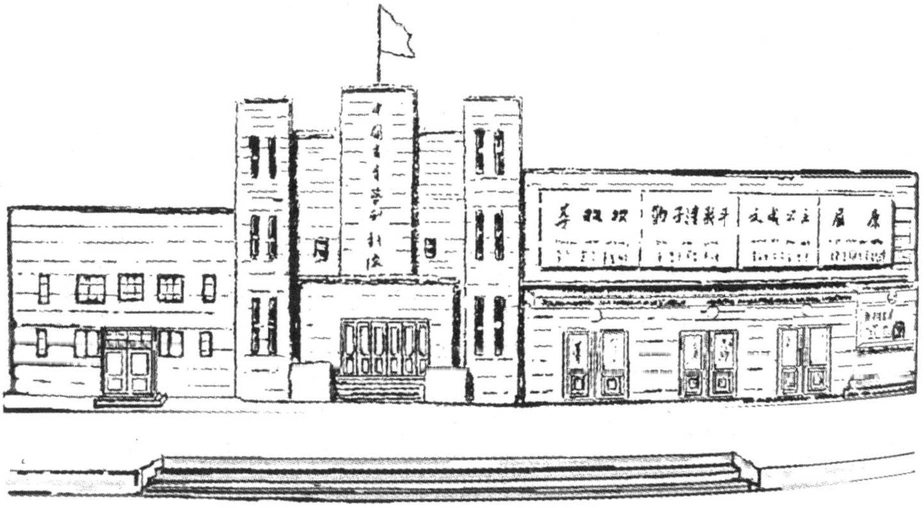

雷邦夫（徐金增饰）威胁着要和丁牧（冀淑平饰）结婚

赞话剧《权与法》的演出

·张稻粱·

在建国三十年献礼的剧目中，出现了一批尖锐反映时代精神的剧，《权与法》是其中的一个。它深刻揭露了林彪、江青一伙封建王暴虐无道，残酷迫害干部和知识分子的一幕。这个剧所以受到赞扬就是它切中时弊。近些年，这类事极多，人们听说或碰到，只是摇头，轻叹一声就离去了。但就其中某些事件的情节的曲折和份量，编成戏剧，又哪一件不值得和窦娥相比、哪一件不值得下一场六月雪

像曹达那样横暴和目无法纪，在我们生活中是概括了的典型人物也不由得令人想起建国以后，我们从理论上疏忽了我国封建社会延两千年的历史和社会因素，竟轻率地误认封建这座大山一经推翻，已一命呜呼。从《权与法》反映的斗争中，我们悟到封建这个死而不的百足之虫，还在严重地袭击着我们；什么专制、官僚、特权、一堂、后门等恶性病毒，无一不和它紧密地连系在一起。

从肖波的惨死和丁牧的遭遇，也很自然地使人想起了1957年，少人由于讲话不合时宜，被带上了比庙前石碑还重的帽子。庙前石虽重只能把当事者一人压得粉身，而帽子的威力却远不止此。

从剧中布景、灯光直到演员对剧中人认真地刻划，舞台的气氛迫使观众的思想感情和丁牧、罗放等人物的命运融合在一起，为他们斗争而担忧，又为他们的胜利而欢欣。不足之处是对那位实权人物—公安局长的描绘过于简单，尽管他在剧中不是主要人物，不必在他上多费笔墨。

《权与法》反映出封建是民主和法制的大敌。对这类反映时代神、总结时代教训的作品，我们的职责是提而倡之，似不宜轻呼之什么“伤痕”、“暴露”，因为那近似旅游者的态度。

江青一伙歹徒，已随时代而埋葬，我们才有可能看到坏蛋雷邦的下场。昔白石老人画蟹曾题“看你横行到几时”，联想到宋人咏句：“水清讵免双螯黑，秋老难逃一背红。”雷邦夫一类，今日水清见，其一背红的命运是显而易见的。惟那万局长，仅落得个尴尬的孔，似令观众悻悻不已。

《影视美术》刊登的话剧《权与法》介绍和剧照（引自《影视美术》1980年第1期 总第1期）

编　　剧：邢益勋

导　　演：邓止怡　王　培

设　　计：吕德康

主要演员：冀淑平　高维启

　　　　　徐金增　王尚信

中国青年艺术剧院　演出

（本版剧照均为曹西林摄）

丁牧的女儿丁红（赵肖男饰）回忆着父亲的过去

第一书记罗放（王尚信饰）访问丁牧

万局长（冯汉元饰）要逮捕丁牧　↓

剧情简介

故事发生在粉碎“四人帮”以后1978年。市计委干部丁牧的丈夫在二十年前被打成右派，文化大革命中又被雷邦夫迫害致死。雷是丁牧的同学，对丁牧怀着不可告人的目的，但丁牧并不了解此中情况。

市委第二书记曹达违法乱纪的行为，为丁牧所熟知，新市委第一书记罗放刚到任，丁牧写信揭发，受到了曹达和雷邦夫的威胁，指使公安局长编造伪证，反诬丁牧的丈夫是丁牧害死的。通过罗放（也是曹达的妻弟）的坚决斗争，终于揭露了曹和雷的罪行。全剧贯穿了权和法的矛盾和斗争。

“向河南省话剧观众致意”

——访著名话剧演员冀淑平、王尚信、高维启

◎ 王 秀

听说青艺《权与法》一剧，即将到河南各地巡回公演，记者特地走访了该院著名话剧演员冀淑平、王尚信和高维启三同志。他们都是《权与法》剧中主要角色的扮演者。

走进青艺排演厅，立刻感觉到一片紧张的艺术创造气氛。《权与法》虽然已经演出了140余场，但为了在艺术上精益求精，更好地完成巡回演出任务，整个剧组仍在精心地修改和加工排练。

在排练厅的一角，记者首先见到了著名话剧演员冀淑平同志。她是广大话剧观众所熟悉的优秀话剧演员。50年代她在易卜生名著《娜拉》中创造的主人翁娜拉的形象，在契诃夫名著《万尼亚舅舅》中塑造的叶琳娜的形象，以及她的精湛的演技，当时曾得到广大观众的一致好评，至今一些话剧老观众仍交口称赞。

“不行了，岁数大了，上台很吃力呀！”冀淑平同志微笑着说。

不错，冀淑平同志实足年龄58岁了，虚岁已经是60高龄了。但她在《权与法》中仍能扮演一个40岁左右而颇具风度的善良女性丁牧的形象，风采不减当年。尤其是她在塑造丁牧这一人物时，不论对人物内心的刻画，外部形体的控制、运用，还是台词的处理等等，都有独到之处。

这时，王尚信同志从“戏里”出来，他插话说：“《权与法》是一部反映现实生活的戏，我们的演出在艺术上还不成熟，希望河南的广大观众能给予我们帮助。”王尚信同志既是一个优秀的话剧演员，也是一个出色的电影演员。他曾成功地在话剧《曙光》中创造了无产阶级革命家贺龙同志的形象，也在以刘少奇同志的事迹为题材的影片《燎原》中，扮演了雷焕觉这一人物。在《权与法》中王尚信同志塑造了一位可亲可敬的老干部罗放的舞台形象。一些国际友人看了《权与法》后，在国外刊物上专门写了有关罗放这一舞台形象的文章，足见罗书记这个人物给予观众的印象是多么深刻。

“您对赴河南演出有什么想法？”记者转向早就坐在一旁的高维启同志。观众可能没

见过高维启创造的吴运铎这样的正面舞台形象，但很可能见过崔嵬同志导演的影片《风雨里程》，那个老铁路工人路云志，就是他塑造的。他说，“我一向是演正面人物的，演曹达这样的反面人物还是第一次尝试，没有经验，到河南演出，愿意向当地的同行们学习，向当地的广大观众学习，并请你向广大观众致意！”

这时，排演又要开始了，记者将要告辞时，许多演员都出来相送，他们说：高维启同志的话也是代表了《权与法》剧组全体同志们的心意——他们向河南广大话剧观众致以衷心的问候！

原载于《青艺通讯 中国青年艺术剧院巡回演出专刊》1980 年 9 月

剧场实况转播

《权与法》

青艺新排话剧

党的十一届三中全会以来，大批冤、假、错案得到平反，许多老干部重新工作，他们身体力行，恢复了党的老传统、老作风，为群众办了好事。五届人大开过以后，报纸上连续刊登了揭露某些干部违反党纪国法、破坏财经纪律的报道。青艺的中青作者邢益勋同志，心情无比激动，用很短时间写出了四幕话剧《权与法》，提出了人民群众普遍关注的一个问题，这就是：在我们社会主义制度下，领导人犯了法，应不应受到纪律制裁？群众受到打击陷害，该不该受到法律保护？剧本以曲折的情节，尖锐的戏剧冲突，明确地回答了民主与法制的问题，突出了在“法律面前人人平等”这个问题，鞭笞了“刑不上大夫”的封建特权思想。剧组全体同志，以饱满的政治热情，在短短的一个多月时间里排练演出了这个戏，受到观众的热烈欢迎。邓止怡、王将担任导演。参加演出的有老演员冀淑平、王尚信、高维启、金辉、张秀芳等。

电台将在10月13日③19:15转播四幕话剧《权与法》的剧场演出实况。

关于《权与法》实况转播的报道（中国国家话剧院提供）
原载于《北京广播电视报》1979 年 10 月 5 日

附载 / 《权与法》观众来信摘录

你们能抓住这样的题材，并很快搬上舞台，这确实是大胆之举，独创之风。我禁不住这样赞叹：青艺，是人民的剧院，它反映了人民的意愿，喊出了人民的呼声，在广大观众中引起欢呼，引起轰鸣。

——北京　宋金

我从电视中看了你院演出的话剧《权与法》后，我和同院的同志们都赞不绝口，这个戏很好，也比较现实。……你们通过艺术形式，把一些常见的、群众经常议论的现象，非常生动地表现了出来，说出了群众心中不敢说的话。这个剧对我们从事司法工作的人来说，是一个很好的教育和启示。

——四川　张明炳

这个剧本怕是近二十年来最能感染我的剧本，没有俗套，没有刻板，没有公式化，也没有“杀回马枪”……却真实地反映了近二十年来每个人的本能；人民的疾苦，诚实人的颤音，善良人的心愿，以及鱼肉人民的高官者和不择一切手段达到个人野心的卑劣者。剧中最感人的是恢复和发扬了我党的优良传统。罗书记的高大形象，集中地反映了干群的鱼水之情。有一批这样的领导，国家何愁不胜？人民何愁不乐？

——上海　袁腾校

我们希望有更多的能够深刻地触及我们的社会现实的作品问世，它潜移默化所起到的作用，将是巨大的。

我们在电视机前的掌声你们是无法听到的，写上几句话，略表我们激动、感激之情。

演吧！多演这样的戏，人民从内心支持你们！

——河南郑州一群普通观众的代表

我要特别感谢年轻的编剧邢益勋同志为人民代笔呼吁，写出了这样出色的、艺术和思想性很高的剧本……你们出色的演员，演出了出色的剧：演罗书记、曹书记、总编辑、女记者和出面不多的公安局长的演员和其他演员，给全国观众留下了生动、深刻的印象。他（她）们各具特色、性格鲜明，大家议论纷纷，赞不绝口……

——甘肃　亢平安

我是个农民，家在农村，文艺节目看得少，话剧就更少了。但《权与法》我认为你们演得很成功，演得写得都好。剧情、台词引起了我强烈的共鸣，切中了一些障碍我们实现四化的思想疫病……

——河北省玉田县农民　付云波

《权与法》深受广大电视观众的欢迎好评，剧中人物的塑造，既真实又形象，语言通俗顺耳，说出了广大工农兵的心里话，剧的结尾也符合真实情况，广大观众看后说：“这样的话剧多放几遍才好哩！越看越想看……”

——解放军某部　宋建军

我认为此戏有两个特点：一是新，就是演出大家关心的问题，角度新，语言也新；二是深，揭露的问题深刻，情节文字都有突破。使人看了对“四化”充满信心，有这样好的党委书记来领导，“四化”实现就有希望了，使人就放心了。

——山东　高春甫

《权与法》是文艺舞台上又一朵怒放的艳丽鲜花，它解放思想，实事求是，敢于冲破禁区，为真理说话，为人民大众说出了几十年来积压在心灵深处的想说而又不敢说的真话。我们十分感激文艺工作者给我们送来了精神上的粮食。

——福建前线某部指挥连全体干战

原载于《青艺通讯　中国青年艺术剧院巡回演出专刊》1980 年 9 月

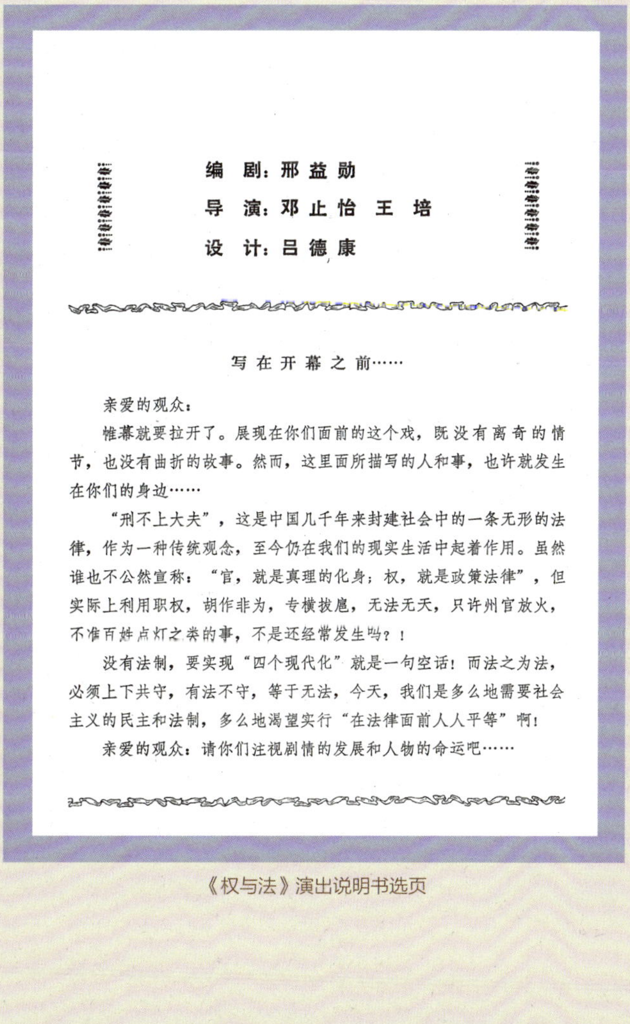

编　剧：邢益勋
导　演：邓止怡　王　培
设　计：吕德康

写在开幕之前……

亲爱的观众：

帷幕就要拉开了。展现在你们面前的这个戏，既没有离奇的情节，也没有曲折的故事。然而，这里面所描写的人和事，也许就发生在你们的身边……

“刑不上大夫”，这是中国几千年来封建社会中的一条无形的法律，作为一种传统观念，至今仍在我们的现实生活中起着作用。虽然谁也不公然宣称：“官，就是真理的化身；权，就是政策法律”，但实际上利用职权，胡作非为，专横拔扈，无法无天，只许州官放火，不准百姓点灯之类的事，不是还经常发生吗？！

没有法制，要实现“四个现代化”就是一句空话！而法之为法，必须上下共守，有法不守，等于无法，今天，我们是多么地需要社会主义的民主和法制，多么地渴望实行“在法律面前人人平等”啊！

亲爱的观众：请你们注视剧情的发展和人物的命运吧……

《权与法》演出说明书选页

献给中国话剧一百一十周年

结语

手记：女儿的亲情诉说

◎ 陈非比

回忆，是一部厚重的书；追寻，是一份不了的情。

我是长女，我的成长与父母从艺的经历，与他们学艺与供职的“一校”“一院”有着千丝万缕的联系。在抗日战争的烽火中，我出生在“中国戏剧家摇篮”国立戏剧专科学校当时的所在地——江安，这座小城伴我走过童年。共和国诞生后，我又曾走进父母供职的新中国第一个国家剧院——中国青年艺术剧院，成为青艺附属儿童剧团一名小小的学员；红红火火、严肃活泼的集体生活虽很短暂，却深深印刻在我的脑海中。我甚至曾有幸登上青艺的舞台，在《保尔·柯察金》中扮演过送“图书出版”电报的小女孩。这种特殊的剧专情缘和青艺情结，也成为我跟随父母追寻“剧专记忆”和“青艺岁月”的动因之一。

开启记忆的大门，走进爸爸妈妈过往的岁月，让我感动了太多，收获了太多，使我忍不住总想对爸爸妈妈诉说。于是，在整理他们艺术档案的过程中，我一次次情不自禁地敲击键盘，信手写下一篇篇手记，那是我心灵震颤与感受的点点印迹……

父亲，您太可爱了

2016-08-05　晨

父亲离开我们16年了。今天，我终于打开心扉走进他的过往。徜徉于父亲匆匆离去后留下的手迹，翻看着那一本本《思想手册》、一份份下乡总结，我常常会产生一种错觉，仿佛我并不是在为我的父辈书写，在我眼前呈现出的并不是一个曾经在业内小有影响的老艺术家，而是一个学生、一个晚辈——一个永远视自己为祖国的儿女、人民的儿子，永远需要“不断进取”的文艺战士。

研读着那一份份对历史足迹饱含激情的追寻，面对从上世纪30年代走出湘江，又于上世纪中叶走进新中国第一个国家剧院，为中国话剧艺术事业倾尽所能奋斗了60余年、如今早已作古诞过百年的父亲，我不禁感慨万分，从心底发出由衷的感叹：父亲，您太可爱了！

难道不是吗?

冲破旧中国的藩篱，走进新中国的剧艺大厦，您如鱼得水，决心为祖国的文化艺术事业献身，付出一切所有。

走进农村，走进田野，走进大山；热爱生养您的土地，热爱抚育您的人民，您痴心不改。

土改、赴朝、下乡，不断汲取前行的力量，批判自己的“个人意识”，树立革命文艺战士的高尚品德，您坚定不移。

勇攀艺术的高峰，团结同道的友人，为推动新中国舞台美术事业的繁荣昌盛，您追求不懈。

您对自己是多么严厉，对人民是多么虔诚，对事业是多么一丝不苟！

妈妈，我为您骄傲

2016-10-05　下午

用了7天时间，妈妈的《叶琳娜》创作笔记已录完了三幕，整整20页；第四幕很短，今天就可以完成了，忍不住想写点什么。一句话，感动！

几天来，一有时间我就坐在桌边敲打着键盘，随着剧情的发展，我仿佛沿着妈妈当年塑造叶琳娜的脚步，走进了叶琳娜的内心，也走进了一位伟大演员的内心。常常有这样的错觉：我不知道是冀淑平在诉说，还是叶琳娜在诉说；我甚至以为是我自己在诉说！两眼经常是湿润的……

我深深地感到，妈妈他们那一代演员，是在用生命创造角色；每一句台词，每一个动作，每一次幕后活动，都阐发得那么生动、具体，充满真情实感。

妈妈，为了叶琳娜，您付出了太多，太多！

全剧连排后您才接过扮演叶琳娜的重任，创造角色的时间比别人少了许多。从接受任务到上演，仅仅有两个多月的时间；但是，您写出的《叶琳娜》角色创造笔记却长达61页。这需要注入多少情感，这需要花费多少精力？何况当时妹妹小眉还是半岁的婴儿，多么需要母亲的呵护与照料！

叶琳娜这个角色虽然称不上是女一号，但激情戏不少；虽然不是核心人物，但与剧中的每一个人都有密切关系。老教授、万尼亚、阿斯特罗夫大夫、苏尼亚……以及他们之间错综复杂的关系，都与叶琳娜的命运紧紧相连。叶琳娜与每个人物的关系——爱恨交集，矛盾重重，变幻莫测——都必须把握好分寸，掌握好火候；感情不到不行，过了也不行。这就需要演员下大功夫去理解时代，理解剧本，理解角色；不能想当然，不能掉以轻心，更不能粗制滥造！

对于当时只有31岁、在国家剧院舞台初次担当重任且“迟到”的妈妈，任务何其艰巨，创作何其困难！但是，她成功了。而又有多少人知道，在舞台上那靓丽的叶琳娜形象的背后，演员付出了多少汗水和辛劳！

妈妈，我为您感到骄傲！

梦荻的交响

2018-04-15　晚

我终于拿到在国家图书馆缩微资料室复制的光盘了！

几天来，我急不可耐地敲击键盘，浏览爸爸于20世纪二四十年代发表在各类报刊上的文章——时光的烘烤，岁月的磨砺，使它们大多留下斑驳的印记。透过密布的划痕，生僻的繁体字，我仔细辨认着一行行文字，艰难地把它们输进电脑。然而，我累并快乐着——这些都是爸爸当年原汁原味的作品啊，它们是抗战烽火中一个热血戏剧青年的生动写照，真的是太珍贵了！

研读这些作品，我注意到一个有趣的现象：它们发表时所采用的署名不尽相同，除了陈永倞而外，常用的笔名是陈梦荻、梦荻，甚至还有小荻、荻子……这不禁使我暗自揣测：爸爸啊，您为什么这么青睐这个“荻”字，甚至为自己第一个儿子取名“陈小荻”？

于是，我打开了最新出版的《现代汉语词典》，查到了关于“荻”的释义：“多年生草本植物，形状像芦苇，地下茎蔓延，叶子宽条状披针形，花紫色，生长在水边。茎是造纸和制人造纤维的原料，也用来编席。”“浔阳江头夜送客，枫叶荻花秋瑟瑟”（白居易：

《琵琶行》），在诗人眼中，荻花也是一种美的象征呢。可见，荻，它是自然的，深情的，诗意的。

今天，当我寻着父亲追梦剧专的脚步一路走来，特别是从那些斑驳的缩微胶片上仔细辨识、认真品读了父亲那些早年作品后，我仿佛突然明白了父亲为什么那么钟爱“荻”！

荻，没有华丽的外表，没有怒放的花朵；荻，静静地生长在水边，深深扎根于大地；荻，用瘦弱的身躯相互支撑，在暴雨中挺立，在疾风中呐喊；荻，年复一年地生长更迭，用自己不灭的生命回报大地，造福人类……这，不就是父亲所追求的生命品质和人生价值吗！

是的，让生命像荻一样朴实无华，坚韧不拔；像荻一样尽心竭力，默默奉献。

我想，这就是父亲钟爱荻的理由。徜徉在八十年前父亲作品的海洋，我清晰地看到了一个戏剧青年不懈追求光明的身影，我真切地听到了一曲壮美的梦荻的交响。

别了，妈妈

2019-04-11　晚

时间过得真快，春，又悄然来到身边；皎洁的玉兰，粉红的桃花，雪白的梨花纷纷绽放。然而，今年的春花没有给我带来任何欢乐和愉悦；相反，它们的争相怒放让我格外心酸——妈妈最热爱春天，最眷顾春花，在春风荡漾的时节到大自然中去走走，曾是她的最爱。就在去年春天，当海棠花盛开的时节，我还推着轮椅陪妈妈在北土城路边的运河两岸流连忘返，饱览着大好春光……然而今年，她却没能等到春花怒放的这一天——3 月 4 日凌晨 4 时 05 分，妈妈因罹患重症肺炎猝然离开了我们！

3 月 10 日，国外的小眉和弟妹回京后我们在安贞医院举行了温馨而庄重的家庭告别仪式。妈妈安详地躺在灵床上，灵床下方布满鲜花——她生前最喜欢的白菊和黄菊，层层叠叠交替相间围绕在她的四周……遵照妈妈生前的嘱咐，我们没有惊动太多的人，只有国家话剧院老干部处的负责同志来了。机缘巧合的是，国立剧专史料江安陈列馆馆长张毅同志，也远道而来为妈妈送行。那是 3 月 9 日的傍晚，我忽然接到张毅同志的电话——我们已几年没通话了——“非比老师，我们明天想去看看你妈妈……”我只能遗憾地告诉他，妈妈走了……于是，江安剧专——妈妈生前魂牵梦绕的地方，那里不仅是培育她的沃土，也是她的亲生骨肉长眠的地方——没有缺席对妈妈的告别，它的花圈和挽联与中国国家话剧院的花圈和挽联一起，庄重地摆放在妈妈的灵床边。这，是天意，还是缘分？

在昏暗的灯光下，我再次展开妈妈写于 16 年前的那份手稿——那是她起草的第一份遗嘱；一个耄耋老人的拳拳爱心，一个无私女姓的坦荡胸怀，跃然纸上。

非比、陈冀、玉环、小眉，我亲爱的孩子们：

古人云："人生七十古来稀。"我已 80 有余，目虽不明，但能读书报看电视；耳虽不聪，但也不聋……更喜你们非常孝顺，又都事业有成，我的晚年是无忧无虑"偷着乐"，"快乐地活着"。

…………

"人有旦夕祸福。"虽然我自我感觉良好，还能活个十年八年；但毕竟身患多种疾病，匆匆离你们而去也不是没有可能的，故有些事情须向你们交代：

一、我病重时，医院自会尽力医治。但如果濒于病危，医疗无效，切勿做"用呼吸机"之类的"抢救"，一免浪费国家资财，二免我多次受无谓的痛苦，三免你们看着我伤心、痛苦。我会安静、含笑而去。

二、我去后，不举行任何悼念仪式，只讣告亲朋好友即可。逝者既去，就不要给活着的人们增加负担。

…………

别了，我亲爱的孩子们，你们的妈妈走完了美满幸福的一生，应该为我高兴，千万不要过于悲痛。人生终有此别，愿你们热爱生活，珍惜生命；记住：健康第一，平安是福！

不愿离开你们的妈妈

2003.9. 金秋时节，初稿

重读这份遗嘱，我忍不住潸然泪下。几十年与妈妈朝夕相处的岁岁年年，妈妈那爽朗的笑声，亲切的面容，矫捷的身影，深情的目光，无不一一浮现脑海，萦绕心头；是那样刻骨铭心，挥之不去……

仿佛是命运的眷顾，妈妈离世前的两个月，她似乎在为告别自己的艺术人生做着准备。在他们疗养区的 2019 年新春联谊会上，妈妈第一次，也是最后一次"登台表演"，满怀激情地背诵了毛主席的诗词《沁园春·雪》。

北国风光，
千里冰封，
万里雪飘……

那浑厚的声音，清晰的吐字，充沛的情感，打动了在场的老人和医护人员，他们热情地为这位九十六岁高龄的老艺术家喝彩，给她送去新春的祝福……而在当时谁能想到，这竟成了妈妈最后的绝唱！

啊，别了，我亲爱的妈妈！寒冬已经过去，您最喜爱的春天已经来临！愿这和煦的春风为您带去女儿的祝福，祝愿您和爸爸在天堂幸福地团聚！

2020 年 1 月整理

追寻：剧专精神与青艺品格

◎ 陈非比

自20世纪30年代起，父亲和母亲半个多世纪的从艺经历，几乎与剧专和青艺共始终。追寻着爸爸妈妈在艺术道路上攀登的足迹，梳理着他们为话剧事业辛勤耕耘的点点滴滴，他们二人砥砺前行的身影，滋养与磨砺他们成长的两个业已“消失”的艺术殿堂——剧专和青艺——曾走过的光辉历程，那些引领他们追求梦想的艺术前辈的丰功伟业，那些在从艺道路上同甘共苦的艺术友人的高风亮节……，无不清晰地呈现在我的眼前。

剧专精神

爸爸妈妈对剧专和那些引领他们成长的艺术前辈，以及从剧专走出来的艺术友人的深情厚谊，对于出生在江安的我而言从小就耳熟能详。但是，他们为什么对剧专那样一往情深，以至在生命的弥留之际仍念念不忘，在编撰本书之前我并不十分了解。今天，在搜集与整理关于剧专的史料之后——虽然它们可能仅仅是关于这座“戏剧家摇篮”历史与功业的一个剪影，一个局部，一个侧面——我仿佛悟到了其中的道理。是的，剧专——“现代中国第一所由国家主办的高等戏剧学府”[①]，它以其明确的办学宗旨，群星璀璨的师资力量，理实交融的教学理念和“艰苦卓绝，为国储才，投入时代的洪流”的剧专精神[②]，造就了一大批优秀的中国戏剧人才。爸爸妈妈有幸受教于这座戏剧圣殿，又曾为其发展繁荣倾尽所能；犹如孩子受于母亲的抚育，又以己之力回报母亲的恩泽。正是这种水乳交融的关系，铸就了爸爸妈妈与剧专的深厚情感。

---

① 谢增寿、张祐元：《流亡中的戏剧家摇篮——从南京到江安的国立剧专研究》，四川出版集团·天地出版社2005年版，第1页。

② 同上书，第9页。

余上沅校长的办学理念

在建校初期，国立戏剧学校筹备委员会确定的办学宗旨是：“研究戏剧艺术，养成实用戏剧人才，辅助社会教育。”[①] 秉承这一宗旨，余上沅校长亲自为学校设计了校旗、校徽，制定了校训，撰写了校歌歌词。

余上沅校长为剧校确立的校训是“精诚立达”，他对此校训的说明如下：[②]

> 拓自虞世南夫子庙堂碑。
>
> 此吾校校训也。前二字取义于《庄子・渔父》篇：“不精不诚，不能动人”。后二字取义于《论语・雍也》篇：“己欲立而立人，己欲达而达人”。盖前者切合学习表演戏剧之真谛，后者深符本校培植人才之本旨，故取以为校训。吾校诸生朝夕于斯，口诵心维之余，其亦感于戏剧艺术之难精，本校培植之匪易，而思有以奋然自勉，卓然自立乎！
>
> 民国二十五年十月十八日 余上沅 敬识

余校长为《国立戏剧学校校歌》撰写的歌词是：[③]

我们以诚恳的态度，为着真美善用功。
不怕艰难不怕苦，去做剧艺运动的先锋。
本着国立剧校的精神，勃勃蓬蓬勇敢的冲锋！冲锋！
我们是团体的分子，正与剧中人相同。
抛弃小我掬血诚，铸成唤起国魂的警钟。
本着国立剧校的精神，振聩发蒙敲动了洪钟！洪钟！

为国储才　破浪前行

“为国储才”是余上沅校长办学的重要指导思想，它支撑剧专在艰苦环境中破浪前行，为祖国培养了大批优秀人才，对中国戏剧事业作出了巨大的贡献。

余校长在办学中十分强调知行合一，“学”“术”并行，理论与实践并重，高度重视学生的实习演出、毕业公演和其他巡回演出。建校之初，学校就设立了由余校长亲自兼任主任委员的演出委员会，负责主持校内试演及对外公演事宜。1936 年 2 月底，剧校建校仅仅四个月，便在南京举行了首届实习公演，上演了根据俄国剧作家果戈理的名剧《钦差大

① 谢增寿、张祏元：《流亡中的戏剧家摇篮——从南京到江安的国立剧专研究》，四川出版集团・天地出版社 2005 年版，第 49 页。
② 李乃忱编著《国立剧专史料集成・上卷》，中国戏剧出版社 2013 年版，第 26 页。
③ 同上书，第 25 页。

臣》改编的《视察专员》（陈治策改编，余校长亲自导演）；当今著名的戏剧艺术家严恭、凌子风（凌颂强）、叶子（叶仲寅）等都曾从这届公演起步，逐渐走向辉煌。

1937年“七七”事变后，剧校处于校址西迁、颠沛流离的艰难条件下；即便如此，余校长也千方百计努力按剧校宗旨办学，力求保持剧校学生的演出水准。

1938年4月剧校在重庆举行第16届公演，演出剧目是洪深编剧的《飞将军》和丁玲编剧的《爱与仇》，这是剧校迁渝后第一次规模较大的公演。余校长在重庆《新蜀报》编发的《国立戏剧学校公演特刊》上发表的《致辞》中强调，虽然“剧校半年来的转徙流离，加上人事的更张与新校舍的初奠，公演筹备方面之困难”，但是“对于戏剧的水准，我们还是极力维持以前在南京的高度”。[①]

在艰难的抗战年代，余校长坚守“精诚”这一“戏剧之真谛”，力求在战乱中维持正规化、专业化的教学秩序，坚持抗战剧目与世界名著同时排演。

1938年7月剧校第20届公演《奥赛罗》，重庆《新蜀报》编辑了《国立戏剧学校劳军公演特刊——黑将军奥赛罗》（1938年7月2日第3页），余校长在《关于〈奥赛罗〉的演出》一文中从“为国储才”的高度，阐述了剧校排演莎翁名剧的重要意义。

> 自从抗战开始以来，我们学校表演一课所用的教材，完全是抗战剧本，从一方面来看，固然是把“学”与“用”打成了一片，切合教育的本旨，但是从教材之过于偏颇一方面看，又未尝不是在为国储才上的一种损失。所以我们在台儿庄大胜的时候，便决定了演出莎士比亚的四大悲剧之一《奥赛罗》并即以收入之款慰劳前线战士；演员则由本届毕业班学生担任，借以补足他们应学的功课。
>
> 表演莎士比亚剧本是世界各国（不仅是英国）认为极重要的表演之一，甚至于是演剧的最高标准；近代最有成就的演员也都以能担任三数莎氏剧中角色而得名。莎士比亚早已神圣化，莎氏剧的表演也很有神圣化的意味。拿莎氏剧作教材是有益的。
>
> 我们为了作莎氏剧之演出上的试验起见，为了试验莎氏剧之中译本起见，第一届毕业公演，曾选了梁实秋先生翻译的《威尼斯商人》。那次的成绩，超出了我们的意料。有了这个鼓励，我们第二届毕业公演才选了梁译莎氏四大悲剧之一《奥赛罗》，继续试验。

国立剧专办学十四年举行了94届300多场公演，含各种题材、风格的剧目达179个；[②]此外还有大量其他演出未列入届次。这是剧专戏剧教育硕果最好的体现。

94届、300多场公演，179个剧目；这是个什么概念？那就是说，平均不到两个月就举行一届公演，每月公演两场，不到一个月就上演一个新剧目；而这样的创作演出成绩，

---

① 余上沅在《国立戏剧学校公演特刊》发表的《致辞》，见重庆《新蜀报》1938年4月16日，第3页。

② 李乃忱编著《国立剧专史料集成·下卷》，中国戏剧出版社2013年版，第876页。

不仅是由一个“以学为主”的学校完成的，更是在八年战乱和校址五迁的颠沛中取得的！可以想见，余校长和剧专的师生们曾付出了多少汗水和辛劳！

面向社会 戏剧教育

为了实现剧校的办学宗旨，余校长十分重视戏剧教育的社会宣传。早在办学之初即1936年元旦之后，余校长就在南京《中央日报》开辟《戏剧副刊》，并亲自撰写了语重心长的《幕前致词》。即使在战乱迭起的动荡年月里，他也坚持不懈在各地报纸上开辟剧校的戏剧宣传阵地，长沙《力报》上的《战时戏剧》（1937年12月3日创刊）、重庆《中央日报》上的《戏剧周刊》（1938年9月23日复刊）等，都曾发挥了重要的作用。

为了使戏剧教育事业更好地发展，余上沅校长曾积极向教育部申请延长学制，开办研究实验部，筹办剧专校友剧团等事宜。由于战乱与迁徙，这些愿望未能全部实现，研究实验部仅开办了一年就被勒令停办，剧专校友剧团也推迟了数年才得以实现。

1942年10月剧专剧团的开锣大戏《妒误》终于在江安文庙剧场拉开大幕，爸爸妈妈有幸参与了这台大戏的艺术创作。余校长在公演《妒误》秩序单上的《幕前致词》中写道：

> 戏剧是抗建宣传最犀利的武器，也是推行社会教育最有力的工具。但是要使戏剧尽其最高的效能，必须提高演剧水准，并使演剧工作之发展能够普遍深入。本校僻处江安已久，深感工作不易开展，尤难完成所负使命。为求得补救起见，特呈准教育部集中本校毕业生之优秀分子，组织剧团，用以提高演出水准，实施抗建宣传，推行社会教育，辅导戏剧运动，并供在校学生观摩及实习。①

父亲作为余上沅校长的第一届学生，毕业后又尊师嘱进研究实验部深造，遂留校任教直至剧专停办，可以说同余校长共始终。“一代宗师，难忘却、当年教育。”“学贯中西勤教诲，‘精诚立达’尊师沐。”“辗转一十四载，甘苦备尝应记，桃李满园新。肝胆千秋业，剧艺大功臣。”这些诗句都洋溢着父亲对这位戏剧教育家崇高的敬意与深情的怀念。

投入时代的洪流

剧专的第十四届学子，曾任中央戏剧学院院长、中国剧协第四届副主席的徐晓钟先生所著的《梦想的实现》一文，旗帜鲜明地指出，国立戏剧专科学校的精神传统是：投入时代的洪流！②

① 李乃忱编著《国立剧专史料集成·下卷》，中国戏剧出版社2013年版，第1152页。

② 徐晓钟：《梦想的实现》，李乃忱编著《国立剧专史料集成·上卷》，中国戏剧出版社2013年版，《代序》第12页。

西迁长沙和巡回公演

是的，剧专师生用自己艰苦卓绝的努力，发扬投身时代洪流的剧专精神，在中国民族话剧史尤其是在中国抗战话剧史上，写下了不可磨灭的光辉篇章。

1937年“七七”卢沟桥事变爆发后，日本加快了全面侵华的步伐，国民政府从保存国脉和总的战略部署出发，相继做出了关于战区和受日军危及的学校陆续向大后方的西南地区疏散迁徙的部署，国立戏剧学校遂于8月开始撤离南京疏散转移。

在这国难当头之际，剧校师生怀着炽烈的爱国热情和本着“辅助社会教育”的宗旨，把这次被迫的疏散转移，演绎成一场主动的气势恢宏的抗战宣传演出活动。他们“集师生一体，特别组织起了以张道藩、余上沅为正副团长的‘非常时期巡回公演剧团’，分赴各地进行抗敌救国宣传，以期为唤起民众抗敌信心，鼓励前方将士，安定后方人心作出贡献。”①

剧校师生的转移和宣传演出活动是分两队进行的。

一队师生员工30余人，由余校长带队，携学校器材设备经江苏、安徽、江西、湖北入湖南至长沙，沿途举行巡回公演。首批人员于8月27日到达长沙后，余校长带领剧校师生一方面积极筹备开学，一方面继续以长沙为轴心广泛开展抗战戏剧宣传巡演活动。

1937年9月，作为剧校的第14届公演，剧校巡回公演剧团在长沙演出了《最后关头》（编剧张道藩，导演向培良，设计陈永倞），长沙《力报》于9月27日为此编发了《国立戏剧学校巡回公演演出团公演最后关头特刊》，余上沅校长在该报发表了《本校剧团的使命》，指出，要用我们的薄技来报效国家……让我们神圣的抗战，早日得到最后的胜利。

剧校在长沙进行的街头宣传演出活动引起诸多媒体的关注、追踪采访和报道。例如，1937年10月3日，长沙《力报》刊登了《国立剧校街头剧、流亡者街头卖艺、收入除吃大饼外都捐给抗敌会、感动一对摩登夫妇当场捐金饰》一文，指出街头剧是最宜于向民众宣传的一种戏剧，剧校首次演出的效果非常成功。②

剧校于10月18日在长沙开学后，非常时期巡回公演事宜即由研究实验部负责组织实施。1937年11月，向培良率领由实验部与长沙文艺人士共同组成的巡回公演剧团，沿湘江沿岸长沙—衡阳一线进行抗敌宣传，除演出外还进行了座谈、辅导、讲座等宣教活动。父亲撰写的《衡阳文艺团体举行抗战艺术座谈会》和《老和尚流下泪来》就是这次巡演活动的生动写照。

① 谢增寿、张祐元：《流亡中的戏剧家摇篮——从南京到江安的国立剧专研究》，四川出版集团·天地出版社2005年版，第70页。

② 同上书，第72页。

另一路由王家齐任团长组成“首都抗敌剧团”于8月赴徐州沿陇海线一带举行公演。返回南京后因学校已开始转移，他们又转赴安徽、江西、湖北等地进行宣传公演，受到各地相关团体热烈欢迎和大力支持。特别是在武汉时，他们参加了上海救亡演剧二队等十四个单位联合举办的“劳军联合大公演”。此次大公演轰动了武汉三镇，掀起了抗战戏剧运动的新高潮，为筹组“中华全国戏剧界抗敌协会”和进一步组建“中华全国文艺界抗敌协会”奠定了基础。1937年底，剧校奉命迁往重庆，王家齐老师和部分学生应招去重庆报到，剧团的巡回演出结束。①

剧校师生的这段经历，在中国话剧史上留下了浓墨重彩的历史印记。

> 国立戏剧学校组织的“国立戏剧学校巡回公演剧团”和“首都抗敌剧团”辗转安徽、江苏、江西、湖北、湖南、四川等省诸地巡回演出历时半年多，行程数千里，先后演出了《卧薪尝胆》……《最后关头》《毁家纾难》《炸药》《反正》《警号》《东北之家》《抗战第一声》……等等抗战戏剧。其演出水平之高、规模之大、时间之长，所经地点之多及旅程之遥，影响之广和程度之深，是中国话剧宣传演出史上前所未有的。在全面抗战之初，国立戏剧学校的师生们为唤起全民族的抗战信心，竭尽自己的能力从事抗战救国宣传，于抗战，于抗战戏剧其功不可没。②

战斗的戏剧山城

1937年12月南京失陷后，国立剧校又一次奉教育部命令，撤离长沙迁往重庆。经过两个月的艰难跋涉，1938年2月28日，剧校在重庆上清寺开学。

国立戏剧学校师生一到重庆，便积极开展抗战宣传演出活动。最初，基本采用在湖南和迁徙途中的演出形式，到街头或周边县镇巡回演出，后来又创造了灵活多样的“茶馆剧”。与此同时，剧校师生在十分困难的条件下，也在积极筹备剧场演出；开学仅一个多月后，就于4月中旬推出了洪深编剧的《飞将军》和丁玲编剧的《爱与仇》，举行了剧校迁渝后第一次规模较大的公演（第16届公演）。

1938年5月，剧校的第17届公演剧目《凤凰城》（编剧吴祖光，导演余师龙、汪德，舞台设计陈永倞），参加了重庆市五月抗敌宣传大会。在重庆《新蜀报》上，隆重推出了《五月抗敌宣传大会话剧公演特刊——国立戏剧学校出演〈凤凰城〉专号》，在公演《献词》中，剧校师生发出了激昂的战斗呼号。

① 谢增寿、张祐元：《流亡中的戏剧家摇篮——从南京到江安的国立剧专研究》，四川出版集团•天地出版社2005年版，第74—75页。

② 同上书，第76页。

卢沟桥的炮声，是民族抗战的序幕。如今，在我们三千四百万方里的广大国土上，已经燃遍了抗战的烽火。六十年来的重重血债，都要在今天向日本帝国主义者彻底清偿。

是五月了，这神圣的，火与血的五月给我们带来了多少捷音：侵略者已经日于崩溃，最后胜利离我们越来越近了。

我们不要辜负了这革命的五月，更不要忘记为了祖国生存而牺牲的先烈，在这胜败关头的最后五分钟里，我们要万众一心，义无反顾，尽最后的努力，以争取中华民族的新生。

本校迁渝以来，对于抗战宣传工作，已在随时竭尽绵薄之中，在这革命的五月期内，更当追随各界之后加倍努力。计本月前后在本市可出演十六天共二十六场。这次公演《凤凰城》一剧，比较稍具规模，但是新的创作，初次排演，疏忽之处谅多，敬祈各界同胞，赐予指教为幸。①

1938 年 6 月剧校 19 届公演《魔窟》，在重庆《新蜀报》《新光》专栏编发的《剧校公演特刊》上，余上沅校长亲自发表《献词》，介绍了《魔窟》的演出背景；吴祖光观看试演后发表了《成功的〈魔窟〉》，盛赞该剧的创作和演出。余校长的《献词》写道：

结束了五月的宣传公演，现在我们再把这第十九届公演的《魔窟》自今日起一连四日，在国泰戏院贡献给观众诸君。

《魔窟》是陈白尘先生最近的新作，布局的完整，结构的灵活，确是别开生面的成功之作，我们极其钦佩！陈先生慨然把初演权让给本校，我们更感觉十分荣幸。导演阎哲吾先生对本剧有充分的研究，领导全体一年级学生日以继夜孜孜不懈，使《魔窟》得到水准以上的成绩，也令我们十分感佩。

本校到渝以来，在各界热忱赞助之下，对于抗战宣传工作，随时都在竭尽绵薄之中，在这时局日趋紧张之中，更当追随各界之后加倍努力。《魔窟》的公演是本校学生六月里的一点学业成绩，成绩的优劣，敬候各界批判。②

1938 年 9 月，剧校第 21 届公演抗战名剧《古城烽火》（编剧顾一樵，导演兼舞台设计陈永倞），重庆《新蜀报》编发了《国立戏剧学校第廿一届公演特刊》，张道藩在特刊发表了《本届公演献词》。梁实秋先生在《特刊》上发表的《看了〈古城烽火〉预演以后的感想》指出，这部戏“激励我们对于敌人以及傀儡汉奸的忿怒，给我们以规复失地的信心和勇气”。它“不是浅薄的宣传品”，它“是一件成功的艺术品”。

1938 年 10 月武汉告急，抗日民族统一战线指导下的中华全国戏剧界抗敌协会和重庆分会，在重庆举办了为期 20 天的中国第一届戏剧节。国立戏剧学校的全体师生全力以赴、

① 重庆《新蜀报》1938 年 5 月 18 日，第 3 页。
② 重庆《新蜀报》1938 年 6 月 17 日，第 3 页。

全情投入这一活动，为戏剧节的压轴大戏《全民总动员》的成功上演作出了突出贡献。

在频繁举行大型公演和街头演出的同时，为了更好地面向社会进行戏剧普及教育工作，剧校于1938年9月特别设立了由余上沅校长亲自兼任主任委员的“战时戏剧辅导委员会”，开展了大量工作，如举行“战时戏剧讲座”，开办“战时戏剧工作人员训练班”，编写戏剧小丛书，等等。剧校“战时戏剧辅导委员会”的设立，将学校教育与全社会、全民族的抗战紧密结合起来，把剧校完全融入到了抗日救亡、复兴中华的时代洪流中。

江安办学

1939年4月，剧校从重庆迁至长江上游的小镇江安，在这远离战火的小城，剧校办学六年之久，且升格为国立戏剧专科学校，并正式成立了剧专剧团。

然而，在江安时期，剧校师生并没有忘记自己抗战宣传的神圣使命。就在迁址江安后的第二年，即1940年4月，剧校就带着《岳飞》《从军乐》《蜕变》三个剧目重返山城，进行旅渝劳军公演。在《岳飞》一剧的秩序单上，刊登了余上沅校长对这次旅渝公演的《致词》，文章的开头写道：“抗战以来，戏剧艺术已充分表现出它的力量，我们尤其欣幸的是迅将所学报效国家。”接下来，余校长在介绍了此行赴渝演出的困难后指出：“然而我们所以这样不畏艰苦，远道来此，无非是为了答报重庆人士期望我们的盛情，并盼能得到收入捐给前方，以尽本校努力抗建的天职。”接着，余校长写道：

> 神圣的全民抗战瞬将三载，前方将士奋勇杀敌，后方民众努力抗建，全国上下敌忾同仇，至今日寇早已胆怯心寒，而我国民气则益加焕发，在最后胜利即将来到的今天，我们将如何加勉以争取我们民族的新生，假如亲爱的观众因为看了我们的戏而更加兴奋的话，我们就非常快乐的以为不虚此行了。[①]

根据《国立剧专史料集成》的记载，在江安时期剧专举行的大型抗敌宣传公演（主要统计纳入公演届次的演出），至少可列举如下。

1939年5月　第24届公演　募款救济重庆被灾同胞　《末路》《壮丁》《半斤八两》《李仙娘》·江安

1939年5月　第25届公演（赴南溪巡回公演）　第二期抗战第二次宣传周南溪县宣传人会主办　《凤凰城》《古城烽火》《反正》《杀敌报国》《求婚》·南溪

1939年7月　第26届公演　“七七”抗建二周年各界纪念大会国立戏剧学校第一次筵宜为渝蓉被炸灾胞扩大募捐公演　《魔窟》《凤凰城》·宜宾

1940年4月　旅渝劳军公演　《岳飞》（第31届公演）、《从军乐》（第32届公演）、

① 李乃忱编著《国立剧专史料集成·下卷》，中国戏剧出版社2013年版，第1002页。

《蜕变》（第 33 届公演）· 重庆

1940 年 11 月　第 36 届公演　国立戏剧专科学校庆祝第三届戏剧节公演并作节约建国储蓄宣传 · 江安

1941 年 11 月　第 44 届公演（教师公演）　第四届劳军公演　《卢沟桥》· 江安

1942 年 1 月　国立戏剧专科学校旅泸（县）公演　《岳飞》《国家至上》等 · 泸县

1942 年 12 月　第 54 届公演　国立戏剧专科学校附设剧团为响应文化劳军捐款公演　《哈姆雷特》· 重庆

迎接解放

抗战胜利后，国立剧专于 1946 年 7 月迁回南京。此时，解放战争已经爆发，剧专学生在学校地下党组织的领导下，在紧张的学习和排演的同时，积极投入爱国学生运动。[①]

1946 年 12 月北平“沈崇事件”发生后，北平学生举行了抗议美军暴行的大示威；抗暴运动传到南京后，国立剧专师生于 12 月 31 日晚召开了“声讨美军暴行大会”。第二天中午，产生了“国立剧专全体学生为抗议美军在华暴行行动大会”的领导机构；1 月 2 日，国立剧专的游行队伍与南京各大学学生的游行队伍一道，向国民政府递交了《上国府主席书》，又向美国驻华大使馆递交了《致司徒雷登书》，抗议美军暴行。

1947 年 5 月，剧专广大同学参加了“五二〇”反饥饿、反内战、反迫害学生运动，与齐聚南京的上海、苏州、杭州及其他南京高校学生代表 5000 余人一起，向国民政府请愿，举行反饥饿、反内战、挽救教育危机的示威游行，遭到大批军警的残暴镇压。

1947 年 7 月 7 日，蒋介石向全国发表“戡乱救国”的广播演说，要求全国各界一致“戡平叛乱，实现统一”。国民党有关部门还下发了一些有“戡乱”内容的剧本，要求各剧团演出。但余校长在此关键时刻态度十分明确：不演戡乱戏！对外公演和校内实习演出一切仍按教学计划进行。为了配合国统区的爱国民主运动，剧专学生还发挥自己的专业特长，编演了《美军滚出去》《运输大队长》等活报剧在校内外演出。1948 年秋，为抵制剧专被迫迁往台湾，余上沅坚决辞去了国立剧专校长职务。[②]

1949 年 4 月 1 日，剧专学生参加了南京市学联发起的“为争生存与真和平”的示威游行，有南京十个大专院校的六千多人参加。剧专学生负责游行中的宣传工作，还演出了街头剧，编唱了讽刺歌曲。他们在“四一”游行示威中的出色表现赢得了南京高校师生的赞许，也引起了反动派的仇视。剧专 60 多位学生乘卡车返校途中，突然遭到反动军警的

① 谢增寿、张祐元：《流亡中的戏剧家摇篮——从南京到江安的国立剧专研究》，四川出版集团 · 天地出版社 2005 年版，第 170—172，178—180 页。

② 同上书，第 174—175 页。

拦截和殴打，并被押解到驻地营房非法审问；兄弟院校师生赶来声援，也遭到血腥镇压。事发当晚，国民党军警又连续四次洗劫剧专。在这次事件中，有学生、工友2人遇难，200多人受伤，其中剧专学生受伤62人，造成了震惊中外的“四一”惨案。

1949年5月南京解放后，在时代精神的感召下，剧专师生踊跃报名参军，更加积极地投入到祖国统一和新中国建设的伟大事业中。

国立剧专建校十四年中，广大师生始终为发展和繁荣民族戏剧，为抗战胜利和社会进步，勇于投入时代的洪流，为中国戏剧运动史和戏剧教育史书写了光辉的篇章。

光荣的一页

2017年12月，由胡传敏、张凌南先生编著的《中国抗战话剧图史（1931—1945）》（以下简称《图史》）一书由文化艺术出版社隆重推出：

> 值此卢沟桥事变80周年暨中国话剧诞生110周年之际，谨以此书献给在中华民族危亡时期为祖国的独立和解放做出重大贡献的话剧前辈们。

《图史》分别以延安、上海、武汉、重庆、桂林为中心，展开了中国抗战话剧的历史画卷。在《以重庆为中心》的板块中，国立戏剧学校是唯一设专版进行介绍的团体，在它的开篇语中这样写道：

> 以重庆为中心的大后方抗敌话剧运动中，国立戏剧学校是一支重要的力量。该校1935年成立于南京，是中国第一所培养话剧人才的专门学校。1937年南京失守后，辗转千里，经长沙撤退到了重庆。一到重庆，立刻和重庆的剧人一起开展了轰轰烈烈的抗敌话剧演出，从1938年4月到1939年1月的九个月中，就举办了八次公演，还积极参与了政府组织的抗敌宣传活动，据不完全统计，演出的剧目就达38个。1939年学校奉命搬到江安，1941年正式更名“国立戏剧专科学校”。在此期间，学校汇聚了在重庆的戏剧界精英，一方面抓紧对学生的戏剧技能培养，另一方面继续开展抗敌戏剧演出，并多次组织去重庆和省内巡回宣传。还举办培训班，为抗敌戏剧运动输送人才。国立戏剧专科学校以业绩、责任和热忱在中国话剧的抗战运动中留下了浓重的一页。①

该书选登了剧校在重庆时期上演的17个剧目的剧照，以及余上沅校长等剧校专职导师的照片和其他相关资料，总篇幅约占“重庆板块”的五分之一。在选载的17个剧目中，由爸爸担任舞美设计的有14个，其中包括爸爸兼任编剧的《灯塔》，兼任导演的《古城烽火》

① 胡传敏、张凌南编著《中国话剧抗战图史（1931—1945）》，文化艺术出版社2017年版，第155页。

《雾重庆》《炸药》，以及兼饰剧中角色的《凤凰城》《魔窟》《反正》等。

我注意到，在这本《图史》中，获此“专版介绍”殊荣的单位只有少数几个，除剧校之外还有：上海救亡演剧队（“上海板块”）、军委会政治部组织的抗敌演剧队（“武汉板块”）和西北战地服务团（“延安板块”）。由此可见，在中国抗战话剧史上，国立戏剧专科学校留下了不可磨灭的光荣的一页。

青艺品格

青艺岁月，无疑是爸爸妈妈艺术生涯中色彩斑斓的一页。他们在风华正茂之年双双走进青艺——那一年，爸爸 35 岁，妈妈 27 岁。他们此前接受过系统的专业教育并具有一定实践经验，国立剧专曾引领他们在戏剧家摇篮成长。而青艺，这座从陕北延安走来、经历过革命战争洗礼的新中国第一个国家剧院，①这个秉承“两个拳头”精神②的崭新的革命大家庭，是那样热情地张开双臂迎接他们，以至几十年之后，“记得当年车到京，金山已在站台迎”“艺术摇篮好天地，革命队伍红与专”的美好记忆，仍涌动在爸爸的诗句中。

可敬的艺术家们

翻开爸爸妈妈的手稿，浏览他们曾发表的诗词文章，还有那些不经意保留下来的信函，以及一本本分类粘贴的相册，他们与那些共建剧院辉煌的艺术友人的深情厚谊，跃然纸上；无论是对已故友人的怀念，还是对生者的祝福，都深深地打动了我。爸爸妈妈的艺友中，有的曾与我家比邻而居，看着我一天天长大；有的虽不常谋面，也时时关注着我的成长……我爱这些叔叔阿姨，他们都是为中国话剧事业作出重要贡献的可敬的艺术家。

我的路曦阿姨

20 世纪 50 年代初，在青艺的东单三条宿舍，我家曾与路曦阿姨对门而居；她很喜欢我，我也很爱她。每每放学回家，我总要到她家去“报到”，向她汇报我的学习成绩和所见所

① 据张健钟主编《半个世纪的舞台历程——中国青年艺术剧院 1949—1999》记载，“中国青年艺术剧院的前身是成立于 1941 年的‘延安青年艺术剧院’，嗣后与延安部队艺术学校合并为‘联防政治宣传队’。抗日战争胜利后成为‘东北文艺工作团第二团’。1949 年 4 月 16 日在北京正式建立‘中国青年艺术剧院’，首任院长廖承志。”

② 青艺建院之初，廖承志院长强调从解放区来的同志和从原国统区来的戏剧界进步人士要团结合作，共建剧院，誉为“两个拳头”。见《青艺》1999 年第 1 期，第 3 页。

闻；也每每总要驻足于她年轻时练功的大幅照片前，被她深厚的艺术功底所折服。不知为什么，我很少在她家见到冼群伯伯。现在想来，当时在北京电影制片厂担任导演的冼群伯伯，显然是常年奔波在外无暇顾及自己的妻儿吧。

冼群伯伯与爸爸是剧专同一届校友，在校时期他们就在《反正》《烟苇巷》等剧中多有合作。冼群伯伯也是一位编、导、演的全才，他解放后导演的第一部故事片《女司机》，使新中国劳动妇女的形象第一次在银幕上闪亮登场，这无疑也是他在“转型期”交出的一份优秀的答卷。然而，1954 年，正处盛年艺术创作上升期、正憧憬着为新中国电影事业施展才华的冼群伯伯，被凶险的癌症击倒了！

虽然只有依稀的记忆，但我忘不了我与冼群伯伯最后一次的相见。不知什么原因，冼群伯伯病重后，我曾陪着他和他的家人：他的姐姐、石羽伯伯的夫人韦明阿姨，路曦阿姨，石羽伯伯和他的几个孩子……一同吃过一次“团圆饭”。围坐在大圆桌边的人们似乎心里都明白，冼群伯伯将不久于人世；他自己也显然是心情抑郁，一言不发……当时那凝重的气氛使我又害怕，又不安：是不是我这个“外人”引起了主人们的不快？自那以后，我再也没有见过冼群伯伯，直到噩耗传来……

冼群伯伯去世后我非常难过，总想去安慰路曦阿姨，曾多次惴惴不安地走进她的家门。每每在那清冷的房间里见到她独自饮泣，我总是无言以对，陪伴她默默流泪……

然而，那时的我并不知道，在冼群伯伯病重期间和去世之后，作为一个艺术家的路曦阿姨曾经历了什么。今天，是宋严叔叔撰写的《路曦的艺术生涯》让我看到，路曦阿姨是怎样用生命捍卫她心中的艺术。

> 《万尼亚舅舅》终于彩排了，恰好他爱人冼群同志也从外景场地回京。路曦能用自己千辛万苦创造出来的艺术珍品，为自己的爱人洗尘，是多么富于诗意呀！可是谁能料到，就在冼群看完这场彩排后的不几天，医生确诊他患上了癌症。一出杰作刚刚上演，爱人患上了不治之症，戏不能停，人没法换，丈夫在手术室里争取最后一点生的希望，舞台上要以巨大的激情去完成那晶莹透明的人物形象，这是什么样的分量啊！路曦，迸发出惊人的毅力，她把刚刚两岁的儿子扔在托儿所，白天照顾丈夫，晚上振作全部精力去演出。同志们揪心地关注着她，她——一个面临失去丈夫的女艺术家，只是默默地克制着、工作着，用心血在创造着……
>
> 就在 1955 年 2 月 17 日，也正是《万尼亚舅舅》演出的高潮时，冼群同志离开了路曦与世长辞了！我们的路曦大姐，匆匆地为自己亲爱的丈夫和良师料理了丧事，赶紧又投入演出了。[①]

① 宋严：《路曦的艺术生涯》，中国戏剧出版社 1985 年版，第 82 页。

妈妈在《忆往昔 念故人》一文中也曾深情地回忆到这段历史，她写道：“一生坎坷的路曦，无论遭遇到什么不幸，都不能影响她的事业：她心目中的艺术。”

是的，路曦阿姨心目中的艺术是那样神圣而美好。在庆祝青艺建院35周年的时候，那篇刊登在1984年第1期《青艺》杂志上的短文——《难忘的年月》，道出了这位老艺术家热诚炽烈的心愿：

> 属于我的金子一般的青春时光，像夕阳收去了天边最后一抹晚霞，悄悄地、悄悄地消逝了。我却习惯在记忆的海洋里，追索着留在沙滩上一串串拾贝者的脚印。在大海还没有来得及将它冲掉以前，把一个个最光彩的贝壳献给我最喜欢的青年朋友。
>
> ……亲爱的朋友，我要告诉你们的是，去了解剧院起步的那个年月，承继剧院这笔巨大的财富，这就是我——一个在剧院生活了三十五年的人，沿着追忆所作的思考，让融融的阳光永存。

这就是我敬爱的路曦阿姨！这就是一位人民艺术家的本色！她的艺术成就与艺术品格将永远驻留在中国话剧的史册！

1986年6月，路曦阿姨走了！爸爸写下了这样的挽联为她送行：

> 路其漫漫兮，艺海苍茫，唯您敢识当年路。
> 曦也熠熠乎，人生璀璨，只因报晓寄晨曦。

光荣的幕后英雄

在中国国家话剧院提供的资料中，一份题为《〈万尼亚舅舅〉舞台设计座谈会》的原始记录引起了我的兴趣。打开这份资料——它的标题是《演出处舞台技术科讲设计企图……会议》，时间是1954年“7月4日上午九时半”。首先映入眼帘的是一个熟悉的名字——肖崎，他是这次会议的主持者，《万》剧的副导演。肖崎叔叔，记得他在我们东单三条大院住过，一个身材不高、和蔼可亲的长者，给我的印象他总是来去匆匆……但我没见过他演戏，也不知道他具体做什么工作……而读了这份会议记录后，我对这位艺术家崇敬爱戴的感情油然而生。作为导演之一，他对与会者的讲话是那样简明、清晰、中肯，对任务的要求又那样坚定、具体、细腻；除对剧本选择、演出意义、导演意图等作出明确说明外，他对舞台上的一株白杨，茶桌上的一把茶壶，都提出了具像的要求和细致的描述。他甚至还不忘提醒大家，在苏联专家面前，要“态度严肃，服装整洁”……好一个“副”导演，好一个剧组的当家人！

后来，我看到了《青艺》杂志对他的专访，才了解了他的革命经历和艺术贡献。[①]

① 里克：《崎岖革命路 生性达观人——记艺术家肖崎》，《青艺》1988年第4期。

老艺术家肖崎寿登七十。七十年里，有五十个年头是在革命生涯和艺术实践中度过的。论资历够老，早在1939年即任中共贵州省安顺县工委书记；论贡献够多，在青艺参加导演的剧目不下四十个……肖崎是青艺早期三位著名老牌副导演之一，名导演金山、孙维世、吴雪等都曾倚重他的才华。

在那次座谈会上发言的还有沈贤叔叔。他说“今天所有谈的都很好，说明剧院发展了，观众要求高了。”他“要求从导演、设计、制作都不要有试试看的思想，而是确定了再做”。

对沈贤叔叔我也印象很深，见了我们这些孩子他总是笑眯眯的，非常和蔼可亲；我也仿佛知道他是延安来的“老革命”，能感受到人们对他很尊重，很爱戴。但是同样，我并不知道他在剧院是做什么工作的。读了《悼念沈贤同志》一文，我才知道他是青艺前身“延安青年艺术剧院”最早的成员之一。在青艺“建院的最初几年中，他以舞台演出组织者的身份，担任演出处处长、总导演助理等职，同时还兼任了剧院政治理论辅导员工作，在属于人民自己的剧场园地里，辛勤耕耘。”[①]

那次座谈会的几个月后，《万尼亚舅舅》在青艺剧场拉开了大幕，演出获得了巨大成功。然而，当人们在盛赞这台富有浓郁俄罗斯风情的舞台盛宴时，可曾了解那些幕后英雄的艰辛劳动与无私付出？

在青艺，像肖崎叔叔、沈贤叔叔这样在幕后默默无闻作着奉献的艺术家太多了。

我由衷地敬佩他们，他们是当之无愧、不可或缺的幕后功臣！

艺术家的高风亮节

在妈妈的一份手稿中有这样一段话：

《权与法》剧组是一个团结、认真的创作集体，在导演邓止怡、王培同志的构思、启发下，每个成员都力图通过自己的创造体现剧本的主题思想。……全组同志团结一致，互帮互学，切磋琢磨；有时为一个问题争得面红耳赤，有时又为有所突破而共享欣喜。正是在这个既严肃认真又活泼愉快的创作集体中，我创造了丁牧这个人物形象。

是的，如果说年近六旬的妈妈所创造的丁牧这个人物能绽放出一定的光彩；那么，它绝对离不开《权与法》剧组这个创作集体，尤其是邓止怡、王培两位导演。

二位导演的作用，首先体现在对《权》剧主题的深刻理解，以及将该剧搬上舞台的勇气和胆识。

建组之初，我们读了有关材料，看了有关电影，所见、所闻真是触目惊心！我们深切

① 北田共：《悼念沈贤同志》，《青艺》1988年第4期。

感到，没有社会主义民主和法制，就还存在着产生“四人帮”那种野心家、阴谋家的土壤和温床，社会主义江山就不能巩固；特权思想不正之风不被打倒，人民群众的积极性调动不起来，实现四个现代化将是一句空话，激起了全组同志的创作热情：要通过我们的创造鼓舞人们向特权、官僚主义、破坏党的革命传统的歪风邪气进行不懈的斗争。①

这是妈妈在《忆往昔 念故人》一文中的回忆，它体现了剧组同志在导演引领下对排演《权》剧的意义的深刻认识。然而，该剧上演后也曾出现了不同的声音。

一九七九年……戏公演后在文艺界和广大观众中引起了强烈反响。可是，就在这个时候，有人把东单青艺剧场演出的《权与法》与西单“民主墙”上某些乌七八糟的东西等同起来，大家不免有些担心。就在大家的思想感到困惑的时候，老邓说：“请同志们放心，排演这个戏，如果将来要打屁股的话，不打别人，先打我的屁股好了。我认为这个戏是歌颂了‘罗放’式的好干部，揭露了像曹达这号披着共产党员外衣，骑在老百姓头上拉屎撒尿的坏干部，这正是我们文艺工作者的责任。但是，我们的分寸要准确，要使人看到希望，看到光明。我们的戏没有问题。退一万步说，如果有了错误，改正就是了。同志们不要嘀嘀咕咕，不担点风险，还能干革命！我们搞艺术创造的，也还是要担点风险。如果前怕狼，后怕虎，是搞不出东西的！……”他这番充满革命激情的话，给了我极大的教育和鼓舞 . 全组同志都从他的一席话里得到了力量，满怀信心地把戏演下去。②

“不担点风险，还能干革命！”邓伯伯的话掷地有声，振聋发聩，彰显了一位老革命、老艺术家的高风亮节。

“我们要搞出珍品来！”两位导演努力追求的这一目标，无疑也是《权》剧获得成功的重要基础。在王培叔叔的《艺术家的探求与创新——记邓止怡同志》一文中还谈到，为了第三幕的一小段戏，导演和作者曾反复修改。《权》剧公演后，尤其在电视录像播出后，收到全国各地上百封观众来信，对剧作和演出一致赞扬，同时又受到文化部的奖励。而两位导演都认为，应当在充分肯定成绩的前提下，再找出某些不足。当时，因罹患肺癌做过手术后正在家疗养的邓伯伯更是诚恳地说：“如果用一般标准我们可以满足了。可是，比起我们的目标——要创造出革命现实主义的珍品来，那还差得很远。所以我的意见要着重找差距，看不足……”

正是许多像邓伯伯和王培叔叔这样的艺术家，用他们执着追求、永不满足的精神，用他们的坚韧、智慧和才华，使青艺舞台上绽放出一朵朵绚丽的话剧艺术之花。

---

① 冀淑平：《忆往昔 念故人》，《青艺》1993 年第 5 期。

② 王培：《艺术家的探求与创新——记邓止怡同志》，中国青年艺术剧院艺术室 蔡体良编《艺耕集》，中国戏剧出版社 1984 年版，第 108—109 页。

璀璨的剧目长廊

打开那本精美的画册《半个世纪的舞台历程——中国青年艺术剧院1949—1999》，几代青艺人用青春和生命铸就的剧目长廊，鲜活地展现在我的眼前。

从建院初期的《爱国者》《保尔·柯察金》，到20世纪五六十年代的《钢铁运输兵》《红色风暴》《降龙伏虎》《激流勇进》《豹子湾战斗》；从打倒“四人帮”后推出的《枫叶红了的时候》《转折》《曙光》《权与法》，到八十年代以后上演的《樱桃时节》《她们没有墓志铭》……面向工农兵，高唱“主旋律”，讴歌我们伟大的时代，弘扬共产党人高尚的革命理想和高风亮节，鼓舞广大民众特别是青年人的奋斗精神，是一条鲜明的红线，展现了一代又一代青艺人的执着追求。

在青艺人创造的剧目长廊里，也不乏我国“五四”新文化运动以来老一辈杰出的戏剧家的作品。从老舍先生的《方珍珠》《西望长安》《全家福》，到郭沫若先生的《屈原》；从夏衍先生的《法西斯细菌》《上海屋檐下》，到曹禺先生的《原野》和《雷雨》；从阳翰笙先生的《天国春秋》《李秀成之死》到田汉先生的《丽人行》《文成公主》《关汉卿》；从陈白尘先生的《纸老虎现形记》到吴祖光先生的《风雪夜归人》；等等。这些常演不衰、脍炙人口的优秀作品，犹如一束束永不褪色的奇葩，绽放在半个世纪的青艺舞台上。

作为国家剧院，青艺肩负着国际戏剧交流的重任；在青艺人铸就的戏剧画廊里，也有许多世界戏剧艺术大师的传世之作。从俄罗斯著名剧作家契诃夫的《万尼亚舅舅》，到挪威伟大的戏剧革新家易卜生的《娜拉》；从东方古国印度著名诗人迦梨陀娑的《沙恭达罗》，到德国杰出的剧作家席勒的《阴谋与爱情》；从法国喜剧作家博马舍最有名的《费加罗的婚姻》，到英国戏剧大师莎士比亚的名剧《威尼斯商人》；从日本当代著名作家桥田寿贺子的《结婚》，到德国戏剧大师布莱希特的《伽利略传》；等等。这些风格各异、色彩斑斓的世界戏剧珍品，犹如一颗颗耀眼的明珠，镶嵌在青艺人精心打造的剧目长廊里。

> 几十年来，我们演出了古今中外、十多个国家的近三百台戏，在话剧舞台上塑造了一系列血肉丰满、令人长久难忘的艺术形象，培养、造就了一批著名的表演艺术家、导演艺术家、剧作家、舞台设计家。当年的著名艺术家，当今一大批活跃在舞台和影视圈的中青年演员，以及一大批默默作出贡献的灯光技师、音响技师、服装设计、道具制作、美工师、化装师和党务行政后勤人员，在青艺这块园地里施展自己的才华，共同创造了青艺热情奔放、平实深厚的整体艺术风格。①

这是在青艺建院50周年的庆典活动上，时任院长林克欢所作的讲话，它高度概括了青艺所取得的艺术成就。

① 林克欢：《在中国青年艺术剧院建院五十周年庆典活动上的讲话》，《青艺》1999年第2期。

流金岁月

从两份手稿说起

在纪念青艺建院50周年院刊的首页，刊登着首任院长廖承志同志的讲话：“我们要把中国青年艺术剧院建设成有规格的国家剧院……”“我们要努力使剧院成为全国最好的剧院，要不断地有示范性的戏剧演出……”[1] 这是语重心长的期盼，更是高标准的要求。那么，半个多世纪过去了，廖院长的心愿实现了吗？廖院长的要求，青艺人做到了吗？

在爸爸妈妈保存的资料中，我发现了两份珍贵的手稿；通过它们，应该可以对此作出肯定的回答。

一份是爸爸的手迹，题为《剧院历年演出剧目统计》，分三类剧目（多幕剧、独幕剧等、小戏）列出了剧名、首演年月、演出场次、备注等内容，统计的时间段为1950—1980年。它是爸爸抄来的资料，还是爸爸搜集资料后自己作的统计？我不得而知。但是，在表题下方的括号内写着：“这材料据现有资料及回忆搞的。首演年月、场次等定有错误，剧名可能还有遗漏，希同志们予以纠正、补充。”这段话很像爸爸的语气。

另一份是妈妈的笔迹，题目是《青艺剧目1950—65，69》，包括《旧青艺[2]1950—1965演出剧目表》和《1949—1965小戏剧目表》；前者统计项目很详尽，包括编号、题材、剧名、场次、作者、导演、上演日期、演出场数、备注等。此外，还列出了《历年来所排多幕剧未公演的剧目》和《两院合并后剧目》。

当之无愧的青艺制造

不论这两份材料是怎样形成的，随着岁月的流逝，特别是当我们已经拥有了那两本制作精良的青艺建院40周年和50周年的画册后，这些止步于1965和1980年的手稿，似乎都不那么重要了。然而，这些统计表中所提供的某些内容却依旧值得关注。

在《旧青艺1950—1965演出剧目表》中共列有69个剧目，首演在近百场以上的约占了三分之一，如《抓壮丁》《四十年的愿望》《西望长安》《家》《无名英雄》《上海屋檐下》《丽人行》《白鹭》《最后一幕》《全家福》《李秀成之死》《霓虹灯下的哨兵》《迎春花》《豹子湾战斗》，等等。

69个剧目中，演出二百场以上的剧目有6个，依次是：

---

① 引自《青艺》1999年第1期，第3页。

②1966年1月“文化部决定中国青年艺术剧院与中央实验话剧院合并，沿名中国青年艺术剧院”，所以对两院合并前即1950—1965年阶段的青艺，曾有时被业内习称为“旧青艺”。见张健钟主编《半个世纪的舞台历程——中国青年艺术剧院1949—1999》，第166页。

《保尔·柯察金》1950 年首演 227 场，1961 年重演 140 场，合计 367 场
《降龙伏虎》1959 年 9 月首演 344 场，“61，62，63，64 再上演”
《红色风暴》1958 年 2 月首演 273 场，“59，60，61 再上演”
《钢铁运输兵》1954 年 4 月首演 242 场（此前曾在朝鲜试演）
《文成公主》1960 年 4 月首演 231 场，“61，62，63 再上演”
《把一切献给党》1958 年 7 月首演 212 场，“59，60 再上演”

这六个演出场次名列前茅的剧目可以说是当之无愧的“青艺制造”：或是原创，由青艺人自己创作、演出，如《红色风暴》《把一切献给党》《降龙伏虎》；或由青艺人首次引进，如《保尔·柯察金》；或为剧作家原创剧目的首演，如《钢铁运输兵》《文成公主》。

通过《半个世纪的舞台历程》一书的记载，我们还可以看到那一长串获得各类国家奖励作品的名单：《西望长安》《李双双》《远方青年》《曙光》《让青春更美丽》《权与法》《伽利略传》《上海屋檐下》《迟开的花朵》《深夜静悄悄》《蒙塞拉》《威尼斯商人》《双人浪漫曲》《火神与秋女》《哈尼姑娘》《雷雨》，等等。[①]

诚然，能否获得国家奖励并非是评价一部作品优劣的唯一标志；因为在长达半个世纪的漫长岁月中，随着政治风云的变幻、国家形势的变化，戏剧作品的评选制度、选拔机制、审美标准等等，都处在不断变化之中。因此，下面关于“青艺制造”的诸多事实，也许更能说明问题。[②]

《保尔·柯察金》1950 年 9 月首演后轰动全国，上海人艺，中央戏剧学院，旅大、重庆等市文工团，河南、贵州、湖南、广州等省市话剧院团，[③] 华东海军政治部文工团等上演了此剧。

《万尼亚舅舅》1954 年 11 月首演，周总理三次观看演出，安排该剧进中南海怀仁堂为中央领导同志演出。

《西望长安》1956 年 3 月首演，当年参加文化部举办的第一届全国话剧会演，斩获演出一等奖，导演、舞台设计、舞台制作管理一等奖，还有多位演员获奖。

《红色风暴》1958 年 2 月首演，全国有 14 个剧团先后排演此剧；1959 年 10 月参加国庆十周年献礼演出。

《降龙伏虎》1959 年 9 月首演，10 月参加国庆十周年献礼演出；全国有 40 多个剧团排演该剧；1960 年 2 月赴藏参加民主改革相关活动，历时 9 个月。

① 《中国青年艺术剧院大事记 1949—1999》，张健钟主编《半个世纪的舞台历程——中国青年艺术剧院 1949—1999》，第 164—168 页。
② 同上书，第 164-166 页。
③ 刘孝文、梁思睿编纂《中国上演话剧剧目综览（1949—1984）》，巴蜀书社 2002 年版，第 53 页。

《枫叶红了的时候》1977 年 5 月首演，连续演出三百余场，全国约有数百个剧团排演此剧。

《权与法》1979 年 10 月首演，参加文化部举办的国庆三十周年献礼演出，并为该剧召开了座谈会。该剧曾在中央电视台播出，并赴河南、上海等地巡演。

是的，青艺人可以无愧地告慰廖公："不断地有示范性的戏剧演出"，您的要求，青艺人做到了！

植根于人民的沃土

作为新中国第一个国家剧院，青艺人没有辜负首任院长的初衷与嘱托，在短短的几十年中推出近三百部观众喜爱的不同类型的剧目，受到广大观众的欢迎和赞誉，让"青艺制造"走向全国，乃至走出国门，走向世界，作出了骄人的成绩。

那么，这一切是怎样做到的呢？

成就"青艺制造"伟业的，首先是青艺人的拼搏精神。打开青艺剧目表我惊异地发现，在 20 世纪，除了艺术生产基本被迫停顿的"文化大革命"时期以外，青艺一直在高速运转，差不多每年都有多部新剧目上演。产出最高的 1963 年，上演的新剧目竟然达到了 10 部之多，1958 年和 1984 年也分别达到 9 部和 7 部。[①]

成就"青艺制造"伟业的，还有青艺人一丝不苟、严肃认真的创作态度。在妈妈的那份《历年来所排多幕剧未公演的剧目》中，列有《太阳光下的星期天》《西去的骆驼队》《不准出生的人》《南方来信》《这个战场在美国》等一系列剧目。这些剧目最终为什么没能公演，是没有达到青艺要求的艺术水准，还是碍于国内外政治形势的变化？我今天无法考察。但在爸爸 1978 年 8 月为"青艺三十年"填表的底稿中，有这样一条记录："《南方来信》参加编剧及布景设计，连排审查剧本，未演出"。也就是说，即使已经连排也不一定能公演。这使我从另一个侧面看到了青艺人创作态度的严谨和戏剧创作的艰难。

妈妈的那份资料，在"备注"栏还简要记录了 1965 年以前一些剧组下生活的情况。

1951 年《在新事物的面前》，排演前全体人员去本溪

1953 年《四十年的愿望》，全体人员去重庆钢厂三个月

1954 年《钢铁运输兵》，曾去朝鲜深入生活

1957 年《洞箫横吹》，导演、设计去东北

1958 年《十三陵水库畅想曲》，部分人参加水库劳动

---

①《中国青年艺术剧院五十年演出大型剧目一览表（1949—1999）》，张健钟主编《半个世纪的舞台历程——中国青年艺术剧院 1949—1999》，第 160—163 页。

1958 年《沸腾了的人们》，下街道人民公社生活

1960 年《长缨在手》，全体去农村

1963 年《雷锋》，去东北部队生活

1963 年《李双双》，去河南农村

1964 年《豹子湾战斗》，到宣化部队

深入实际，深入生活，这是青艺人的优良传统，也是成就“青艺制造”不可或缺的重要因素。

作为青艺传统的巡回演出，也是深入实际、深入生活，贴近群众、服务人民，提升自身素质的有效途径。为了适应巡回演出的需要，青艺人创作演出了丰富多彩的节目；在妈妈手迹所写的那份《1949—1965 小戏剧目表》中，包括了独幕话剧、活报剧、小歌剧、秧歌剧、快板剧等多种艺术形式，总数达到六七十个。可以想见，青艺人组成的文艺“轻骑兵”，曾怎样活跃在田间地头、工厂车间、部队营房、文化列车；他们走遍祖国四面八方，把丰富多彩的精神食粮送到千家万户。

剧院的步伐始终保持同时代发展的一致，她知道只有紧贴社会地面，才能真正飞升。她寻求着当代人剧院的一切特征，对未来充满着探求……她将如同过去一样，把足迹遍及祖国大地。在剧院人员一代一代更迭的不断发展中，同人民群众的永远结合，是她的过去，现在，也是她的未来。①

这是青艺戏剧评论家余林老师在青艺建院三十五周年时所表达的心声。是的，“同人民群众永远结合”，这是青艺人始终不渝坚守的理念，也是她之所以成功的真谛。

青艺品格在这里闪光

在几十年的征程上，青艺创造了历史，创造了辉煌。那么，究竟是什么力量在推动着青艺人不断成长，永不满足，一往无前？

敬爱的导演艺术家陈颙阿姨，用她鲜活的生命对此作出了回答——她，一位在青艺工作了几十年的才华出众的著名导演，倒在为山西的兄弟院团执导话剧《立秋》的排演场！在青艺的五十华诞之际，她曾饱含深情地献上了一篇生日的祝福：《珍惜宝贵的“青艺品格”》。

① 余林：《光彩的风姿》，《青艺》1984 年第 1 期。

作为一个经历过抗日战争、解放战争洗礼，新中国诞生至今半个世纪事态变迁考验的人民剧院，她始终不渝地忠实于自己的优秀传统——与时代同呼吸共命运，脚踏组国大地，放眼世界，放眼未来，保持着乐观向上、艰苦奋斗、敢攀高峰的办院方针，这是几代青艺人心血和生命凝炼成的最宝贵的“青艺品格”。[①]

是的，推动青艺人前行，铸就青艺辉煌的“法宝”，就是这无比珍贵的“青艺品格”！

难道不是吗？早在建院之初的1950年，正是与新生的共和国同呼吸共命运的激情与豪迈，成就了《保尔·柯察金》的功业，上演了“预购戏票蜂拥至，深夜买票队伍长”的令人难以忘怀的活剧，创造了“戏演三百场，欲罢情难罢”[②]的骄人业绩。

难道不是吗？1953年，在抗美援朝战争的硝烟中，正是捍卫年轻共和国的赤诚，使青艺人走出国门，“慰问到朝鲜”。他们“演兵先学兵，红心总相连；虚怀朝夕练，排戏营房前”。使那震撼人心的《钢铁运输兵》，“归国再演出，焕然一新篇；上演三百场，演兵得真传”。

难道不是吗？1958年，正是为了“通过戏剧形式来宣传歌颂共产主义思想感情”（金山语），青艺人以纪念伟大的“二七”运动三十五周年为契机，豪迈地推出了常演不衰的《红色风暴》，使林祥谦、施洋等革命先烈“从容就义斥敌顽，惨遭杀戮昂首立”的英雄形象，“虽死犹生天地间”。这部戏不仅在当时被推向全国，拍成电影，而且延续至新一代青艺人的血脉：“去年《风暴》又重排，[③]王培、郑平更新翻”；那“天怒人忿凄风夜，大雪纷飞遍地哀”的壮丽图景，更使《风暴》长留在青艺舞台历程的画卷中。

难道不是吗？20世纪50年代末，为了捍卫祖国的统一和民族的团结，在周总理直接关怀下，在杰出戏剧大师田汉先生亲自创作、带领下，青艺人勇挑重担，不负使命，于1960年适时推出了气势恢宏、美轮美奂的大型剧目《文成公主》，用“唐蕃友好传今古，民族佳话史昭然”的艺术形象，奏响了一曲民族团结、祖国统一的壮丽赞歌。那“北京演后广东去”“港澳同胞共欣赏”的空前盛况，在青艺的史册上留下了令人难忘的华美篇章。

难道不是吗？20世纪60年代前期，正是秉持着与时代同呼吸、共命运的理念，青艺人赴西藏，下河南，走大庆，入新疆；怀揣为广大基层民众服务的赤子情怀，走遍大江南北，把党的关怀和温暖送到千家万户。那“大队演出傍梯田”“入夜欢声响山野”的动人情景；那“《李双双》仿河南话，宣化参军《豹子湾》，《激流勇进》尊上海，《远方青年》走新疆”的悠悠往事，至今仍深深地印刻在青艺人的记忆里。

---

① 陈颙：《珍惜宝贵的“青艺品格”》，《青艺》1994年第1期。

② 陈永倞：《四十五年容漫忆》，《陶然吟——陈永倞诗词选》，时事出版社1996年版。下文中引诗同此。

③ 1991年7月青艺再次排演《风暴》。

难道不是吗？当"四人帮"的阴霾散去，获得第二次解放的青艺人，再次敞开胸怀，张开翅膀，在广阔的艺术天地自由翱翔。是他们，把一台台饱含激情的综艺晚会献给观众，《沸腾的十月》《永远的怀念》，道出了多少观众强烈的心声。是他们，把一出出反思历史，贴近生活，激励人心的优秀作品，推向话剧舞台，《枫叶红了的时候》《于无声处》《权与法》……这些风格各异、脍炙人口、发人深醒的剧目，引起多少观众的共鸣与深思。

难道不是吗？20世纪80年代，改革开放的浪潮席卷华夏大地，当有些人在金钱与利益的诱惑下迷茫之时，又是青艺人，旗帜鲜明地高举起理想的大旗，把百年前巴黎公社亲历者、法国文学家茹尔·瓦莱斯的巨著《樱桃时节》首次搬上了舞台。正如这部戏的导演陈颙所言，虽然，青艺人"是在前人没有走过的路上踏着荆棘前进的"，不知道"将会失败还是成功"；但是，他们说，"卡尔·马克思和公社战士们的英灵始终和我们同在，鼓舞我们不能萎缩和退却，只能一往直前"。这台史诗般的话剧，在纪念全世界无产阶级革命导师马克思逝世一百周年之际成功上演，赢得在世界上首演此剧的荣誉；导演陈颙也被授予"巴黎公社之友协会"在中国的第三名荣誉会员。面对这样的殊荣，陈颙导演深情地说：

> 我将这一切归功于和我共同完成这一历史性创作任务的中国青年艺术剧院全体同志，特别是那些在报纸上说明书上不见名字的、为这一事业默默无闻埋头苦干的同志们，他们身上真正体现着马克思所高度评价的公社精神！光荣属于全体人民！[①]

毋庸讳言，当我把那一份份剧目说明书上"剧情介绍"等短文敲进电脑的时候，当我认真研读王培叔叔、陈颙阿姨、宋严老师等艺术家所撰写的文章的时候，我常常会忘却了自己是在为爸爸妈妈书写；因为青艺人和这些艺术家对舞台创作的执着与真诚，对观众的尊重与热爱，深深地打动了我。而当我回到编写本书的情境中时，我又由衷地庆幸自己能在今天认识了这些艺术家，能与他们进行远隔时空的心灵对话，虽然似乎晚了一些。进而，我感到更为庆幸和自豪的是，我的爸爸妈妈曾经是"青艺人"，是用"青艺品格"所铸造的文艺战士。

是的，是青艺这片"热土"，是那些前辈和同辈艺术家的热心提携和共同奋斗，是那些幕后英雄们默默无闻的奉献，是所有青艺的缔造者和建设者紧跟时代的潮流和方向创造的中国话剧艺术的雄伟殿堂，铸就了爸爸妈妈的艺术人生。

---

① 陈颙：《献给人民一束洁白的樱桃花》，《剧本》1983年第4期。

祝福明天

爸爸妈妈伴随“一校”“一院”所走过的话剧人生使我看到，当年，是全民族抗战的熊熊烈火煅造了剧专的筋骨，使她走出书斋、走向民间，为剧运、为剧教、为宣传全民抗战奔走呼号。同样，是战地的烽火和全国人民建设和捍卫新中国的豪迈情怀，铸就了青艺的脊梁，使她在剧场艺术建设的征程上，乘风破浪不断远航。紧跟时代的潮流和方向，永远与祖国和人民同呼吸、共命运；追求话剧艺术的最高境界，让中国话剧精品在中国和世界舞台上绽放；这就是它们宝贵的思想传承——“剧专精神”和“青艺品格”。

今天，我们欣喜地看到，虽然，世事的更迭与变迁使“剧专”与“青艺”这两个名字已沉淀于中国话剧的史册，但她们的精神却融入了新时代的洪流，在“中戏”和“国话”的血脉中继续流淌，在新中国第一所戏剧教育的最高学府和第一个国家剧院的新长征中，继续发热闪光。

“讴歌时代志弥坚”“更上层楼舒彩墨”“莫道创新艰苦路，士不夺志铮铮骨”。用这种精神与品格锻造出的一代代中国话剧人，正在继续书写着中国话剧的华美篇章。

愿剧专精神和青艺品格在历史的传承中永远发扬光大，让中国话剧教育事业结出更加丰盛的硕果，让中国话剧舞台绽放出更加骄人艳丽的民族之花。

衷心祝愿经过百年锤炼的中国话剧，继续走向更加灿烂的明天！

2019 年 10 月初拟，2020 年 3 月完稿

链接

梦想的实现

◎ 徐晓钟[1]

我在中央戏剧学院建院四十周年庆祝会上，做过题为《发扬优良传统，开创母校的新未来》的总结性发言，其中有一段话：

当我们回顾中央戏剧学院的成就时，应该看到，虽然学院是在1950年建立的，但在当时她不是从零开始、平地而起的。追溯学院的历史渊源，作为中央戏剧学院的前身的延安鲁艺、华北大学第三部，以及南京国立戏剧专科学校，对中央戏剧学院的形成，对学院教学和师资队伍建设与发展，具有极为重要的意义。

我讲这段话，是有具体内涵的。

南京国立戏剧专科学校固然于1935年由国民党中央宣传部与教育部合办，然而，几乎在同时，中国共产党领导下的民主进步力量也在学校内部并存，而且应该讲，一直占着主导地位。对中国戏剧教育有过特殊贡献的戏剧教育家余上沅在担任校长期间，遵循蔡元培的治校思想，延聘了许多既有真才实学，在当时来讲又掌握先进的艺术思想和艺术方法的教师任教。教过我们的老师有曹禺、杨村彬、吴仞之、孙家琇、陈瘦竹、刘静沅、蔡松龄、沈蔚德、何之安等。而这些老师都是执着的现实主义戏剧美学的信徒。十四年中，剧专演出了曹禺、陈白尘、吴祖光、田汉、洪深、李健吾、杨村彬、郭沫若、夏衍、阳翰笙、宋之的、于伶，以及莎士比亚、契诃夫、易卜生、高尔基、奥斯特洛夫斯基、莫里哀、哥尔多尼等现实主义大师的经典作品。

南京国立戏剧专科学校的美学传统是现实主义！

在教学上，黄佐临和丹尼曾尝试着用斯坦尼斯拉夫斯基体系方法训练演员。我记得刘静沅先生曾开专课讲“斯坦尼斯拉夫斯基体系”。在那时，除了余上沅以外，剧专的老师可能没有一个有条件接触苏联戏剧，资料也就只有一本《演员自我修养》第一卷。难为老师居然能够分章分节，掰开揉碎地讲得头头是道。

现在为群众喜爱的戏剧“小品”，本来就来自表演教学课堂。然而很少有人知道早在30年代，小品教学就已经在剧专的表演教学中存在了！当时的表演课，一开始就要求学生从生活中撷取素材，

① 剧专第十四届学生，中央戏剧学院第一届学生。曾任中央戏剧学院院长、中国剧协第四届副主席。——编者注

自己编演人物生活小品。我记得我就编演过一个小品，表现小报馆穷编辑的生活片段。班上的小品琳琅满目，有些喜剧性的小品常常引起教室里哄堂大笑。可惜那时没有电视手段，这些精彩的小品没有任何人知道了！当然，这种训练方法当时没有叫作“小品”。

剧专有一个藏书甚丰的图书馆，有些书现在看都是十分宝贵的！80年代人们都在探讨梅耶荷德、瓦赫坦戈夫的导演艺术。可是在40年代，阎哲吾、张石流合著的那本黄草纸装订的小册子《导演方法论》中，就颇有见地介绍了关于梅耶荷德、瓦赫坦戈夫导演艺术的阐述。剧专的全部图书，于1949年8月完整无缺地全部运来北京，现已成为中央戏剧学院藏书的主要部分。

剧专的教学要求十分严格。我记得当时“高二班”排演《玛婷》，当男主人公第一次听到“玛婷”这个名字时，他把这个名字念了三遍。老师要求学生三次用不同的声调念这个“婷”字，即玛婷(tīng)、玛婷(tǐng)、玛婷(tíng)。教形体课的是一位德国老师，她要求学生形体动作的规格是十分严格的，以致一谈起这位德国“老太太”，学生们都“谈虎色变”。剧专在教学上严格要求，创作上精益求精，一丝不苟，这种精神现在也是应该学习的！

在那时，只要是学者来学校讲课，如曹禺、吴仞之、杨村彬等先生来讲课，教室里总是人满为患，许多人都站在教室的走廊上，在窗外听课。那种好学的学术氛围，真是令人感叹！

国立戏剧专科学校的精神传统是：投入时代的洪流！

在30年代至40年代的十四年中，国立戏剧专科学校的师生中，有一大批民族的优秀儿女，渡过黄河，深入农村，宣传抗日救国的主张。他们编演了街头剧、茶馆剧，如《放下你的鞭子》《流亡三部曲》等。师生中的这批热血青年，义无反顾地参加了反对日本帝国主义的斗争！在解放战争年代，又有一批优秀的儿女，毅然追求民主、进步！反对专制、腐败！他们在国民党反动派的统治中心南京宣传反内战、反饥饿、反迫害。编演过短剧、秧歌剧、活报剧，如《袁世凯登基》《天亮前后》《群猴》《团结起来到明天》等。他们为追求光明、反对黑暗，在祖国的大地上流过鲜血！

我是由于在武汉参加学生运动被特务“关注”，才于1948年夏天和六七个同学来到南京的。当我们报考剧专踏进大光路大光村校园的第一天，剧专学生自治会的老同学就以极大的热情把我们迎进学校，安排好食宿，咨询考试情况，帮助考前辅导。录取以后，又热情地组织迎接新生入学，组织迎新晚会……很快地把新同学团结在党的地下组织领导的学生自治会周围。在1948年那个寒冷的冬天，学生自治会组织了“民主诗歌朗诵晚会”“进步歌曲合唱晚会”等，对思想上处于朦胧状态的同学，进行思想上的启蒙……1948年南京物价飞涨，同学生活十分困难，当时我在学生自治会工作，党的地下组织关照要关心并安排好同学的生活。我们组织学生帮厨，参加伙食管理，保障同学的身体健康等。党的“关心群众生活”的优良传统，在剧专的学生干部中，可以说体现得十分充分！

在1948年冬天，我们排演了《雷雨》《日出》(第三幕)和《夜店》，免费演给学校附近的群众看；同时为贫苦农民的孩子举办免费夜校。剧专坐落在光华门内城墙根，周围都是农民的菜地，我们与附近的农民群众关系十分亲密，以致1949年4月1日，在南京发生新中国诞生前大陆上最后一次“反蒋”的学生运动，当一部分反动“荣军”要冲进“大光东村”洗劫剧专时，学校周围的农民起了重要的保护作用。我们被关进反动派军营时，陈瘦竹等教授四处奔走，设法营救，那种师生间的情谊，至今难以忘怀！

南京国立戏剧专科学校诞生于旧中国的母体内，她和旧生活、旧传统有着千丝万缕的联系，在瞬息万变的历史关头，她的师生对自己的生活道路都做过自己的选择，从历史的长河来讲，在历史的一瞬中，所做选择是否得当，要有个历史唯物主义的态度，完全由个人来承担是不公正的。

当然，今天的中央戏剧学院和旧日的国立戏剧专科学校已经不能同日而语了。“中戏”在我国戏剧教育发展的过程中，不仅接受了国立戏剧专科学校的办学经验，而且融进了“延安鲁艺”“华北大学第三部”革命文艺的战斗传统，她更加自觉地坚持马克思主义的世界观、文艺观；强调艺术与时代、艺术与人民的血肉联系，坚持理论与实践的统一，努力培养思想素质与专业能力兼优的社会主义建设人才；她继承、发展自己前身的传统，坚持社会主义美学原则，重视基本素质的培养。新时期以来，教学上努力扩大艺术视野，在更高层次上研究并吸收我国传统艺术的美学原则和艺术经验，借鉴外国现代艺术中一切有益的因素，加强学生创造性素质的培养，40 多年来，为国家培养了一大批优秀的戏剧、影视人才。

在前面引用的那篇校庆总结发言中我还由衷地说道：

《剧专十四年》（封面题字：曹禺）
中国戏剧出版社 1995 年 9 月出版

……中央戏剧学院的成长及她所取得的成就，不仅是新中国 40 年戏剧教育事业发展的缩影，而且是许多对民族戏剧有责任感的、进步的戏剧家、戏剧教育家半个世纪为之奋斗为之梦想的事业在今天的实现！

国立戏剧专科学校在发展民族戏剧的洪流中应运而生，国立戏剧专科学校的师生，为创造和发展民族的戏剧，继承和发展了现实主义的传统，为民族的解放、社会的进步投入了时代的洪流！她所培养的学生已成为我国社会主义民族戏剧的艺术创作骨干。她的优秀传统，浇灌着新中国的戏剧教育。

国立戏剧专科学校为之梦想的事业，经过许多对民族戏剧有责任感的戏剧家、戏剧教育家半个多世纪的奋斗，今天正在祖国大地实现！

1992 年 10 月

引自李乃忱编著《国立剧专史料集成·上卷》，
中国戏剧出版社 2013 年版，《代序》第 12—15 页；
原载于《戏剧》1996 年第 2 期

链接

中国青年艺术剧院五十年

拥抱时代 薪火相传

◎ 林克欢[1]

1949年春，一群从延安转战至东北的文工团员奉命入关，在北平组建正规剧院；后来，一支二百多人的文艺队伍扭着秧歌走过天安门广场，代表文艺界参加人民共和国的建国大典；此后不断地从全国各地吸纳优秀的戏剧工作者，形成青春常在的艺术群体。这就是我们共和国的第一个国家剧院——中国青年艺术剧院。

剧院的历史是由一出出戏剧作品构成的。只有大幕拉开，剧院才存在。半个世纪以来，我们在地头、车间、学校、营房，在文化列车，演出过无数野台戏、广场剧，也在现代化的剧场里演出。我们用真切的情感，演出过近三百台戏剧作品：古今中外，天上人间，欢声笑语，苦曲哭音……将我们对生活的感悟，对世界的认识，诉诸舞台，诉诸观众。

剧院一代又一代艺术家梦寐以求的是，将青艺建成一个当代人剧院，深刻认识和理解自己的时代，关怀祖国和人民的命运，深刻地剖析人物心灵，揭示无限丰富和深邃的人的精神世界；将青艺建成一个民众剧院，贴近生活，贴近民众，努力去揭示凡俗世界中庸常事物所蕴含的意义，表现普通人的欢乐与苦恼、沉沦与抗争，开掘生命底蕴中的残酷与慈爱、脆弱与坚韧，背负历史的沉重，分享时世的艰难，即使在生活最艰难困苦的时刻，也始终保持着超越艰难、穿透沉重的信念。

在我们长年的演出中，反映现实生活的当代剧目居多，我们的演出不可避免地带着时代风云深深的刻痕和我们自身的弱点，但无论激进或幼稚、执着或盲目，至少在我们自身，是真诚的。

剧院也上演了大量五四新文化运动以来的优秀作品和不同时期的历史剧，这些充满矛盾又充满希望的故事被讲了又讲，被演绎然后又被重新演绎。导演艺术家们努力用当代人的观点去诠释经典作品和历史场景，将历史的可变性和人性的可变性作为认识的起点。

作为国家剧院，青艺肩负着国际戏剧交流的重任。剧院至今已演出了十多个国家的二十多出剧目，也先后出访了意大利、德国、日本、英国等地，广泛借鉴、吸收世界各国优秀戏剧文化，将中国戏剧介绍给世界，将世界戏剧介绍给中国。在交流、碰撞、融汇的过程中，激发新的思维、新的观念，拓展戏剧艺术的无限可能性，一直是青艺艺术家坚定不移的目标。

① 时任中国青年艺术剧院院长。——编者注

几十年来，我们在话剧舞台上塑造了一系列血肉丰满、令人长久难忘的艺术形象：赵丹的屈原、金山的施洋大律师、吴雪的土财主李老栓、石羽的军阀高参白坚武、路曦的民间说唱艺人方珍珠、冀淑平的娜拉、雷平的八路军排长吴彩凤、刘燕生的伯爵夫人使女苏姗娜、郑振瑶的文成公主、杜澎的伽利略、冯福生的红鼻子、杨青的家庭女教师埃维丽娅、丁嘉丽的女仆格鲁雪、高惠彬的曹操、陈希光的关汉卿、王慧源的珠帘秀、张秋歌的尖刀麦基……涌现了孙维世、金山、吴雪、邓止怡、陈颙、张奇虹、王培、林荫宇、王晓鹰等知名导演和张正宇、陈永倞、毛金钢、赵家培等舞美设计家。

半个世纪过去了，剧院已届中年。五十，是一个成熟与衰老并存的年龄。不管前辈艺术家们创造过什么样的辉煌，留下什么样的遗憾，接力棒已传到我们手中。我们将生活在一个新的时代，面对一批新的观众，但一代又一代艺术家的理想、信守和艺德，将薪火相传，指引我们走向一个全新的世纪。

原载于《人民日报》1999年4月16日第9版

中国青年艺术剧院五十年

拥抱时代　薪火相传

林克欢

《人民日报》
1999年4月16日

1949年春，一群从延安转战至东北的文工团员奉命入关，在北平组建正规剧院。后来，一支二百多人的文艺队伍扭着秧歌走过天安门广场，代表文艺界参加人民共和国的建国大典，此后不断地从全国各地吸纳优秀的戏剧工作者，形成青春常在的艺术群体。这就是我们共和国的第一个国家剧院——中国青年艺术剧院。

剧院的历史是由一出出戏剧作品构成的。只有大幕拉开，剧院才存在。半个世纪以来，我们在地头、车间、学校、营房，在文化列车，演出过无数野台戏、广场剧，也在现代化的剧场里演出。我们用真切的情感，演出过近三百台戏剧作品：古今中外，天上人间，欢声笑语，苦曲哭音……将我们对生活的感悟，对世界的认识，诉诸舞台，诉诸观众。

剧院一代又一代艺术家梦寐以求的是，将青艺建成一个当代人剧院，深刻认识和理解自己的时代，关怀祖国和人民的命运，深刻地剖析人物心灵，揭示无限丰富和深邃的人的精神世界；将青艺建成一个民众剧院，贴近生活，贴近民众，努力去揭示凡俗世界中寻常事物所蕴含的意义，表现普通人的欢乐与苦恼、沉沦与抗争，开掘生命底蕴中的残酷与慈爱、脆弱与坚韧，背负历史的沉重，分享时世的艰难，即使在生活最艰难困苦的时刻，也始终保持着超越艰难、穿透沉重的信念。

在我们长年的演出中，反映现实生活的当代剧目居多，我们的演出不可避免地带着时代风云源源的刻痕和我们自身的弱点，但无论激进或幼稚、执著或盲目，至少在我们自身，是真诚的。

剧院也上演了大量五四新文化运动以来的优秀作品和不同时期的历史剧，这些充满矛盾又充满希望的故事被讲了又讲，被演绎然后又被重新演绎。导演艺术家们努力用当代人的观点去诠释经典作品和历史场景，将历史的可变性和人性的可变性作为认识的起点。

作为国家剧院，青艺肩负着国际戏剧交流的重任。剧院至今已演出了十多个国家的二十多出剧目，也先后出访了意大利、德国、日本、英国等地，广泛借鉴、吸收世界各国优秀戏剧文化，将中国戏剧介绍给世界，将世界戏剧介绍给中国。在交流、碰撞、融汇的过程中，激发新的思维、新的观念，拓展戏剧艺术的无限可能性，一直是青艺艺术家坚定不移的目标。

几十年来，我们在话剧舞台上塑造了一系列血肉丰满、令人长久难忘的艺术形象：赵丹的屈原、金山的施洋大律师、吴雪的土财主李老栓、石羽的军阀高参白坚武、路曦的民间说唱艺人方珍珠、冀淑平的娜拉、雷平的八路军排长吴彩凤、刘燕生的伯爵夫人使女苏姗娜、郑振瑶的文成公主、杜澎的伽利略、冯福生的红鼻子、杨青的家庭女教师埃维丽娅、丁嘉丽的女仆格鲁雪、高惠彬的曹操、陈希光的关汉卿、王慧源的珠帘秀、张秋歌的尖刀麦基……涌现了孙维世、金山、吴雪、邓止怡、陈颙、张奇虹、王培、林荫宇、王晓鹰等知名导演和张正宇、陈永倞、毛金钢、赵家培等舞美设计家。

半个世纪过去了，剧院已届中年。五十，是一个成熟与衰老并存的年龄。不管前辈艺术家们创造过什么样的辉煌，留下什么样的遗憾，接力棒已传到我们手中。我们将生活在一个新的时代，面对一批新的观众，但一代又一代艺术家的理想、信守和艺德，将薪火相传，指引我们走向一个全新的世纪。

（作者系中国青年艺术剧院院长）

天地一瞬

荷影

梁雄光（香港）

《人民日报》剪报（林克欢提供）

链接

“大幕开阖——中国国家话剧院创作剧目回顾展”
前言*

习近平总书记2014年在文艺工作座谈会上的讲话中指出，“推动文化繁荣发展，最根本的就是要创作生产出无愧于我们这个伟大民族、伟大时代的优秀作品。”文化部在“十三五”文化改革发展规划中明确提出重点实施“一个工程”、构建“四大体系”，既是对中央特别是习近平总书记系列重要讲话精神的贯彻落实，也是对全国文化工作者的总体要求。“一个工程”就是实施文化精品创作工程。创作是剧院的中心任务，作品是剧院的立身之本，衡量剧院的创作成就和艺术水准最终要看作品。2017年是中国话剧诞生110周年，国家话剧院举办这次展览就是通过对创作剧目的回顾来纪念中国戏剧人走过的光辉历程。

1907年，第一部以中文创作的大型剧目《黑奴吁天录》成功上演，标志着后来被命名为“话剧”的新剧形态正式纪元。百余年来，中国话剧人历经代次更迭，已经将话剧从“舶来物种”成功本土化。与此同时，中国话剧为推动中国社会发展和文明进程也做出了突出的文化贡献。在这个过程中，有一支基本的力量持续发挥着无可替代的重要作用，我们为身在其中而倍感光荣。1941年成立的延安青年艺术剧院，于1949年4月演变为中国青年艺术剧院，与1956年孕育于中央戏剧学院的中央实验话剧院，在各自经历了四五十年的艰苦追求后，于2001年合并组建为今天的中国国家话剧院。自那时起，在传承两所前身剧院演剧风格的同时，我们不断对照时代和国家的要求，探索和校准自身的创作定位和布局，以努力承担好国家剧院的社会责任和文化使命。2013年以来，国家话剧院逐步确立了“中国原创、世界经典、实验探索”的创作方向，使规划和指导新时期的创作更为清晰有力。

从1941年至今，76年的辛勤耕耘，我们共创作了近400部作品，其中大型剧目373部。平均每年5部的数量，足以体现出国家话剧院历代艺术家们对话剧艺术的无限热爱和不懈求索。每部作品在舞台上的绽放，都被110年的中国话剧历史所深深铭记。76年的大幕开阖，剧院始终心系民族，心系百姓，时刻与祖国和人民同在。每一部作品无不反映出时代变革的激越、社会进步的功绩，诉说着不同历史阶段人民群众的喜怒哀乐。她们或在戏剧史上建立丰碑，或为我们带来穿越时空的美

* 为纪念中国话剧诞生110周年，中国国家话剧院于2017年4月举办了“大幕开阖——中国国家话剧院创作剧目回顾展”，此文为这次展览所作。——编者注

感，或以深刻的剖析让灵魂沉思，或刻上时代烙印供我们反省……

今天，因着敬重和珍视，我们以《中国原创》《世界经典》《实验探索》三大板块取剧院76年历史的寓意，撷取76部作品，以图文的形式共同来回顾她们的风采，以此致敬中国话剧诞生110周年，纪念拓荒者开天辟地的勇敢与情怀，纪念耕耘者收获的辉煌与荣耀，纪念国家话剧院与中国话剧共同成长的那些瞬间。同时，因着责任和创新，我们将坚定以人民为中心的创作导向，坚持“中国原创、世界经典、实验探索”的创作理念，坚持深入生活、扎根人民，承担起国家话剧院的文化责任，不断向着艺术高峰努力攀登，为实现中华民族伟大复兴的中国梦谱写出新的艺术篇章。

周予援

中国国家话剧院院长

原载于《国家话剧》2017年第1期

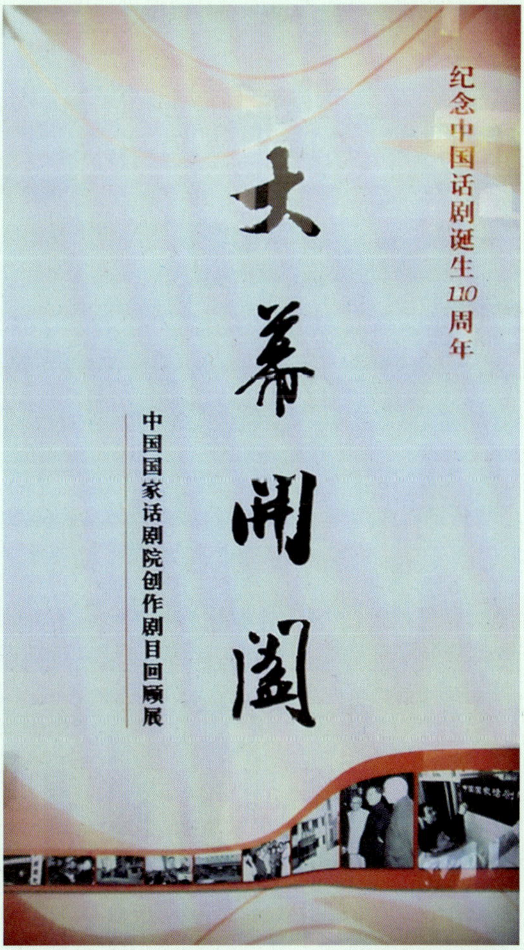

中国国家话剧院创作剧目回顾展（1941—2017）展板

链接

国立剧专史料江安陈列馆

一　基本情况

江安县是位于四川省南部长江上游一座临江的小镇，自西晋建县已有1600多年历史，现归属于四川省宜宾市。在20世纪三四十年代，这里远离都市，环境闭塞，民风淳朴，1939年4月至1945年7月，南京国立剧专西迁后曾在此地长年办学。

1985年9月，江安县政府将原国立戏剧专科学校旧址（江安文庙，占地面积1500平米）定为县级文物保护单位，1986年9月宜宾市将其定为地区级文保单位，1988年10月正式建立“国立剧专史料江安陈列馆”；1991年4月四川省人民政府将其列为省级文物保护单位。

国立剧专史料江安陈列馆

国立剧专史料江安陈列馆成立以来，在传承剧专精神和中国戏剧文化、进行爱国主义教育和红色旅游等方面，作出了巨大贡献，被赋予一系列重要的社会职能。

- 2009年　被列为宜宾市未成年人爱国主义教育基地，实行对外免费开放。
- 2010年　被列为中央戏剧学院爱国主义教育基地。
- 2011年　被列为四川省爱国主义教育基地。
- 2016年　被列为宜宾市社会主义核心价值观教育基地。
- 2017年　被列为为宜宾市社科普及基地。
- 2018年　被列为四川电影电视学院表演系实训基地，入选四川十大历史文化地标。
- 2021年　被评为四川省中小学红色教育研学实践基地、宜宾市对台交流示范点。
- 2022年　入选四川省第二批革命文物名录、首批天府文旅IP项目、宜宾市科普基地。
- 2023年　被列为首批四川省文博研学基地、第五批宜宾市廉洁文化基地。

张毅馆长在余上沅校长塑像前介绍剧专历史

中央戏剧学院爱国主义教育基地挂牌仪式

二　江安剧专遗址的历史价值

自1935年在南京建校至1949年并入中央戏剧学院，国立剧专的江安时期被戏剧史学界誉为“革命的延安，艺术的江安”，更有“五最之说”。一是办学时间最长。由于抗日战争爆发，剧专在办学的14年中曾5次搬迁，其中在江安的时间最长，达6年之久。二是大师云集最多，先后有曹禺、洪深、焦菊隐等50多位艺术大师在江安执教。三是培养的学生最多。国立剧专共培养了近千名学生，江安时期就达700人左右，其中不乏谢晋、刘厚生、瞿希贤等名家。四是公演的届次和剧目最多。在剧专列入届次的94届公演中，江安时期占54届；上演的剧目也超过半数，包括首次在中国公演的《哈姆雷特》等外国名剧。五是剧专在江安时期形成的戏剧教育体系、教学理念对新中国戏剧教育产生的影响最深。因此，江安剧专被我国戏剧界誉为“中国戏剧的摇篮”“中国现代戏剧的圣地”。

剧专办学期间在师生中建立了中共地下组织，师生们在党组织影响下开展了轰轰烈烈的抗日宣传活动，以街头剧、活报剧、送戏下乡、赈灾募捐演出等方式，投入抗日救亡运动。除在大后方坚持进步戏剧宣传活动外，剧专师生中有的参加了抗敌演剧队，有的奔向抗日圣地延安投身革命，也有的赴敌后抗日根据地参加了八路军或新四军，其中还有人为民族解放事业献出了宝贵的生命。

诞生于南京又辗转14年止步于南京的国立戏剧专科学校，在中国现代戏剧史和戏剧教育史上具有重要意义，为中国戏剧事业的发展作出了不可磨灭的巨大贡献，但是它的历史遗存今天已难以寻觅。然而，唯有得天独厚的江安文庙剧专旧址，得以幸存保留下来，可谓是一花独秀，实为弥足珍贵。

为了保存、维护好江安剧专旧址这不可多得的珍贵历史遗存，国立剧专史料江安陈列馆建馆以来受到各级政府的高度重视，相关建筑、设施与馆藏都在不断充实完善之中。

扩建中的国立剧专史料江安陈列馆

三　目前展陈情况

该馆主要展出反映剧专十四年的历史照片、文献等珍贵史料和剧专校友的艺术成果。

第一陈列室　校长秘书吴祖光办公室。展陈国立剧专十四年历届学生名单一览表，校旗、校训、校歌，旧址平面图、手绘彩图等。

第一陈列室

第二陈列室

第二陈列室　校长余上沅办公室。展陈余上沅与戏剧结缘、与家人留影、撰写文章，国立剧专校务行政管理资料，部分校友毕业证书、贷金申请书、毕业留影等。

第三陈列室　教务主任曹禺（万家宝）办公室。展陈曹禺创作《北京人》手稿、部分作品集、演出剧照，江安“乃庐”故居、与师生留影等。

第四陈列室　话剧科一年级教室。展陈国立剧专在江安办学期间的部分演出剧照：《哈姆雷特》《凤凰城》《日出》《北京人》《雷雨》等，部分演出说明书、相关报刊等。

第五陈列室　话剧科一年级教室。展陈国立剧专旧址模型，余上沅、曹禺、洪深、吴祖光、焦菊隐、梅兰芳等部分教师简介。

第六陈列室　训导处办公室。展陈西南片区校友艺术成果。重庆、成都、乐山、达县等地校友演出剧照及作品，校友会留影、校友回忆文章等。

第七陈列室　训导处办公室。展陈南方片区校友艺术成果。广东、台湾、浙江、湖北、江苏等省校友演出剧照与舞美设计等作品，校友名录等。

第八陈列室　总务处办公室。展陈京津沪片区校友艺术成果。北京、上海等地校友演出剧照及作品，校友艺术简历、回忆文章，校友会留影等。

第九陈列室　总务处办公室。展陈剧专校友重返江安的情景，相关的采访记录，校友回忆文章、往来书信等。

第十陈列室　总务处办公室。展陈谢晋与江安，谢晋60年艺术之路。

四　改陈布展的目的与思路

国立剧专史料江安陈列馆现有展陈已逾30年，当前亟待从增加布展空间，充实展陈内容，调整功能布局，提升服务水平等诸多方面，进行全面改陈布展。

（一）改陈布展的目的与作用

守护“剧专文化”，培养高度文化自信。建立江安国立剧专博物馆，动情讲述国立剧专与中国戏剧发展之间密不可分的关系。将文化产业与城市创新相融合，凝聚戏剧艺术的华夏之魂，传播戏剧文化的城市名片，开辟江安传统文化与科技创新相融合的研学之旅。推动文化艺术行业的交流与创新，丰富江安全城旅游产业链。打造国际一流、国内首家的戏剧（话剧）教育参与式体验中心。

强化教育功能，弘扬文化抗战精神，传承红色基因。围绕国立剧专在江安时期的重大事件、重大节点研究确定重要标识地，讲好党的故事、革命的故事、英雄的故事，彰显时代特色，成为教育人、激励人、塑造人的大学堂。激励人们铭记党的光辉历程，传承光荣革命传统，让红色基因代代相传。

（二）改陈布展的主题与思路

1. 以“故校址讲好剧专故事，新剧博创新城市标签”为主题，形成三大展览主线：

育匠人（人物线）—— 讲好剧专人的故事
树匠心（情感线）—— 颂剧专人的精神
铸匠艺（成就线）—— 看戏剧教育的成就发展

2. 全馆由地上国立剧专文庙旧址展区和地下国立剧专博物馆展区两部分组成，二者相辅相成，共同完成展陈叙述脉络。

国立剧专文庙旧址展区 复原剧专迁校江安文庙的历史场景，再现江安六年的剧专时代。

国立剧专博物馆展区 全部为数字化沉浸体验，由以下五部分组成。

序
第一部分 时代舞台·剧专登场
第二部分 弦歌铮鸣·戏剧摇篮
第三部分 人文荟萃·薪火相传
第四部分 追忆剧专·文化名城

国立剧专文庙旧址模型

国立剧专博物馆展区示意图

国立剧专博物馆展区将综合运用现代数字化展陈手段，通过艺术装置结合光效、通柜大背景展墙、声光电投影、互动体验、LED 多媒体视频等多种形式，增强展陈艺术感染力。生动再现国立剧专在江安时期大师云集，人才辈出，成果斐然，全校师生与江安百姓心系家国，坚持文化抗战的黄金时代。

本文由国立剧专史料江安陈列馆提供，收入本书时略有删改

附篇

冀淑平舞台形象掠影

（一）重点剧目拾贝

《万尼亚舅舅》1954 饰叶琳娜（杨迪先、游振国摄）

《娜拉》1956　饰娜拉（曹西林、游振国摄）

《费加罗的婚姻》1962　饰伯爵夫人罗丝娜（曹西林摄）

《远方青年》1963　饰阿米娜（曹西林摄）

《权与法》1979 饰丁牧（曹西林摄）

（二）氍毹岁月留痕

（1943—1987）

《清宫外史》1943　饰瑾妃（*右*）

《岳飞》1944　饰王夫人（左）

《抓壮丁》1950　饰李老栓妻（李质石摄）

《保尔·柯察金》1950　饰丽达（右）

《万尼亚舅舅》1954　饰叶琳娜（杨迪先、游振国摄）

《保卫干事》1956　饰何秀云

《娜拉》1956　饰娜拉（曹西林、游振国摄）

《青春之歌》1958　饰沈绮文（左二）（曹西林、游振国摄）

《十三陵水库畅想曲》1958　饰张静

《文成公主》1960　饰弘化公主

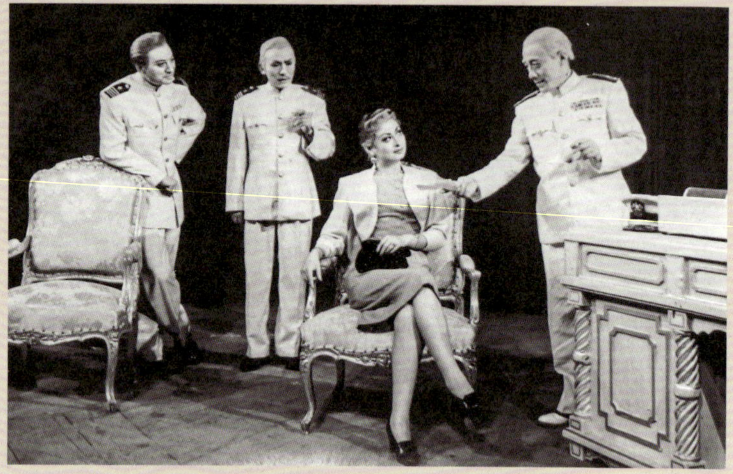

《记忆犹新》1960　饰美国间谍娜仑丝

《中锋在黎明时死去》1961　饰秘书（曹西林摄）

《费加罗的婚姻》1962 饰伯爵夫人罗丝娜（曹西林摄）

《远方青年》1963 饰阿米娜（曹西林摄）

《伽利略传》1979 饰查尔蒂太太（中国国家话剧院提供，曹西林摄）

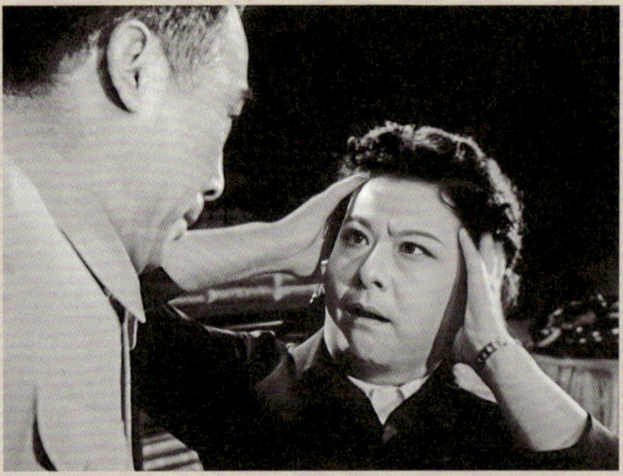

《权与法》1979　饰丁牧（曹西林摄）

《樱桃时节》1983　饰勃里亚夫人（陈阿丁摄）

《抓壮丁》1987　饰李老栓妻（中）

陈永倞设计剧目选辑

从艺六十余年，陈永倞与众多艺术家密切合作，担任或参与了近百部话剧的舞台美术创作，涉及不同作家、不同风格、古今中外不同题材的作品，在中国话剧舞台上留下了鲜明的足迹。

本节分剧专和青艺两部分展现陈永倞设计剧目的风貌。陈永倞在剧专时期的舞美设计成果是通过剧照来体现的，它们主要选自《国立剧专史料集成》、国立剧专史料江安陈列馆馆藏资料，以及陈永倞本人保存的剧照。反映青艺时期舞美设计成果的空景照，则全部是由中国国家话剧院提供的。

众多艺术家多年的辛勤劳作，为我们留下了《国立剧专史料集成》《半个世纪的舞台历程——中国青年艺术剧院 1949—1999》，以及国立剧专史料江安陈列馆和中国国家话剧院的艺术档案等宝贵资料，使本书得以把陈永倞参与的一部分舞美设计成果呈现出来。在此，谨向国立剧专史料江安陈列馆和中国国家话剧院，向所有为中国话剧事业的传承和发展辛勤劳动和无私奉献的艺术家们，特别是从事幕后舞台工作的艺术家、各位摄影艺术家，以及参与艺术档案整理和保存的同志们，致以衷心的感谢和诚挚的敬意！

陈永倞在剧专参与设计等艺术创作的剧目选辑*

（1936—1945）

1—3《母亲》《东北之家》《红灯笼》1936 年 12 月　南京　援绥公演

舞台设计：赵越（助教）　陈永倞　李增园　凌颂强

《母亲》剧照〔俄〕高尔基原著　田汉改编　马彦祥导演

《东北之家》剧照　章泯编剧　余上沅导演

* 由于没有收集到当年剧专演出剧目的空景照，只能用一般剧照反映设计效果。陈永倞保存的剧照在图名后加※，未予注明的剧照均引自李乃忱编著的《国立剧专史料集成·下卷》（中国戏剧出版社 2013 年版）；各剧目参与创作人员等有关要素，除特别注明者外亦取自该书。

《红灯笼》剧照　王思曾编剧　陈治策导演

4《国民公敌》1937年1月　南京　第9届公演

编剧：〔挪威〕易卜生　翻译：张彭春 万家宝　导演：王家齐

舞台设计：李增园 陈永倞（兼饰彼得市长）

5《威尼斯商人》1937年6月　南京　第13届公演（第一届毕业公演）

编剧：〔英〕莎士比亚　翻译兼改编：梁实秋　导演：余上沅 王家齐

布景设计：凌颂强　化装设计：陈永倞（兼饰李昂那多）

6《最后关头》1937 年 9 月　长沙　第 14 届公演

编剧：张道藩　导演：向培良　设计：陈永倞

7–8《飞将军》《爱与仇》1938 年 4 月　重庆　第 16 届公演

编剧：洪深（《飞将军》）丁玲（《爱与仇》）导演：阎哲吾

装置设计：陈健 陈永倞

《飞将军》剧照

9《凤凰城》1938 年 5 月　重庆　第 17 届公演（参加重庆市五月抗敌宣传大会）

编剧：吴祖光　导演：余师龙 汪德　设计：陈永倞（兼饰东北大学校长）

《凤凰城》剧照 ※

10—12《可怜虫》《灯塔》《炸药》1938 年 5 月　重庆　第 18 届公演

舞台设计：陈永倞

《可怜虫》剧照　李庆华编剧　陈永倞导演 ※

《灯塔》剧照　陈永倞编剧　郭蓝田导演 ※

《炸药》剧照　王思曾编剧　余师龙导演 ※

13《魔窟》1938年6月　重庆　第19届公演

编剧：陈白尘　导演：阎哲吾　设计：陈永倞（兼饰李步云）

《魔窟》剧照 ※

14《黑将军》（《奥赛罗》）1938年7月　重庆　第20届公演（第二届毕业劳军公演）

编剧：〔英〕莎士比亚　翻译：梁实秋　导演：余上沅

装置设计：贺孟斧　灯光设计：陈永倞

《奥赛罗》剧照 ※

15《古城烽火》1938 年 9 月　重庆　第 21 届公演

编剧：顾一樵　导演：陈永倞　舞台设计：陈永倞

《古城烽火》剧照 ※

16《全民总动员》1938 年 10 月　重庆　中华民国第一届戏剧节 征集寒衣话剧联合大公演

编剧：曹禺 宋之的　执行导演：应云卫

设计：陈永倞[①]　后台主任：陈永倞 郭蓝田

《全民总动员》剧照 ※

① 据陈永倞保存的剧照背面记载，见本书第 184 页上右图。

17《阿 Q 正传》1938 年 11 月　重庆　第 22 届公演（征募寒衣公演）

编剧：田汉　导演：黄佐临　设计：陈永倞

18《视察专员》1939 年 12 月　江安　第 28 届公演

编剧：〔俄〕果戈里原著　陈治策改编　导演：陈永倞　设计：陈永倞

《视察专员》剧照 ※

19《民族女杰》1940 年 11 月　江安　第 35 届公演（第三届戏剧节公演）

编剧：沈蔚德　导演：郭蓝田　布景设计：陈永倞

20《黑字二十八》1941 年 4 月　江安　第 41 届公演

编剧：曹禺 宋之的　导演：刘静沅　舞台设计：陈永倞

21《雾重庆》1941 年 5 月　江安　第 42 届公演

编剧：宋之的　导演：陈治策 陈永倞　装置设计：陈永倞

22《国家至上》 1941年11月　江安　第45届公演

编剧：老舍 宋之的　导演：郭蓝田　布景设计：陈永倞

23《大雷雨》 1945年　江安　第75届公演（高职科第三届毕业公演）

编剧：〔俄〕奥斯特洛夫斯基　翻译：芳信　导演：杨村彬 蔡松龄

设计：陈永倞

24《雷雨》 1945年2月　江安

编剧：曹禺　导演：陈永倞　设计：陈永倞

《雷雨》剧照（国立剧专史料江安陈列馆提供）

陈永倧在青艺参与舞美设计的剧目选辑*

（1950—1980）

1《保尔·柯察金》1950–09　首演[①]

编剧：〔苏〕斐·班达连柯　导演：孙维世　美术顾问：张正宇

装置设计：陈永倧　服饰设计：张鸣琦　灯光设计：汪公达　王建

摄影：吴寅伯

第一景　湖畔

第二景　保尔家

*本文剧照（含摄影者）均由中国国家话剧院提供。参与创作人员据张健钟主编《半个世纪的舞台历程——中国青年艺术剧院 1949—1999》所载《中国青年艺术剧院五十年演出大型剧目一览表（1949—1999）》和编者收集到的部分演出说明书等资料编制。

① 本剧舞美创作人员据《〈保尔·柯察金〉工作人员表（1950 年首演）》，见本书第 244 页。

第三景 狱中

第四景 冬妮娅家

第五景 战场

第六景 修路工地

第七景 海滨疗养

第八景 保尔家

2《在新事物的面前》1951—11　首演

编剧：杜印 等　导演：章泯 杜印

舞台设计：陈永倞　　摄影：吴寅伯

3《万尼亚舅舅》1954—11　首演

编剧：〔俄〕契诃夫　艺术指导：〔苏〕普·乌·列斯里

导演：孙维世　副导演：肖崎　设计：陈永倞　布景设计：陈永倞 范思廉

灯光设计：汪公达　绘景：陆阳春 盛锡珊　　摄影：杨迪先 游振国

第一幕

第二幕

第三幕

第四幕

4《幸福》1955–12　首演

编剧：艾明之　导演：郑天健　助理导演：潘子钦

设计：陈永倞　布景设计：杨起烟　灯光设计：顾景明

绘景：王世伟　　　　　　　　　　　　　　　　摄影：曹西林

5《西望长安》 1956-03　首演

编剧：老舍　导演：孙维世　副导演：肖崎　美术顾问：张正宇

设计：陆阳春 陈永倧　布景道具设计：刘俊民

灯光设计：陈治 钟高燕 顾景明　绘景：盛锡珊 王世伟

摄影：曹西林

6《娜拉》1956-07　首演

编剧：〔挪威〕亨里克·易卜生　译者：潘家洵　艺术顾问：〔挪威〕盖达琳

导演：吴雪　副导演：肖崎　设计：陈永倧

布景服装设计：陈永倧　段纯麟　灯光设计：陈治　绘景：王世伟

摄影：曹西林　游振国

第一幕

第二幕

第三幕

［附载］ 这剧三幕一景，为便于调度，道具陈设做了些变化，以示事件和人物情感的演变；主要还在房门的位置和深度的处理。　　摘引自陈永倧《莫道创业艰苦路——青艺舞美工作漫记》

［附载］ 他设计的《娜拉》只一个景，但这个内景可谓是增之一分则太肥，减之一分则太瘦。它的平面构成，几乎成了经典。　　摘引自李畅《怀念恩师陈永倧先生》

7《洞箫横吹》1957-04 首演

编剧：海默 导演：郑天健

设计：陈永倧 刘俊民 灯光设计：梁红洲 钟高燕

绘景：邵锡添 摄影：曹西林

8《红色风暴》1958−02 首演

编剧：金山　导演：金山　美术顾问：张正宇

设计：陈永倞　　摄影：曹西林

[附载] 该剧的布景虚实结合，以点代面，以局部代整体，藏露、隐显互映，在当时是出类拔萃的，是突破了颇有一边倒的写实框架的。这与金山的导、表演风格一拍即合。

摘引自蔡体良《心潮起伏意拳拳——陈永倞同志访谈录》

9《青春之歌》1958—03　首演

编剧：刘川　导演：吴雪

舞美设计：陈永倞　刘俊民　　　　摄影：曹西林　游振国

10《刘介梅》1958-04 首演

编剧：许伯然　总导演：金山　导演：于真

设计：陈永倧　布景服装设计：陈永倧　毛金钢

灯光设计：高毅　绘景：李克政　　摄影：曹西林

11《白鹭》1958-09　首演

编剧：白刃　导演：石羽

舞美设计：陈永倞　　　　**摄影：**曹西林

12《无名岛》1959-04 首演

原作：赵忠 杜炳如 关世楠 王恺 改编：金振家 于村 李章

导演：于村 李章 设计：陈永倞 刘俊民 摄影：曹西林

13《最后一幕》1959—05　首演

编剧：蓝光　导演：于真　肖琦

舞美设计：陈永倞　　　　　　　　　**摄影：**曹西林

14《阴谋与爱情》1959-11 首演

编剧：〔德〕席勒　翻译：廖辅叔　导演：周来

设计：陈永倞 陆阳春　灯光设计：钟高燕　绘景：徐启光

摄影：曹西林

15《文成公主》1960—04　首演

编剧：田汉　导演：金山　副导演：肖崎

设计：张正宇　陈永倞　　　　　　　　　　摄影：曹西林

16《抓壮丁》1962—05　重演　四川人民艺术剧院、中国青年艺术剧院联合演出

编剧：集体创作　吴雪执笔　导演：吴雪　肖锡荃

美术顾问：张正宇　设计：陆阳春　陈永倧　　摄影：曹西林

［附载］1962 年重排《抓壮丁》，任务交给美术指导张正宇、阳春和我设计……那次合作非常愉快而富有成效：正宇一枝在手上滚动的铅笔龙飞凤舞地奔驰，忽有所获，提出从线条上做文章。几天后，反复斟酌，逐渐形成用黑框框轮廓线表现堂屋，村头则以碑石作中心，设远山、片云，使内外景统一成简练而深暗的线条组合的新方案。于是，四川小城地主房屋多用黑漆涂抹壁柱的面貌，表现出来了，演出效果很好。

摘引自陈永倧《莫道创业艰苦路——青艺舞美工作漫记》

17《霓虹灯下的哨兵》1963–08 首演

编剧：沈西蒙 漠雁 吕兴臣 导演：邓止怡

舞美设计：陈永倞 毛金钢 摄影：曹西林

［附载］1962 至 1963 年，南京前线话剧团演出《霓虹灯下的哨兵》，轰动了全国，青艺也决定上演《霓》剧，由老邓任导演。他一开始工作就提出：要走自己的路子，无论舞台美术的处理或是对人物的解释，要求大家立足创新，不要照抄照搬。景的处理，他与设计者研究出一种新方案，虚实结合，既简练又有意境。为了突出主题，景的设计要突出霓虹灯，舞台工作人员采取了一种用电镀钢管和灯光照射的办法造成了霓虹灯的效果，博得了观众的赞赏。记得周总理看戏后，上台接见演员时，十分感兴趣地询问了霓虹灯的创造并给予表扬。

摘引自王培《艺术家的探求与创新——记邓止怡同志》

18《迎春花》1963-09 首演

原著：冯德英 编剧：翟剑萍 原导演：胡辛安

导演：石羽 设计：陈永倞 毛金钢 摄影：曹西林

19《丰收之后》1964 首演

编剧：蓝澄 导演：张逸生

设计：陈永倞 盛锡珊 灯光设计：钟高燕

20《深夜静悄悄》1980-05　首演

编剧：苏立群　导演：严忠颖

舞美设计：陈永倞　毛金钢　　　　　　　　摄影：曹西林

陈永倞冀淑平戏剧活动简表

陈永倞话剧活动简表

国立剧专时期（含剧专剧团）演出活动①
（1936—1949）

1936—1937 南京时期	
《说谎者》	饰 林宅仆人
《走私》	饰 村农
《青龙潭》	饰 农民戊
《国民公敌》	合作设计、饰 彼得市长
《威尼斯商人》	化装设计、饰 李昂那多
《职业圈内》	设计
《开演之前》*	饰 男演员 C
《母亲》*	合作设计
《东北之家》*	合作设计
《镀金》*	合作设计
《红灯笼》*	合作设计
《赵阎王》	设计、饰 赵阎王 B 角
《洪水》	设计、演员
《汉奸的子孙》	演员
《黑地狱》#	合作导演
《伟大的女性》#	合作导演、演员

① 据李乃忱编著《国立剧专史料集成》（中国戏剧出版社 2013 年版）和陈永倞《艺术专业人员业务情况登记表》（底稿）等资料编制。同一剧目仅在第一次公演时列出，若担任职务有变化则重复列出，并在剧名后加 ** 表示。剧名后加 * 者为独幕剧，加 # 者为在长沙“逆流剧社”排演的剧目。

1937 长沙时期

《最后关头》	设计
《毁家纾难》*	设计
《炸药》*	设计
《反正》*	合作导演、设计、饰 张大队长
《警号》*	设计
《东北之家》* **	设计
《抗战第一声》*	设计
《放下你的鞭子》*	设计

1938 重庆时期

《飞将军》	合作设计
《爱与仇》*	合作设计
《凤凰城》	设计、饰 东北大学校长
《可怜虫》*	导演、设计
《灯塔》*	编剧、设计
《魔窟》	设计、饰 李步云 A 角
《黑将军》(《奥赛罗》)	灯光设计
《古城烽火》	导演、设计
《烟幕弹》*	设计
《阿 Q 正传》	设计
《祖国进行曲》	渝市剧界联合公演
《凤凰城》**	设计、饰 白君实
《雷雨》	设计、舞台监督、饰 周朴园
《反正》* **	导演、设计、饰 张大队长
《警号》*	设计
《老爷不走了》*	设计
《拆桥》*	设计
《我们的国旗》*	设计
《杀敌报国》*	设计
《抗战三部曲》*	设计
《末路》*	设计
《全民总动员》	设计、后台主任之一
《求婚》*	设计
《出征》*	设计
《干不了也得干》*	设计

《保卫工厂》*	设计
《铜锣》*	设计
《还乡》*	设计
《群魔乱舞》	设计

1939—1945　江安时期

《半斤八两》*	导演、设计
《壮丁》*	设计
《李仙娘》*	设计
《视察专员》	导演、设计
《从军乐》	设计
《学生时代》	设计
《岳飞》	设计
《蜕变》	舞台副主任
《民族女杰》	设计
《黑字二十八》	设计
《雾重庆》	合作导演、设计
《国家至上》	设计
《岳飞》**	导演（原导演 杨村彬）、设计
《第二梦》	设计
《银烟盒子》	舞台监督
《哈姆雷特》	舞台监督
《夜上海》	舞台监督
《哈姆雷特》**	合作设计
《雷雨》**	导演、设计
《万尼亚舅舅》	设计
《大雷雨》	设计
《烟苇巷》	导演、设计
《北京人》	舞台监督
《妒误》	改编、导演、设计
《日出》	设计
《天作之合》	导演、设计
《青春不再》	设计
《欲魔》	设计
《新烈女传》	设计
《伪君子》	设计

1945—1946　北碚时期	
《家》	设计
《蜕变》**	设计

1946—1949　南京时期	
《师表群伦》	设计
《续弦夫人》	设计
《文天祥》	设计
《悬崖之恋》	设计
《正在想》	设计
《岳飞》**	设计

国立剧专时期剧本创作①
（1937—1948）

《途》	独幕剧　陈永倞	手书于“陈永倞稿笺”，1937 年 1 月 31 日写完
《保家乡》	抗战独幕剧　陈永倞 （公演时更名为《灯塔》②）	连载于《再生》周刊 1939 年 3 月 16—18 期
《好学生》	独幕儿童剧　陈梦荻	连载于《新国民画报》1947 年 6 月 2—13 期
《女宿舍》	独幕剧　陈永倞	载于《文艺先锋》第 10 卷第 4 期（1947 年）
《老凤雏凰》	五幕喜剧　陈永倞编著 （原名《浮世绘》③）	正中书局 1948 年 12 月出版

① 据国家图书馆、互联网资料和陈永倞手稿等整理。

② 《灯塔》与《可怜虫》《炸药》组成《抗战三部曲》作为剧校的第 18 届公演（参加重庆市江巴各界五月抗敌宣传大会公演），见李乃忱编著《国立剧专史料集成·下卷》，中国戏剧出版社 2013 年版，第 964 页。

③ 据 1948 年 1 月 22 日《中央日报》报道，该剧系以讽刺社会有闲阶级生活为主题，对白趣味轻松，在中央文化运动委员会征求优良创作剧本中获奖。

青艺时期参与舞美设计的大型剧目[①]
（1950—1980）

剧目	舞美设计
《爱国者》1950-03	张汀、张鸣琦、陈永倧
《抓壮丁》1950-05	陆阳春、陈永倧
《保尔·柯察金》1950-09	* 陈永倧
《在新事物的面前》1951-11	陈永倧
《四十年的愿望》1953-03	陈永倧
《万尼亚舅舅》1954-11	陈永倧、范思廉
《种橘的人们》1955-06	陈永倧
《幸福》1955-12	陈永倧
《西望长安》1956-03	陆阳春、陈永倧
《娜拉》1956-07	陈永倧
《洞箫横吹》1957-04	陈永倧、刘俊民
《红色风暴》1958-02	陈永倧
《青春之歌》1958-03	陈永倧、刘俊民
《刘介梅》1958-04	陈永倧、毛金钢
《白鹭》1958-09	陈永倧
《无名岛》1959-04	陈永倧、刘俊民
《最后一幕》1959-05	陈永倧
《岛》1959-08	陈永倧
《阴谋与爱情》1959-11	陈永倧、陆阳春
《文成公主》1960-04	张正宇、陈永倧
《记忆犹新》1960-06[②]	* 张正宁、陈永倧、毛金钢
《抓壮丁》1962-05 重演	陆阳春、陈永倧
《霓虹灯下的哨兵》1963-08	陈永倧、毛金钢
《迎春花》1963-09	陈永倧、毛金钢
《丰收之后》1964	陈永倧、盛锡珊
《深夜静悄悄》1980-05	陈永倧、毛金钢

① 据张健钟主编《半个世纪的舞台历程——中国青年艺术剧院 1949—1999》所载《中国青年艺术剧院五十年演出大型剧目一览表（1949—1999）》编制。其中，“剧目”未加说明者均为首演日期，“舞美设计”加 * 者据该剧《演出说明书》列出。

② 该剧首演时间据其演出说明书列出。

冀淑平舞台演艺活动简表

国立剧专时期（含剧专剧团）[①]
（1939—1949）

剧目	饰演角色
《凤凰城》1939-01	女间谍乙
《半斤八两》1939-05	林太太
《学生时代》1939-12	梅卿
《蜕变》1940-04	丁大夫B角
《女子公寓》1940-11	陈佩佩
《欲魔》1941-01	花月英
《反间谍》1941-06	冈田贞子
《妒误》1942-10	南茜
《日出》1943-01	陈白露
《清宫外史》	瑾妃、慈禧太后
《岳飞》	王夫人
《重庆二十四小时》	（不详）
《胜利号》1943-11	吕秀如
《家》	梅表姐
《红尘白璧》1946-03	（不详）
《续弦夫人》1948	谭格瑞（续弦夫人）
《夜店》	赛观音

中国人民解放军三野三十五军文工团时期
（1949）

剧目	饰演角色
《夜店》	赛观音
《白毛女》（歌剧）	张二婶
《刘胡兰》（歌剧）	指导员

① 据李乃忱编著《国立剧专史料集成》（中国戏剧出版社2013年版）和冀淑平填表资料等编制。

中国青年艺术剧院时期①
（1950—1987）

剧目	饰演角色
《抓壮丁》1950-05	李老栓妻
《保尔·柯察金》1950-09	丽达
《万尼亚舅舅》1954-11	叶琳娜
《保卫干事》1956-02	何秀云
《娜拉》1956-07	娜拉
《红色风暴》1958-02	江有才妻
《青春之歌》1958-03	沈绮文
《十三陵水库畅想曲》1958-07	张静
《为了六十一个阶级兄弟》1960-04	医生
《文成公主》1960-04	弘化公主、老大娘
《记忆犹新》1960-07	娜仑丝（美国间谍）
《中锋在黎明时死去》1961-04	秘书
《费加罗的婚姻》1962-12	罗丝娜（伯爵夫人）
《霓虹灯下的哨兵》1963-08	群众
《祝你健康》1963-12	姚母
《远方青年》1963-12	阿米娜
《豹子湾战斗》1964	吴彩凤
《枫树湾》1975	王大姥姥
《伽利略传》1979-03	查尔蒂太太
《权与法》1979-10	丁牧
《樱桃时节》1983-03	勃里亚夫人
《抓壮丁》1987-05	李老栓妻

① 据相关《演出说明书》和冀淑平填表资料等编制。

跋语

余林

《舞台上下六十秋》是一部既有厚重感又有亲切感的大书，中国两位优秀的艺术家陈永倞和冀淑平六十年的艺术生涯在这部书里作了颇有价值的历史沉淀，它以求实文体，印证着话剧艺术在一个特殊年月里，那种真诚的文化风范。厚重的历史书就了这对剧苑伉俪的戏剧情缘和文化本性。书中另一桩文字空间，是他们的子女对可敬的长辈的戏剧艺术耕耘，作了属于他们自己独有的文化解读。六十年漫漫人生路，一步一步是怎样深植于他们的心底，是怎样催生着他们成长，是怎样融化入他们的灵魂……这部书纵乎是历史在当代人心灵深处的回应，固然有着浓厚的亲缘，但是那些理性的对以往历史的再诉、解读，乃至含着深思的叩问，让人感到格外的亲切。因此《舞台上下六十秋》是一部有文化特征的书，确实如刘厚生先生所言，是一部“温暖的书”。

一

中国戏剧家协会曾经一度筹备出一部大作《当代中国话剧》，其中有一专篇就是中国话剧院团。几乎所有的大城市都有属于本地域的艺术剧院，而所有的艺术剧院的前史几乎都有战地文化工作的经历，由文工团步入艺术剧院是我国戏剧文化史上的一次巨变。陈永倞冀淑平所在的原中国青年艺术剧院不会例外，她的前身是延安青年艺术剧院，是东北文工团二团，有着从 1941 年到 1949 年八年的战地存在史。这是一个与新中国同龄的国家剧院，是新中国剧场艺术建设的初行者、拓荒者。如何启步，当时院长是青年团中央书记处的廖承志，他留下的是：

> 我们要把中国青年艺术剧院建设成有规格的国家剧院，这就首先考虑有一支力量雄厚而又和谐的队伍，除了从解放区来到剧院工作的同志，我们又从上海等地请来了一大批艺术家到剧院来工作，两方面进步戏剧工作者会师于北京，这就是我主张的用两个拳头来建设中国青年艺术剧院。

在所邀的艺术家中，就有陈永倞冀淑平夫妇。1949 年 12 月陈永倞先期到达北京，金山以剧院副院长的身份，去前门火车站接他们到东单，青艺的驻地。

踏进剧院，这两位艺术家是把全部精力投进了剧院的建设，在寻找剧院国家规格的道路上，他们是精心的、勤奋的实践家，因为他们有着往日南京国立剧专的知识积累和舞台实践。确切点讲，国立剧专从 1935 年成立到 1949 年结束，14 年间中国极有影响的戏剧家诸如田汉、洪深、余上沅、曹禺……都曾经在那个艰苦的岁月里成就了一批极有影响的艺术家。陈永倞在这里 14 年，从学生到毕业留教；冀淑平在这里读书、演戏。国立剧专是中央戏剧学院前身之一，这里是两位艺术家启蒙的基础，学院的规矩、学识、自律，成就了他们的艺术实践；他们从不张扬，体现了默默求索的文化自觉。60 年来陈永倞曾以演员、导演，特别是舞台美术设计，在百余部戏中，展现了他超凡的才华；其中舞台美术设计，以独有的艺术见解和绝妙的舞台呈现，使舞台美术真正地进入到“戏剧思想外部形象的体现”那种让人敬慕的美学境界。而冀淑平几十年里在不同的历史时期在约 40 部戏中，饰演了各种不同的人物，而经典名著中的冀淑平，那种隽秀睿智的形象创造，本身就是经典文化的经典解读，她留存在中国话剧历史的长廊里，而且将永远永远……

二

“要努力使剧院成为全国最好的剧院，要不断地有示范性的戏剧演出……”这是廖承志为原中国青年艺术剧院制定的建院方针，一种强烈的社会责任和文化自律，由此铸就了一种精神，一直延续到后续的中国国家话剧院。以现代剧目为主的剧目建设，将大批的来自各方的艺术家聚成一股巨大的创造力量。到生活中去，去寻找和锤炼自身的完善，去领悟和深掘戏剧艺术的根源，去拥抱生活激发自身创造的那份灵性。生活中的那些艰辛的日日夜夜，沉淀在这些艺术家的心灵深处，你完全可以从这本书中陈永倞那些“广西土改见闻”“赴朝慰问总结”“在门头沟农村”……读出一个艺术家在特定历史环境下的文化心态，悟出一个中国知识分子所具有的那份紧跟时代的文化自信。冀淑平的舞台创造笔记，你完全可以读出那来自生活的每一个细节无不具有生活的依据。在这两位艺术家六十年的艺术生涯中，我们会领悟到一个永远也不会消失的真理，那就是“生活常青，艺术才能永存。”

走进经典。经典是最佳示范演出的唯一的佳境，剧院在努力，剧院的艺术家在努力。经典是育人的，而经典戏剧的创造却是考人的，面对经典任何艺术家都在赶考的路上。《舞台上下六十秋》以详尽的篇幅，记录了陈永倞冀淑平在赶考的路上那些具有价值的思绪、哲理和艺术见解。1954 年 11 月《万尼亚舅舅》就是一次有标识性的示范演出。那一年正是全国各地艺术剧院相继初建的时候，《万》剧的影响自然构成那一年的一个令人难忘的戏剧现象——向经典致敬。陈永倞是这部戏的舞台美术设计，冀淑平在这部戏里饰演叶琳娜，从本书汇集的大量资料中，你会领略到艺术家构筑的精美舞台形象，并从中透视到艺术家进行创造的心路历程。

孙维世是《万尼亚舅舅》的导演，艺术指导是苏联极具戏剧权威的普·乌·列斯里，正是这位权威，发现了金山的才情，使他在一时艰困中重启舞台，塑造了一个中国舞台上的万尼亚，金山的一本《一个角色的创造》影响了几代人，至今亦然是戏剧教学中一本必读的表演学读本。同样，列斯里发现了冀淑平的表演潜质，让她在叶琳娜这个具有复杂心境的人物命运的复杂境遇中，去展示一个艺术家的才华。本书中有关叶琳娜在中国舞台上的诞生，都详详细细记述在冀淑平的角色创造笔记中；清新的文字，精深的剖析，以及一个中国知识分子对剧中所展现的历史、人物关系，特别是那些具有人性美韵的把握，如同散文一样告诉给读者。其实这也是冀淑平的《一个角色的创造》，只不过是比金山晚了大半个世纪才让世人看到，实在是有着些许的酸楚……

《娜拉》有人曾说是经典中的经典，在中国话剧百年历史中，不同的年代、不同的导演、不同的饰演娜拉的演员，书写了《娜拉》在中国的演出史。1956 年为纪念世界文化名人亨利克·易卜生逝世 50 周年，青艺组织了一个强势阵容来展示这个年代中国舞台上的《娜拉》，吴雪导演，艺术顾问是挪威国家勋章获得者、挪威国家剧院导演盖达琳夫人，陈永倞、冀淑平夫妇再次牵手踏上这次艺术征程。李畅教授曾这样评价陈永倞对《娜拉》所作的内景设计："可谓是，'增之一分则太肥，减之一分则太瘦'；它的平面构成几乎成了经典。"

表演是文化，而且是瞬间时刻都在动态中表诉的文化。冀淑平在《娜拉》中所付出的一切，不正是透着文化的含义、文化的气势吗？因为它既有历史感，又有妇女难以摆脱的命运感。这是一部具有恒久价值的命运的叩问，它无愧于是当今中国舞台上最具有文学价值的舞台艺术。正是《娜拉》公演的那一年，盖达琳夫人将冀淑平认作了"中国女儿"。时隔 40 年，1996 年易卜生戏剧节在挪威首都奥斯陆举行，中国的娜拉被邀出席，她同挪威母亲相见，那一年盖达琳夫人已是 105 岁高龄。《我是怎样扮演娜拉的》是中国娜拉冀淑平的心语，无论是在 1995 年"易卜生学术研讨会"，还是 1996 年中国娜拉出访易卜生故乡，这里的表演文化理念和情感意韵，在中国、也在挪威流传着。经典是演出来的，经典把表演推到一个文化高度。经典是恒久的，经典中的表演文化，当然也是恒久的。艺术的恒久性，理所当然是艺术家创造的天职。

三

形象是有魅力的，舞台形象就更有魅力，因为它是生命体，在这个生命体里凝聚了最美好的愿望。如果说"纯粹的戏剧最能体察人类精神的基本需要"，那么冀淑平在舞台上所塑造的形象，正是体现着一种精神的需要。除了经典名著之外，有形象征服力的还有冀淑平在《远方青年》和《权与法》中塑造的人物。

《远方青年》是一位熟悉和热爱西北兄弟民族的作家武玉笑的剧作，强烈的时代精神，鲜明的形象和浓郁的生活色彩，带来一种清新的形象美。故事是从两个维吾尔族大学生——阿米娜和艾利——来到牧场开始的。说确切点，这是一部青春戏剧，青春的经历往往充满激情与坎坷。阿米娜与艾利是一对未婚恋人，但志不同道不同，分歧构成了相互之间的隔阂，命运在拷问着青春。那是 1963 年，冀淑平那一年已届不惑之年，青春回归，是对她舞台创造的巨大挑战。让人信服的是，她创造的维吾尔族知识青年形象是清纯的，激情的，有认知价值的。形象的魅力成为这部纯粹戏剧最具说服力的部分，你可以从《冀淑平舞台春秋》中读出它的存在和存在中的韵味。

《权与法》是一部在特殊岁月里出现的特殊的戏剧，剧作家邢益勋以犀利的笔触，戏剧性地展示出一场特殊的战斗。这是一部警世戏剧，在一个历史开端的年月，宣示“在法律面前，决不允许有任何特权”，这是个恒久的政治文化理念，直到今天，它并未过时。那是个思想解放的年月，年近六旬的冀淑平以巨大的热情，在这出戏里，塑造了一个从苦难中挣扎出来，投入新生活为真理抗争的中年知识女姓丁牧的形象；生命的复杂性，构成丁牧这个人物的复杂美。这一年是迎接八〇年那个春天的年代，似乎每个人都有春的期盼；那一年，冀淑平已是一位有极高声誉的表演艺术家，岁月悠悠，她依然意气风发，在《权与法》角色创造的艺术小结中，你会读出一个表演艺术家的全情投入、不懈追求与文化自信。

四

诗，是一种境界；诗，也是一种生命的存在。陈永倞是在诗中度过了一生，由此他也培育出一个如诗的家庭。1996年陈永倞诗词选由时事出版社出版，书名《陶然吟》由曹禺先生题写。诗集的序文出自刘厚生先生，其中写道：“我剧界擅韵语者自田汉前辈起代不乏人，唯舞美方面似尚少见，永倞学长其率先者乎。”如果你细读他的诗篇，不少与舞台美术有关；如果你细读他的舞美创作，会读出它的意境与诗有关。诗已融入他的生存，诗已化入他的灵魂，他的生命气质，已经诗化了。他的全部的诗，一点一滴无不是一个中国知识分子的生命现象，正因为有这样的文化生态，他和他的家人组成的是一个文化家庭，有很深的文化底蕴。求索与忍痛是他们最大的特点，在求索中忍痛、在忍痛中求索就是他们的家训家风；在度过艰难时，就显得那么情中有智，智中有情。

1956年，正值冀淑平表演事业的上升期，疾病却向她袭来，但她抱病坚守岗位，成功塑造了新中国第一个娜拉的舞台形象；之后她又以顽强的意志坚持治疗，终于重返舞台。1961年，他们家在最美满时走了一个孩子，长子陈小荻因煤气中毒不幸夭折，一个12岁小学六年级的少年，从小就有绘画的天赋，他的离世使全家陷入悲痛。这一事件曾在剧院引起巨大震动，人们质疑艺术家的生存环境；而他们夫妻二人没有向组织提出丝毫的要求，默默地从痛苦中挣扎出来，把情感注入艺术创作之中。15年后的1976年，唐山大地震中他们的长女婿贾云年，为履行地震工作者的责任不幸以身殉职，年仅33岁，全家人再一次陷入悲痛。

这一切苦难并没有使陈家人倒下，我们从这部大书中读到了“彩虹总在风雨后”的壮丽，也悟出只有诗情，可以化解悲痛，只有诗的文化生态才能使人走出悲痛，去开创新的天地。陈永倞在给妻子、儿女的诗言中，无不寄托着一个丈夫、一个父亲潜藏在心灵深处的情怀和那无尽的冀望。本书中，那些诗篇和他的子女们对父母过往的追寻，无不涌动着亲人之间充满激情与诗意的倾诉。壮哉，这个家庭；美哉，这个有诗境的家庭。

一部大书有时候会使人有说不尽的感触，有时会诱发你对以往历史和人间命运的思索，或许你读的正是一部生命文化。

2016 年 3 月末《舞台上下六十秋》编著初见雏形，德高望重的戏剧家刘厚生先生为该书写的序文，称“这是中国话剧文献中一朵有香气的绚丽之花”。那以后，陈家子女又进一步去寻找父母的足迹，大量的资料被他们所发现，到了 2017 年 5 月初步形成的版本，一片浓郁孝心，成就了这部书的珍贵。当刘厚生先生面对这些扩充后的文字时，这位 96 岁高龄的长者，亦然提笔对原序文作了增添和修正，他用下述语言表述了他的情感：本书“是纪念话剧运动极好的读物”。前不久，我去看望先生时，谈及他对本书序文的改动，他深情地讲道，这部书的出版“适值中国话剧运动 110 周年”；老先生的语意和他作为学者的苍劲的眼神，将我从这部书的历史回溯，延伸到话剧遥远的未来……

2017 年 7 月 28 日
于北京酷暑

后记

从初稿形成至今时光又过去了两年多，今天，这部书终于要与读者见面了！此时此刻，我们既激动又忐忑，心里有许多话想说。

我们首先想说的仍然是两个字：“感谢”。感谢历史，感谢无数创造了历史的先辈和正在继续书写历史的戏剧人，以及那些默默无闻记录和保存了历史的人们。是他们孜孜不倦的工作为我们留下了珍贵的艺术遗产，使我们能从中触摸到有温度的历史记录，为我们编撰本书提供了重要的依据。其中，进入我们视野的主要资料和文献至少包括以下方面。

中国国家话剧院提供的原青艺的艺术档案，涉及到30余部剧目的图文资料。许多20世纪五六十年代的珍贵史料能从“文化大革命”中抢救出来并得以有序保存，十分难能可贵。

中国国家图书馆的馆藏资料，特别是20世纪三四十年代的报刊影印件和缩微胶片。透过岁月沧桑留下的斑斑遗迹和道道划痕，我们依稀见证了中国剧运走过的峥嵘岁月。

《国立剧专史料集成》，那沉甸甸的三卷本大作；《流亡中的戏剧家摇篮——从南京到江安的国立剧专研究》《剧专十四年》《情系剧专》《戏剧艺术家的摇篮 中央戏剧学院》等著作。它们是几代剧专人奋斗足迹的历史见证。

《青艺》《国家话剧》，那承载着青艺人和国话人戏剧情怀的一本本院刊；《艺耕集》（中国青年艺术剧院成立35周年）和《艺耕集（续一）》、《中国青年艺术剧院1949—1989》、《半个世纪的舞台历程 中国青年艺术剧院1949—1999》，它们是青艺半个世纪流金岁月的历史见证；《吴雪七十年的戏剧生涯》《唯有赤子心——孙维世诞辰九十一周年纪念》·《路曦的艺术生涯》《雷平的话剧生涯》《戏剧之子 缅怀王培》，以及《一个角色的创造》（金山著）、《我的艺术舞台》（陈颙著）等著作，它们是青艺人和国话人辛勤耕耘累累硕果的生动记录。

《中国话剧抗战图史（1931—1945）》《1949—1984 中国上演话剧剧目综览》《与新中国同行 中国戏剧家协会六十周年纪念文集》《历史回放 舞台辉煌 中国话剧诞生110周年纪念图册》《中国国家话剧院艺术年鉴》《中国话剧史》……它们是中国话剧史研究者采撷打造的珍贵文献。

《舞台美术研究》《中国当代舞台美术家研究》《中国当代舞台美术论稿》《WM档案》，以及中国舞台美术学会创办的《舞台美术与技术》《舞台美术家》等学术刊物。它们记录了舞台美术人艰苦创业的历史足迹。

还有《戏剧报》《人民戏剧》《中国戏剧》《剧本》等学术刊物，它们承载着几代戏剧人对舞台艺术的不懈追求。

上述这些珍贵的文献和资料，无不向我们展现了中国话剧百年的辉煌历史和中国话剧人的奋斗历程，加深了我们对父母话剧人生的理解，极大地丰富了本书的内容，最终成就了我们这部书现在的样貌。

其次，我们想说的还有两个字：“遗憾”。

本书从构想、运作到成书耗时逾八年，面世之时，包括妈妈在内，许多前辈已经远去。尤其是为我们作序的刘厚生先生，应邀为我们撰写专稿的李畅先生，为整理出版国立剧专史料作出巨大贡献、我们一直想登门拜谢的李乃忱夫妇，曾接受我们采访的石维坚老师，以及多次给予我们热情指导、对本书寄予厚望的余林老师等，都相继仙逝，未及见到本书的出版，这使我们感到非常遗憾！

本书采撷了不少艺术前辈、专家学者的文章，包括柯岩、蔡体良、石羽、李乃忱、陈永祥、石港、左辛、关登辉、王承文、张泽钧等先生曾发表的有关评论或信函；用于“链接”引用了金山、徐晓钟、林克欢、周予援、周来、陈颙、余林、邢益勋、邓止怡、王培、肖崎、余师龙、黄宗江等专家的有关文章。我们尽力联系了这些文章的作者或他们的后人，以求得他们对于本书引用其作品的授权。但遗憾的是，由于时间久远、世事变迁，我们未能与所有专家或其后人取得联系。

对于图件使用的著作权问题，我们是这样处理的：凡是由中国国家话剧院或其他单位（或个人）提供的图件，均注明资料来源，并尽可能按其提供的署名给出剧照的摄制者。父母自己保存的剧照不再注明来源，但尽量按照剧院同名剧目的资料注明摄制者。对于引自其他出版物的图片，均注明出处。尽管如此，这方面的处理恐也未能做到完备与妥帖。

在书稿加工中，我们注意了尽量避免不同文章的内容（包括文字和图片）相互重复的情况。但是，作为一部跨时60余年含父母及他人百余篇著述、上百万字的文集，为了保持单文内容的相对完整和全书结构的合理，不同文章之间某些内容的少量重复在所难免。例如，香港知名专家谭国根教授为本书撰写的评论，是通过分析大量剧照呈现出的舞台构图，来说明1956年青艺版的《娜拉》“在舞台设计美学和演出美学上”取得的成就；那么，它与本书的《图说娜拉》一文有一些剧照的交集就在所难免了。

原始资料本身的局限性也留下某些遗憾。例如，由国家图书馆提供的发表于20世纪三四十年代的文章，有时会因胶片磨损等原因难以辨认或有部分文字缺失，也有一些语义艰深的异体字难以辨认，由此都可能会造成一些差错。在本书编撰过程中我们也发现一些相互矛盾的记载，例如在不同文章（包括有关史料）中记述的同一事件时间、人物等细节不尽一致。对于这类情况，我们尽量查找原始资料予以核实，力求作出正确判断。不过也有的内容无从查找也就只好存疑了。

尽管有上述诸多遗憾，但回望八年的成书过程，我们最想说的还是那两个字——感谢！我们非常庆幸有那么多前辈、专家和朋友伴我们一路走来，我们由衷地感谢他们！

在构思与编撰本书的早期，厚生叔叔、李畅先生、余林老师、蔡体良前会长等，都给予我们极大的支持与鼓励，并亲自为本书作序、作跋、撰稿；随着编撰工作的不断深入，余林老师多次为我们把关、审稿，提出了许多中肯的改进意见。

在搜集资料的过程中，中国国家话剧院有关领导和同志给予我们大力支持，田沁鑫院长亲自为我们签发了资料使用合同，原创作部主任刘晓慧、研究教育部主任济洪娜热情为我们安排有关事宜，吴青、李玲、金钊等同志多次认真细致地帮助我们查找或核对相关资料，甚至带给我们许多惊喜。国立剧专史料江安陈列馆张毅馆长和李芮、叶兰女士，重庆话剧院原院长陈家昆先生，我们的老朋友宋晓涛等，多次为我们提供了珍贵的资料。中央戏剧学院沈宁老师帮助我们到国家图书馆查找史料，为我们了解父母的剧专岁月打开了一扇全新的大门。

在处理本书引文著作权问题时，无论是老一辈的专家学者还是他们的后人，都给予我们极大的支持。得益于柯岩女士的女儿贺小风相助，年过九旬的著名诗人贺敬之先生，亲自为我们签名授权；中央戏剧学院原院长、著名导演徐晓钟老师，在签名授权之前还认真审读了相关的文稿；原青艺院长林克欢的夫人、著名导演林荫宇老师，带病帮助审定文章和处理授权事宜。青艺的“戏二代”周征（原青艺党委书记、副院长白凌之子）、姜小亮（著名话剧演员姜祖麟之子）等，热情帮助我们联系相关人员；王昕（著名演员、导演王培之女）、邓维（原青艺副院长、著名导演邓止怡之子）、石小满（著名演员、导演、原青艺副院长石羽之子）、杨欣（著名导演肖崎之子），国立剧专的“戏二代”红坚（石港先生之子）等，对我们的授权诉求都热情满满地予以回应。这一切，都令我们十分感动。

本书的出版得到中国戏剧家协会和中国戏剧出版社的大力支持。剧协原办公室主任朱宝玉女士曾十分关注本书的出版，资深的曹其敏编审曾认真为本书审稿。责任编辑黄艳华为本书的审读、加工等付出了极大的热情和努力，装帧设计师任杰文数易其稿对本书进行了精心设计和编排。负责校对的张琰、张爱华，责任印制冯志强、项目统筹闫续哲等，以及承接本书印刷工作的北京地大彩印有限公司，特别是郭红美女士、汪国辉等同志，都为本书的出版付出了辛勤的劳动。

本书的出版还得到家人和其他朋友的热情相助。在资料收集阶段，刘红军提供了有关图片的电子版供挑选，张晓之、石小满、王昕等青艺子弟为我们提供了资料或资料线索，老朋友郑瑞斌为本书复制了数以百计的大量图片。进入设计排版阶段后，《北京青年报》原美编室主任、艺术总监王友身，北青网艺术总监刘哲，以及出版印刷界的朋友张以文、王彦、张宏、李玲、董青、樊钰、刘丽等，都给予我们热情的指导和帮助。

为本书审稿并提出过宝贵意见或建议的还有蔡家麒、王子平、袁一凡等学者教授，以及中央文献出版社原副社长蔡国江编审。

在这里，我们谨向所有为本书的出版予以支持和帮助的前辈、师长和朋友们致以诚挚的敬意和衷心的感谢！

热切期望本书面世后能得到大家中肯的批评与指正！

本书编者

陈非比

陈 冀

陈小眉

我们仨——本书编者简介

我是长女，1941 年 10 月出生于四川省江安县——国立剧专当时的所在地，在巴蜀大地度过了我的童年。新中国成立后我于 1950 年 1 月随母亲来到北京，1952 年 3 月和 1954 年 1 月，我的弟弟陈冀和妹妹陈小眉相继出生，我们仨在青艺这座艺术殿堂的台前幕后长大成人。

我于 1965 年毕业于中国科学技术大学物理系地壳物理专业，在云南、河北从事地震科研工作，后在北京任地震出版社编辑、编审、副总编辑、总编辑等。主要著作有纪实文学《悲壮的历程——唐山地震 30 年写给云年》，合著学术专著《地震社会学初探》、科普作品《唐山地震》等。陈冀 1968 年赴内蒙插队，1973 年入北京师范大学中文系学习，毕业后当过中学教师；后到《北京青年报》工作，先后任记者、学校部主任、副刊部主任、副总编辑、总编辑，1995 年任北辰集团副总经理。主要著作有《跋涉新闻路——陈冀论文作品选》《国情教育读本》《中国优良道德传统》等。陈小眉 1969 年赴黑龙江生产建设兵团，1973 年入北京外语学院英语系学习曾留校任教；1981 年自费赴美留学获硕士、博士学位；曾任美国俄亥俄州立大学教授，美国加州大学戴维斯校园东亚语言文化系杰出教授（Distinguished Professor)。陈小眉继承了父母的事业，致力于现代文学、戏剧的中西方比较研究；主要英文著作有《西方主义》《正角登场：当代中国大众戏剧》《奠基伟人的回归：舞台银幕上的中国革命及其回响》《共和国的戏剧大厦：现代中国戏剧与电影文化》等；曾组织海内外专家学者首次将中国“五四”以来 17 位优秀剧作家的 22 部话剧作品译成英文，出版了《哥伦比亚中国现当代话剧选》。

近几年，我们仨齐心协力，各尽所长，坚持不懈，终于实现了我们的夙愿，得以用本书告慰父母的在天之灵，祈愿他们在天国永远快乐安康！

陈非比